大学赤本シリーズ

482

大手前大学
大手前短期大学

JN062506

教学社

は　し　が　き

　おかげさまで，大学入試の「赤本」は，今年で創刊70周年を迎えました。
　これまで，入試問題や資料をご提供いただいた大学関係者各位，掲載許
可をいただいた著作権者の皆様，各科目の解答や対策の執筆にあたられた
先生方，そして，赤本を使用してくださったすべての読者の皆様に，厚く
御礼を申し上げます。
　以下に，創刊初期の「赤本」のはしがきを引用します。これからも引き
続き，受験生の目標の達成や，夢の実現を応援してまいります。
　本書を活用して，入試本番では持てる力を存分に発揮されることを心よ
り願っています。

編者しるす

＊　　　＊　　　＊

　学問の塔にあこがれのまなざしをもって，それぞれの志望する大学の門
をたたかんとしている受験生諸君！　人間として生まれてきた私たちは，
自己の欲するままに，美しく，強く，そして何よりも人間らしく生きるこ
とをねがっている。しかし，一朝一夕にして，この純粋なのぞみが達せら
れることはない。私たちの行く手には，絶えずさまざまな試練がまちかま
えている。この試練を克服していくところに，私たちのねがう真に人間的
な世界がはじめて開かれてくるのである。
　人生最初の最大の試練として，諸君の眼前に大学入試がある。この大学
入試は，精神的にも身体的にも，大きな苦痛を感ぜしめるであろう。ある
スポーツに熟達するには，たゆみなき，はげしい練習を積み重ねることが
必要であるように，私たちは，計画的・持続的な努力を払うことによって，
この試練を克服し，次の一歩を踏みだすことができる。厳しい試練を経た
のちに，はじめて満足すべき成果を獲得できるのである。
　本書は最近の入学試験の問題に，それぞれ解答を付し，さらに問題をふ
かく分析することによって，その大学独特の傾向や対策をさぐろうとした。
本書を一般の参考書とあわせて使用し，まとはずれのない，効果的な受験
勉強をされるよう期待したい。

（昭和35年版「赤本」はしがきより）

挑む人の、いちばんの味方

70th

赤本創刊70周年

1954年に大学入試の過去問題集を刊行してから70年。赤本は大学に入りたいと思う受験生を応援しつづけてきました。これからも，苦しいとき落ち込むときにそばで支える存在でいたいと思います。

そして，勉強をすること，自分で道を決めること，努力が実ること，これらの喜びを読者の皆さんが感じることができるよう，伴走をつづけます。

そもそも赤本とは…

受験生のための大学入試の過去問題集！

70年の歴史を誇る赤本は，500点を超える刊行点数で全都道府県の370大学以上を網羅しており，過去問の代名詞として受験生の必須アイテムとなっています。

…………… なぜ受験に過去問が必要なのか？ ……………

大学入試は大学によって問題形式や頻出分野が大きく異なるからです。

赤本の掲載内容

傾向と対策

これまでの出題内容から，問題の「**傾向**」を分析し，来年度の入試に向けて具体的な「**対策**」の方法を紹介しています。

問題編・解答編

- ✅ 年度ごとに問題とその解答を掲載しています。

- ✅ 「**問題編**」ではその年度の試験概要を確認したうえで，実際に出題された過去問に取り組むことができます。

- ✅ 「**解答編**」には高校・予備校の先生方による解答が載っています。

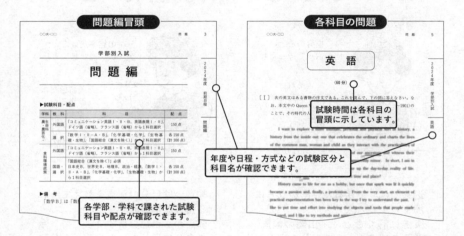

他にも，大学の基本情報や，先輩受験生の合格体験記，在学生からのメッセージなどが載っていることがあります。

2024年度から見やすいデザインに！ NEW

● 掲載内容について ●

著作権上の理由やその他編集上の都合により問題や解答の一部を割愛している場合があります。なお，指定校推薦入試，社会人入試，編入学試験，帰国生入試などの特別入試，英語以外の外国語科目，商業・工業科目は，原則として掲載しておりません。また試験科目は変更される場合がありますので，あらかじめご了承ください。

受験勉強は
過去問に始まり，

STEP 1
> なにはともあれ

まずは解いてみる

しずかに…
今，自分の心と
向き合ってるんだから

ムーン

それは
問題を解いて
からだホン！

過去問は，**できるだけ早いうちに解くのがオススメ！**
実際に解くことで，**出題の傾向，問題のレベル，今の自分の実力が**つかめます。

STEP 2
> じっくり具体的に

弱点を分析する

分析の結果だけど
英・数・国が苦手みたい

スリー

必須科目だホン
頑張るホン

間違いは自分の弱点を教えてくれる貴重な情報源。
弱点から自己分析することで，**今の自分に足りない力や苦手な分野が見えてくるはず！**

合格者があかす
赤本の使い方

傾向と対策を熟読
（Fさん／国立大合格）

大学の出題傾向を調べるために，赤本に載っている「傾向と対策」を熟読しました。

繰り返し解く
（Tさん／国立大合格）

1周目は問題のレベル確認，2周目は苦手や頻出分野の確認に，3周目は合格点を目指して，と過去問は繰り返し解くことが大切です。

過去問に終わる。

STEP 3
> 志望校に
> あわせて

苦手分野の
重点対策

明日からはみんなで頑張るよ！
参考書も！ 問題集も！
よろしくね！

呼んだ？

なにを!?
どこから!?

グッ　グッ

参考書や問題集を活用して，苦手分野の**重点対策**をしていきます。**過去問を指針に**，合格へ向けた具体的な学習計画を立てましょう！

STEP 1 ▶ 2 ▶ 3
> サイクル
> が大事！

実践を
繰り返す

やるのは
ボクだよ～

STEP 1　解く!!

対策!!

分析!!

STEP 3　STEP 2

STEP 1～3を繰り返し，実力アップにつなげましょう！
出題形式に慣れることや，時間配分を考えることも大切です。

目標点を決める
(Yさん／私立大合格)

赤本によっては合格者最低点が載っているので，それを見て目標点を決めるのもよいです。

時間配分を確認
(Kさん／私立大学合格)

赤本は時間配分や解く順番を決めるために使いました。

添削してもらう
(Sさん／私立大学合格)

記述式の問題は先生に添削してもらうことで自分の弱点に気づけると思います。

新課程入試 Q&A

2022年度から新しい学習指導要領（新課程）での授業が始まり，2025年度の入試は，新課程に基づいて行われる最初の入試となります。ここでは，赤本での新課程入試の対策について，よくある疑問にお答えします。

Q1. 赤本は新課程入試の対策に使えますか？

A. もちろん使えます！

旧課程入試の過去問が新課程入試の対策に役に立つのか疑問に思う人もいるかもしれませんが，心配することはありません。旧課程入試の過去問が役立つのには次のような理由があります。

● 学習する内容はそれほど変わらない

新課程は旧課程と比べて科目名を中心とした変更はありますが，学習する内容そのものはそれほど大きく変わっていません。また，多くの大学で，既卒生が不利にならないよう「経過措置」がとられます（Q3参照）。したがって，出題内容が大きく変更されることは少ないとみられます。

● 大学ごとに出題の特徴がある

これまでに課程が変わったときも，各大学の出題の特徴は大きく変わらないことがほとんどでした。入試問題は各大学のアドミッション・ポリシーに沿って出題されており，過去問にはその特徴がよく表れています。過去問を研究してその大学に特有の傾向をつかめば，最適な対策をとることができます。

出題の特徴の例	・英作文問題の出題の有無 ・論述問題の出題（字数制限の有無や長さ） ・計算過程の記述の有無

新課程入試の対策も，赤本で過去問に取り組むところから始めましょう。

Q2. 赤本を使う上での注意点はありますか？

A. 志望大学の入試科目を確認しましょう。

　過去問を解く前に，過去の出題科目（問題編冒頭の表）と 2025 年度の募集要項とを比べて，課される内容に変更がないかを確認しましょう。ポイントは以下のとおりです。科目名が変わっていても，実際は旧課程の内容とほとんど同様のものもあります。

英語・国語	科目名は変更されているが，実質的には変更なし。 ▶▶ ただし，リスニングや古文・漢文の有無は要確認。
地歴	科目名が変更され，「歴史総合」「地理総合」が新設。 ▶▶ 新設科目の有無に注意。ただし，「経過措置」(Q3参照)により内容は大きく変わらないことも多い。
公民	「現代社会」が廃止され，「公共」が新設。 ▶▶ 「公共」は実質的には「現代社会」と大きく変わらない。
数学	科目が再編され，「数学 C」が新設。 ▶▶ 「数学」全体としての内容は大きく変わらないが，出題科目と単元の変更に注意。
理科	科目名も学習内容も大きな変更なし。

　数学については，科目名だけでなく，どの単元が含まれているかも確認が必要です。例えば，出題科目が次のように変わったとします。

旧課程	「数学Ⅰ・数学Ⅱ・数学A・数学B（数列・ベクトル）」
新課程	「数学Ⅰ・数学Ⅱ・数学A・**数学B（数列）・数学C（ベクトル）**」

　この場合，新課程では「数学C」が増えていますが，単元は「ベクトル」のみのため，実質的には旧課程とほぼ同じであり，過去問をそのまま役立てることができます。

Q3. 「経過措置」とは何ですか？

A. 既卒の旧課程履修者への対応です。

　多くの大学では，既卒の旧課程履修者が不利にならないように，出題において「経過措置」が実施されます。措置の有無や内容は大学によって異なるので，募集要項や大学のウェブサイトなどで確認しておきましょう。

○旧課程履修者への経過措置の例

- ●旧課程履修者にも配慮した出題を行う。
- ●新・旧課程の共通の範囲から出題する。
- ●新課程と旧課程の共通の内容を出題し，共通範囲のみでの出題が困難な場合は，旧課程の範囲からの問題を用意し，選択解答とする。

例えば，地歴の出題科目が次のように変わったとします。

旧課程	「日本史 B」「世界史 B」から1科目選択
新課程	**「歴史総合，日本史探究」「歴史総合，世界史探究」**から1科目選択※ ※旧課程履修者に不利益が生じることのないように配慮する。

　「歴史総合」は新課程で新設された科目で，旧課程履修者には見慣れないものですが，上記のような経過措置がとられた場合，新課程入試でも旧課程と同様の学習内容で受験することができます。

要チェックだホン

新課程の情報は WEB もチェック！
より詳しい解説が赤本ウェブサイトで見られます。
https://akahon.net/shinkatei/

科目名が変更される教科・科目

	旧 課 程	新 課 程
国語	国語総合 国語表現 現代文A 現代文B 古典A 古典B	現代の国語 言語文化 論理国語 文学国語 国語表現 古典探究
地歴	日本史A 日本史B 世界史A 世界史B 地理A 地理B	歴史総合 日本史探究 世界史探究 地理総合 地理探究
公民	現代社会 倫理 政治・経済	公共 倫理 政治・経済
数学	数学 I 数学 II 数学 III 数学A 数学B 数学活用	数学 I 数学 II 数学 III 数学A 数学B 数学C
外国語	コミュニケーション英語基礎 コミュニケーション英語 I コミュニケーション英語 II コミュニケーション英語 III 英語表現 I 英語表現 II 英語会話	英語コミュニケーション I 英語コミュニケーション II 英語コミュニケーション III 論理・表現 I 論理・表現 II 論理・表現 III
情報	社会と情報 情報の科学	情報 I 情報 II

大学のサイトも見よう

目　次

2023 年度
問題 と 解答

●短期大学：一般選抜（A日程）

掲載内容についてのお断り

- 大学および短期大学の学校推薦型選抜・一般選抜のうち，代表的な日程を掲載しています。

基本情報

 学部・学科の構成

大　学

●経営学部　さくら夙川キャンパス

経営学科（経営分野，会計分野，マーケティング分野，データ＆デジタル経営分野，いきいきキャリア分野）

●現代社会学部　さくら夙川キャンパス

心理学専攻，観光マネジメント専攻*，地域価値創造専攻*，メディア・社会学専攻，情報・コンピュータ専攻

＊2025年度新設。

●国際日本学部　さくら夙川キャンパス

史学コース（日本史専攻，東洋史・西洋史専攻，考古学・地理学専攻）

日本研究・アジア研究コース（日本とアジアの文化・文学専攻，日本語・日本語教育専攻）

国際共生コース（多文化共生専攻，英語国際コミュニケーション専攻，国際関係学専攻）

●**建築＆芸術学部**　さくら夙川キャンパス
　建築コース（建築専攻，インテリアデザイン専攻）
　芸術コース（デザイン・造形美術専攻〈絵画，立体造形，染色工芸，デ
　　ザイン〉，マンガ制作専攻，映像・アニメーション専攻，映画・演劇
　　専攻）
●**健康栄養学部**　大阪大手前キャンパス
　管理栄養学科
●**国際看護学部**　大阪大手前キャンパス
　看護学科

短期大学

●**ライフデザイン総合学科**　さくら夙川キャンパス
　ビジネスキャリアコース
　デジタル・デザインコース
　ファッションビジネスコース
　建築・インテリアコース
　アカデミックブリッジプログラム（4年制大学への編入学をめざす）
　LEO 英語コミュニケーションプログラム（実践英語科目）
●**医療事務総合学科**　さくら夙川キャンパス
●**歯科衛生学科［3年制］**　さくら夙川キャンパス

大学院

比較文化研究科 / 国際看護学研究科

📍 大学所在地

さくら夙川キャンパス

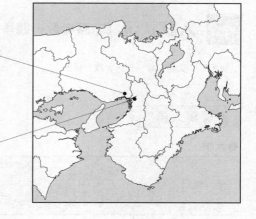

大阪大手前キャンパス

さくら夙川キャンパス 　〒662-8552　兵庫県西宮市御茶家所町 6-42
大阪大手前キャンパス 　〒540-0008　大阪市中央区大手前 2-1-88

２０２４年度入試データ

 ## 入試状況（志願者数・競争率など）

○競争率は受験者数÷合格者数で算出。

募集人員

●大学

学　部	一般選抜入試			大学入学共通テスト利用入試		学校推薦型選抜入試	
	A日程	B日程	ファイナルチャレンジ	A日程	B日程	A日程	B日程
国 際 日 本	35	25	若干名	5	5	50	10
建 築 ＆ 芸 術	35	25		5	5	60	10
現 代 社 会	45	30		5	5	70	10
経　　　営	40	25	5	5	5	50	10
健 康 栄 養	15	10	若干名	3	2	30	5
国 際 看 護	30	8		2	2	25	5

• 学校推薦型選抜入試（A日程）には，指定校方式および公募方式（A日程）の募集人員が含まれる。

●短期大学

学　科	一般選抜入試			大学入学共通テスト利用入試		学校推薦型選抜入試	
	A日程	B日程	ファイナルチャレンジ	A日程	B日程	A日程	B日程
ライフデザイン総合	10	7	若干名	5	2	37	10
歯 科 衛 生	8	3		2	2	30	5
医 療 事 務総合	5	2	1	1	1	18	5

• 学校推薦型選抜入試（A日程）には，指定校方式および公募方式（A日程），同窓生特別推薦入試（A・B日程）の募集人員が含まれる。

大　学

●一般選抜入試（A日程）

区分	学部	志願者数	受験者数	合格者数	競争率	最低点／満点
2科目	国際日本	62	57	31	1.8	99/200
	建築＆芸術	67	63	31	2.0	120/200
	現代社会	94	86	40	2.2	99/200
	経　営	99	96	46	2.1	91/200
	健康栄養	13	11	5	2.2	127/200
	国際看護	49	49	13	3.8	137/200
3科目	国際日本	32	32	24	1.3	136/300
	建築＆芸術	16	16	11	1.5	177/300
	現代社会	32	32	23	1.4	142/300
	経　営	41	41	26	1.6	140/300
	健康栄養	9	9	2	4.5	229/300
	国際看護	34	34	21	1.6	176/300

（備考）
- 両日受験者のうち，両日とも同一学部・同一科目数を受験した場合は，得点の高い試験日で合否を判定。
- 国際日本学部／建築＆芸術学部／現代社会学部／経営学部
  2科目合格者のうち18名，3科目合格者のうち18名は，入試特別奨学生として合格。
  合格者のうち4名は，英語特待生として合格。
- 健康栄養学部／国際看護学部
  2科目合格者のうち3名，3科目合格者のうち5名は，入試特別奨学生として合格。
- 補欠合格者は含まない。

●一般選抜入試（B日程）

区分	学部	志願者数	受験者数	合格者数	競争率	最低点／満点
2科目	国際日本	7	6	2	3.0	101/200
	建築&芸術	30	22	10	2.2	114/200
	現代社会	34	27	13	2.1	97/200
	経　営	40	29	14	2.1	90/200
	健康栄養	3	1	1	1.0	102/200
	国際看護	14	9	4	2.3	131/200
3科目	国際看護	2	2	1	2.0	122/200

（備考）
- 両日受験者のうち，両日とも同一学部・同一科目数を受験した場合は，得点の高い試験日で合否を判定。
- 国際日本学部／建築＆芸術学部／現代社会学部／経営学部
  2科目合格者のうち3名は，入試特別奨学生として合格。
- 健康栄養学部／国際看護学部
  2科目合格者のうち1名は，入試特別奨学生として合格。
  3科目合格者の入試特別奨学生は該当者なし。
- 補欠合格者は含まない。

●一般選抜入試（ファイナルチャレンジ入試）

学　　部	志願者数	受験者数	合格者数	競争率
国　際　日　本	15	12	12	1.0
建　築　&　芸　術	12	11	6	1.8
現　代　社　会	12	8	8	1.0
経　　　　　営	15	13	13	1.0
健　康　栄　養	2	2	0	―
国　際　看　護	3	2	1	2.0

（備考）最低点は非公表。

●大学入学共通テスト利用入試（A日程）

区分	学　　部	志願者数	受験者数	合格者数	最低点／満点
2科目	国 際 日 本	25	25	22	80.0/200
	建 築 ＆ 芸 術	17	17	12	135.0/200
	現 代 社 会	9	9	6	124.0/200
	経　　　　　営	18	18	13	109.0/200
	健 康 栄 養	7	7	3	130.0/200
	国 際 看 護	5	5	2	144.5/200
3科目	健 康 栄 養	2	2	1	198.0/300
	国 際 看 護	7	7	4	187.5/300

（備考）
- 国際日本学部／建築＆芸術学部／現代社会学部／経営学部
  2科目合格者のうち 10 名は，入試特別奨学生として合格。
- 健康栄養学部／国際看護学部
  2科目合格者の入試特別奨学生は該当者なし。
  3科目合格者のうち2名は，入試特別奨学生として合格。

●大学入学共通テスト利用入試（B日程）

学　　部	志願者数	受験者数	合格者数	最低点／満点
国 際 日 本	7	7	7	82.5/200
建 築 ＆ 芸 術	5	5	3	114.5/200
現 代 社 会	5	5	4	128.0/200
経　　　　　営	3	3	3	115.0/200
健 康 栄 養	1	1	0	―
国 際 看 護	1	1	0	―

（備考）
- 国際日本学部／建築＆芸術学部／現代社会学部／経営学部
  合格者のうち2名は，入試特別奨学生として合格。
- 健康栄養学部／国際看護学部
  2科目・3科目合格者の入試特別奨学生は該当者なし。

●学校推薦型選抜入試公募方式（A日程）

区分	学部	志願者数	受験者数	合格者数	競争率	最低点／満点
2科目	国際日本	125	122	73	1.7	105/250
	建築&芸術	97	97	57	1.7	100/250
	現代社会	141	138	86	1.6	102/250
	経営	157	153	89	1.7	100/250
	健康栄養	39	39	12	3.3	153/250
	国際看護	78	77	21	3.7	160/250
3科目	健康栄養	14	14	5	2.8	208/350
	国際看護	31	31	13	2.4	208/350

（備考）
・両日受験者のうち，両日とも同一学部・同一科目数を受験した場合は，得点の高い試験日で合否を判定。
・国際日本学部／建築＆芸術学部／現代社会学部／経営学部
　合格者のうち26名は，入試特別奨学生として合格。
　合格者のうち2名は，英語特待生として合格。
・健康栄養学部／国際看護学部
　合格者のうち6名は，入試特別奨学生として合格。

●学校推薦型選抜入試公募方式（B日程）

学部	志願者数	受験者数	合格者数	競争率	最低点／満点
国際日本	19	15	14	1.1	101/250
建築＆芸術	12	10	9	1.1	123/250
現代社会	34	29	24	1.2	107/250
経営	29	22	20	1.1	105/250
健康栄養	7	6	2	3.0	137/250
国際看護	13	12	5	2.4	155/250

（備考）
・国際日本学部／建築＆芸術学部／現代社会学部／経営学部
　合格者のうち2名は，入試特別奨学生として合格。
・健康栄養学部／国際看護学部
　入試特別奨学生は該当者なし。

短　大

●一般選抜入試（A・B日程・ファイナルチャレンジ入試）

学　科	志願者数	受験者数	合格者数	最低点 / 満点	
				2 科目	1 科目
ライフデザイン総合	19	17	17	102/200	52/100
医 療 事 務 総 合	3	2	2	—	59/100
歯　科　衛　生	7	6	5	111/200	90/100

（備考）

- 最低点は A ・ B 日程の点数。
- 合格者のうち 2 名は，入試特別奨学生として合格。
- 合格者（ライフデザイン総合学科）のうち 2 名は，長期履修生として合格。
- ライフデザイン総合学科に大手前大学からの特別推薦の結果を含む。

●大学入学共通テスト利用入試（A・B日程）

学　科	志願者数	受験者数	合格者数	最低点 / 満点
ライフデザイン総合	3	3	3	119.0/200
医 療 事 務 総 合	0	0	0	—
歯　科　衛　生	2	2	2	116.0/200

（備考）

- 合格者のうち 1 名は，入試特別奨学生として合格。
- 合格者（ライフデザイン総合学科）のうち 1 名は，長期履修生として合格。

●学校推薦型選抜入試

学　科	志願者数	受験者数	合格者数	最低点 / 満点	
				2 科目	1 科目
ライフデザイン総合	24	24	23	165/250	72/150
医 療 事 務 総 合	11	11	10	168/250	98/150
歯　科　衛　生	43	43	30	167/250	92/150

（備考）

- 公募方式・専門高校対象方式・指定校方式・同窓生特別推薦入試の結果を含む。
- 公募方式 A 日程において，高得点優先制を採用。
- 最低点は公募方式の点数。
- 合格者のうち 3 名は，入試特別奨学生として合格。
- 合格者（ライフデザイン総合学科）のうち 2 名は，長期履修生として合格。

募 集 要 項 の 入 手 方 法

　全入試インターネット出願専用です。入試ガイド・学生募集要項は大学に資料請求するか，大学 Web サイトで確認してください。

問い合わせ先

　大手前大学　アドミッションズ オフィス
　　〒662-8552　兵庫県西宮市御茶家所町 6-42
　　TEL　0798-36-2532
　　URL　https://www.otemae.ac.jp/
　大手前短期大学　アドミッションズ オフィス
　　〒662-8552　兵庫県西宮市御茶家所町 6-42
　　TEL　0798-36-2532
　　URL　https://college.otemae.ac.jp/

 大手前大学・大手前短期大学のテレメールによる資料請求方法

| スマートフォンから | QRコードからアクセスしガイダンスに従ってご請求ください。 |
| パソコンから | 教学社 赤本ウェブサイト(akahon.net)から請求できます。 |

TREND & STEPS

傾向 と 対策

　科目ごとに問題の「傾向」を分析し，具体的にどのような「対策」をすればよいか紹介しています。まずは出題内容をまとめた分析表を見て，試験の概要を把握しましょう。

――――――――――― **注　意** ―――――――――――

　「傾向と対策」で示している，出題科目・出題範囲・試験時間等については，2024年度までに実施された入試の内容に基づいています。2025年度入試の選抜方法については，各大学が発表する学生募集要項を必ずご確認ください。

――――――――――― **来年度の変更点** ―――――――――――

　2025年度入試では，下記の変更が予定されている（本書編集時点）。
- 学校推薦型選抜公募方式（A日程）での3科目選択方式はなくなり，すべて2科目選択方式となる。試験時間は，120分で2科目を解答する形式となる。ただし国際看護学部の英語必須は継続。
- 健康栄養学部・国際看護学部の一般選抜において，これまで選択できなかった数学と理科（化学もしくは生物）の組み合わせでの理系型受験が可能となる。ただし国際看護学部の英語必須は継続。

英　語

▶大　　学

年　度		番号	項　目	内　容
2024 ●	推薦	〔1〕	文法・語彙	空所補充
		〔2〕	文法・語彙	語句整序
		〔3〕	会　話　文	空所補充
		〔4〕	読　　　解	空所補充
		〔5〕	読　　　解	内容説明，内容真偽，同意表現，アクセント，空所補充
	一般選抜	〔1〕	文法・語彙	空所補充
		〔2〕	文法・語彙	語句整序
		〔3〕	会　話　文	空所補充
		〔4〕	読　　　解	空所補充
		〔5〕	読　　　解	同意表現，反意表現，内容説明，内容真偽，アクセント，空所補充
2023 ●	推薦	〔1〕	文法・語彙	空所補充
		〔2〕	文法・語彙	語句整序
		〔3〕	会　話　文	空所補充
		〔4〕	読　　　解	空所補充
		〔5〕	読　　　解	同意表現，語句意，空所補充，内容説明，アクセント，内容真偽
	一般選抜	〔1〕	文法・語彙	空所補充
		〔2〕	文法・語彙	語句整序
		〔3〕	会　話　文	空所補充
		〔4〕	読　　　解	空所補充
		〔5〕	読　　　解	同意表現，空所補充，語句意，内容説明，アクセント，内容真偽

（注）　●印は全問，◐印は一部マークシート方式採用であることを表す。

▶短 期 大 学

年　度	番号	項　目	内　　容
2024 ●	推薦 〔1〕	文法・語彙	空所補充
	〔2〕	文法・語彙	語句整序
	〔3〕	会　話　文	空所補充
	〔4〕	読　　解	空所補充
	〔5〕	読　　解	内容説明，発音，同意表現，語句意，空所補充，内容真偽
	一般選抜 〔1〕	文法・語彙	空所補充
	〔2〕	文法・語彙	語句整序
	〔3〕	会　話　文	空所補充
	〔4〕	読　　解	空所補充
	〔5〕	読　　解	同意表現，発音，空所補充，内容説明，内容真偽
2023 ●	推薦 〔1〕	文法・語彙	空所補充
	〔2〕	文法・語彙	語句整序
	〔3〕	会　話　文	空所補充
	〔4〕	読　　解	空所補充
	〔5〕	読　　解	同意表現，語句意，発音，英文和訳，内容説明，内容真偽
	一般選抜 〔1〕	文法・語彙	空所補充
	〔2〕	文法・語彙	語句整序
	〔3〕	会　話　文	空所補充
	〔4〕	読　　解	空所補充
	〔5〕	読　　解	英文和訳，同意表現，アクセント，内容説明，語句意，内容真偽

（注）　●印は全問，◑印は一部マークシート方式採用であることを表す。

傾　向　**長文対策と基礎力の徹底を！**

01　**出題形式は？**

　大学：推薦・一般選抜ともに全問マークシート方式で，大問 5 題。解答個数は例年 35 個で，試験時間は 60 分。

　短期大学：推薦・一般選抜ともに全問マークシート方式で，大問 5 題。解答個数は 35 個で，試験時間は 60 分。

02　出題内容はどうか？

　大学では，推薦・一般選抜ともに同じ出題構成（文法・語彙問題が２題，会話文問題が１題，読解問題が２題）となっている。短期大学においても，全体的な傾向は大学と共通している。

　読解問題のうち１題は，１ページに収まる程度の分量の英文を読んで，文法・語彙，発音，アクセント，読解力を試す設問で構成されている。語句や表現などの中にはやや難しいものもあるが，設問は出題部分そのものが何かを問うものや，その前後を読めば解答できるものがほとんどである。下線部の意味を問うもの（正しい和訳を選ぶもの）については，代名詞が何を指すのかといった文脈をふまえたうえでの理解がポイントとなる。内容真偽についても，キーワードになる言葉を文中に見つけだし，その段落を精読すれば対応できる。例年，発音，アクセントの出題があるので，辞書を使う際には発音記号やアクセントに注意しておくとよい。

　もう１題の読解問題は全問空所補充で構成されており，英文の長さは１ページの半分程度である。ここでも読解力，文法・語彙力が問われている。

　いずれの英文も，テーマが把握しやすく，書き手の主張は明快であり，読みやすい部類の文章である。

　会話文問題も空所補充であるが，一般選抜では，慣用表現を押さえたうえで，会話者それぞれの意識の流れを考えながら空所を補う必要があり，正答率に差が出やすいだろう。

　文法・語彙問題は，空所補充による短文の完成と語句整序。いずれも，基礎的な文法・語彙力を問うものである。日頃から確実に英語の基礎力を養っていれば，恐れることはないだろう。

03　難易度は？

　大学・短期大学ともに設問の内容は標準レベルである。長文の中の語句や表現には多少難しいものもあるが，設問自体は難しいものではない。

01 読解力をつける

　まとまった量の英文にできるだけ多く触れ，英文に慣れることが大切である。初級から中級レベルの長文読解問題をこなし，読解力の向上を目指そう。また，普段の授業の中でも内容把握や単語・熟語の再確認を徹底していこう。単語を覚える際には発音，アクセントもしっかり確かめる習慣をつけておくとよい。

02 会話文に慣れる

　会話文は，ここ数年必ず出題されており，会話表現の学習は不可欠である。どういった状況で誰がどのような内容について話しているのかを推測しながら，会話の流れを把握していくことが大切である。会話文を主体とした問題集で問題形式に慣れておくとよいだろう。

03 文法・語彙力をつける

　文法・語彙力は英語力の基礎となる力なので，基本をしっかりマスターしておくこと。日頃の授業を大切にし，単語・熟語は教科書に出てくるものを確実に覚え，自分なりの単語集などを作って整理しておきたい。文法は，『大学入試 すぐわかる英文法』（教学社）や『英文法・語法 Engage 3rd Edition』（いいずな書店）などの標準的な問題集を 1 冊選び，例文を暗記し，2，3 度繰り返して学習しておこう。また，語彙力を上げるために『英単語・熟語 Bricks 2』（いいずな書店）といったオーソドックスな英単語帳を用いて音声を活用し，音読しながら正しい発音・アクセントも合わせて覚えていこう。

　標準レベルのマークシート方式の問題集や，本シリーズの過去問で問題に数多く触れておくとさらによい。間違ったものについては，しっかり復習して，着実に基礎力を身につけたい。

日本史

▶大　　学

年　　度	番号	内　　容	形　　式
2024 ●	推薦 〔1〕	「後漢書東夷伝」「魏志倭人伝」—原始・古代の日中関係　☑**史料**	選　　択
	〔2〕	院政期〜室町時代の文化	選　　択
	〔3〕	江戸時代前期の政治・経済史	選　　択
	〔4〕	明治時代前期の殖産興業	選　　択
	〔5〕	古代〜近世の日中関係　☑**年表**	選　　択
	一般選抜 〔1〕	平安時代中期の延喜・天暦の治	選択・正誤
	〔2〕	「東寺百合文書」—鎌倉時代の社会・経済　☑**史料**	選択・正誤
	〔3〕	戦国〜安土・桃山時代の外交　☑**年表**	選　　択
	〔4〕	日中戦争〜アジア太平洋戦争時の社会・経済	選択・正誤
	〔5〕	古代〜現代の法律	選択・正誤
2023 ●	推薦 〔1〕	「後漢書東夷伝」「魏志倭人伝」——原始・古代の日中関係　☑**史料**	選　　択
	〔2〕	鎌倉〜室町時代の文化	選　　択
	〔3〕	江戸時代中期の政治史	選択・配列
	〔4〕	大正時代の社会経済	選　　択
	〔5〕	近世〜近代の外交　☑**年表**	選　　択
	一般選抜 〔1〕	古代の日中関係　☑**年表**	配列・選択
	〔2〕	平安〜鎌倉時代の仏教	選　　択
	〔3〕	「御触書寛保集成」——江戸時代の法令　☑**史料**	選　　択
	〔4〕	明治時代の社会経済史	選　　択
	〔5〕	近代〜現代の日米関係	選　　択

（注）　●印は全問，◗印は一部マークシート方式採用であることを表す。

古代から近現代まで基本事項を幅広く出題

01 出題形式は？

　全問マークシート方式である。推薦・一般選抜とも大問5題で解答個数
30個，試験時間は60分。2024年度の一般選抜では，2つの文章の正誤の
組み合わせを問う正誤問題が出題された。また，2024年度ではなかった
が，2023年度には推薦・一般選抜両方で配列問題が出題された。

　なお，2025年度は出題科目が「日本史探究」となる予定である（本書
編集時点）。

02 出題内容はどうか？

　時代別では，古代から近現代まで幅広く出題されている。大問を時代別
に分類すると，〔1〕原始・古代，〔2〕中世，〔3〕近世，〔4〕近現代と
なっており，〔5〕はテーマ史からの出題である。全時代からの幅広い出
題が特色になっており，各時代から均等に出題される傾向にある。

　分野別では，政治史，社会・経済史，文化史，外交史など幅広く出題さ
れており，各分野とも満遍なく学習することが求められている。

03 難易度は？

　一部にやや難しい設問もみられるが，ほとんどが教科書に記載されてい
る基本的な知識を問うものなので，教科書の内容を正確に理解しておけば
高得点も可能である。マークミスなどの不注意による失点がないよう，何
度も答案を確認することも大切である。

01 教科書中心の学習で基本知識の整理を

　各大問ごとに1〜2問ずつ，正文または誤文の選択問題が出題されているが，このような形式の出題も，教科書の本文や脚注に準拠した内容になっている。したがって，日頃から教科書の精読が求められる。重要用語を拾うだけでなく，その用語を説明する文章にも注目し，何度も繰り返し読むことが重要になる。例年史料問題が出題されているので，基本的な史料には目を通しておくことが大切である。また，年表などを通じて，出来事の時期や流れを意識した学習をすることも必要である。

02 重要用語の徹底マスターを

　重要用語やその説明の理解を深めるためにも，標準的な問題集を日常的に活用しておきたい。

03 マークシート方式に慣れよう

　マークシート方式に対応した学習が望まれる。単なる用語選択の問題ばかりではなく，正文・誤文を選択させる問題も多いことから，たとえば共通テスト対策問題集のような問題集を活用すると，より効率よく学習を進めることができるだろう。

世 界 史

▶大 学

年　度	番号		内　容	形　式
2024 ●	推薦	〔1〕	中華世界の成立・拡大	選択・正誤
		〔2〕	大航海時代以降のインドネシア史	選択・正誤
		〔3〕	フランク王国分裂後の西ヨーロッパ中世史	選択・正誤
		〔4〕	宗教改革に関する歴史	選択・配列
	一般選抜	〔1〕	漢字に関連する歴史	選択・正誤
		〔2〕	イスラーム教の成立からアッバース朝の滅亡まで	選択・正誤
		〔3〕	第二次世界大戦後のヨーロッパ統合	選　択
		〔4〕	イギリス革命	正誤・選択・配列
2023 ●	推薦	〔1〕	中国の古代文明の成立・発展と気候条件	選択・配列・正誤
		〔2〕	イギリスのインド進出と植民地化	正誤・選択
		〔3〕	紙の歴史	選択・配列
		〔4〕	十字軍とヨハネ騎士団	配列・選択
	一般選抜	〔1〕	唐の支配体制	選択・正誤
		〔2〕	オセアニア・東南アジア・中南米の歴史	選　択
		〔3〕	アリストテレスと古代ギリシア	選択・配列
		〔4〕	イギリス・アメリカの二大政党制	選　択

（注）　●印は全問，◗印は一部マークシート方式採用であることを表す。

教科書レベルの標準的問題
配列法・正誤法も出題

01 出題形式は？

　推薦・一般選抜ともに大問4題，解答個数30個。全問マークシート方式で，語句選択と正文・誤文選択問題が多く出題されている。2022年度以降，配列法と2つの文章の正誤を判断させる正誤法が出題されるように

　なった。試験時間は 60 分。

　なお，2025 年度は出題科目が「世界史探究」となる予定である（本書編集時点）。

02　出題内容はどうか？

　地域別では，アジア地域では，中国史が毎年出題されているほか，西アジア・中央アジア・インド・東南アジアからも出題されている。欧米地域では，西ヨーロッパを中心に，南北アメリカからも出題されている。なお，2023 年度はオセアニアから小問が出題され，2024 年度はインドネシアを中心とした東南アジア史から大問が出題されており，注意を要する。

　時代別では，比較的短期間の国家・地域・王朝に関する大問と，数世紀にわたる国家・地域や歴史上の重要事項などの通史的な大問の両方があり，時代に偏りがでないように構成されている。欧米地域に関しては中世から第一次世界大戦前後までがやや目立つ。2023 年度は推薦で地球環境問題について，2024 年度は一般選抜で第二次世界大戦後のヨーロッパ統合についてなど，20 世紀末からも出題されている。

　分野別では，政治史が中心であるが，例年文化史や社会制度史の知識を問う小問もいくつか出題されている。2023 年度は推薦で紙をテーマとした大問が，また，2024 年度は一般選抜で漢字をテーマとした大問が出題された。

03　難易度は？

　ほとんどが教科書に準拠した標準的なレベルの問題である。正文・誤文選択問題や 2 つの文章の正誤を判断させる正誤法には，やや細かい知識を必要とするものもみられるので注意したい。教科書の内容を把握していれば解ける問題が大部分であるため，一見難しそうな問題でもあせらないことが肝心である。試験時間も十分にあるので，落ち着いて取り組もう。

01　教科書学習を基礎に

　教科書中心の学習が基本である。教科書の範囲を偏りなく熟読して基本的な歴史の流れを把握し，学習の手薄な時代・地域・分野をつくらないように心がけたい。配列問題も出題されるので，重要事項に関して年代まで含めた正確な知識を身につけることが大切である。正文・誤文選択問題や2つの文章の正誤を判断させる正誤法も教科書の知識で対応できる。また，中国史が例年出題されているので，重点的に学習しておこう。政治史・制度史・経済史・文化史を王朝ごとに整理しておくとよい。

02　用語集の活用

　「教科書学習」といっても，教科書は各社から何種類も出版されており，自分の使用している教科書に言及されていない歴史事項も数多くある。こうした歴史事項を確認・理解するためにも，『世界史用語集』（山川出版社）などの用語集は必ず利用したい。

03　周辺地域の対策を

　過去にはアフリカや，オセアニア，インドネシアを中心とした東南アジアなどからも出題されているので，欧米や中国といった主要地域だけではなく周辺地域の学習も怠りなく進めておきたい。

数　学

▶大　　　学

年　度	番号	項　目	内　容
2024 ◗	推薦 〔1〕	2 次 関 数	2 次関数のグラフと x 軸の共有点，2 次関数の最小値
	〔2〕	図形の性質	空間図形，三角すいの体積
	〔3〕	数 と 式，整数の性質	式の値，不等式，不定方程式
	〔4〕	確　　率，整数の性質	さいころの出た目に関する確率，条件付き確率，3 桁の整数が 9 の倍数になる条件　　　　　　　⊘証明
	一般選抜 〔1〕	2 次 関 数，数 と 式，データの分析，図形と計量	2 次方程式の解，対称式，データの代表値，三角比
	〔2〕	2 次 関 数	2 次関数のグラフの頂点，2 次関数の最大値・最小値，2 次方程式
	〔3〕	場 合 の 数，確　　率	カードを取り出す試行に関する場合の数と確率
	〔4〕	図形と計量	正弦定理，余弦定理，三角形の面積，内心の性質，外接円の半径
2023 ●	推薦 〔1〕	2 次 関 数	2 次関数のグラフと x 軸の共有点，2 次関数の最小値
	〔2〕	図形と計量	余弦定理，三角形の面積，四角形の面積
	〔3〕	数 と 式	1 次不等式の負の整数解の個数，絶対値を含む式の値，無理数を含む式の値
	〔4〕	場 合 の 数，確　　率	同じものを含む順列，円周上に等間隔に並べる順列，同じものを含む袋から球を取り出すときの確率
	一般選抜 〔1〕	数 と 式，データの分析，三 角 比	分数式を含む式の値，平均値と中央値，三角比の相互関係
	〔2〕	2 次 関 数	2 次関数のグラフと x 軸の関係，2 次関数の値の範囲
	〔3〕	図形と計量	四面体の体積，余弦定理，三角形の面積，四面体の頂点から下ろした垂線の長さ，四面体に内接する球の半径
	〔4〕	確　　率	3 個のさいころを投げるときの確率，条件付き確率

（注）　●印は全問，◗印は一部マークシート方式採用であることを表す。

▶短期大学

年　度	番号	項　目	内　容
2024	推薦 ● 〔1〕	数　と　式， 2 次 関 数， 図形と計量	式の値，因数分解，絶対値を含む 2 次方程式・不等式， 余弦定理，三角形の面積，内接円の半径
	〔2〕	2 次 関 数	2 次関数のグラフの頂点，平行移動，解の配置
	〔3〕	場 合 の 数	玉を並べる試行に関する場合の数
	一般選抜 ◖ 〔1〕	数　と　式， 2 次 関 数， 集合と論理	式の値，2 次関数の最大値・最小値，判別式，2 次不 等式，ド・モルガンの法則
	〔2〕	2 次 関 数， 数　と　式	2 次不等式，絶対値を含む不等式
	〔3〕	確　　　率	さいころの出た目に関する確率
	〔4〕	図形と計量， 図形の性質	余弦定理，三角形の面積，角の二等分線の性質，メネ ラウスの定理
2023	推薦 ● 〔1〕	数　と　式， 2 次方程式， 2 次 関 数	分数式の値，2 次方程式が実数解をもつ条件，2 次関 数の最大値
	〔2〕	図形の性質	接弦定理，三角形の相似と辺の長さの比
	〔3〕	場 合 の 数	順列，余事象
	一般選抜 ◖ 〔1〕	数　と　式， 三　角　比， 集合と論理	無理数を含む計算，2 次不等式，三角比の相互関係， 命題の真偽，命題の対偶
	〔2〕	2 次 関 数	2 次関数の最大値・最小値
	〔3〕	確　　　率	反復試行
	〔4〕	図形の性質	三角形の面積比，辺の長さの比　　　　　　　⊘証明

(注)　●印は全問，◖印は一部マークシート方式採用であることを表す。

出題範囲の変更

　2025 年度入試より，数学は新教育課程での実施となります。詳細については，大学
から発表される募集要項等で必ずご確認ください（以下は本書編集時点の情報）。

2024 年度（旧教育課程）	2025 年度（新教育課程）
数学Ⅰ・A	数学Ⅰ・A

旧教育課程履修者への経過措置

　旧教育課程の履修者に対して特別の経過処置は実施しないが，出題内容において配慮
する。

基本的な問題をしっかりと解けるように！

01　出題形式は？

　2023 年度まで短期大学の一般選抜以外は全問マークシート方式であったが，2024 年度に大学の推薦・一般選抜も〔4〕が記述式となった。マークシート方式は，解答群から数値を選ぶ選択式である。大問数は，大学の推薦・一般選抜では 4 題，短期大学の推薦では 3 題，一般選抜では 4 題。試験時間は大学・短期大学のいずれも 60 分。

02　出題内容はどうか？

　2 次関数，2 次方程式・不等式，場合の数・確率，図形，数と式がよく出題されている。2023 年度は短期大学の一般選抜の〔4〕で，また，2024 年度は，大学の推薦の〔4〕でそれぞれ証明問題が出題されている。

03　難易度は？

　大学・短期大学のいずれの日程も教科書の例題・練習問題程度の基本レベルの内容である。大問数と試験時間を考慮すると，大学の推薦および大学・短期大学の一般選抜では大問 1 題あたり 15 分，短期大学の推薦では大問 1 題あたり 20 分で解くことになる。難問はみられないが，試験時間に対し分量が多いので，スピードと正確さが要求されている。

対　策

01　教科書を中心に基礎力を養おう

　ほとんどの問題が教科書の例題または練習問題程度の基本的なものなので，教科書の例題・練習問題を完全に解けるようにし，基礎力を確かなも

のにしておこう。特に，図形の問題は中学数学の内容が問われていることもある。解き方を覚えるのではなく，「なぜ」を大切にする学びを心がけたい。

02 問題集で演習を

　教科書傍用問題集や『チャート式 解法と演習 数学Ⅰ＋Ａ』（数研出版），『数学Ⅰ・Ａ 基礎問題精講』（旺文社）などで基本的な問題を繰り返し解いておきたい。基本的な内容とはいえ，融合問題も出題されるので，満遍なく学習しておくことが大切である。苦手な分野をつくらないように，すべての分野に目を通しておこう。また，マークシート方式での答え方には慣れが必要なので，過去問で慣れておこう。基本的な問題が中心であるが，問題数，計算量も多いので，速く，正確に解く練習も積み重ねておきたい。

化　学

▶大　　　学

年　　度	番号	項　　目	内　　容
2024 ●	推薦 〔1〕	理　　論	純物質と混合物，分子の熱運動，実用電池，蒸発熱，溶解度，質量モル濃度　　　　　　　　　　　⊘計算
	〔2〕	構　　造	共有結合結晶と分子結晶
	〔3〕	変　　化	水の電離と pH　　　　　　　　　　　　　　⊘計算
	〔4〕	状　　態	水と二酸化炭素の状態図
	〔5〕	無　　機	アルミニウムとその化合物
	一般選抜 〔1〕	理　　論	分離操作，燃焼熱，電気分解，分子間力と蒸気圧曲線，反応速度　　　　　　　　　　　　　　　　⊘計算
	〔2〕	構　　造	原子の構造と電子配置
	〔3〕	変　　化	食酢の中和滴定　　　　　　　　　　　　　　⊘計算
	〔4〕	無機・理論	窒素とその化合物　　　　　　　　　　　　　⊘計算
	〔5〕	有　　機	有機化合物の構造決定
2023 ◑	推薦 〔1〕	理論・無機	化学結合，結晶格子，混合気体，濃度，気体の捕集方法，塩の液性，酸化力の強さ　　　　　　　　⊘計算
	〔2〕	構　　造	化学結合，黒鉛・ダイヤモンド，金属の結晶格子，ハロゲン
	〔3〕	変　　化	溶解熱の測定，中和熱　　　　　　　　　　　⊘計算
	〔4〕	変　　化	活性化エネルギー，化学平衡，ルシャトリエの原理　　　　　　　　　　　　　　　　　　　　⊘計算
	〔5〕	無　　機	アンモニアソーダ法　　　　　　　　　　　　⊘計算
	一般選抜 〔1〕	理論・無機	電子配置，イオン化エネルギー，化学結合，中和，酸化還元，金属イオンの反応
	〔2〕	状　　態	蒸気圧降下，沸点上昇，凝固点降下，浸透圧　⊘計算
	〔3〕	変　　化	活性化エネルギー，化学平衡，混合気体，ルシャトリエの原理　　　　　　　　　　　　　　　⊘計算
	〔4〕	有　　機	C_3H_8O 構造決定，ヨードホルム反応
	〔5〕	高　分　子	糖，グルコースの構造，スクロース，アルコール発酵　　　　　　　　　　　　　　　　　　　⊘計算

（注）　●印は全問，◑印は一部マークシート方式採用であることを表す。

理論分野中心の出題
計算問題に注意

01　出題形式は？

　推薦・一般選抜ともに大問 5 題。2022 年度までは全問マークシート方式であり，2023 年度は記述式が含まれていたが，2024 年度は全問マークシート方式に戻った。解答個数は 35 個程度である。試験時間は 60 分。

02　出題内容はどうか？

　出題範囲は，推薦・一般選抜ともに「化学基礎・化学」となっている（推薦の「化学」は「物質の状態」「物質の変化」「無機物質」を出題範囲とし，一般選抜の「化学」は「合成高分子化合物」を除く）。理論分野中心の出題で，計算問題も出題されている。

03　難易度は？

　教科書レベルの問題がほとんどである。難しい出題はほとんどないが，問題数が多いので，計算に手間取ると時間が足りなくなるだろう。時折マニアックな知識が問われるが，1 ～ 2 問のため頻出とはいえない。

対　策

01　理　論

　苦手な分野をつくらないように，教科書の内容をしっかり理解しておくこと。計算問題も多く出題されているので，問題集などで演習しておきたい。年度によっては，「該当なし」「いずれも適している」の選択肢を含む問題も出題されるため，過去問演習をする際には，マーク番号をなんとなく選ぶのではなく，最後まで計算・思考をやり切った上で，解答を選ぶよ

うにすることが大切である。

02　無　機

　おもな典型元素や遷移元素の性質と反応は押さえておこう。工業的製法も覚えておくこと。金属イオンの分離についても理解しておきたい。

03　有　機

　有機化合物とその異性体や誘導体，官能基と特徴・検出方法は整理して覚えておくこと。元素分析と構造決定はよく理解して，問題集で演習を積んでおきたい。

生 物

▶大 学

年　度	番号	項　目	内　容	
2024 ●	推薦	〔1〕	遺 伝 情 報	細胞分裂とその観察	⊘計算
		〔2〕	体 内 環 境	体液とその循環，赤血球	⊘計算
		〔3〕	細　　胞	細胞小器官の構造とそのはたらき	
		〔4〕	代　　謝	呼吸	⊘計算
	一般選抜	〔1〕	生　　態	日本の植生と遷移	
		〔2〕	遺 伝 情 報	DNA の複製	
		〔3〕	生殖・発生	両生類（カエル）の発生	⊘計算
		〔4〕	動物の反応	筋収縮	⊘計算
2023 ●	推薦	〔1〕	体 内 環 境	免疫	
		〔2〕	生　　態	生態系のバランス	⊘計算
		〔3〕	細　　胞	細胞小器官，細胞骨格	
		〔4〕	代　　謝	光合成の仕組み	
	一般選抜	〔1〕	体 内 環 境	肝臓の構造とはたらき	
		〔2〕	遺 伝 情 報	遺伝子の発現	
		〔3〕	動物の反応	筋収縮の仕組み	⊘計算
		〔4〕	植物の反応	花芽形成	

（注）　●印は全問，◐印は一部マークシート方式採用であることを表す。

 傾　向　教科書レベルの知識問題が中心

01　**出題形式は？**

　推薦・一般選抜ともに大問 4 題の出題である。全問マークシート方式で，設問は文章の空所補充，正文や正しい組み合わせ，誤りを含むものを選択する問題，基本的な用語を答える問題が多い。試験時間は推薦・一般選抜ともに 60 分。

02　出題内容はどうか？

出題範囲は「生物基礎・生物」（「生態と環境」「生物の進化と系統」を除く）となっている。代謝，遺伝情報を中心に，各分野から幅広く出題されている。また，実験に関する問題も出題されている。

03　難易度は？

空所補充・用語問題などの知識問題が中心で，教科書レベルの知識を身につけていれば十分解答できる標準的な問題である。また，計算問題も頻出のテーマから出題される標準的なものである。

01　基礎知識の定着

特殊な知識を必要とする問題はほとんどみられない。教科書・資料集を活用して基本的な知識をマスターしよう。さらに，『生物［生物基礎・生物］入門問題精講』（旺文社）などの基礎的な問題集を 1 冊仕上げることで，正確な知識の定着を図りたい。

02　苦手分野の克服

幅広い分野の基本的な知識が問われるため，苦手分野を残すことなく学習しておきたい。過去問を解いて，できなかったところは繰り返し学習しておくとよい。実験に関する問題がみられるため，教科書に載っている実験については一通り目を通して，理解を深めておくことが大切である。

03　効果的な問題演習

『大森徹の生物　計算・グラフ問題の解法』（旺文社）などの例題レベル

の計算問題には必ず取り組んでおくこと。問題文で示された数値だけでな
く，条件も正しく読みとることが大切である。

国　語

▶大　　学

年　度	番号	種　類	類別	内　容	出　典
2024 ◑	推薦 〔1〕	現代文	評論	空所補充，ことわざ，内容説明，熟語，語意，書き取り，指示内容，内容真偽	「これからの時代を生き抜くための 文化人類学入門」奥野克巳
	〔2〕	現代文	評論	空所補充，書き取り，語意，内容説明，四字熟語，指示内容，文学史，内容真偽	「違和感の正体」先崎彰容
	〔3〕	国語常識		読み，書き取り，対義語，熟語	
	〔4〕	国語常識		文法（口語），四字熟語，ことわざ，書き取り	
	一般選抜 〔1〕	現代文	評論	書き取り，空所補充，表現技巧，内容説明，語意，内容真偽	「美の考古学」松木武彦
	〔2〕	現代文	評論	内容説明，語意，慣用表現，空所補充，読み，指示内容，内容真偽	「その一言が余計です。」山田敏弘
	〔3〕	国語常識		読み，慣用表現，古典常識，書き取り	
	〔4〕	国語常識		俳句の知識，文法（口語），四字熟語，語意，文学史	
2023 ◑	推薦 〔1〕	現代文	評論	読み，書き取り，内容説明，空所補充，指示内容，語意，内容真偽	「パラレルな知性」鷲田清一
	〔2〕	現代文	随筆	内容説明，語意，読み，空所補充，慣用表現，書き取り，文法（口語），表現効果	「遠い朝の本たち」須賀敦子
	〔3〕	国語常識		読み，ことわざ，書き取り，四字熟語	
	〔4〕	国語常識		慣用表現，文法（口語），四字熟語，文学史	

	番号	種類	類別	内容	出典
一般選抜	〔1〕	現代文	評論	読み，空所補充，内容説明，書き取り，指示内容，欠文挿入箇所，内容真偽	「建築と生命とエントロピーと」　内藤廣
	〔2〕	現代文	随筆	内容説明，四字熟語，指示内容，書き取り，空所補充，語意，文学史，内容真偽	「イメージの自由」　山本明
	〔3〕	国語常識		書き取り，読み，部首	
	〔4〕	国語常識		ことわざ，慣用表現，文法（口語），表現効果，文学史	

(注)　●印は全問，◑印は一部マークシート方式採用であることを表す。

▶短期大学

年度		番号	種類	類別	内容	出典
2024	推薦●	〔1〕	現代文	評論	書き取り，内容説明，空所補充，指示内容，慣用表現，欠文挿入箇所，主旨	「中高生のための哲学入門」　小川仁志
		〔2〕	現代文	随筆	内容説明，空所補充，読み，指示内容，慣用表現，語意，内容真偽	「『作家』と『魔女』の集まっちゃった思い出」角野栄子
		〔3〕	国語常識		文法（口語），読み，四字熟語，部首，文学史	
	一般選抜◑	〔1〕	現代文	評論	内容説明，書き取り，語意，四字熟語，指示内容，空所補充，内容真偽	「コミュニケーションは，要らない」　押井守
		〔2〕	国語常識		読み，ことわざ，四字熟語，文学史，文法（口語）	
		〔3〕	現代文	評論	空所補充，内容説明，文学史，内容真偽，箇所指摘，書き取り，指示内容，読み，段落挿入箇所	「本の読み方」　平野啓一郎
2023	推薦●	〔1〕	現代文	評論	指示内容，内容説明，語意，空所補充，書き取り，読み，文の構造，欠文挿入箇所，内容真偽	「生命と偶有性」　茂木健一郎
		〔2〕	現代文	随筆	熟語，空所補充，語意，読み，文学史，内容説明，表現効果，慣用表現	「生きるコツ」　姜尚中
		〔3〕	国語常識		部首，文法（口語），四字熟語，ことわざ，熟語	
	一般選抜◑	〔1〕	現代文	評論	語意，内容説明，書き取り，空所補充，四字熟語，指示内容，内容真偽	「民主的な子どもたち」　前田健太郎
		〔2〕	国語常識		四字熟語，読み，慣用表現，文学史，文法（口語）	
		〔3〕	現代文	評論	空所補充，内容説明，語意，内容真偽，指示内容，読み，書き取り，箇所指摘	「生物学的文明論」　本川達雄

(注)　●印は全問，◑印は一部マークシート方式採用であることを表す。

基礎力重視の標準的な設問
基礎的な語彙力が問われる

01 出題形式は？

　大学では，推薦・一般選抜ともに，現代文2題と国語常識2題が出題されている。国語常識が記述式で，その他はマークシート方式である。記述式の解答用紙は，各設問の答えに合わせた大きさの解答欄が用意されている。

　短期大学は，現代文2題と国語常識1題の出題である。推薦は全問マークシート方式だが，一般選抜で記述式が併用されている。

　試験時間は，大学・短期大学どちらも推薦・一般選抜ともに60分。

02 出題内容はどうか？

　大学・短期大学ともに，現代文では，評論や随筆が出題されている。設問は書き取り，読み，語意，内容説明，空所補充などが中心で，内容真偽は必出である。文学史が出題されることも多い。2023年度は，短期大学の推薦の〔2〕で同じテーマの2つの文章をふまえて答えさせる設問もあった。また，2024年度は，短期大学の推薦の〔1〕で本文の内容について生徒が論議する形での主旨を問う設問があった。国語常識では，漢字の書き取りや読み，慣用表現，四字熟語，文法（口語），文学史などが出題されている。

03 難易度は？

　大学・短期大学とも基礎から標準的なレベル。時間配分は，国語常識は1題を5〜10分で終わらせ，残りの時間を現代文2題で等分するのを目安にすればよいだろう。

01　現代文

　本文自体の内容は読み取りやすいものが中心であるため，事前の着実な学習・準備があれば十分に対応できる。本文の筋道を素直に把握し，筆者の主張を的確に読み取る練習が望まれる。本書および過去の赤本を使用して，しっかり過去問をマスターしよう。さらに，『ちくま評論入門』（筑摩書房）や『ベスト・エッセイ』（日本文藝家協会編，光村図書出版）などで日頃から読む練習をし，『体系現代文』（教学社）の標準レベルの問題や，標準的なマークシート方式の問題集をこなしておこう。

02　漢字・語句・四字熟語・文学史など

　漢字・語句・文学史などの設問に関しては，各学校で使用している『国語便覧』や漢字ドリルで知識づけをし，短期集中型の問題集で必要不可欠な知識を身につけよう。現代文の内容説明の問題では，選択肢の判別において語彙力が必要な場合もある。言葉に対する正しい知識が求められることを念頭において学習してほしい。国語常識の大問では，文法（口語）やことわざ，部首など，幅広く出題されている。苦手な分野があれば，しっかり復習しておこう。

2024 年度

問題と解答

大学：学校推薦型選抜　公募方式（A日程）

問　題　編

▶試験科目・配点〔2科目選択方式・3科目選択方式〕

学部	教科	科　　目	2科目選択方式	配点	3科目選択方式	配点
経営・現代社会・国際・建築＆芸術・日本	外国語	英語（コミュニケーション英語Ⅰ・Ⅱ・Ⅲ，英語表現Ⅰ・Ⅱ）	2科目選択※1	200点		
	地　歴	日本史Bまたは世界史B				
	数　学	数学Ⅰ・A				
	国　語	国語総合（古文・漢文を除く）・現代文B				
健康栄養	外国語	英語（コミュニケーション英語Ⅰ・Ⅱ・Ⅲ，英語表現Ⅰ・Ⅱ）	2科目選択※2	200点	必須	100点
	数　学	数学Ⅰ・A			1科目選択	100点
	理　科	化学基礎・化学または生物基礎・生物				
	国　語	国語総合（古文・漢文を除く）・現代文B			必須	100点
国際看護	外国語	英語（コミュニケーション英語Ⅰ・Ⅱ・Ⅲ，英語表現Ⅰ・Ⅱ）	必須	100点	必須	100点
	数　学	数学Ⅰ・A	1科目選択	100点	1科目選択	100点
	理　科	化学基礎・化学または生物基礎・生物				
	国　語	国語総合（古文・漢文を除く）・現代文B			必須	100点

▶試験科目・配点〔実技方式〕

学部	教科	内　　容	配点
建築＆芸術	実　技	鉛筆デッサン※3	200点

▶備 考

- 選択科目について，事前登録不要。
- 建築＆芸術学部は，２科目選択方式（配点200点）・実技方式（配点200点）が選択可（実技方式は出願時に申請が必要）。
- 健康栄養・国際看護学部は，２科目選択方式（配点200点）・３科目選択方式（配点300点）が選択可（事前登録不要）。
- ２科目選択方式受験者…調査書（50点：全体の学習成績の状況×10）＋科目試験（200点）＝合計250点満点および自己アピール文（国際看護学部は面接評価）により合否を判定する。
- ３科目選択方式受験者…調査書（50点：全体の学習成績の状況×10）＋科目試験（300点）＝合計350点満点および自己アピール文（国際看護学部は面接評価）により合否を判定する。
- 英語民間試験について，大学指定のスコアを取得した者は，「外国語（英語）」100点に換算。

※1　経営，国際日本，現代社会，建築＆芸術学部は，次の①〜③のいずれかの科目の組み合わせを選択する。
①「英語」と「国語」
②「英語」と（「日本史」・「世界史」・「数学」から１科目）
③「国語」と（「日本史」・「世界史」・「数学」から１科目）

※2　健康栄養学部は，次の①〜③のいずれかの科目の組み合わせを選択する。
①「英語」と「国語」
②「英語」と（「数学」・「化学」・「生物」から１科目）
③「国語」と（「数学」・「化学」・「生物」から１科目）

※3　与えられたモチーフ（日用品や生活雑貨といったさまざまな製品と，果物や野菜などの青果物から２点ないし３点）を自由に配置し画用紙（382×542mm）にデッサンする。

▶出題範囲

- 「化学」の出題範囲は「物質の状態」「物質の変化」「無機物質」とする。
- 「生物」の出題範囲は「生態と環境」「生物の進化と系統」を除いたものとする。

英 語

(60分)

I 次の英文の（　　　）に入る最も適切なものを①〜④から一つずつ選び，マークしなさい。

1 It will probably be past midnight by the time we（　　　）home.
　① get 　　② got 　　③ will get 　　④ will have gotten

2 If I（　　　）enough money back in those days, I could have bought that house.
　① had 　　② had had 　　③ have 　　④ have had

3 I don't mind her criticizing me,（　　　）it's how she does it that I object to.
　① and 　　② but 　　③ or 　　④ so

4 Please help me with this math problem. I can't（　　　）the answer.
　① catch up 　　② come up with 　　③ end up 　　④ face up to

5 I am playing computer games too much. My grades are starting to（　　　）.
　① benefit 　　② fall 　　③ rise 　　④ worry

6 As（　　　）as I'm concerned, I don't want to have anything to do with the matter.
　① far 　　② long 　　③ soon 　　④ well

7 You cannot exchange that shirt if you don't have the（　　　）.
　① receipt 　　② receiver 　　③ reception 　　④ recipe

8 "Which would you prefer to do this weekend, go to the beach or visit a museum?"
　"（　　　）. I want to stay home."
　① All 　　② Both 　　③ Either 　　④ Neither

9 Dr. Adams argues that the house prices will fall, but other economists（　　　）the opposite is true.
　① believe 　　② make 　　③ put 　　④ take

10 The village school would have been closed years ago （　　　） the determination of the
teachers and the parents to keep it open.
① according to ② as for ③ but for ④ due to

Ⅱ　和文に合った英文になるように語（句）を並べ替え，（　　　）内で３番目となるものを①〜④
から一つずつ選び，マークしなさい。

11 私が作って一番楽しい料理はスパゲッティ・カルボナーラです。すぐ簡単にできますよ。
The meal that （ ① enjoy ② I ③ making ④ the most ） is spaghetti carbonara. It's quick
and easy.

12 今年，市は環境保護に去年の２倍のお金を使う予定です。
The city will spend （ ① as ② money ③ much ④ twice ） on environmental protection
this year as it did last year.

13 父はチェスをするときは容赦がなく，私に全然勝たせてくれない。
My father shows no mercy in chess and （ ① lets ② me ③ never ④ win ）.

14 私は友人としゃべっていたので，自分の名前が呼ばれていることに気づかなかった。
I was chatting with my friend, so I didn't （ ① being ② called ③ my name ④ notice ）.

15 デザインコンテストでの優勝が，私のファッションデザイナーとしての大きな一歩になり
ました。
Winning a design contest was （ ① a ② forward in ③ major ④ step ） my fashion designer
career.

Ⅲ 次の会話を読み，設問に答えなさい。

Jenny is a booking clerk at the RSA theater.

Jenny : RSA Theater. Jenny speaking. How can I help you?

James : Hello, I was wondering if you could help me. I've booked tickets for the show on the tenth of June, but I'd like to change the date.

Jenny : （ ア ） Can I just check? What's the name, please?

James : The tickets are booked in the name of James King.

Jenny : （ イ ） Did you say King?

James : James King.

Jenny : OK, yes. Two tickets for June the tenth. What date would you like to change to?

James : （ ウ ）

Jenny : There's nothing on the twelfth or thirteenth. There are two seats for the eleventh, but they're separate. We have …

James : Sorry, （ エ ）, please? Two seats for?

Jenny : Sorry, two seats for the eleventh, but they aren't together. We can get you two seats together on the fourteenth of June.

James : Fourteenth of June. That's fine.

Jenny : OK. （ オ ）

James : Thank you.

設問

16 （ ア ）に入る最も適切なものを①～④から一つ選び，マークしなさい。

① No, thank you.

② Oh, absolutely not.

③ OK, one moment.

④ Yes, please.

17 （ イ ）に入る最も適切なものを①～④から一つ選び，マークしなさい。

① Sorry, I didn't catch that.

② Sorry, I didn't mean that.

③ Sorry, I didn't mention that.

④ Sorry, I didn't need that.

18 （ ウ ）に入る最も適切なものを①～④から一つ選び，マークしなさい。

① How long will the show run for?

② How much are the tickets for the show?

③ What dates do you still have seats for?

④ What is the daily performance schedule?

19 （　エ　）に入る最も適切なものを①～④から一つ選び，マークしなさい。

① can you slow down

② could I ask you a favor

③ may I remind you again

④ will you let me finish

20 （　オ　）に入る最も適切なものを①～④から一つ選び，マークしなさい。

① I'll just go ahead and book that.

② I'll just sit back and relax now.

③ I'll just sit here and wait.

④ I'll just step out and take a walk.

IV　次の文章を読み，設問に答えなさい。

Researchers at Stanford University in California did an experiment to find out how nature influences people. They （　ア　） 60 people into two groups. One group spent 50 minutes walking in a busy city. The other group spent 50 minutes walking in a natural area with trees and grass. They tested the people before and after their walks. The scientists found that after walking, the nature walkers showed different brain activity. Their brains showed less activity for negative emotions and less stress. （　イ　）, those people did better on memory tests than the city walkers. It was clear that walking in nature made a difference.

Having a better understanding of the relationship between being in nature and mental health is important because more and more people live and work in large cities. Today, over 50% of the world's population lives in a city, and it will soon be 70%. Studies show that people living in cities have more mental health problems. City residents have more depression, anxiety, and stress than residents of small towns. Scientists believe it may be （　ウ　） city residents have less time in nature.

Scientists also want to know what kind of nature experience makes a difference. Researchers have found that you don't （　エ　） to go to a large park to benefit from nature. City residents can benefit from small parks, streets with trees, and small green spaces. Even a short time in nature can give you a mental and emotional rest that will help you throughout the day. （　オ　） nature around you lets your mind rest.

設問

21 （　ア　）に入る最も適切なものを①〜④から一つ選び，マークしなさい。

① decided　　　② divided　　　③ produced　　　④ provided

22 （　イ　）に入る最も適切なものを①〜④から一つ選び，マークしなさい。

① In addition　　② In contrast　　③ In return　　④ In theory

23 （　ウ　）に入る最も適切なものを①〜④から一つ選び，マークしなさい。

① as if　　② because　　③ so that　　④ until

24 （　エ　）に入る最も適切なものを①〜④から一つ選び，マークしなさい。

① like　　② need　　③ seem　　④ try

25 （　オ　）に入る最も適切なものを①〜④から一つ選び，マークしなさい。

① Avoiding　　② Copying　　③ Ignoring　　④ Noticing

Ⅴ　次の文章を読み，設問に答えなさい。

If you're like me, someone asks you for a donation several times a week. An international organization is trying to help poor children, or there's been a natural disaster on the other side of the world. I have to confess that I usually ignore these requests because I don't feel a personal connection or have a particular interest. It may not be logical, but I feel that if I donated, my money would get lost in the crowd of other donations. Also, it might not be used to actually help the people it was intended for. But I've found a truly meaningful way to make donations: small online fundraisers for individuals. With fundraisers like these, people can find out details about a specific person who needs help and then donate money to that person. In my view, it's the best way to make a real difference in one person's life.

Let me give you an example. I've never met Tere Parra, but I know that she is an energetic and generous 25-year-old from Mérida, Mexico. In June of 2012, her whole life was changed in an instant. While she was visiting relatives in the U.S., she fell from a tree and crashed 20 feet to the ground. She suffered many injuries, but the worst was to her spine. She was paralyzed from the waist down. She had to stay in the hospital for three weeks. Then she faced months of rehabilitation … and medical bills.

Unfortunately, Tere's parents had no health insurance. Her hospital bills were over $200,000. To help her, Tere's friends and family set up a website to raise money. My cousin from Utah sent me a message about the fundraising site for Tere, and I decided to donate to it. I used my

cell phone to donate ... it couldn't have been easier. The site raised tens of thousands of dollars, and Tere's friends and family were deeply (　カ　) by the kindness of so many strangers. It was wonderful to look at photos of Tere, smiling and working hard to regain her <u>former</u> strength, and
キ
to know that I had helped.

　　Small online fundraisers have changed the way I think about making donations. That's why I advise you to look for small projects where your online dollars can really make a difference. <u>Find your own Tere Parra</u> — someone who inspires you to give. I'm confident that you'll discover that
ク
making online donations can be a very rewarding experience.

(注)　spine：背骨　　　　　　paralyzed：麻痺している

設問

26　下線部**ア**の具体的な内容として最も適切なものを①〜④から一つ選び，マークしなさい。
　　① 寄付を必要とする他の多くの人々
　　② 寄付をすることに意義を感じない他の人々
　　③ 他の多くの人々が行う様々な寄付
　　④ 必要であるのになかなか集まらない他の寄付

27　下線部**イ**の具体的な内容として最も適切なものを①〜④から一つ選び，マークしなさい。
　　① 寄付を受ける人
　　② 寄付をする人
　　③ 寄付を呼びかける人
　　④ 寄付をしない人

28　下線部**ウ**の人物に関する記述として本文の内容と**一致しないもの**を①〜④から一つ選び，マークしなさい。
　　① メキシコ出身の寛大な女性である。
　　② 木から 20 フィート落下して大怪我をした。
　　③ 医療保険に加入していなかったため高額の医療費を請求された。
　　④ 寄付を募るために自分でウェブサイトを立ち上げた。

29　下線部**エ**の意味として最も適切なものを①〜④から一つ選び，マークしなさい。
　　① had to deal with　　　　　　　② had to find out about
　　③ had to give up　　　　　　　　④ had to wait for

30　最も強く発音する音節の位置が，下線部**オ**の語と**異なるもの**を①〜④から一つ選び，マークしなさい。

in-sur-ance ① con-nec-tion ② di-sas-ter ③ in-ter-est ④ spe-cif-ic

31 空欄（ **カ** ）に入る最も適切なものを①～④から一つ選び，マークしなさい。

① disappointed ② offended ③ touched ④ troubled

32 下線部**キ**の意味に最も近いものを①～④から一つ選び，マークしなさい。

① ancient ② following ③ present ④ previous

33 下線部**ク**が言おうとしている内容として最も適切なものを①～④から一つ選び，マークしなさい。

① 自分のごく身近にいる人を助けることから始めよう。

② あなたも Tere Parra のウェブサイトで彼女に寄付しよう。

③ 自分の寄付が役立つと実感できる人に寄付をしよう。

④ 自分が Tere Parra の立場だったらと考えて行動しよう。

34 本文の内容と**一致しないもの**を①～④から一つ選び，マークしなさい。

① 筆者は，お金の具体的な使われ方が分からない寄付には積極的になれなかった。

② 筆者は，貧しい子どもたちを助ける国際機関に所属している。

③ 20万ドルの医療費は，Tere Parra の家族の手に負える額ではなかった。

④ Tere Parra は，背骨の損傷以外にも多くの傷を負った。

35 本文の内容と一致するものを①～④から一つ選び，マークしなさい。

① Tere Parra was visiting the author's cousin in Utah when she fell from a tree.

② The author's cousin was one of the persons who set up the website for Tere Parra.

③ The author makes a donation whenever there is a big natural disaster in the world.

④ Finding a way to donate money directly to those in need is a truly worthwhile thing to do.

日　本　史

（60 分）

Ⅰ　次の史料Ａ・Ｂを読んで，下の問いに答えなさい。

〔史料Ａ〕

　建武中元二年，倭の奴国，貢を奉じて朝賀す。使人自ら大夫と称す。倭国の極南界なり。光武，賜ふに印綬を以てす。安帝の永初元年，倭の国王帥升等，⁽¹⁾生口百六十人を献じ，請見を願ふ。桓霊の間，倭国大いに乱れ，更相攻伐し，歴年主なし。

（⁽²⁾『後漢書』東夷伝）

〔史料Ｂ〕

　倭人は（　3　）の東南大海の中に在り，山島に依ひて国邑を為す。旧百余国。漢の時朝見する者あり。今，使訳通ずる所三十国。郡より倭に至るには，海岸に循ひて水行し，…南，⁽⁴⁾邪馬壹国に至る。女王の都する所なり。…

　景初二年^(注)六月，倭の女王，大夫難升米等を遣し，郡に詣り，天子に詣りて朝献せんことを求む。太守劉夏，吏を遣し，将て送りて京都に詣らしむ。…

　卑弥呼以て死す。大いに冢を作る。径百余歩，徇葬する者，奴婢百余人。更に男王を立てしも，国中服せず。更々相誅殺し，当時千余人を殺す。また卑弥呼の宗女⁽⁵⁾壱与年十三なるを立てて王と為す。国中遂に定まる。…

（注）景初三年の誤り。

（　6　）

1　下線部（1）の生口の意味として正しいものを，次の①～④のうちから一つ選びなさい。

　　①　田部　　　　　　　　②　部曲　　　　　　　　③　奴隷　　　　　　　　④　豪族

2　下線部（2）に関して，**史料Ａ**の内容について述べた文として正しいものを，次の①～④のうちから一つ選びなさい。

　　①　奴国王は紀元 107 年に使者を派遣し印綬を授けられた。

　　②　倭人は百余国に分かれていて，定期的に楽浪郡に使者を送っていた。

　　③　奴国王は後漢の光武帝より「親魏倭王」の文字が刻まれた金印を授けられた。

　　④　倭国大乱のあった後漢の皇帝「桓霊の間」とは，おおむね 2 世紀後半のことをさす。

3 空欄（ 3 ）に入る語句として正しいものを，次の①〜④のうちから一つ選びなさい。

① 帯方 　　② 韓国 　　③ 任那 　　④ 伊都

4 下線部（4）に関連して，2009年に3世紀前半ごろの整然と配置された大型建物跡が発見され，邪馬台国との関係で注目された奈良県の遺跡として正しいものを，次の①〜④のうちから一つ選びなさい。

① 板付遺跡 　　② 纒向遺跡 　　③ 荒神谷遺跡 　　④ 吉野ケ里遺跡

5 下線部（5）に関して，壱与が活躍した3世紀後半ごろの倭の様子について述べた文として**誤っ**ているものを，次の①〜④のうちから一つ選びなさい。

① 古墳の埋葬施設として、竪穴式石室が用いられた。

② 古墳の副葬品としては、呪術的な品物が中心であった。

③ 前方後円墳などの古墳が主に西日本に出現した。

④ 大阪府の大仙陵古墳や誉田御廟山古墳などは、この時期の代表的な古墳である。

6 空欄（ 6 ）に入る出典として正しいものを，次の①〜④のうちから一つ選びなさい。

① 『漢書』地理志 　　　　　② 高句麗好太王碑銘

③ 『魏志』倭人伝 　　　　　④ 『宋書』倭国伝

Ⅱ 次の文章を読んで，下の問いに答えなさい。

　平安時代末期にあたる院政期は，国風期に引き続き浄土教が隆盛し，(7)『平家納経』のように写経に装飾を施して奉納した装飾経や大和絵が物語文化と融合した(8)絵巻物という絵画の手法が発展した。

　鎌倉時代になると，引き続き絵巻物は盛んに描かれた。武士の活躍を描いた『蒙古襲来絵巻』，寺社の縁起を描いた『春日権現験記』，(9)高僧の伝記である『一遍上人絵伝』などがそれである。さらに，実在の人物の肖像を写実的に描く似絵という大和絵の手法がみられ，藤原隆信・(10)藤原信実父子の名手があらわれた。肖像画であっても禅宗の僧侶を描いたものは頂相とよばれる。

　室町時代になると，五山・十刹の制や林下の禅など禅宗が隆盛する中で，禅の精神を具体化した水墨画が宋や元から伝来した。北山文化では相国寺の画僧（ 11 ）が公案を題材とした『瓢鮎図』を完成させ，東山文化になると雪舟が『四季山水図巻』などの代表作を完成させた。一方，大和絵では狩野派と土佐派の系統に分かれ，（ 12 ）は室町幕府御用絵師として活躍した狩野元信の作品と伝えられる。

7　下線部（7）に関連して，『平家納経』が奉納された寺社として正しいものを，次の①〜④のうちから一つ選びなさい。

　　①　厳島神社　　　　②　四天王寺　　　　③　教王護国寺　　　　④　北野神社

8　下線部（8）について述べた文として**誤っているもの**を，次の①〜④のうちから一つ選びなさい。

　　①　『源氏物語絵巻』は登場人物の様子を吹抜屋台の構図で描いている。

　　②　『伴大納言絵巻』は承和の変を題材に京都の姿を描いている。

　　③　『信貴山縁起絵巻』は聖の生き方や風景・庶民の生活をたくみに描いている。

　　④　『鳥獣戯画』は鳥羽僧正の作品と伝えられ，動物を擬人化して描いたのが特徴である。

9　下線部（9）に関連して，一遍や『一遍上人絵伝』について述べた文として**誤っているもの**を，次の①〜④のうちから一つ選びなさい。

　　①　一遍は各地の民衆に教えを広め，時宗を確立した。

　　②　一遍は著書である『立正安国論』を執権北条時頼に献上した。

　　③　『一遍上人絵伝』には遊行上人とよばれた一遍が踊念仏で教えを広める様子が描かれている。

　　④　『一遍上人絵伝』には備前国福岡の市で活発に商品の販売が行われる様子が描かれている。

10　下線部（10）に関連して，藤原信実の作と伝えられる似絵の代表作として正しいものを，次の①〜④のうちから一つ選びなさい。

　　①　『源頼朝像』　　　②　『平重盛像』　　　③　『重源上人像』　　　④　『後鳥羽上皇像』

11　空欄（　11　）に入る人物名として正しいものを，次の①〜④のうちから一つ選びなさい。

　　①　蓮如　　　　　　②　如拙　　　　　　③　明兆　　　　　　④　周文

12　空欄（　12　）に入る作品として正しいものを，次の①〜④のうちから一つ選びなさい。

　　①　『松鷹図』　　　　　　　　　　　　②　『唐獅子図屛風』

　　③　『大徳寺大仙院花鳥図』　　　　　　④　『洛中洛外図屛風』

Ⅲ　次の文章を読んで，下の問いに答えなさい。

　江戸幕府の政治は，17世紀半ば以降，それまでの強圧的な武断政治から儒教的な徳治主義に基づく文治政治へ転換していった。徳川家綱が幼くして4代将軍に就任したことから1651年に（　13　）が幕府の転覆を企てる事件を起こした。その背景には，大名の改易や減封が相次いで牢人が多く発生し，社会に対する不満があったとされる。幕府は，この事件を機に大名に（　14　）を緩和したり，牢人やかぶき者の取締りを強化したりするなどの政策を実施し，幕政は安定に向かった。また，(15) 諸藩においても幕政安定と藩主の権力強化がはかられた。

　5代将軍となった徳川綱吉は，側用人を設けて（　16　）を登用し，武家諸法度天和令を発布し「文武忠孝を励まし，礼儀を正すべき事」と第一条文をあらためるなど儒教を重視する政策をおこなった。しかし，(17) 幕府財政は転換期を迎え，収入減支出増で破綻の危機を迎えた。そこで勘定吟味役（のちに勘定奉行）となった荻原重秀は貨幣改鋳をおこなって増収をあげたが，物価騰貴を引き起こすことになった。

　6代将軍徳川家宣と7代将軍徳川家継の時代になると，朱子学者の新井白石が侍講として補佐をおこない，（　18　）の政治とよばれた。

13　空欄（　13　）に入る人物名として正しいものを，次の①〜④のうちから一つ選びなさい。
　　① 沢庵　　　　　　　② 由井正雪　　　　　③ 大塩平八郎　　　　④ 天草四郎時貞

14　空欄（　14　）に入る語句として正しいものを，次の①〜④のうちから一つ選びなさい。
　　① 上げ米　　　　　　② 殉死の禁止　　　　③ 相対済し令　　　　④ 末期養子の禁止

15　下線部（15）について述べた文として**誤っているもの**を，次の①〜④のうちから一つ選びなさい。
　　① 岡山藩主池田光政は，閑谷学校を設け，儒学者の熊沢蕃山を登用した。
　　② 加賀藩主前田綱紀は，朱子学者の木下順庵を招いて学問の振興を図った。
　　③ 水戸藩主徳川光圀は，『大日本史』の編纂を開始し，明から亡命してきた朱舜水を招いた。
　　④ 赤穂藩主浅野長矩は，旗本で高家の吉良義央を用いて幕政の安定と朝幕協調関係を図った。

16　空欄（　16　）に入る人物名として正しいものを，次の①〜④のうちから一つ選びなさい。
　　① 堀田正俊　　　　　② 保科正之　　　　　③ 柳沢吉保　　　　　④ 間部詮房

17　下線部（17）について，17世紀後半から18世紀にかけて，幕府や大名が財政窮乏に陥った理由として**誤っているもの**を，次の①〜④のうちから一つ選びなさい。
　　① 明暦の大火で焼けた江戸城や江戸の市街の再建費用に金銀の多くを使ったから。
　　② 海舶互市新例を出して長崎貿易を奨励し，銅や俵物の輸出を奨励したが伸びなかったから。
　　③ 大名は参勤交代を義務づけられたため，国元と江戸の往復や滞在に多額な費用を必要としたから。

④　佐渡金山などの鉱山の金銀の産出量が減少したから。

18　空欄（　18　）に入る語句として正しいものを，次の①〜④のうちから一つ選びなさい。

①　正徳　　　　　　②　延喜　　　　　　③　寛平　　　　　　④　天暦

Ⅳ　次の文章を読んで，下の問いに答えなさい。

　明治新政府の発足後，中央集権を確立し近代化政策を進めるために，財政の安定は重要な課題であった。1873 年に政府は条例を定め [19] 地租改正に着手した。さらに，富国強兵をめざして内務省や工部省を中心として産業の近代化をすすめて [20] 殖産興業を推進した。内務省は当初警察を管轄するだけではなく軽工業や農業政策も担当していたが，政府直営の官営模範工場を各地に設立した。フランスの技術を導入した（　21　）県の富岡製糸場はその例である。また，[22] 第 1 回内国勧業博覧会を開催して，産業技術の発展と普及を試みた。[23] 工部省は主に鉱工業や運輸などでの産業発展に携わり，旧幕府が経営していた長崎や兵庫の（　24　）などを官営事業として受け継いだ。

　主に 1870 年代に進められた殖産興業政策は，1880 年代の松方財政の時代を経て，1890 年代に産業革命として花開くことになった。

19　下線部（19）について述べた文として**誤っているもの**を，次の①〜④のうちから一つ選びなさい。

①　課税基準を地価に変更して税率は地価の３％とし，物納は金納に改められた。

②　従来の年貢負担者の地主や自作農に地券が交付され，地券所有者が納税者になった。

③　地租改正条例が出される前に，田畑勝手作りを許可し，田畑永代売買を解禁した。

④　地租改正反対一揆が各地で発生したが，1877 年に地租の税率は 3.3％に引き上げられた。

20　下線部（20）に関連して述べた文として**誤っているもの**を，次の①〜④のうちから一つ選びなさい。

①　大村益次郎の立案により，官営の郵便制度が開始された。

②　岩崎（三菱）・三井など一部の民間事業家が政府に優遇され，政商とよばれた。

③　政府は先進技術などの導入のため，お雇い外国人とよばれる欧米人を雇用した。

④　北海道の開発をおこなう官庁である開拓使が設置され，屯田兵制度が設けられた。

21　空欄（　21　）に入る語句として正しいものを，次の①〜④のうちから一つ選びなさい。

①　栃木　　　　　　②　埼玉　　　　　　③　茨城　　　　　　④　群馬

22　下線部（22）に関連して，博覧会開催中に起こっていた出来事して正しいものを，次の①〜④のうちから一つ選びなさい。

①　西南戦争　　　　②　台湾出兵　　　　③　江華島事件　　　④　明治十四年の政変

23　下線部（23）に関連して，初代工部卿となった長州出身の人物として正しいものを，次の①〜④のうちから一つ選びなさい。

①　大隈重信　　　　②　伊藤博文　　　　③　後藤象二郎　　　　④　大久保利通

24　空欄（　24　）に入る語句として正しいものを，次の①〜④のうちから一つ選びなさい。

①　砲兵工廠　　　②　紡績所　　　③　造船所　　　④　製鉄所

Ⅴ　次の略年表を読んで，下の問いに答えなさい。

894年　菅原道真の意見により遣唐使が廃止される

(25) 以後，日明貿易開始までの間，正式な国交に基づく貿易は実施されない

1368年　絶海中津が明に留学し，帰国後は足利義満に重用される

1404年　足利義満により (26) 日明貿易が始まる

1411年　日明貿易が中断する

1432年　将軍（　27　）により日明貿易が再開する

1523年　細川氏と大内氏が日明貿易の主導権をめぐり（　28　）を起こす

1641年　オランダ商館を出島にうつし，清とは長崎貿易を継続

1654年　隠元隆琦が来日して（　29　）を伝え，のち宇治に万福寺を開く

1689年　長崎に雑居していた清国人の居住地を唐人屋敷に限定する

1842年　(30) アヘン戦争で清がイギリスに敗北

25　下線部（25）に関連して，遣唐使の廃止から日明貿易の開始の間に日中間で起こった出来事を述べた文として**誤っているもの**を，次の①〜④のうちから一つ選びなさい。

①　平清盛は日宋貿易を推進したため，その利潤は平氏政権の重要な経済基盤となった。

②　鎌倉幕府は南宋から来日した蘭渓道隆・無学祖元ら曹洞宗の僧を招き，鎌倉に寺院を建立した。

③　文永の役・弘安の役と九州地方を中心に2度にわたる元軍の襲来を受けた。

④　南北朝の動乱の頃，中国大陸の沿岸などを襲う海賊集団は倭寇とよばれて恐れられた。

26　下線部（26）について，日本からの輸出品として**誤っているもの**を，次の①〜④のうちから一つ選びなさい。

①　生糸　　　　②　銅　　　　③　刀剣　　　　④　硫黄

27　空欄（　27　）に入る人物名として正しいものを，次の①〜④のうちから一つ選びなさい。

①　足利義政　　　②　足利義持　　　③　足利義昭　　　④　足利義教

28　空欄（　28　）に入る語句として正しいものを，次の①～④のうちから一つ選びなさい。

①　三浦の乱　　　　　②　慶長の役　　　　　③　寧波の乱　　　　　④　文禄の役

29　空欄（　29　）に入る語句として正しいものを，次の①～④のうちから一つ選びなさい。

①　律宗　　　　　　　②　法相宗　　　　　　③　黄檗宗　　　　　　④　華厳宗

30　下線部（30）に関連して，アヘン戦争の結果に対する清と日本の対応について述べた文として正しいものを，次の①～④のうちから一つ選びなさい。

①　清はイギリスと北京条約を結んで，香港を割譲した。

②　清は日本により不平等条項を含む日清修好条規を結ばされた。

③　日本は外国船接近に対応して，異国船打払令を緩和して，天保の薪水給与令を出した。

④　日本はアメリカに開国を求められ，下田・函館を開港地とする日米修好通商条約を結んだ。

世 界 史

（60分）

Ⅰ　次の文章を読んで，下の問いに答えなさい。

　中国では春秋時代末期から戦国時代にかけて（おおよそ⁽¹⁾前6世紀から前3世紀頃），⁽²⁾「諸子百家」と総称される，実に様々な思想家たちが現れた。その一つの重要な背景として，この時期に時代が大きく動いた，いわば「激動の時代」であったことが挙げられる。

　たとえば，⁽³⁾儒家思想の創始者である孔子は，「仁」や「孝」を重視することによって理想的な社会の実現を目指したが，孔子の認識ではそれは本来，幼い周王を周公旦が補佐していた西周初期に実現できていたものであった。つまり孔子は西周初期に立ち戻ろうと，復古主義を掲げたわけである。これは裏を返すと，⁽⁴⁾周王が頂点に立って諸侯を従える従来の秩序が，この時代には崩壊しつつあったことを物語っている。つまり，下剋上が行われるような弱肉強食の時代だったのである。

　このような過酷な環境で生き残るために，各国は富国強兵に努めた。⁽⁵⁾各国の君主は孔子の理想主義をほとんど顧みず，むしろ法家思想が主流となっていった。弱小国が淘汰されて強国の支配領域が拡大し，国家規模が大きくなっていったこの時代にあって，法による支配が重視されたのも当然といえば当然といえるだろう。法家思想の大成者とも目される（　6　）を召し抱えようとした秦の始皇帝が，法家思想に基づいて史上初めて中国を統一したのは，その象徴ともいえる。

　また，殷王朝や周王朝の初期の勢力範囲は⁽⁷⁾黄河の中～下流域が中心であったが，始皇帝が統一したのは長江流域を含む領域であった。言うなれば，春秋・戦国期を通じて⁽⁸⁾「中華世界」が拡大したのである。このような「激動」に対処して生きる道を模索する中で，様々な思想家たちが登場したのであった。

1　下線部（1）の時期に起きた出来事として**誤っているもの**を，次の①～④のうちから一つ選びなさい。

①　アショーカ王による仏典の結集　　　②　ポエニ戦争（第1回）

③　マラトンの戦い　　　　　　　　　　④　アッシリア王国の崩壊

2　下線部（2）について述べた文として正しいものを，次の①～④のうちから一つ選びなさい。

①　墨家は小国こそ積極的な攻勢が必要であると説いた。

②　兵家で有名な孫子は歴史上，2人いた。

③　論理学を説く名家は，後世儒家をしのぐほど大きく発展した。

④　陰陽家はこの世界の成り立ちを「理」と「気」から説明した。

3 下線部（3）に関連する語として正しいものを，次の①～④のうちから一つ選びなさい。

① 大義名分論　　　② 合従策　　　③ 無為自然　　　④ 色即是空

4 下線部（4）について述べた文として**誤っているもの**を，次の①～④のうちから一つ選びなさい。

① 周王が諸侯に封土を与えて統治を委任する統治方式を封建制とよぶ。

② 春秋時代には有力な諸侯が周王の名の下に覇者として他の諸侯を束ねた。

③ 春秋時代の覇者は諸侯でありながら，周王から「王」を名乗ることが許された。

④ 戦国時代には多くの君主が「王」を名乗り，周王をないがしろにした。

5 下線部（5）について述べた文として正しいものを，次の①～④のうちから一つ選びなさい。

① 孔子の考えは君主たちだけでなく，広く一般にもほとんど無視された。

② 儒家思想を受け継いだ孟子は，孔子とは逆に各国に求められて仕官した。

③ 性悪説を唱えた荀子は儒家に数えられるが，門下からは法家も輩出した。

④ 秦漢以後の歴代中国王朝も多くは法家思想を採用し，儒家思想を否定した。

6 空欄（　6　）に入れる人名として正しいものを，次の①～④のうちから一つ選びなさい。

① 李斯　　　　　② 韓非　　　　　③ 張儀　　　　　④ 呉子

7 下線部（7）の流域にある地名として正しいものを，次の①～④のうちから一つ選びなさい。

① 臨安　　　　　② 平城　　　　　③ 武昌　　　　　④ 開封

8 下線部（8）について述べた次の文a・bの正誤の組合せとして正しいものを，下の①～④のうちから一つ選びなさい。

a　モンゴル高原が中国王朝の領土となった時期もある。

b　朝鮮半島が中国王朝の領土となったことはない。

① a・bともに正しい　　　　　　　② aのみ正しい

③ bのみ正しい　　　　　　　　　　④ a・bともに誤り

Ⅱ　次の文章を読んで，下の問いに答えなさい。

　現在のインドネシアに含まれるモルッカ諸島は，香料諸島ともよばれて，香辛料の産地として知られ，交易の利益を求めて古くから様々な勢力がやってきた。16世紀に⁽⁹⁾ポルトガルがこの地に進出し，17世紀にはオランダがこれに代わって香辛料貿易の利益を独占した。同じ時期に進出していたイギリスは，⁽¹⁰⁾モルッカ諸島に置いていた商館をオランダに襲われてこの地から撤退し，インド経営に専念することになった。

　17世紀後半以降，香辛料価格が下落したこともあり，オランダの進出は，⁽¹¹⁾貿易拠点の確保から領土支配による植民地経営へと変化していった。それにともなってジャワ島やスマトラ島のイスラーム王国が次々とオランダに征服されていく一方で，貿易を主導したオランダ東インド会社は18世紀末に解散し，オランダ政府がインドネシアを直接統治する植民地，オランダ領東インドが形成された。オランダ支配に反発して19世紀前半にジャワ島の王族が反乱を起こし，ジャワ戦争が起こったが鎮圧された。これによって財政が悪化したオランダの東インド政庁は，ジャワ島で村落に⁽¹²⁾商品作物を強制的に栽培させる制度を実施し，ヨーロッパとの貿易で莫大な利益を上げた。

　⁽¹³⁾太平洋戦争中，インドネシアは一時日本の占領下に置かれたが，日本が敗北すると，植民地支配を復活させようとするオランダの介入も排除して独立を達成し，それまで⁽¹⁴⁾民族運動を指導した⁽¹⁵⁾スカルノが共和国の初代大統領になった。スカルノは非同盟諸国のリーダーとしても活躍したが，1965年に起こった（　16　）を機に軍部出身のスハルトが実権を握った。スハルトはスカルノに代わって大統領となり，長期の独裁政権を築いたが，1997年の通貨危機をきっかけに，翌年辞任を余儀なくされた。

9　下線部（9）に関連して，ポルトガルの海外進出について述べた文として正しいものを，次の①～④のうちから一つ選びなさい。
　①　インドのマドラスを拠点とした。
　②　マラッカ王国を占領した。
　③　マニラに居住権を獲得した。
　④　バルボアがブラジル領有を宣言した。

10　下線部（10）の事件の名として正しいものを，次の①～④のうちから一つ選びなさい。
　①　アガディール事件　　　　　　　　②　タンジール事件
　③　アンボイナ事件　　　　　　　　　④　アムリットサール事件

11　下線部（11）に関連して，ジャワ島に置かれたオランダの香辛料貿易の拠点として正しいものを，次の①～④のうちから一つ選びなさい。
　　①　バタヴィア　　　②　ポンディシェリ　　　③　ハノイ　　　④　カリカット

12 下線部（12）に関連して，この制度で栽培された作物として**誤っているもの**を，次の①〜④の
うちから一つ選びなさい。

　　① コーヒー　　　　　② サトウキビ　　　③ 藍　　　　　　　　④ 米

13 下線部（13）について述べた文として正しいものを，次の①〜④のうちから一つ選びなさい。

　　① 柳条湖事件によって始まった。

　　② 戦争中に，日本は国際連盟から脱退した。

　　③ 日本は，フランス領のフィリピンを占領した。

　　④ ミッドウェー海戦で，日本はアメリカ合衆国に敗北した。

14 下線部（14）に関連して，インドネシアの民族運動について述べた次の文 a・b の正誤の組合せ
として正しいものを，下の①〜④のうちから一つ選びなさい。

　　a　イスラーム同盟（サレカット＝イスラーム）が結成された。

　　b　アギナルドが独立を宣言した。

　　① a・b ともに正しい　　　　　　　　② a のみ正しい

　　③ b のみ正しい　　　　　　　　　　④ a・b ともに誤り

15 下線部（15）に関連して，スカルノ大統領の行ったことについて述べた文として正しいものを，
次の①〜④のうちから一つ選びなさい。

　　① 東南アジア条約機構（ＳＥＡＴＯ）に参加した。

　　② アジア＝アフリカ会議を主導した。

　　③ 東ティモールの分離・独立を承認した。

　　④ 「ドイモイ（刷新)」政策を進めた。

16 空欄（　16　）に入れる事件の名として正しいものを，次の①〜④のうちから一つ選びなさい。

　　① 二・二八事件　　　　　　　　　② 五・一五事件

　　③ 五・三〇事件　　　　　　　　　④ 九・三〇事件

Ⅲ　次の文章を読んで，下の問いに答えなさい。

　800年のクリスマス，ローマ教皇レオ3世は，ローマに滞在していたフランク王国の⁽¹⁷⁾カール（大帝）に対して，ローマ帝冠を授与したので，476年に滅亡していた西ローマ帝国が形式上は復活することになった。大帝の没後，フランク王国は相続争いの結果，3つの国に分かれ，ドイツ・フランス・イタリアの原形が成立した。

　⁽¹⁸⁾西フランク王国はカール大帝の血統が途絶え，パリ伯ユーグ＝カペーが国王に選ばれた。カペー朝の王権は弱かったが，⁽¹⁹⁾第3回十字軍に参加したことがあるフィリップ2世は，都市に特権を与えるなどして王権の強化に努め，封建諸侯を抑えた。また，イギリスの⁽²⁰⁾ジョン王と争ってフランス国内のイギリス領の大半を奪った。ルイ9世は，南フランスに広まっていた異端のアルビジョワ派の討伐を成功させたが，第6回・第7回十字軍では成果をあげることはできなかった。フィリップ4世の時代には聖職者への課税問題でローマ教皇ボニファティウス8世と争い，国民の支持を得るために聖職者・貴族・平民の代表による三部会を開き，1303年のアナーニ事件ではボニファティウス8世を憤死に追い込んだ。これはフランス王権の強化を象徴する事件であり，1309年にはローマ教皇庁は南フランスのアヴィニョンに移された（「教皇のバビロン捕囚」）。

　その後，カペー朝が断絶してヴァロワ朝がおこると，イギリス王がフランス王位継承権を主張して，⁽²¹⁾英仏百年戦争が始まった。戦争は，最終的にフランスが勝利し，イギリスはカレー以外のヨーロッパ大陸領土を失うことになった。その後，フランスでは，シャルル7世や⁽²²⁾シャルル8世が王権をさらに強化していき，他方，イギリスでも，⁽²³⁾バラ戦争の過程で貴族が没落し，相対的に王権が強化されることになった。こうして英仏両国は，絶対王政の時代を迎えることになる。

17　下線部（17）の宮廷で過ごし，後に七王国を統一してイングランドに王国を建設した人物として正しいものを，次の①〜④のうちから一つ選びなさい。

　　①　アルフレッド　　　　　　　　　　②　エグバート（エグベルト）
　　③　テオドリック　　　　　　　　　　④　オドアケル

18　下線部（18）はノルマンディー公国の建国を認めたが，ノルマンディー公国の建国者として正しいものを，次の①〜④のうちから一つ選びなさい。

　　①　クヌート　　　　②　ピピン　　　　③　リューリク　　　　④　ロロ

19　下線部（19）について述べた文として正しいものを，次の①〜④のうちから一つ選びなさい。

　　①　イェルサレムを奪還し，イェルサレム王国を建てた。
　　②　コンスタンティノープルを攻撃し，ラテン帝国を建てた。
　　③　イギリスのリチャード1世が参加した。
　　④　マムルーク朝によって撃退された。

20　下線部（20）について述べた次の文 a・b の正誤の組合せとして正しいものを，下の①～④のうちから一つ選びなさい。

　　a　プランタジネット朝の王であり，マグナ＝カルタ（大憲章）を認めた。

　　b　ローマ教皇インノケンティウス３世に破門された。

　　①　a・b ともに正しい　　　　　　　　　②　a のみ正しい

　　③　b のみ正しい　　　　　　　　　　　　④　a・b ともに誤り

21　下線部（21）について述べた文として**誤っているもの**を，次の①～④のうちから一つ選びなさい。

　　①　戦争の背景には，フランドル地方をめぐる英仏の利害対立があった。

　　②　開戦時のイギリス国王は，エドワード３世である。

　　③　クレシーの戦いでイギリスが勝利した。

　　④　戦争中にイギリスでジャックリーの乱が発生した。

22　下線部（22）の侵攻で始まったイタリア戦争は，ルネサンスの中心が北方に移るきっかけとなったが，フランスにおけるルネサンスを代表する人物で，『ガルガンチュアとパンタグリュエルの物語』の作者として正しいものを，次の①～④のうちから一つ選びなさい。

　　①　パスカル　　　　　②　モリエール　　　　③　モンテーニュ　　　　④　ラブレー

23　下線部（23）の結果，成立した王朝と即位した国王の組合せとして正しいものを，次の①～④のうちから一つ選びなさい。

　　①　テューダー朝・ヘンリ７世　　　　　　②　テューダー朝・ジェームズ１世

　　③　ステュアート朝・ヘンリ７世　　　　　④　ステュアート朝・ジェームズ１世

Ⅳ 次の文章を読んで，下の問いに答えなさい。

　中世の末以降，ローマ教皇や教会の権威はゆらぎ，⁽²⁴⁾フスのように教会を批判する動きが見られ
たが，16 世紀に入ると，宗教改革とよばれる，キリスト教の一大変革運動が起こった。そのきっか
けとなったのは，ドイツの⁽²⁵⁾マルティン＝ルターが発表した 95 カ条の論題である。カトリック教
会の教えでは，人は善行を積むことによって救済される。ローマ教皇レオ 10 世は，サン＝ピエトロ
大聖堂改修の資金集めのために贖宥状の販売を認めたが，信者が贖宥状を購入することは善行であり，
それによって罪の許しが得られるとされた。ルターはこの贖宥状の販売を批判し，人は善行を積むこ
とによってではなく，信仰によってのみ救われると説き，信仰のよりどころを聖書においた。ルター
の教えは，活版印刷や版画などのメディアを通じてドイツ各地に広まり，諸侯や農民などの支持を得
た。神聖ローマ皇帝カール 5 世は，ルター派の信仰を禁じようとしたが，⁽²⁶⁾アウクスブルクの宗教
和議で，最終的にこれを認めざるを得なくなった。その後，ルター派は，デンマークやスウェーデン
などにも広まった。

　宗教改革の動きは，スイスでも見られた。ツヴィングリがチューリヒで，その後，カルヴァンが
ジュネーヴで宗教改革を行った。カルヴァンは，ルターの考えをさらに発展させ，人が救われるか
どうかはあらかじめ神によって定められているという（　27　）を唱えた。また，信徒は，神に救
われることを信じて天職（神が定めた各人の職）に励むべきであると説いた。そして，勤労の結果
としての蓄財は肯定されたので，カルヴァンの教えは，⁽²⁸⁾西ヨーロッパの商工業者を中心に受け
入れられた。

　他方，カトリックの側でも，⁽²⁹⁾対抗宗教改革とよばれる信仰の刷新運動が見られた。とりわけ，
イエズス会の布教活動により，カトリックは，南ヨーロッパなどで勢力を回復しただけでなく，アメ
リカやアジアなどヨーロッパ以外の地域にも勢力を拡大した。

　宗教改革と対抗宗教改革によって，ヨーロッパは，ルター派やカルヴァン派の新教とカトリック
の旧教の 2 つに分裂した。新旧両派の対立と政治の動きを背景に，16 ～ 17 世紀のヨーロッパでは
⁽³⁰⁾宗教戦争がくりひろげられた。

24 下線部（24）について述べた文として**誤っている**ものを，次の①～④のうちから一つ選びなさい。

　① イギリスの神学者ウィクリフの説に影響を受けた。

　② 聖書を重視し，聖書をチェコ（チェック）語に翻訳した。

　③ ローマ教皇と神聖ローマ皇帝に対し，フス戦争を起こした。

　④ コンスタンツ公会議で異端とされ，火刑となった。

25 下線部（25）について述べた文として正しいものを，次の①～④のうちから一つ選びなさい。

　① オックスフォード（オクスフォード）大学の神学教授をつとめた。

　② 『キリスト教綱要』を著した。

　③ ドイツ農民戦争に参加した。

　④ ローマ教皇に破門された。

26　下線部（26）について述べた文として**誤っているもの**を，次の①〜④のうちから一つ選びなさい。

①　個人の信仰の自由が保障された。

②　ルター派は公認されたが，カルヴァン派は公認されなかった。

③　アウクスブルク帝国議会で決定された和議である。

④　諸侯にはカトリックかルター派のいずれかを選択する権利が認められた。

27　空欄（　27　）に入れる語として正しいものを，次の①〜④のうちから一つ選びなさい。

①　福音主義　　　　　　　　　　　　②　信仰義認説

③　予定説　　　　　　　　　　　　　④　万人祭司主義（万人司祭説）

28　下線部（28）に関して，各地域におけるカルヴァン派の名称の組合せとして正しいものを，次の①〜④のうちから一つ選びなさい。

①　フランス—ゴイセン，イングランド—プレスビテリアン

②　フランス—ユグノー，イングランド—ピューリタン

③　オランダ—ゴイセン，スコットランド—ピューリタン

④　オランダ—ユグノー，スコットランド—プレスビテリアン

29　下線部（29）のきっかけとなった公会議の名称を，次の①〜④のうちから一つ選びなさい。

①　クレルモン公会議　　　　　　　　②　エフェソス公会議

③　トリエント公会議　　　　　　　　④　カルケドン公会議

30　下線部（30）について述べた次の文 a 〜 c が，年代の古い順に正しく配列されているものを，下の①〜④のうちから一つ選びなさい。

a　ベーメンの新教徒（プロテスタント）の反乱をきっかけに三十年戦争が始まった。

b　アンリ 4 世がナントの王令（勅令）を出して，ユグノー戦争を終結させた。

c　フェリペ 2 世によるカトリック強制に反対して，オランダ独立戦争が起こった。

①　b→a→c　　　②　b→c→a　　　③　c→a→b　　　④　c→b→a

数　学

（60分）

解答記入上の注意

（1）分数は既約分数（それ以上約分ができない分数）で答えなさい。

（2）根号を含む場合は分母を有理化し，根号の中に現れる自然数が最小となる形で答えなさい。

I　x の 2 次関数 $y = f(x) = x^2 - 2(2a+1)x + 3a^2 + 8a - 3$（$a$ は実数の定数）がある。

（ア）$y = f(x)$ のグラフ C は $x = \boxed{1}\,a - \boxed{2}$ ，$a + \boxed{3}$ で x 軸と共有点を持つ。

1	① -2	② 2	③ 3	④ 4
2	① 1	② 2	③ 3	④ 4
3	① 1	② 2	③ 3	④ 4

（イ）$-3 \leq x \leq 3$ における $y = f(x)$ の最小値を $g(a)$ とすると，

$a \leq -\boxed{4}$　　　　のとき　　　　$g(a) = \boxed{5}\,a^2 + \boxed{6}\,a + \boxed{7}$ ，

$-\boxed{4} \leq a \leq \boxed{8}$　　のとき　　　　$g(a) = -\left(a - \boxed{9}\right)^2$ ，

$a \geq \boxed{8}$　　　　のとき　　　　$g(a) = \boxed{10}\,a^2 - \boxed{11}\,a$

である。

4	① 1	② 2	③ 3	④ 5
5	① 2	② 3	③ 4	④ 6
6	① 4	② 12	③ 18	④ 20
7	① 4	② 8	③ 12	④ 16
8	① 0	② 1	③ 2	④ 3
9	① 1	② 2	③ 3	④ 6
10	① 2	② 3	③ 5	④ 6
11	① 2	② 3	③ 4	④ 7

（ウ）（イ）において，$g(a)$ は $a = -\dfrac{\boxed{12}}{\boxed{13}}$ のときに最小値 $-\dfrac{\boxed{14}}{\boxed{15}}$ をとる。

12	①	1	②	5	③	7	④	10
13	①	2	②	3	③	4	④	8
14	①	17	②	32	③	47	④	64
15	①	2	②	3	③	4	④	5

Ⅱ　三角すい A－BCD において，AB = 4，AC = $2\sqrt{6}$，AD = $2\sqrt{3}$，BC = $2 + 2\sqrt{3}$，BD = 4，∠CBD = 60° とする。また，△ABC において頂点 A から直線 BC に下ろした垂線と直線 BC との交点を M とする。

（ア）　AM = $\boxed{16}\sqrt{\boxed{17}}$ である。

| 16 | ① | 2 | ② | 3 | ③ | 6 | ④ | 7 |
| 17 | ① | 2 | ② | 3 | ③ | 5 | ④ | 6 |

（イ）　DM = $\boxed{18}\sqrt{\boxed{19}}$ である。

| 18 | ① | 2 | ② | 3 | ③ | 4 | ④ | 5 |
| 19 | ① | 2 | ② | 3 | ③ | 5 | ④ | 6 |

（ウ）　△BCD の面積は $\boxed{20} + \boxed{21}\sqrt{\boxed{22}}$ である。

20	①	1	②	2	③	3	④	6
21	①	2	②	3	③	4	④	6
22	①	2	②	3	③	5	④	6

（エ）　A から平面 BCD に下ろした垂線と平面 BCD の交点を H とすると，AH = $\boxed{23}$ である。

| 23 | ① | 1 | ② | 2 | ③ | 3 | ④ | 6 |

（オ）　三角すい A－BCD の体積は $\boxed{24} + \boxed{25}\sqrt{\boxed{26}}$ である。

24	①	3	②	6	③	8	④	18
25	①	2	②	3	③	6	④	9
26	①	2	②	3	③	5	④	6

Ⅲ

（ア） $a = \dfrac{3 - \sqrt{5}}{2}$ のとき，$a^2 - \boxed{27} \, a + \boxed{28} = 0$，$a^2 - \dfrac{1}{a^2} = \boxed{29} \sqrt{\boxed{30}}$

である。

27	①	2	②	3	③	5	④	9
28	①	1	②	2	③	3	④	5
29	①	-5	②	-3	③	3	④	5
30	①	2	②	3	③	5	④	6

（イ） 正の数 a の小数第1位を四捨五入すると2になった。また，正の数 b の小数第1位を四捨五入すると7になった。このとき，$3a + b$ および $3a - b$ のとりうる値の範囲は $\boxed{31} \ 3a + b \ \boxed{32}$，$\boxed{33} \ 3a - b \ \boxed{34}$ である。

31	①	$11 <$	②	$11 \leqq$	③	$12 <$	④	$12 \leqq$
32	①	< 14	②	$\leqq 14$	③	< 15	④	$\leqq 15$
33	①	$-3 <$	②	$-3 \leqq$	③	$-2 <$	④	$-2 \leqq$
34	①	< 0	②	$\leqq 0$	③	< 1	④	$\leqq 1$

（ウ） x，y に関する不定方程式 $247x + 16y = 1$ のすべての整数解において，

$x = \boxed{35} \ n + \boxed{36}$ （n は整数）と表される。

35	①	8	②	13	③	16	④	32
36	①	5	②	7	③	11	④	15

Ⅳ さいころを 3 回投げ，出た目の数を順に a，b，c とする。

（ア）$a = b = c$ となる確率は $\dfrac{\boxed{37}}{\boxed{38}}$ であり，$a < b < c$ となる確率は $\dfrac{\boxed{39}}{\boxed{40}}$ である。

37	①	1	②	2	③	5	④	13
38	①	3	②	9	③	36	④	216
39	①	1	②	5	③	7	④	17
40	①	9	②	18	③	54	④	216

（イ）積 abc が偶数になる確率は $\dfrac{\boxed{41}}{\boxed{42}}$ である。このとき，和 $a + b + c$ が奇数である条件

付き確率は $\dfrac{\boxed{43}}{\boxed{44}}$ である。

41	①	1	②	5	③	7	④	15
42	①	2	②	8	③	16	④	32
43	①	1	②	3	③	5	④	6
44	①	2	②	4	③	6	④	7

（ウ）100 の位が a，10 の位が b，1 の位が c である 3 桁の整数を N とする。

（以下の問題の解答は記述式解答用紙に記入しなさい。）

45　N が 9 の倍数になるための条件は，$a + b + c$ が 9 の倍数であることを証明しなさい。

46　N が 9 の倍数になる確率を求めなさい。

化　学

（60 分）

> 必要ならば，次の数値を用いなさい。
> 標準状態の気体の体積　　　22.4 L/mol
> 原子量　　　　　　　　　　H：1.0　O：16　S：32　Cu：64

I　次の問い1～6に答えなさい。

1　純物質の組み合わせとして最も適切なものを，次の①～④から一つ選び，その番号をマークしなさい。

　　①　塩酸，濃硫酸　　　　　　　　　　　②　硫酸銅（Ⅱ）・五水和物，酢酸

　　③　石油，海水　　　　　　　　　　　　④　黒鉛，砂糖

2　高温と低温における気体分子の速さの分布の組み合わせとして最も適切なものを，次の①～④から一つ選び，その番号をマークしなさい。

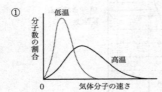
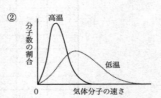
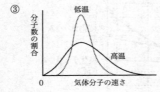
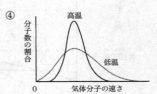

3　実用電池に関する説明として最も適切なものを，次の①～④から一つ選び，その番号をマークしなさい。

① 鉛と酸化鉛（IV）を希硫酸に浸した鉛蓄電池は，放電すると希硫酸の濃度が上昇する。

② マンガン乾電池は，負極に亜鉛，正極に酸化マンガン（IV）と炭素を用いた二次電池である。

③ リチウム電池は，負極にリチウム，電解液に有機溶媒を用いた二次電池である。

④ 水素と酸素などの物質を外部から供給して電気エネルギーを取り出す装置を燃料電池という。

4　水 1 g あたりの蒸発熱として最も適切なものを，下の①〜④から一つ選び，その番号をマークしなさい。必要ならば次の熱化学方程式を用いなさい。

$$H_2（気）+ \frac{1}{2} O_2（気）= H_2O（液）+ 286 \ kJ$$

$$H_2（気）+ \frac{1}{2} O_2（気）= H_2O（気）+ 242 \ kJ$$

① 2.4 kJ/g　　　② 13 kJ/g　　　③ 16 kJ/g　　　④ 44 kJ/g

5　溶解度曲線（**図 1**）を参考に，再結晶法で物質の精製がしにくい物質として最も適切なものを，次の①〜④から一つ選び，その番号をマークしなさい。

① 塩化ナトリウム　　　　　　　　　② 塩化カリウム

③ 硫酸銅（II）　　　　　　　　　　④ 硝酸カリウム

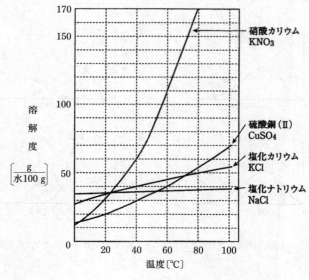

図 1

6 60 ℃の硫酸銅（Ⅱ）の飽和溶液の質量モル濃度として最も適切なものを，次の①～④から一つ選び，その番号をマークしなさい。

　　ただし，60 ℃の硫酸銅（Ⅱ）の溶解度は 40 g/ 水 100 g とする。

　① 0.25 mol/kg　　　　　　　　② 1.6 mol/kg

　③ 2.5 mol/kg　　　　　　　　④ 4.0 mol/kg

Ⅱ 次の文章を読んで，下の問いに答えなさい。

　非金属元素の原子間で価電子を共有してできる結合を共有結合という。共有結合で結びついた原子の集団が分子である。分子は， (7) 分子内の共有電子対と非共有電子対の数によりそれぞれ (8) 特有な形をもつ。分子内の共有電子対は，原子間で均等に分布するわけではなく原子の（ **9 - ア** ）の大きさの違いや分子の形により偏って存在し，分子内の電荷の偏りを生じることがある。 (10) この電荷の偏りをもつ分子を（ **9 - イ** ）という。

　分子からなる物質は，常温・常圧で気体，液体，固体のものがある。一般にイオン結合や金属結合からなる物質に比べ沸点や融点が（ **11 - ア** ）。また，固体および液体とも電気を（ **11 - イ** ）。

　分子をつくる原子の数が多くなり分子量が 10000 を超えるものを高分子化合物という。一般に（ **12 - ア** ）であることが多く，明確な融点をもたない。高分子化合物は，1 種類または数種類の（ **12 - イ** ）と呼ばれる小さな分子が多数結合して形成される。

　非金属元素の原子が次々に規則的に結合した構造の結晶を共有結合結晶という。炭素の共有結合結晶には， (13) 黒鉛とダイヤモンドの同素体がある。

7 下線部 **(7)** について，分子内の共有電子対と非共有電子対の数が等しい分子として最も適切なものを，次の①～④から一つ選び，その番号をマークしなさい。

　① NH_3　　　　　② CO_2　　　　　③ CH_4　　　　　④ H_2O_2

8 下線部 **(8)** について，分子式と分子の形の正しい組み合わせとして最も適切なものを，次の①～④から一つ選び，その番号をマークしなさい。

	分子式	分子の形
①	NH_3	正三角形
②	H_2O	直線形
③	HCN	折れ線形
④	$CHCl_3$	四面体形

9　文中の（　9－ア　），（　9－イ　）にあてはまる語句の組み合わせとして最も適切なものを，次の①〜④から一つ選び，その番号をマークしなさい。

	（　9－ア　）	（　9－イ　）
①	電子親和力	極性分子
②	電子親和力	イオン
③	電気陰性度	極性分子
④	電気陰性度	イオン

10　下線部（10）について，（　9－イ　）に該当するものとして最も適切なものを，次の①〜④から一つ選び，その番号をマークしなさい。

　　①　SiH_4　　　　　②　PH_3　　　　　③　C_2H_4　　　　　④　BF_3

11　文中の（　11－ア　），（　11－イ　）にあてはまる語句の組み合わせとして最も適切なものを，次の①〜④から一つ選び，その番号をマークしなさい。

	（　11－ア　）	（　11－イ　）
①	低い	導く
②	低い	導かない
③	高い	導く
④	高い	導かない

12　文中の（　12－ア　），（　12－イ　）にあてはまる語句の組み合わせとして最も適切なものを，次の①〜④から一つ選び，その番号をマークしなさい。

	（　12－ア　）	（　12－イ　）
①	非晶質	単量体
②	非晶質	重合体
③	結晶	単量体
④	結晶	重合体

13　下線部（**13**）について，黒鉛とダイヤモンドに関する記述として最も適切なものを，次の①～④から一つ選び，その番号をマークしなさい。

① 黒鉛はやわらかいので融点が低いが，ダイヤモンドは硬いので非常に融点が高い。

② 黒鉛は熱や電気をよく伝えるが，ダイヤモンドは電気や熱をまったく伝えない。

③ 黒鉛とダイヤモンドは共に炭素原子でできているので，密度や燃焼熱は等しい。

④ 黒鉛は乾電池の電極として，ダイヤモンドの微小な結晶は研磨剤として利用される。

Ⅲ　次の文章を読んで，下の問いに答えなさい。

純水は（a）式のようにわずかに電離している。

$$H_2O \rightleftharpoons H^+ + OH^- \quad \cdots \cdots (a)$$

25 ℃の純水において水素イオン濃度 $[H^+]$ および水酸化物イオン濃度 $[OH^-]$ は，1.0×10^{-7} mol/L である。このときの水の電離度は（　**14**　）となる。水のモル濃度 $[H_2O]$ は，$[H^+]$ および $[OH^-]$ に比べ非常に大きいため $[H_2O]$ は一定と見なすことができる。したがって，$[H^+]$ と $[OH^-]$ の積は，それぞれの濃度によらず（　**15－ア**　）のみによって変化する値になり（　**15－イ**　）とよぶ。この（　**15－イ**　）を用いれば酸性溶液以外の $[H^+]$ も求めることができ，水溶液の液性を $[H^+]$ のみで表すことができる。通常，$[H^+]$ は 1.0 mol/L から 1.0×10^{-14} mol/L まで極めて大きな幅を持つので (16) 水素イオン指数 pH が考え出された。(17) pH は (b) 式によって求められる。

$$pH = -\log_{10}[H^+] \quad \cdots \cdots (b)$$

25℃の純水の pH は（　**18－ア**　）であり，酸性溶液ではこの値が（　**18－ア**　）より（　**18－イ**　）なる。

色素の中には水溶液の pH によって電離の状態などが変化し色調の変わるものがある。例えば，紅茶の色素はレモン汁などを加えて酸性にすると色が薄くなる。このような性質を利用して (19) 中和滴定に指示薬が用いられる。

14　文中の（　**14**　）にあてはまる値として最も適切なものを，次の①～④から一つ選び，その番号をマークしなさい。ただし，25 ℃の水の密度は 1.0 g/cm³ とする。

①　1.0×10^{-7}　　②　1.8×10^{-9}　　③　5.5×10^{-9}　　④　1.0×10^{-14}

15 文中の(15－ア),(15－イ)にあてはまる語句の組み合わせとして最も適切なものを,
次の①～④から一つ選び,その番号をマークしなさい。

	(15－ア)	(15－イ)
①	温度	溶解度積
②	温度	水のイオン積
③	圧力	溶解度積
④	圧力	水のイオン積

16 下線部 (16) について,pH に関する記述として最も適切なものを,次の①～④から一つ選び,
その番号をマークしなさい。

① 強酸も弱酸も 10 倍に希釈すると pH の値は,1 変わる。

② 中和反応が完了すると,水溶液の pH は 7 になる。

③ 純水中では温度に関係なく $[H^+] = [OH^-]$ となっているので,pH の値が中性を表す。

④ 強酸の電離度はほぼ 1 なので,pH の等しい強酸のモル濃度は等しい。

17 下線部 (17) について,25 ℃の 0.010 mol/L の水酸化バリウム水溶液の pH の値として最も
適切なものを,次の①～④から一つ選び,その番号をマークしなさい。ただし,$\log_{10} 2 = 0.30$
とする。

① 1.7   ② 2.3   ③ 11.7   ④ 12.3

18 文中の (18－ア),(18－イ)にあてはまる数値,語句の組み合わせとして最も適切
なものを,次の①～④から一つ選び,その番号をマークしなさい。

	(18－ア)	(18－イ)
①	7	小さく
②	7	大きく
③	14	小さく
④	14	大きく

19 下線部 (19) について,変色域が塩基性にある指示薬として最も適切なものを,次の①～④
から一つ選び,その番号をマークしなさい。

① メチルオレンジ   ② ブロモチモールブルー
③ フェノールフタレイン   ④ リトマス

20 水は圧力をかけると沸点を超えても液体状態を保つことができる。120 ℃の純水の（　**15－イ**　）を求めたところ 1.0×10^{-12} mol^2/L^2 であった。この純水の pH の値として最も適切なものを，次の①～④から一つ選び，その番号をマークしなさい。

①　6.0　　　　　②　7.0　　　　　③　13　　　　　④　14

Ⅳ　次の文章を読んで，下の問いに答えなさい。

次の図は，水の状態図（**図2**）と二酸化炭素の状態図（**図3**）である。

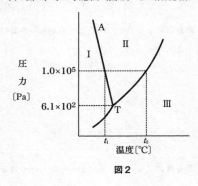
図2

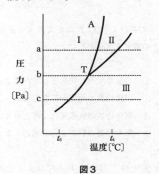
図3

両図ともに Ⅰ の領域は（　**21－ア**　），Ⅲの領域は（　**21－イ**　）の状態を表している。また，両図中の点 T は（　**22**　）と呼ばれ物質の三態が安定して共存している温度と圧力を示している。この（　**22**　）の圧力以下の圧力では（　**23**　）。したがって，**図3**の中に標準大気圧の線を書き込むと（　**24**　）。

水の状態について考えると温度 t_1 は（　**25－ア**　）℃，温度 t_2 は（　**25－イ**　）℃であり，セルシウス温度の基準になっている。

図2において曲線 AT の傾きが，**図3**の曲線 AT の傾きと逆になるのは，**図2**において Ⅰ の状態の密度は Ⅱ の状態の密度より（　**26－ア**　），圧力を上げると物質は密度の（　**26－イ**　）なる方向に変化し，Ⅰ の状態の水が Ⅱ の状態になるからである。

図3において，圧力 a の条件下で t_3 ℃の二酸化炭素を t_4 ℃まで加熱すると曲線 AT 上で（　**27**　）する。

21　文中の（　**21－ア**　），（　**21－イ**　）にあてはまる語句の組み合わせとして最も適切なものを，次の①～④から一つ選び，その番号をマークしなさい。

	（ 21 －ア ）	（ 21 －イ ）
①	固体	気体
②	固体	液体
③	気体	固体
④	気体	液体

22　文中の（ **22** ）にあてはまる語句として最も適切なものを，次の①～④から一つ選び，
その番号をマークしなさい。

  ① 臨界点　　　　② 平衡点　　　　③ 中和点　　　　④ 三重点

23　文中の（ **23** ）にあてはまる記述として最も適切なものを，次の①～④から一つ選び，
その番号をマークしなさい。

  ① 物質はすべて気体として存在する
  ② 液体状態の物質が存在しない
  ③ 固体物質の状態変化は起こらない
  ④ 気体物質の状態変化は起こらない

24　文中の（ **24** ）にあてはまる記述として最も適切なものを，次の①～④から一つ選び，
その番号をマークしなさい。

  ① 線 a のあたりになる
  ② 線 b のあたりになる
  ③ 線 c のあたりになる
  ④ 線の位置を判断するには条件が足りない

25　文中の（ **25 －ア** ），（ **25 －イ** ）にあてはまる数値の組み合わせとして最も適切なものを，
次の①～④から一つ選び，その番号をマークしなさい。

	（ 25 －ア ）	（ 25 －イ ）
①	0	25
②	0	100
③	4	25
④	4	100

26 文中の（ **26－ア** ），（ **26－イ** ）にあてはまる語句の組み合わせとして最も適切なものを，次の①～④から一つ選び，その番号をマークしなさい。

	（ **26－ア** ）	（ **26－イ** ）
①	大きく	大きく
②	大きく	小さく
③	小さく	大きく
④	小さく	小さく

27 文中の（ **27** ）にあてはまる語句として最も適切なものを，次の①～④から一つ選び，その番号をマークしなさい。

① 凝固　　　　　② 沸騰　　　　　③ 昇華　　　　　④ 融解

Ⅴ　次の文章を読んで，下の問いに答えなさい。

　アルミニウム Al は，（ **28－ア** ）族に属する元素で（ **28－イ** ）個の価電子をもつ。この価電子を放出して（ **28－イ** ）価の陽イオンになりやすい。アルミニウムは，地殻中に酸素 O，（ **29－ア** ）に次いで多く存在し，金属元素としては最も多く存在する。しかし，（ **29－イ** ）が大きいため単体として産出することはなく (30)金属としての利用は遅かった。現在では，使用されている金属の約 10 ％がアルミニウムである。

　アルミニウムの単体は，塩酸などの酸とも，水酸化ナトリウム NaOH などの強塩基とも反応して水素 H_2 を発生する (31)（ **32－ア** ）元素である。しかし，濃硝酸や熱濃硫酸には（ **32－イ** ）を形成するため反応しにくい。この性質を利用してアルミニウム製品は（ **33－ア** ）加工される。また，比較的展性や延性に優れた軟らかい軽金属であり，銅 Cu，マグネシウム Mg，マンガン Mn を添加して強度を上げた合金（ **33－イ** ）として利用されることも多い。

　アルミニウムの酸化物 (34)アルミナ Al_2O_3 は，サファイアやルビーの主成分でもある。ミョウバン $AlK(SO_4)_2 \cdot 12H_2O$ は，硫酸アルミニウム $Al_2(SO_4)_3$ と硫酸カリウム K_2SO_4 の混合水溶液を濃縮して得られる（ **35－ア** ）の結晶で，このような塩を（ **35－イ** ）という。

28 文中の（ **28－ア** ），（ **28－イ** ）にあてはまる数値の組み合わせとして最も適切なものを，次の①～④から一つ選び，その番号をマークしなさい。

	（ 28 －ア ）	（ 28 －イ ）
①	3	1
②	3	3
③	13	1
④	13	3

29 文中の（ **29 －ア** ），（ **29 －イ** ）にあてはまる語句の組み合わせとして最も適切なものを，次の①〜④から一つ選び，その番号をマークしなさい。

	（ **29 －ア** ）	（ **29 －イ** ）
①	炭素 C	イオン化傾向
②	炭素 C	イオン化エネルギー
③	ケイ素 Si	イオン化傾向
④	ケイ素 Si	イオン化エネルギー

30 下線部（30）について，アルミニウムの製錬法として最も適切なものを，次の①〜④から一つ選び，その番号をマークしなさい。

① 酸化物を炭素で還元する。

② 酸化物に鉄粉を混合して点火する。

③ 酸化物を溶融塩電解（融解塩電解）する。

④ アルミニウムイオンを含む水溶液を電気分解する。

31 下線部（31）について，（ **32 －ア** ）元素に**該当しないもの**を，次の①〜④から一つ選び，その番号をマークしなさい。

① Pb　　　　　　② Ni　　　　　　③ Zn　　　　　　④ Sn

32 文中の（ **32 －ア** ），（ **32 －イ** ）にあてはまる語句の組み合わせとして最も適切なものを，次の①〜④から一つ選び，その番号をマークしなさい。

	（ **32 －ア** ）	（ **32 －イ** ）
①	両性	不動態
②	両性	絶縁体
③	強磁性	不動態
④	強磁性	絶縁体

33 文中の（　**33－ア**　），（　**33－イ**　）にあてはまる語句の組み合わせとして最も適切なものを，次の①～④から一つ選び，その番号をマークしなさい。

	（　**33－ア**　）	（　**33－イ**　）
①	メッキ	ステンレス鋼
②	メッキ	ジュラルミン
③	アルマイト	ステンレス鋼
④	アルマイト	ジュラルミン

34 下線部（**34**）について，アルミナ Al_2O_3 の用途として最も適切なものを，次の①～④から一つ選び，その番号をマークしなさい。

① 白色顔料　　　② 研磨剤　　　③ 染色　　　④ 食品添加物

35 文中の（　**35－ア**　），（　**35－イ**　）にあてはまる語句の組み合わせとして最も適切なものを，次の①～④から一つ選び，その番号をマークしなさい。

	（　**35－ア**　）	（　**35－イ**　）
①	立方体	複塩
②	立方体	錯塩
③	正八面体	複塩
④	正八面体	錯塩

生　物

（60分）

I　細胞分裂に関する次の文章を読んで，下の問いに答えなさい。

　生体を構成する細胞は体細胞分裂によって増えていく。分裂が終わってから次の分裂が終わるまでの過程を細胞周期といい，細胞周期は間期とM期に分けられる。細胞周期において1細胞あたりの（　1　）の相対的な量の変化を示すと次の**図1**が得られる。(2) **図1のア～エ**はそれぞれ決まった時期を表しており，これらを用いて間期は（　3　）と示すことができる。M期は細胞の様子が間期と異なり，細胞内に（　4　）が見られるため，光学顕微鏡による観察で，M期の細胞を容易に確認することができる。

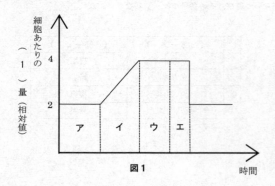

図1

　体細胞分裂の様子を詳しく調べるため，顕微鏡を用いて，(5) ある試料の体細胞分裂の観察を下の手順でおこなった。ただし，i～ivは正しい作業の順になっていない。

　i　　温めた希塩酸の中で約5分間加熱した。

　ii　　酢酸オルセイン溶液を1滴落とし，約5分間放置した。

　iii　　カバーガラスをかけてからろ紙でおおって上から強く押しつぶした。

　iv　　試料を45%酢酸溶液に浸けた。

　この手順を正しく並べ直すと，3番目は（　6　）である。また，手順iで希塩酸を用いるのは（　7　）ためであり，この作業で細胞の（　8　）がおこなわれることになる。

用いられた試料の細胞周期が 20 時間，間期が 18 時間，M 期が 2 時間とすると，観察した視野に 50 個の細胞があった場合，M 期の細胞は（　9　）個観察されるはずである。これは（　10　）と考えられていることから予想できる。

1　文中の（　1　）にあてはまる語句として最も適切なものを，次の①〜④のうちから一つ選び，その番号をマークしなさい。

　　①　RNA　　　　　　②　DNA　　　　　　③　タンパク質　　　　④　核

2　下線部（2）について，ア〜エで表された時期の名称の組み合わせとして最も適切なものを，次の①〜④のうちから一つ選び，その番号をマークしなさい。

	ア	イ	ウ	エ
①	G_1 期	G_2 期	S 期	M 期
②	G_1 期	S 期	M 期	G_2 期
③	G_1 期	S 期	G_2 期	M 期
④	G_1 期	M 期	G_2 期	S 期

3　文中の（　3　）にあてはまる記号として最も適切なものを，次の①〜④のうちから一つ選び，その番号をマークしなさい。

　　①　ア　　　　　　　②　ア＋イ　　　　　③　ア＋ウ　　　　④　ア＋イ＋ウ

4　文中の（　4　）にあてはまる語句として最も適切なものを，次の①〜④のうちから一つ選び，その番号をマークしなさい。

　　①　タンパク質であるクリスタリン

　　②　凝縮した染色体

　　③　染色体が含まれる核

　　④　転写によって生じた RNA

5　下線部（5）について，細胞分裂の観察に用いる試料として最も適切なものを，次の①〜④のうちから一つ選び，その番号をマークしなさい。

　　①　ファージ　　　　②　HIV　　　　　③　ヒトの角質層　　　④　タマネギの根端

6　文中の（　6　）にあてはまる記号として最も適切なものを，次の①〜④のうちから一つ選び，その番号をマークしなさい。

　　①　i　　　　　　　②　ii　　　　　　③　iii　　　　　　④　iv

7　文中の（　7　）にあてはまる語句として最も適切なものを，次の①〜④のうちから一つ
　選び，その番号をマークしなさい。

　①　細胞の生命活動を止める

　②　細胞膜を破壊する

　③　細胞壁を溶かす

　④　特定の物質を観察しやすくする

8　文中の（　8　）にあてはまる語句として最も適切なものを，次の①〜④のうちから一つ
　選び，その番号をマークしなさい。

　①　蒸散　　　　　　　②　解離　　　　　　　③　固定　　　　　　　④　染色

9　文中の（　9　）にあてはまる数値として最も適切なものを，次の①〜④のうちから一つ
　選び，その番号をマークしなさい。

　①　1　　　　　　　②　2　　　　　　　③　5　　　　　　　④　16

10　文中の（　10　）にあてはまる文として最も適切なものを，次の①〜④のうちから一つ選び，
　その番号をマークしなさい。

　①　試料の各細胞は他の細胞と異なるタイミングで分裂しており，細胞周期の時間は同じで
　　ある

　②　試料の各細胞は他の細胞と同じタイミングで分裂しており，細胞周期の時間は同じであ
　　る

　③　試料の各細胞は他の細胞と異なるタイミングで分裂しており，細胞周期の時間は異なる

　④　試料の各細胞は他の細胞と同じタイミングで分裂しており，細胞周期の時間は異なる

Ⅱ　体液に関する次の文章を読んで，下の問いに答えなさい。

　ほ乳類の心臓は (11) 2つの心房と2つの心室からなり，心臓から出た血液は肺や全身をめぐっ
て心臓に戻ってくる。血液循環のために心臓は収縮と弛緩を繰り返すが，この収縮リズムを作る
のは（　12　）と呼ばれる場所である。

　ほ乳類を含む多くの多細胞生物の細胞は，血液などの (13) 体液に浸されており，細胞と体液の
間で酸素や（　14　）の交換がおこなわれている。このような物質の交換は心臓や (15) 血管など
による体液の循環により効率よくおこなわれている。

　酸素の運搬には液体としての血液の性質と，赤血球に含まれるヘモグロビンが関わっている。
心臓から送り出された血液には酸素が溶け込んでいる。これを溶存酸素という。溶存酸素量は，
血液 100 mL あたり酸素分圧 1 mmHg につき 0.003 mL である。今，肺胞における酸素分圧が
100 mmHg，組織における酸素分圧が 30 mmHg とすると，肺を流れる血液に溶け込んでいる酸
素は血液 100 mL あたり（　16　）mL であり，組織を流れる血液中に溶け込んでいる酸素量は血
液 100 mL あたり（　17　）mL と考えられる。

　血液中の (18) 赤血球によっても酸素の運搬がおこなわれる。赤血球に含まれるヘモグロビンは酸
素と結合したり，解離したりする性質を持つため，肺から組織へ酸素を運搬し，供給する役割を果
たしている。1 g のヘモグロビンは 1.4 mL の酸素と結合し，血液 100 mL 中に存在するヘモグロビ
ンはおよそ 15 g である。今，血液 100 mL のヘモグロビン 15 g のうち 6 g のヘモグロビンが，自ら
と結合していたすべての酸素を組織で解離したとすると，血液 100 mL あたり（　19　）mL の酸
素がヘモグロビンによって組織に供給されたことになる。この値は，溶存酸素から供給される酸
素量の（　20　）倍であり，組織への酸素供給はヘモグロビンのはたらきが大きいことがわかる。

11　下線部（11）について，全身から心臓に戻ってきた血液が，送り出されるまでの経路として
　　最も適切なものを，次の①～④のうちから一つ選び，その番号をマークしなさい。
　　①　右心房　→　左心房　→　肺　→　右心室　→　左心室
　　②　右心室　→　右心房　→　肺　→　左心房　→　左心室
　　③　右心房　→　右心室　→　肺　→　左心房　→　左心室
　　④　右心室　→　右心房　→　肺　→　左心室　→　左心房

12　文中の（　12　）にあてはまる語句として最も適切なものを，次の①～④のうちから一つ選び，
　　その番号をマークしなさい。
　　①　右心房にある収縮胞
　　②　左心房にある収縮胞
　　③　右心房にある洞房結節（ペースメーカー）
　　④　左心房にある洞房結節（ペースメーカー）

13　下線部 (13) について，血液以外の体液を過不足なく含む組み合わせとして最も適切なものを，次の①〜④のうちから一つ選び，その番号をマークしなさい。

① リンパ液と組織液

② リンパ液と細胞液

③ 組織液と粘液

④ 細胞液と粘液

14　文中の（　14　）にあてはまる語句として最も適切なものを，次の①〜④のうちから一つ選び，その番号をマークしなさい。

① 栄養分や老廃物　　　　　　　　　　② ウイルスや病原体

③ DNA や RNA　　　　　　　　　　　④ ATP や ADP

15　下線部 (15) について，ヒトの血管のうち筋肉層に囲まれている血管として最も適切なものを，次の①〜④のうちから一つ選び，その番号をマークしなさい。

① 動脈のみ　　　　　　　　　　　　　② 動脈と毛細血管

③ 動脈と静脈　　　　　　　　　　　　④ 動脈と静脈と毛細血管

16　文中の（　16　）にあてはまる数値として最も適切なものを，次の①〜④のうちから一つ選び，その番号をマークしなさい。

① 0.003　　　　② 0.03　　　　③ 0.3　　　　④ 3

17　文中の（　17　）にあてはまる数値として最も適切なものを，次の①〜④のうちから一つ選び，その番号をマークしなさい。

① 0.0009　　　　② 0.009　　　　③ 0.09　　　　④ 0.9

18　下線部 (18) について，赤血球の説明として最も適切なものを，次の①〜④のうちから一つ選び，その番号をマークしなさい。

① 形状は不定形である。

② 形状は扁平な円盤状である。

③ T 細胞によって活性化される。

④ B 細胞によって活性化される。

19　文中の（　19　）にあてはまる数値として最も適切なものを，次の①〜④のうちから一つ選び，その番号をマークしなさい。

① 8.4　　　　② 12.6　　　　③ 21　　　　④ 126

20 文中の（　**20**　）にあてはまる数値として最も適切なものを，次の①～④のうちから一つ選び，その番号をマークしなさい。

① 4　　　　　② 10　　　　　③ 40　　　　　④ 60

Ⅲ　細胞に関する次の文章を読んで，下の問いに答えなさい。

すべての生物は細胞からできており，細胞には様々な構造体や構成物が含まれる。細胞質の最外層には，細胞の内外を仕切る (21) 細胞膜があり，細胞膜には (22) 膜タンパク質が配置されている。細胞内部には (23) ゴルジ体など，特定の機能を持つ細胞小器官がある。

次の**表 1**は様々な細胞と，それらがもつ構造体や構成物の有無をまとめたものである。表中の＋はその構造体や構成物が存在すること，－は存在しないことを示す。細胞**ア～エ**は，ヒトの肝細胞，ヒトの赤血球，ネンジュモ，ツバキの葉の細胞のいずれかで，**A～D**は，核，葉緑体，細胞質基質，細胞壁のいずれかである。

構造体や構成物の有無から，**表 1**の細胞**ア**は（　**24**　）であり，細胞**ウ**は（　**25**　）であることがわかる。また，細胞**エ**の特徴は（　**26**　）である。

構造体・構成物**A～D**のうち，膜構造であるものは（　**27**　）である。一方，**A～D**のうち（　**28**　）。また，**A～D**のうち，DNAが含まれているものは（　**29**　）であるが，（　**29**　）のDNAは（　**30**　）と考えられる。

表 1

構造体や構成物 ＼ 細胞の種類	ア	イ	ウ	エ
細胞膜	+	+	+	+
ゴルジ体	+	+	－	－
A	+	－	－	+
B	+	+	－	－
C	+	－	－	－
D	+	+	+	+

21 下線部**(21)**について，細胞膜の特徴として最も適切なものを，次の①～④のうちから一つ選び，その番号をマークしなさい。

① 全透性である。
② すべての物質を透過させない。
③ リン脂質からなる。
④ グルコースとペクチンからなる。

22　下線部（**22**）について，膜タンパク質の説明として最も適切なものを，次の①〜④のうちから一つ選び，その番号をマークしなさい。

①　ナトリウムイオンを能動的に透過させるナトリウムチャネルがある。

②　カリウムイオンを能動的に透過させるカリウムチャネルがある。

③　電位差によってナトリウムイオンを透過させるナトリウムポンプがある。

④　水分子を透過させるアクアポリンがある。

23　下線部（**23**）について，ゴルジ体のはたらきとして最も適切なものを，次の①〜④のうちから一つ選び，その番号をマークしなさい。

①　タンパク質に糖鎖を付加して，修飾をおこなう。

②　ATPを分解して，セカンドメッセンジャーとしてはたらく。

③　加水分解酵素を含み，細胞内消化をおこなう。

④　アントシアンなどを含み，浸透圧調節に関わる。

24　文中の（　**24**　）にあてはまる細胞として最も適切なものを，次の①〜④のうちから一つ選び，その番号をマークしなさい。

①　ヒトの肝細胞

②　ヒトの赤血球

③　ネンジュモ

④　ツバキの葉の細胞

25　文中の（　**25**　）にあてはまる細胞として最も適切なものを，次の①〜④のうちから一つ選び，その番号をマークしなさい。

①　ヒトの肝細胞

②　ヒトの赤血球

③　ネンジュモ

④　ツバキの葉の細胞

26　文中の（　**26**　）にあてはまる文として最も適切なものを，次の①〜④のうちから一つ選び，その番号をマークしなさい。

①　葉緑体はもたないが光合成をおこなうこと

②　葉緑体をもち，光合成をおこなうこと

③　核をもつが，DNAをもたないこと

④　核をもたず，DNAももたないこと

27 文中の（　27　）にあてはまる記号として最も適切なものを，次の①〜④のうちから一つ選び，その番号をマークしなさい。

　　① AとB　　　　　② AとC　　　　　③ BとC　　　　　④ BとD

28 文中の（　28　）にあてはまる文として最も適切なものを，次の①〜④のうちから一つ選び，その番号をマークしなさい。

　　① 細胞アと細胞エがもつAでは，それぞれの主成分が異なる
　　② 細胞アと細胞イがもつBでは，細胞内に存在する個数が異なる
　　③ 細胞アがもつCは，1つの細胞内に1つしか存在しない
　　④ 細胞ア〜エがもつDは，ウイルスの内部にも存在する

29 文中の（　29　）にあてはまる記号として最も適切なものを，次の①〜④のうちから一つ選び，その番号をマークしなさい。

　　① AとB　　　　　② AとC　　　　　③ BとC　　　　　④ BとD

30 文中の（　30　）にあてはまる文として最も適切なものを，次の①〜④のうちから一つ選び，その番号をマークしなさい。

　　① 含まれる塩基の割合が異なるため，由来は異なる
　　② 含まれる塩基の割合が同じであるため，由来は同じである
　　③ 含まれる塩基の種類が異なるため，由来は異なる
　　④ 含まれる塩基の種類が同じであるため，由来は同じである

Ⅳ　呼吸に関する次の文章を読んで，下の問いに答えなさい。

　呼吸は，(31) 解糖系，クエン酸回路，電子伝達系の３つの過程からなる。
　解糖系では，酵素反応によって（　32　）が生じ，グルコースはピルビン酸にまで分解される。ミトコンドリアに運ばれた (33) ピルビン酸はアセチル CoA に変えられて (34) オキサロ酢酸と結合してクエン酸になる。その後，次々に反応が起こって再びオキサロ酢酸がつくられる。この過程をクエン酸回路といい，これらの反応過程では酵素反応によって（　35　）が生じる。解糖系やクエン酸回路でつくられた還元型補酵素は電子伝達系に運ばれる。電子伝達系では，還元型補酵素から渡された電子のエネルギーを用いて (36) 水素イオンの濃度勾配が形成され，(37) 多くの ATP が合成される。１分子のグルコースが完全に酸化分解されたとき，電子伝達系から生じる ATP の分子数は，解糖系から生じる正味の ATP の分子数とクエン酸回路で生じる ATP の分子数の合計の最大（　38　）倍である。
　呼吸の反応式を示すと，次のようになる。

$$C_6H_{12}O_6 + 6O_2 + 6H_2O \rightarrow 6CO_2 + 12H_2O$$

　原子量は C ＝ 12，H ＝ 1，O ＝ 16 とすると，上記の式から，90 g のグルコースを完全に酸化分解した場合，消費する酸素は（　39　）g，生じる二酸化炭素は（　40　）g となることがわかる。

31　下線部（31）について，解糖系，クエン酸回路，電子伝達系が存在する，またはおこなわれる場所として最も適切なものを，次の①〜④のうちから一つ選び，その番号をマークしなさい。

	解糖系	クエン酸回路	電子伝達系
①	核	ミトコンドリアのマトリックス	ミトコンドリアの内膜
②	細胞質基質	ミトコンドリアのマトリックス	ミトコンドリアの内膜
③	核	ミトコンドリアの内膜	ミトコンドリアのマトリックス
④	細胞質基質	ミトコンドリアの内膜	ミトコンドリアのマトリックス

32　文中の（　32　）にあてはまる語句として最も適切なものを，次の①〜④のうちから一つ選び，その番号をマークしなさい。
　　①　NADH
　　②　FADH$_2$
　　③　NADH と FADH$_2$
　　④　NADH と FADH$_2$ と CO$_2$

33 下線部（**33**）について，ピルビン酸とアセチル CoA がもつ炭素数の組み合わせとして最も適切なものを，次の①〜④のうちから一つ選び，その番号をマークしなさい。

	ピルビン酸	アセチル CoA
①	2	2
②	3	2
③	3	6
④	6	6

34 下線部（**34**）について，オキサロ酢酸とクエン酸がもつ炭素数の組み合わせとして最も適切なものを，次の①〜④のうちから一つ選び，その番号をマークしなさい。

	オキサロ酢酸	クエン酸
①	2	4
②	2	8
③	4	6
④	4	10

35 文中の（ **35** ）にあてはまる語句として最も適切なものを，次の①〜④のうちから一つ選び，その番号をマークしなさい。

① NADH
② $FADH_2$
③ NADH と $FADH_2$
④ NADH と $FADH_2$ と CO_2

36 下線部（**36**）について，形成された水素イオンの濃度勾配の説明として最も適切なものを，次の①〜④のうちから一つ選び，その番号をマークしなさい。

① ミトコンドリアのマトリックスで高く，ミトコンドリア外で低い。
② ミトコンドリアのマトリックスで低く，ミトコンドリア外で高い。
③ ミトコンドリアのマトリックスで高く，ミトコンドリアの膜間腔で低い。
④ ミトコンドリアのマトリックスで低く，ミトコンドリアの膜間腔で高い。

37 下線部 **(37)** について，ATP 合成のしくみとして最も適切なものを，次の①～④のうちから一つ選び，その番号をマークしなさい。

　① 水素イオンが濃度勾配にしたがって ATP 合成酵素内を通る際に ATP が合成される。

　② 水素イオンが濃度勾配に逆らって ATP 合成酵素内を通る際に ATP が合成される。

　③ ATP 合成酵素が高濃度の水素イオンから水をつくる際に ATP が合成される。

　④ ATP 合成酵素が高濃度の水素イオンのもつエネルギーから水をつくる際に ATP が合成される。

38 文中の（　**38**　）にあてはまる数値として最も適切なものを，次の①～④のうちから一つ選び，その番号をマークしなさい。

　①　8.5　　　　　　　②　9.5　　　　　　　③　17　　　　　　　④　19

39 文中の（　**39**　）にあてはまる数値として最も適切なものを，次の①～④のうちから一つ選び，その番号をマークしなさい。

　①　6　　　　　　　②　96　　　　　　　③　132　　　　　　　④　540

40 文中の（　**40**　）にあてはまる数値として最も適切なものを，次の①～④のうちから一つ選び，その番号をマークしなさい。

　①　6　　　　　　　②　96　　　　　　　③　132　　　　　　　④　540

国　語

（六〇分）

一 次の文章を読んで、後の問いに答えなさい。

私たちはふつう、時間の経験というものを ① A 的なものと考えます。東京で日本人が感じる時間も、ボルネオ島のプナン（注1）が感じる時間も、南米のアチャン（注2）でダヘンが感じる時間も、ふつうは同じだろうと考えるでしょう。

しかし、時間の経験というものは、各文化でかなり違います。その違いは、それぞれの文化が持っている「通過儀礼」がどのようなものかによって理解することができます。結論を先取りして言えば、私たちは時の流れを儀礼によって区切ることで、時間というものを秩序立て経験できるようにしているのです。

もう少しわかりやすく、時間の経験を、季節の経験に置き換えて考えてみようと思います。

例えば、日本には四季があります。春、夏、秋、冬とある期間を指して、私たちは四つの季節に分けています。もちろん、それぞれの季節には気温や気候の変化、動植物の変化があり、それらによって各季節の訪れを知るわけですが、自然界にはそもそも、ここからここまでの期間が春で、ここからここまでの期間が夏、というような決まり事はありません。

人間の側が、桜が咲く頃に春を感じ（昔、日本人は梅の花が咲く頃に初春を感じるとされましたが、現代の感覚ではやはり桜なのかもしれません）、雨の多い梅雨に入り、それがようよう明けて、暑さと湿度

を感じる頃には夏の訪れを意識します。盛夏を過ぎ、②稲穂が頭を垂れ、作物が実りを迎える頃には秋を感じ、どんどん肌寒くなり、乾燥して時には雪が降る頃には冬を感じます。

寒い季節が来て、徐々に暖かくなり、暑い季節が来る。そしてまた寒くなる。この繰り返しが、日本の四季のめぐりなのですが、日本人はそういう自然の変化を感じ取りながら、寒い冬と暑い夏という区別を自然に対して行っているわけです。

つまり、季節というのは、人間の感覚や経験に基づいた、アーティフィシャル（人為的）な区分なのです。ところが、あまりにもそれがあたりまえとなりすぎたために、その人為的な区分という性質はいつの間にか忘れ去られてしまっています。あたかもその人為的区分が ①B 的に自然なものだったかのように錯覚してしまうのです。

時間についても同じことが言えるでしょう。時の流れには、一時間とか一日とか一年とか、私たちはようかたちがあると考えています。また、時の流れを表現するのに「一〇分経った」とか「一時間経った」「一日経った」と言ったりします。しかし、①C 的には季節と同じように、時の流れにはかたちがあるわけではありません。時間というものに直接触れたり、計ったり、比べたりすることはできないのです。

③この時間の本質について理解するのに、うってつけの映画があります。トム・ハンクス主演の『キャスト・アウェイ』（二〇〇〇年）という作品です。

トム・ハンクス演じる主人公チャック・ノーランドは、運送会社のエンジニアとして、毎日、時間との闘いの中で仕事をしています。チャックには婚約者がいて、すぐ帰ると約束して貨物機に乗り込んだものの、嵐のせいで④墜落事故に巻き込まれてしまいます。辛くも⑤墜落を生き延び、彼は南太平洋の無人島に流れ着きます。生存者はチャック一人だけでした。時計もカレンダーもない無人島で、彼がどのよう

にして時間を理解しようとしたかというと、岩に過ぎ行く日々を刻みながら、日数の経過を知ったのです。

そして、チャックは次第に無人島の生活に⑥デキオウしていきます。バレーボールにウイルソンという名前をつけて、毎日、友人のように語しかけ⑦ユウカンに生き抜こうとします。四年もの歳月を経て、ようやくチャックは自力で筏を作り、島を脱出します。脱出の試みの中で唯一の友であるウイルソンが海の彼方に流されてしまって失意の日々を送ったりするのですが、ついに通りかかったタンカー船に助けられ、待ち望んだ帰国を果たすのです。そうして、恋人に会いに行くわけですが、すでに恋人は他の男性と結婚していたのでした。

先ほども述べたように、作中でチャックは岩に過ぎ行く日々を刻み付けて、月日の流れを理解します。元来、日付は、人間がそのように決めて使い始めたものだったはずです。

しかし、現代人は、自分たちが作った時計の針の動きを見て時の経過を経験するにもかかわらず、反対に時が経過したから時計の針が動いたのだと考えてしまうことがあります。その時、本来はかたちなどない時の流れを、岩に印を刻みつけたりして暦を作ったり、時計を作りそれに基づいて時間を秩序立てていったりして、自ら ⅠＤ 的に時間の体系を設定していったことをすっかり忘れてしまっているのです。

だから、時計の針が止まると、人は時間が経過していないと錯覚するのでしょう。例えば、図書館で本を読んでいる際に、その部屋の時計が止まっていたら、どうでしょう。時計が止まってしまっていると知らずに、人がその時計を見たら、時が経ったと思わないかもしれません。このようにすでに人は時を刻む時計がなければ、時を経験することができないようになっています。ある意味では、⑨われわれは時計に奴隷化されてしまっていると言えるのかもしれません。（中略）

元来、時の流れというのは「区切りのない連続体」です。そもそも

　時間というのはカオス（混沌）であり、そのようなかたちのない連続体を一定の間隔で区切ることで、私たちは時間を認識しているのです。時間に限らず、私たちは自分が生きる身の回りの世界を人為的にさまざまに区切り、分類することで、世界自体を認識しているとも言えるでしょう。

　まさにそのことによって、時間は個々の人間とは無関係に存在していると捉えられるのです。だから、個々の人間は、区切りのない連続体である時の流れに生まれ落ちて、やがてそこから退場していくとイメージされます。しかし人間が認識できる「時間」というものは、あくまでも人間が人為的に作ったものだったはずです。

　私たちはつい、時間そのものが普遍的で揺るぎないものだと考えがちですが、揺るぎないと思っているのは時間ではなく、実は私たちが用いている時間の体系のほうなのです。時間の体系は、人間自身が生み出したものであるにもかかわらず、⑩＿＿＿それは人間が操作することのできない、確固たるものとして経験されてしまうのです。

　要するに、人間は混沌を混沌のまま経験することができないため、それを自ら制作した時間の体系と一致させるという、ある種の誤謬とも言える行為を通してしか、時間を経験できないのです。そして、本来、区切りのない連続体としてある混沌状態に区切りを入れて、人間が認識できるようにする行為こそが「儀礼」なのです。

　時間の区切りを生み出す儀礼と言った時、人間の一生をつうじて節目節目に行われる通過儀礼である「人生儀礼」を考えてみるとイメージしやすいはずです。人生儀礼とは、人の一生の中である一定の時期に執り行われる儀礼を指しています。

　人は胎児、幼児、子ども、青年、成人、未婚者、既婚者、壮年、中年、老人、死者というようなライフサイクルを送ります。そうしたカテゴリーの対応物は当然、自然の中にはありません。それらは個々の

社会や文化の要請に応じて、人為的に作られたカテゴリーなのです。

（奥野克巳『これからの時代を生き抜くための文化人類学入門』による）

（注1）プナン＝ボルネオ島に住む狩猟採集民の総称。

（注2）ビダユン＝プナン奥地に住む少数民族。

問1　空欄部①－Ａ～①－Ｄを補うのにふさわしい言葉の組合せを一つ選び、その番号をマークしなさい。

1　Ａ＝普遍　　Ｂ＝本来　　Ｃ＝人為　　Ｄ＝本質

2　Ａ＝普遍　　Ｂ＝本来　　Ｃ＝本質　　Ｄ＝人為

3　Ａ＝本質　　Ｂ＝本来　　Ｃ＝普遍　　Ｄ＝人為

4　Ａ＝本質　　Ｂ＝普遍　　Ｃ＝人為　　Ｄ＝本来

問2　一線部②「稲穂が頭を垂れ」とありますが、これに関連することわざとして「実るほど頭を垂れる稲穂かな」があります。その意味としてふさわしいものを一つ選び、その番号をマークしなさい。

1　一度敗れた者が再び勢力を盛り返して反撃に出ること

2　学問や徳行が深まるにつれ、ますます謙虚になること

3　何でもはいはいと言って、他人の言いなりになること

4　自分がおこなった悪事の報いを、我が身に受けること

問3　一線部③「この時間の本質」とありますが、筆者の考える時間の本質の説明としてふさわしいものを一つ選び、その番号をマークしなさい。

1　私たちは気温の変化や太陽の移動を通じて、時間というものを経験しているということ

2　時間の流れにかたちがあるわけではなく、私たちはその流れ

を感じるだけだということ

3　時間の流れを「時間」「日」などと区切るのはすべての人類に共通しているということ

4　私たちは時の流れを分節することによって、四季を認識するようになったということ

問4　──線部④「墜落」と熟語の構成が同じものを一つ選び、その番号をマークしなさい。

1　参加　　2　軽重　　3　上昇　　4　登山

問5　──線部⑤「辛くも」の意味としてふさわしいものを一つ選び、その番号をマークしなさい。

1　辛いにも

2　ともかくも

3　試練に耐えて

4　やっとのことで

問6　──線部⑥「テキオウ」の「テキ」にあたる漢字と同じ漢字を含むものを一つ選び、その番号をマークしなさい。

1　カイテキに過ごす。

2　間違いをシテキする。

3　病院でテンテキを受ける。

4　テキイをむき出しにする。

問7　──線部⑦「ユウカン」の「カン」にあたる漢字と同じ漢字を含むものを一つ選び、その番号をマークしなさい。

1　カンサンとした場内だ。

2　カンレイにしたがう。

3　現場カントクを務める。

4　カンゼンと立ち向かう。

問8　―線部⑧「失意」の意味としてふさわしいものを一つ選び、その番号をマークしなさい。

1　悲哀　　2　断念　　3　落胆　　4　無為

問9　―線部⑨「われわれは時計に奴隷化されてしまっている」とはどういうことですか。その説明としてふさわしいものを一つ選び、その番号をマークしなさい。

1　私たちは時計の針が刻む時間の体系や制度に支配されてしまっているということ

2　私たちは時計がなければ時間の長さを正確に計ることができないということ

3　私たちは時計の時間に縛られるようにして忙しい日々を送っているということ

4　私たちは時計がなければ時間の流れに形があることを理解できないということ

問10　―線部⑩「それ」の指示する語句としてふさわしいものを一つ選び、その番号をマークしなさい。

1　時間そのもの

2　時間の体系

3　確固たるもの

4　人間自身が生み出したもの

問11　——線部①「ある種の誤謬」とありますが、具体的にはどういうことを指していますか。その説明としてふさわしいものを一つ選び、その番号をマークしなさい。

1　普遍的で揺るぎのない時間を、人為的に作られたものと捉えること

2　連続的に流れる時の流れを、区切りのある時間の体系と思い込むこと

3　時間の体系よりも時間そのものを普遍的で揺るぎないものと思うこと

4　人間が作った時間の体系や制度をカオス（混沌）と錯覚すること

問12　本文に登場する次の四つのカタカナ語のうち、本文の内容から考えて他の三つとは異質なものを一つ選び、その番号をマークしなさい。

1　アーティフィシャル　　　　2　カオス

3　ライフサイクル　　　　　　4　カテゴリー

問13　本文の内容と合致するものを一つ選び、その番号をマークしなさい。

1　時計は時間を便宜的に表示するものにすぎず、人間は時計がなくても時間の推移を認識できる。

2　通過儀礼によって時間に区切りや秩序が与えられ、人間は時間を経験できるようになった。

3　ボルネオ島のプナンやアマゾンのピダハンと違い、日本人は区切ることで時間を経験している。

4　映画『キャスト・アウェイ』は、時計がないというか生活が

不規則になるかを表現している。

二　次の文章を読んで、後の問いに答えなさい。

ここ数年、若者論をよく耳にするようになりました。連日と言って
よいほど、若者の生活スタイルや新しい発想の働き方が取りあげられ
ています。その背景には、日本経済全体の失速と少子高齢化時代とい
う社会構造全体の変化があるでしょう。

　教科書的な復習をすると、経済的に成熟段階に達した日本は、ゆる
やかな速度で下降路線をたどっている。（④─イ）等れ落ちる人が
増えるとともに、「そもそもこの価値観にしがみついているのは幸
せか」という疑問をもつ若者が増えてきます。速度と合理性、どこま
でも安価をよしとする消費の流れから降りて、顔の見える生産者とそ
れを買う消費者のまったりとした関係。有機農業や生活スタイルが「ス
ローライフ」と呼ばれ注目されています。

　こうした生活がオシャレでカッコいいという以上に、より切実な生
き方として若者に魅力をあたえていることも事実です。実際、非正規
雇用の状態で都会にしがみつくことは住環境ひとつ見てもきびしい。
東京という響きがもった独特のイメージ、何かが待っている、夢がそ
こにあるといった気分も縮小傾向です。家庭と子どもをもてたとして
も、十分な生活環境を提供できるかどうかは分かりません。仕事さえ
あれば自然に恵まれた地方で暮らしたいという気分が、東京全体の人
口は増加傾向であるにもかかわらず、リアルに「あり得る選択」になっ
ているのです。

　（④─ロ）、こうした様々な働き方や生活スタイルを求める時代は、
一言でいえば流動性の激しい時代だと言えます。主流派と見られる生

き方――都市部のサラリーマン――とは違う生き方を求める動きは、すでに一九八〇年代にその源流をたどることができます。批評家の浅田彰の提唱した「スキゾ」型の人間像がそれです。

スキゾとは逃走するという意味です。資本主義の濁流に呑み込まれ、流されるがまま生きる狂乱のバブル全盛期に、すでに浅田氏は逃走する方法を⑮モサク・主張していました。大衆消費社会を⑯飄々と生き抜く軽い姿を演じてみせたのです。

そして「失われた二十年」とリーマンショックを経た二〇一〇年代、浅田氏のスキゾに極めて似たフレーズが、世間で流行することになります。それが「ノマド」です。遊牧民を意味するこのことばは、パソコンなどIT機器の急速な普及を背景に、自由にどこでも仕事ができる、おなじ会社の机ではなく、都心のカフェや地方の田舎町でも仕事を請け負うことが可能で、作業して送信すれば仕事がなりたつことから、一躍、新しい仕事のスタイルとしてキャクコウを浴びました。

スキゾとノマドには⑲共通点と相違点それぞれがあります。共通するのは、時代に主流的な働き方や高度消費社会の濁流から降りて、自分流の生き方を自在に表現するという気分です。彼らは時代を斜めから見る。しかし一方できわめて重要な相違点があることに注意せねばならない。それは浅田氏がスキゾを主張した八〇年代当時の日本がバブル経済の真っ只中にあり、自由な生き方を選択する背景を、経済的な豊かさが支えていたということです。社会全体を安心の原理が覆い尽くした中での、自在な選択と移動の自由でした。

ところがノマド・ワーカーが理想の生き方として持ち上げられる昨今、事情は大きく変化しています。会社に所属せずとも自在に働けるというノマドには、底板を踏み抜けばすぐ下には過酷な非正規労働という海原が待っています。ノマドには非正規雇用のマイナス・イメージを払拭しようという逆転の発想の雰囲気が拭えないのです。

　筆者の「違和感」はここに始まります。つまり一見しておなじに見える働き方、生活スタイルを指すスキゾとノマドには決定的な違いがある。（⑲＿＿へ）、それたんなるここ三十年程度の語ではない、日本の近代化総体を考えるのに重要な違和感だと気づいたのです。

　それを少し抽象的概念で説明すると、「不確実性」にたいする正反対の気分です。不確実性とは、経済学者のシュムペーターが使用した概念ですが、要するに、時代状況が流動性を増し未来が見えにくい状態になったとき、それを人間精神がどう受け止めるかでまったく社会像が違う、ということです。

　一例を日本思想から挙げましょう。政治思想史家の坂本多加雄は「不確実性」をキーワードに明治時代を読み解こうとした著作があります（『市場・道徳・秩序』『近代日本精神史論』）。たとえば『学問のすすめ』で著名な⑳＿＿福澤諭吉は、文明開化の現在はみずからが学問さえすれば、どのような職業に就くこともできる実力社会だと述べ、啓蒙主義者らしい強烈なメッセージを込めたタイトルをつけました。幕末から明治維新の日本は、まさしく　　⑳　　にも等しい価値観の大転換が起きたわけですが、その混乱をチャンスと考え、学問を身につけることで職業選択の自由がある、と主張したのです。

　（⑭―二）啓蒙主義者らしいこの発言は、明治中期になると驚くべき変化を遂げます。明治憲法が制定され官僚機構が整い日本社会が一定の安定感をもち始めると、福澤は一転して「今の社会は固定化し、たんなる実力だけではどうにもならない場合がある」と述べたのです。幕末維新期には、足軽の子どもが語学さえ身につければある日突然、海外渡航の通訳に抜擢されたり、大臣になることもできた。しかし社会の枢要な地位に就くための制度が整い、厳格な試験制度も出来上がると、若々しい志や多少の学問ではみずからの社会的地位を劇的に変えることが難しくなったのです。

この福澤の発言から分かることは何か。それは「不確実」な未来にたいして、人はそのときの社会的雰囲気から、未来を多様な選択肢に溢れた明るい時代と考えることも、その逆に、一つの所属をもつことすらできず流動する暗い不安の時代とも考えることができるのです。②おなじことが正反対のイメージをもってしまう。

このことに気がつけば、先のスキップとハードについても新しい評価を下せます。スキップの時代は不確実であることが肯定できた。しかしハード時代には、大半は流動性と不確実をマイナス・イメージで捉えつつ、③それを何とか肯定したいと思う。ハード・ワーカーなるスター選手を生みだそうとしている。福澤の発言ひとつをとっても、昨今の若者の生き方探しは別段新しい事態ではないのです。

さて、そうすると現在のハマア時代を正確に理解するのは一九八〇年代ばかりを参照しているわけにはいきません。年号には、象徴的としか言いようのない数字があります。時代の大きな転換点を指し示す年があるのです。一九四五年八月十五日はその典型で、最近も「戦後七十年」がテレビや新聞紙上を賑わせたばかりです。

しかしここで取りあげたいのは、もう少し前の話です。明治四十三年。一九一〇年と書けば「もう少し前」と言った意味が分かるでしょう。敗戦の日から遡ることわずか三十五年で、時代は明治になってしまう。急に遥か彼方の話をしている気分が襲ってきます。現在を考えるのに戦後七十年が恰好の時代区分であることは十分分かりますが、筆者はさらに時代を遡る必要があると考えているのです。

この年を重視するのは、柳田国男が『　（注）⑳　』で民話を収拾し、そこから農耕に従事する「平地人」と山深くに住む「山人」の存在を発見したからです。また夏目漱石が『門』を書き始め、都会生活者の抱く独特の不安を描いたからでもあります。しかし何より石川啄木が『時代閉塞の現状』を書いたことに注意を促したいと思います。

　啄木と聞けば、教科書で一度は出会った歌人として有名でしょう。たとえば、啄木の名を後世に残すことになる歌集『一握の砂』にこういうのがあります。

　　何がなしに
　　頭のなかに崖ありて
　　日毎に土のくづるるごとし

何かが崩れかけていたのです。

　　　　　　　　　　　　（先崎彰容『違和感の正体』による）

（注）柳田国男＝一八七五〜一九六二年。民俗学者。

問14　空欄部（⑭─イ）〜（⑭─ニ）を補うのにふさわしい言葉の組合せを一つ選び、その番号をマークしなさい。

　1　イ＝しかも　　ロ＝ところが　　ハ＝ところで　　ニ＝すると
　2　イ＝しかも　　ロ＝ところが　　ハ＝すると　　ニ＝ところで
　3　イ＝すると　　ロ＝ところで　　ハ＝ところが　　ニ＝しかも
　4　イ＝すると　　ロ＝ところで　　ハ＝しかも　　ニ＝ところが

問15　─線部⑮「モサク」の「サク」にあたる漢字と同じ漢字を含むものを一つ選び、その番号をマークしなさい。
　1　サクバクとした気持ちになる。
　2　陰であれこれカクサクする。
　3　労働者をサクシュする。
　4　作文をテンサクする。

問16　─線部⑯「飄々と」は、どのような様子を表していますか。その説

明としてふさわしいものを一つ選び、その番号をマークしなさい。

1　仕事もせず、毎日をぶらぶらと無意味に過ごしている様子

2　周りの人の行動や考えにとらわれず、自由気ままに生きる様子

3　ある物事に執着して留まったりせず、一気に駆け抜ける様子

4　定見をもたず、周囲の状況を眺めて都合のよい側につく様子

問17　一線部⑰「キャッコウ」の「コウ」にあたる漢字と同じ漢字を含むものを一つ選び、その番号をマークしなさい。

1　新聞にコウコクを載せる。

2　産業のシンコウに努める。

3　彼とは昔からコウユウ関係にある。

4　コウイン矢のごとし。

問18　一線部⑱「共通点と相違点」の説明としてふさわしいものを一つ選び、その番号をマークしなさい。

1　自分流の生き方を自在に表現する点では同じだが、生活スタイルや生き方が違う。

2　自由な生き方を選択する点では同じだが、「不確実性」に対する気分が違う。

3　時代を斜めから見る点では同じだが、時代の経済的な成熟段階が違う。

4　時代に主流な働き方に憧れる点では同じだが、近代化に対する「違和感」が違う。

問19　一線部⑲「それはたんなる二、三十年程度の話ではない」とありますが、ここで筆者が念頭に置いているのはいつ頃ですか。その説明としてふさわしいものを一つ選び、その番号をマークし

なさい。

1　明治維新のころ

2　明治四十三年ごろ

3　一九四五年ごろ

4　一九八〇年ごろ

問20　―線部⑳「福澤諭吉」のどのような点に筆者は特に注目していますか。その説明としてふさわしいものを一つ選び、その番号をマークしなさい。

1　福澤諭吉が啓蒙主義者らしいメッセージを自著のタイトルに込めた点

2　福澤諭吉が時代の変化を敏感に捉えて、立身出世に関する発言を変えた点

3　福澤諭吉が足軽の子から海外渡航の通訳に抜擢されたり大臣になったりした点

4　福澤諭吉が枢要な地位に就くための制度や厳格な試験制度に失望した点

問21　空欄部　㉑　を補うのにふさわしい四字熟語を一つ選び、その番号をマークしなさい。

1　疾風怒濤　2　前代未聞　3　天変地異　4　千変万化

問22　―線部㉒「おなじことば」とは何ですか。ふさわしいものを一つ選び、その番号をマークしなさい。

1　スキゾ　2　パラド　3　啓蒙主義　4　不確実性

問23　一線部㉓「それ」の指示する語句としてふさわしいものを一つ選び、その番号をマークしなさい。

1　スキゾの時代

2　ノマド時代

3　流動性と不確実

4　マイナス・イメージ

問24　空欄部　㉔　に入る作品名としてふさわしいものを一つ選び、その番号をマークしなさい。

1　遠野物語　　2　山椒大夫　　3　羅生門　　4　濹東綺譚

問25　本文の内容と合致するものを一つ選び、その番号をマークしなさい。

1　ノマドの時代には、非正規雇用のマイナス・イメージを払拭できないために、ノマド・ワーカーが理想の生き方として持ち上げられている。

2　スキゾの時代は啓蒙主義の活動によって不確実性を肯定する傾向があるが、ノマドの時代は不確実性を否定的に捉える傾向がある。

3　福澤諭吉は明治初期のころは啓蒙主義者であったが、社会が流動的で不確実な明治中期になると、反啓蒙主義者に転向した。

4　日本が緩やかな速度で下降路線をたどっている現代は、石川啄木が『時代閉塞の現状』を書いた当時と時代の雰囲気が似ている。

問26〜問35は別紙解答用紙に解答を記入しなさい。

三 次の問26〜問30に答えなさい。

問26 次の一線部の漢字の読みをひらがなで解答用紙に書きなさい。

法改正について審議会に諮る。

問27 次の一線部の漢字の読みをひらがなで解答用紙に書きなさい。

計画が土壇場で頓挫する。

問28 次の一線部の漢字に誤りがあります。正しく改めた漢字を解答用紙に書きなさい。

親不幸を悔いる。

問29 次の熟語の対義語を漢字二字で解答用紙に書きなさい。

栄転

問30 次の漢字の中から二字を選んで熟語を作り、解答用紙に書きなさい。

竃 下 扇 酒 傘

四　次の問31〜問35に答えなさい。

問31　次の空欄部□を補う漢字一字を解答用紙に書きなさい。

音便には四種類あるが、「待ちて」が「待って」に変わるのを□音便と言う。

問32　次の文はいくつの文節から成り立っていますか。漢数字（例　三〔十二〕）で解答用紙に書きなさい。

あの人にはどこかで会ったような気がする。

問33　次の空欄部□□□□に入る四字熟語を解答用紙に書きなさい。

学費のために始めたアルバイトが忙しくなって単位を落とすなんて□□□□もいいところだ。

問34　「似た傾向を持つ者は自然に寄り集まるものである」という意味のことわざを解答用紙に書きなさい。

問35　次の四つの文の一線部には、誤って使われている漢字が一字あります。その漢字を抜き出して正しい漢字とともに解答用紙に書きなさい。

快刀乱麻を断つ。
自叙伝を著す。
仏前に花を備える。
川に橋を架ける。

実 技

◀鉛筆デッサン▶

150 分
(解答例省略)

【問題】

> 与えられたモチーフを台紙上に自由に配置・構成し、鉛筆で描写
> しなさい。
>
> ①柿　②小型紙袋（無地クラフト紙）③綿ロープ（8mm×70cm）

● 条件

1. 対象物はすべて描写すること

【支給されるもの】

モチーフ①②③各1個、解答用紙1枚（四つ切）、台紙用画用紙1枚（四つ切）

受験番号・名前記入シール1枚

カルトン、カルトン用クリップ

【使用してよいもの】

鉛筆（色鉛筆は除く）、消しゴム、練消しゴム、鉛筆削りおよびカッターナイフ（鉛筆削り用）

※定規の使用は不可

【注意事項】

1. 解答用紙は縦横自由です。どちらを表にしてもかまいません。

2. 解答用紙と台紙用画用紙は同じものです。どちらを解答用紙にしてもかまいません。

3. 席を立たずに、腰を掛けたままで描写しなさい。

4. 試験終了後に受験番号・名前記入シールを作品裏面に張り付ける作業を行います。

   作業については試験終了後に指示します。

5. 鉛筆の削りかすは、指定されたごみ箱へ、または持ち帰ってください。

解 答 編

英 語

Ⅰ 解答

1—① 2—② 3—② 4—② 5—② 6—①
7—① 8—④ 9—① 10—③

Ⅱ 解答

11—③ 12—③ 13—② 14—① 15—④

Ⅲ 解答

16—③ 17—① 18—③ 19—① 20—①

Ⅳ 解答 《自然の影響》

21—② 22—① 23—② 24—② 25—④

Ⅴ 解答 《役立つと実感できる寄付》

26—③ 27—① 28—④ 29—① 30—③ 31—③ 32—④ 33—③
34—② 35—④

日 本 史

Ⅰ　**解答**　《原始・古代の日中関係》

1—③　2—④　3—①　4—②　5—④　6—③

Ⅱ　**解答**　《院政期〜室町時代の文化》

7—①　8—②　9—②　10—④　11—②　12—③

Ⅲ　**解答**　《江戸時代前期の政治・経済史》

13—②　14—④　15—④　16—③　17—②　18—①

Ⅳ　**解答**　《明治時代前期の殖産興業》

19—④　20—①　21—④　22—①　23—②　24—③

Ⅴ　**解答**　《古代〜近世の日中関係》

25—②　26—①　27—④　28—③　29—③　30—③

世界史

Ⅰ 解答 《中華世界の成立・拡大》

1—④ 2—② 3—① 4—③ 5—③ 6—② 7—④ 8—②

Ⅱ 解答 《大航海時代以降のインドネシア史》

9—② 10—③ 11—① 12—④ 13—④ 14—② 15—② 16—④

Ⅲ 解答 《フランク王国分裂後の西ヨーロッパ中世史》

17—② 18—④ 19—③ 20—① 21—④ 22—④ 23—①

Ⅳ 解答 《宗教改革に関する歴史》

24—③ 25—④ 26—① 27—③ 28—② 29—③ 30—④

数　学

Ⅰ　解答　《2次関数》

1 — ③　2 — ①　3 — ③　4 — ②　5 — ②　6 — ④　7 — ③　8 — ②

9 — ②　10 — ②　11 — ③　12 — ④　13 — ②　14 — ④　15 — ②

Ⅱ　解答　《図形の性質》

16 — ①　17 — ②　18 — ①　19 — ②　20 — ④　21 — ①　22 — ②　23 — ③

24 — ②　25 — ①　26 — ②

Ⅲ　解答　《数と式，整数の性質》

27 — ②　28 — ①　29 — ②　30 — ③　31 — ②　32 — ③　33 — ①　34 — ③

35 — ③　36 — ②

Ⅳ　解答　《確率，整数の性質》

37 — ①　38 — ③　39 — ②　40 — ③　41 — ③　42 — ②　43 — ②　44 — ④

(ウ)　**45.** 100 の位が a，10 の位が b，1 の位が c である 3 桁の整数 N は

$$N = 100a + 10b + c$$
$$= 9(11a + b) + a + b + c$$

と表せる。

$9(11a + b)$ は 9 の倍数であるから，N が 9 の倍数になるための条件は，$a + b + c$ が 9 の倍数となることである。　　　　　　　　　　　（証明終）

46. N が 9 の倍数となる確率と，$a + b + c$ が 9 の倍数となる確率は等しい。

$$1 \leqq a \leqq 6, \quad 1 \leqq b \leqq 6, \quad 1 \leqq c \leqq 6$$

であるから

$$3 \leqq a + b + c \leqq 18$$

よって，$a+b+c$ が 9 の倍数のとき，とりうる値は 9, 18 のみである。

(i) $a+b+c=9$ のとき，a, b, c の組合せを $\{a, b, c\}$ と書くと

$$\{a, b, c\}=\{6, 2, 1\}, \{5, 2, 2\}, \{5, 3, 1\},$$
$$\{4, 4, 1\}, \{4, 3, 2\}, \{3, 3, 3\}$$

であるから，(a, b, c) の組は

$$3! \times 3 + 3 \times 2 + 1 \times 1 = 25 \text{ 組}$$

(ii) $a+b+c=18$ のとき

$$(a, b, c)=(6, 6, 6)$$

の 1 組である。

したがって，N が 9 の倍数になる確率は

$$\frac{25+1}{6^3}=\frac{13}{108} \quad \cdots\cdots(\text{答})$$

化　学

Ⅰ ─ 解答 《小問6問》

1─②　2─①　3─④　4─①　5─①　6─③

Ⅱ ─ 解答 《共有結合結晶と分子結晶》

7─②　8─④　9─③　10─②　11─②　12─①　13─④

Ⅲ ─ 解答 《水の電離とpH》

14─②　15─②　16─③　17─④　18─①　19─③　20─①

Ⅳ ─ 解答 《水と二酸化炭素の状態図》

21─①　22─④　23─②　24─③　25─②　26─③　27─④

Ⅴ ─ 解答 《アルミニウムとその化合物》

28─④　29─③　30─③　31─②　32─①　33─④　34─②　35─③

生　物

Ⅰ ── 解答 《細胞分裂とその観察》

1 ─② 　2 ─③ 　3 ─④ 　4 ─② 　5 ─④ 　6 ─② 　7 ─③ 　8 ─②
9 ─③ 　10─①

Ⅱ ── 解答 《体液とその循環，赤血球》

11─③ 　12─③ 　13─① 　14─① 　15─③ 　16─③ 　17─③ 　18─②
19─① 　20─③

Ⅲ ── 解答 《細胞小器官の構造とそのはたらき》

21─③ 　22─④ 　23─① 　24─④ 　25─② 　26─① 　27─③ 　28─①
29─③ 　30─①

Ⅳ ── 解答 《呼　吸》

31─② 　32─① 　33─② 　34─③ 　35─④ 　36─④ 　37─① 　38─①
39─② 　40─③

国　語

① **出典** 奥野克巳『これからの時代を生き抜くための 文化人類学入門』〈第4章 宗教とは何か〉（辰巳出版）

解答 問1 2　問2 2　問3 2　問4 3　問5 4
問6 1　問7 4　問8 3　問9 1　問10 2・4
問11 3　問12 2　問13 2

② **出典** 先崎彰容『違和感の正体』〈時代閉塞論──「新しいこと」などあるものか〉（新潮新書）

解答 問14 2・4　問15 2・1　問16 2　問17 4　問18 2
問19 2・4　問20 2　問21 3　問22 4　問23 3・2
問24 1　問25 4

③ **解答** 問26 はか　問27 とんぞ　問28 （親不）孝
問29 左遷　問30 傘下

④ **解答** 問31 促（音便）　問32 六　問33 本末転倒
問34 類は友を呼ぶ
問35 備（える）→供（える）

大学：学校推薦型選抜 指定校方式（国際看護学部）

問 題 編

▶**試験科目**

　出願書類，個人面接，小論文（60分）の結果を総合的に評価する。

※小論文課題は，「提示されたデータについての考えを求める」内容とな
　る。

小論文

（60分
解答例省略）

各設問の文を読み、問いに答えてください。

問1

　諸外国と比較した日本の女性役員の2022年の割合を下図1に示している。2013年に日本の首相から経済界へ「役員に1人は女性を登用する」ことが要請された。

　日本の首相が上記のように要請した理由についてあなたの考えを300字程度で記述してください。

図1

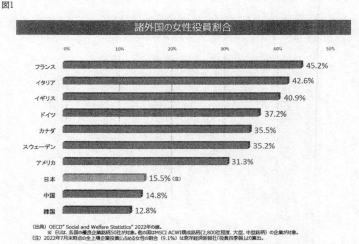

諸外国の女性役員割合

フランス	45.2%
イタリア	42.6%
イギリス	40.9%
ドイツ	37.2%
カナダ	35.5%
スウェーデン	35.2%
アメリカ	31.3%
日本	15.5% (注)
中国	14.8%
韓国	12.8%

（出典）OECD" Social and Welfare Statistics" 2022年の値。
　※ EUは、各国の優良企業銘柄50社が対象。他の国はMSCI ACWI構成銘柄（2,800社程度、大型、中型銘柄）の企業が対象。
（注）2022年7月末時点の全上場企業役員に占める女性の割合（9.1%）は東洋経済新報社「役員四季報」より算出。

出典：内閣府　男女共同参画局　https://www.gender.go.jp/policy/mieruka/company/yakuin.html

問2

　専業主夫、否定はされないが…

　私は58歳の時、ひとり暮らしの父の介護が必要になって退職し、専業主夫になりました。妻はフルタイムの労働者で、迷うことはありませんでした。

　以降、主夫であることを直接否定されたことはありませんが、「まだ若いのに何で働かないの？」と言われることはあります。意識しているかいないかわかりませんが、男性は働くのが当たり前、家事は女性がすべきだという考えに基づく発言でしょう。先月、朝日新聞で男性の生きづらさについての特集がありましたが、女性だけでなく、少なくない男性が「男はこうあるべきだ」という呪縛に苦しんでいると思います。

出典：2023年1月11日　朝刊　朝日新聞　声　どう思いますか「女性らしく」一部抜粋

　男女の働き方を今後日本でどうしていくべきかについてあなたの考えを300字程度で記述してください。

大学：一般選抜（A日程）

問題編

▶試験科目・配点〔2科目選択方式・3科目選択方式〕

学部	教科	科　　　　目	2科目選択方式	配点	3科目選択方式	配点
経営・国際・日本&芸術現代社会・建築	外国語	英語（コミュニケーション英語I・II・III，英語表現I・II）	2科目選択※1	200点	必須	100点
	地　歴	日本史Bまたは世界史B			1科目選択	100点
	数　学	数学I・A				
	国　語	国語総合（古文・漢文を除く）・現代文B			必須	100点
健　康　栄　養	外国語	英語（コミュニケーション英語I・II・III，英語表現I・II）	2科目選択※2	200点	必須	100点
	数　学	数学I・A			1科目選択	100点
	理　科	化学基礎・化学または生物基礎・生物				
	国　語	国語総合（古文・漢文を除く）・現代文B			必須	100点
国　際　看　護	外国語	英語（コミュニケーション英語I・II・III，英語表現I・II）	必須	100点	必須	100点
	数　学	数学I・A	1科目選択	100点	1科目選択	100点
	理　科	化学基礎・化学または生物基礎・生物				
	国　語	国語総合（古文・漢文を除く）・現代文B			必須	100点

▶試験科目・配点〔実技方式〕

学部	教科	内　　　　容	配点
建築&芸術	実　技	鉛筆デッサン※3	200点

▶備　考

- 選択科目について，事前登録不要。
- 2科目選択方式（200点満点）・3科目選択方式（300点満点）が選択可（事前登録不要）。建築＆芸術学部は，出願時に申請をすることで実技方式での受験も可となる。
- 2科目選択方式受験者…科目試験（200点）および自己アピール文により合否を判定する。なお，国際看護学部は科目試験（200点）で合否を判定する。
- 3科目選択方式受験者…科目試験（300点）および自己アピール文により合否を判定する。なお，国際看護学部は科目試験（300点）で合否を判定する。
- 国際看護学部はインターネット出願時に「志望理由書」を入力する。
- 英語民間試験について，大学指定のスコアを取得した者は，「外国語（英語）」100点に換算。

- ※1　経営，国際日本，現代社会，建築＆芸術学部の2科目選択方式では，次の①〜③のいずれかの科目の組み合わせを選択する。
  - ①「英語」と「国語」
  - ②「英語」と（「日本史」・「世界史」・「数学」から1科目）
  - ③「国語」と（「日本史」・「世界史」・「数学」から1科目）

- ※2　健康栄養学部は，次の①〜③のいずれかの科目の組み合わせを選択する。
  - ①「英語」と「国語」
  - ②「英語」と（「数学」・「化学」・「生物」から1科目）
  - ③「国語」と（「数学」・「化学」・「生物」から1科目）

- ※3　与えられたモチーフ（日用品や生活雑貨といった様々な製品と，果物や野菜などの青果物から2点ないし3点）を自由に配置し画用紙（382 × 542mm）にデッサンする。

▶出題範囲

- 「化学」の出題範囲は「合成高分子化合物」を除いたものとする。
- 「生物」の出題範囲は「生態と環境」「生物の進化と系統」を除いたものとする。

英　語

（60分）

Ⅰ　次の各文の（　　）に入る最も適切なものを①～④から一つずつ選び，マークしなさい。

1 If it costs too much to have this washing machine (　　), I will buy a new one instead.
① repair ② repaired ③ repairing ④ to repair

2 Her parents died when she was a baby and she was (　　) by her grandparents.
① brought ② grown ③ raised ④ risen

3 Ken is a big fan of the Beatles and he (　　) their records since he was in high school.
① collected ② collects
③ has been collecting ④ is collecting

4 The reason they decided (　　) building a new highway was because they didn't want to cut down trees.
① against ② for ③ on ④ to

5 Do you want to exchange this toaster for (　　) or do you want your money back?
① another ② other ③ others ④ the others

6 This pamphlet will give you an idea of (　　) it's like to work here.
① how ② what ③ when ④ why

7 It is (　　) great importance to help people in need.
① by ② in ③ of ④ with

8 These diamonds are so well made that we can't (　　) them from real ones.
① identify ② distinguish ③ recognize ④ understand

9 He (　　) that he had done anything wrong. He insisted that he was innocent.
① defended ② demanded ③ denied ④ described

10 Working part-time teaches students valuable life (　　　) such as time management, effective communication and networking.

① choices 　　　　② events 　　　　③ skills 　　　　④ stages

Ⅱ　和文に合った英文になるように語句を並べ替え，(　　　)内で3番目となるものを①～④から一つずつ選び，マークしなさい。

11 何か特に話したいことはありますか。

Is (① anything ② in ③ particular ④ there) that you want to talk about?

12 今日ビジネス界で活躍している女性の数は，史上かつてないほど多い。

There are more women active in the business world today than (① any ② at ③ other ④ time) in history.

13 発展途上国だけでなくヨーロッパや北アメリカでも、あらゆるところで子供たちは貧困に苦しんでいる。

Poverty affects children everywhere — (① developing countries ② in ③ not ④ only), but also in Europe and North America.

14 全員に都合の良い時間を見つけるのは難しいだろう。

Finding (① a time ② everyone ③ suits ④ that) will be difficult.

15 宿題を手伝ってあげるけれど，まず洗い物をすませてからね。

I'll help you with your homework, but first (① finish ② let ③ me ④ the dishes).

Ⅲ　次の会話を読み，設問に答えなさい。

Ivy has come to pick up Jane, an old high school friend of hers, at the airport.

Ivy ： Jane! It's so good to see you! You look great! Here, let me take your suitcase.

Jane ： Thanks. I can't believe we haven't seen each other since high school. （　ア　）

Ivy ： I know. It's been ten years!

Jane ： （　イ　）I can still remember when we first met.

Ivy ： Me too. It was in the robotics club. You were the only girl there!

Jane ： Oh yeah. I don't know what I was thinking, but then I saw you, and I knew it was going to be okay.

Ivy ： Yeah, （　ウ　）who were really interested in robotics back then.

Jane ： We were such nerds.

Ivy ： （　エ　）And it turned out so well. I hear you're working for a start-up now.

Jane ： Yes, I am and I'm definitely still a nerd and having a great time.

Ivy ： （　オ　）Me too! I think we should get together more often!

（注）　robotics：ロボット工学　　　　　　　nerd：（コンピュータなどの）おたく，マニア

　　　start-up：新興企業

設問

16　（　ア　）に入る最も適切なものを①〜④から一つ選び，マークしなさい。

① We really should have gone separate ways.

② We really should have stopped seeing each other.

③ We really shouldn't have gotten together so often.

④ We really shouldn't have waited this long.

17　（　イ　）に入る最も適切なものを①〜④から一つ選び，マークしなさい。

① Feels like home.

② Looks like you.

③ Seems like yesterday.

④ Sounds like fun.

18　（　ウ　）に入る最も適切なものを①〜④から一つ選び，マークしなさい。

① there were quite a lot of boys

② there were quite a lot of girls

③ there weren't many boys

④ there weren't many girls

出典追記：Smart Choice 3 by Ken Wilson and Alice Savage, Oxford University Press

19 （　**エ**　）に入る最も適切なものを①〜④から一つ選び，マークしなさい。

① We never were!

② We no longer are!

③ We should not be!

④ We still are!

20 （　**オ**　）に入る最も適切なものを①〜④から一つ選び，マークしなさい。

① That's awful.

② That's fantastic.

③ That's impossible.

④ That's ridiculous.

Ⅳ　次の文章を読み，設問に答えなさい。

Walk around any urban business district in the U.S., and you'll see a majority of office workers in "business casual" clothing. Only a few will be wearing the more formal suits, skirts, and dresses seen in more conservative locations around the world. Business casual style developed in several steps, most people say, in the U.S. state of Hawaii. Here's a little （　**ア**　）.

In 1966, the Hawaiian clothing industry was trying to sell more Hawaiian, or "aloha," shirts. The industry encouraged Hawaiian businesses to let their employees （　**イ**　） these colorful print shirts to the office one day a week, on Fridays. But the style became so （　**ウ**　） that by 1970 it had become standard dress all days of the week there. The trend spread to the state of California, which has always had less office formality than the rest of the country. There, people called the trend "casual Friday." Later, in the 1990s, the concept got more of a boost, again by the clothing industry. It was during that time that a number of companies began promoting casual khaki pants. Lots of advertisements showed both men and women wearing them with business shirts and jackets or sweaters. This look quickly became the new office standard.

Some wish the pendulum would swing back towards a more traditional, elegant look, but plenty of other people say this is （　**エ**　）. In fact, more and more companies, particularly in the creative and technology sectors, now permit jeans and even T-shirts in the office. Many younger people are used to this look and would （　**オ**　） going back to more conservative office clothing.

(注)　formality：堅苦しさ　　　　　　get a boost：はずみがつく，勢いづく
　　　　pendulum：振り子　　　　　　　sector：部門

設問

21 （　**ア**　）に入る最も適切なものを①〜④から１つ選び，マークしなさい。

① advice　　　　　② exercise　　　　　③ history　　　　　④ secret

22 （ **イ** ）に入る最も適切なものを①〜④から1つ選び，マークしなさい。

①　change   ②　enjoy   ③　wear   ④　work

23 （ **ウ** ）に入る最も適切なものを①〜④から1つ選び，マークしなさい。

①　complex   ②　expensive   ③　popular   ④　rare

24 （ **エ** ）に入る最も適切なものを①〜④から1つ選び，マークしなさい。

①　necessary   ②　possible   ③　unlikely   ④　urgent

25 （ **オ** ）に入る最も適切なものを①〜④から1つ選び，マークしなさい。

①　consider   ②　prefer   ③　recommend   ④　resist

Ⅴ　次の文章を読み，設問に答えなさい。

　　Nowadays, the food that you buy comes from many different countries. Have a look in your fridge, cupboard, and fruit bowl and check the origins of the food. Perhaps there are apples from California, lamb from New Zealand, or potatoes from Egypt. You will probably be surprised how far food travels to get to your plate. This journey, from "field to plate", is called "food miles". In other words, food miles is the distance that food travels from the farmer's field to the person who buys the food. Today, food often travels thousands of miles to get to the consumer. Why is this, and what are the effects of these long distances?

　　Traditionally, farmers sold their food in the local market, so the food did not have to travel very far. The consumers also did not travel very far because they went to their local market to buy the food. This was a good system for farmers and consumers. However, there were some disadvantages. For example, consumers could only buy food that farmers produced locally. In addition, they could only get food that was in season. Now, because of modern technology, food comes from all over the world. We do not have to wait for spring or summer to buy strawberries or tomatoes. They are available in winter if we want.

　　Some countries have to import most of their food. This is because they have difficult climates. The United Arab Emirates (UAE), for example, gets 85% of its food from other countries. Even food made in the UAE often uses imported materials. An example is a type of bread called Tasty Loaf, which is made locally. Tasty Loaf contains ingredients such as flour and sugar from Australia, Germany, China, Malaysia, and India. If we add up all the distances, one loaf of this bread (about 450 grams) requires a total of 12,690 kilometers. This is a lot of food miles.

　　What is wrong with a lot of food miles? Is this not a good way of increasing international trade? I believe these miles are （ **キ** ） for a number of reasons. First of all, because food travels such long distances, we need more airplanes, trucks, and ships to move the food. This means we use more oil, so there is more pollution and more global warming. In addition, food that travels a long way is not fresh and usually not <u>tasty</u>. Tomatoes, for example, are picked early and stored for their long journeys. For this reason, they are usually tasteless when they get to the consumer. Local food has a better taste, and it also reduces the amount of global pollution. We need to buy more local food.

(注)　the United Arab Emirates (UAE)：アラブ首長国連邦
　　　loaf：パンの1斤（きん），1塊（かたまり）

設問

26　下線部**ア**の意味として最も適切なものを①〜④から一つ選び，マークしなさい。
　① how fresh the food is
　② how good the food tastes
　③ where the food comes from
　④ where the food is sold

27　下線部**イ**の反意語として最も適切なものを①〜④から一つ選び，マークしなさい。
　① customer　　　② explorer　　　③ producer　　　④ purchaser

28　下線部**ウ**の具体的な内容として最も適切なものを①〜④から一つ選び，マークしなさい。
　① 消費者は，その時々の旬の食料しか購入できなかった。
　② 消費者は，食料を入手するためには遠くまで出かけなければならなかった。
　③ 消費者が購入できる大部分の食料の値段は高かった。
　④ 消費者が市場で目にする食料は，季節を問わず同じものばかりであった。

29　下線部**エ**の意味として最も適切なものを①〜④から一つ選び，マークしなさい。
　① We can export them in winter
　② We can get them in winter
　③ We can plant them in winter
　④ We can provide them in winter

30　下線部**オ**に関して，本文の記述と**一致しない**ものを①〜④から一つ選び，マークしなさい。
　① UAE 国内で作られるパンの一種である。
　② 材料の一部はアジアから輸入している。
　③ 一斤の重量は約 450 グラムである。
　④ 一斤の food miles の合計は一万キロメートル未満である。

31 最も強く発音する音節の位置が，下線部**カ**の語と**異なるもの**を①〜④から一つ選び，マークしなさい。

in-gre-di-ent　①dis-ad-van-tage　②ma-te-ri-al　③tech-nol-o-gy　④tra-di-tion-al

32 空欄（　**キ**　）に入る最も適切な語を①〜④から一つ選び，マークしなさい。

①exciting　　　　②promising　　　　③surprising　　　　④worrying

33 下線部**ク**の意味として最も適切なものを①〜④から一つ選び，マークしなさい。

①having a calming sound

②having a nice flavor

③having a special feel

④having a sweet smell

34 本文の内容と**一致しないもの**を①〜④から一つ選び，マークしなさい。

①世界には気候条件が作物の栽培に適さず，食料自給率が極端に低い国々がある。

②UAEは食料の8割以上を他の国々からの輸入に頼っている。

③貿易の振興のためには，food milesの増加は避けられない。

④消費者に届く時には，food milesの数値が高いトマトはたいてい味が落ちている。

35 本文の内容と一致するものを①〜④から一つ選び，マークしなさい。

①"Food miles" is a term that is used only for the food that travels beyond national borders.

②In our kitchens today, we are likely to find fruits from the United States and vegetables from Africa.

③Generally speaking, food traveled farther in the past than today to get to the consumer.

④In spite of modern technology, people cannot get food that is not in season.

日本史

（60分）

Ⅰ　次の文章を読んで，下の問いに答えなさい。

　10世紀初め，行き詰まりつつあった律令体制を立て直すべく，⁽¹⁾醍醐天皇は不法な土地占有を取り締まるため（　2　）の荘園整理令を発したが，成果は上がらなかった。地方政治は⁽³⁾任国に赴く国司の最上級者に委ねられ，国ごとの税収の確保が図られた。しかし，続く朱雀天皇の時代には⁽⁴⁾承平・天慶の乱が起こり，地方での治安の乱れが明らかになっていった。

　朱雀天皇の弟にあたる（　5　）天皇の下でも財政の倹約などが行われたが，⁽⁶⁾969年に左大臣源高明が左遷されると，中央政界においては藤原北家の勢力が他氏を圧倒することとなった。

1　下線部（1）に関して，醍醐天皇の在位中の出来事についての説明として**誤っているもの**を，次の①〜④のうちから一つ選びなさい。

　　①　皇室財源として勅旨田の設置が進められた。

　　②　六国史の最後となる歴史書が完成した。

　　③　最初の勅撰和歌集が編纂された。

　　④　三善清行が「意見封事十二箇条」を提出した。

2　空欄（　2　）に入る元号として正しいものを，次の①〜④のうちから一つ選びなさい。

　　①　貞　観　　　　　②　寛　平　　　　　③　延　喜　　　　　④　天　暦

3　下線部（3）に関して，任国に赴く国司の最上級者を意味する語句として正しいものを，次の①〜④のうちから一つ選びなさい。

　　①　遙　任　　　　　②　目　代　　　　　③　重　任　　　　　④　受　領

4　下線部（4）に関して，承平・天慶の乱に関連して述べた文X・Yの正誤の組み合わせとして正しいものを，下の①〜④のうちから一つ選びなさい。

　　X　平将門は，藤原秀郷らによって討伐された。

　　Y　藤原純友は，大宰府などを襲撃した。

　　①　X―正　Y―正　　②　X―正　Y―誤　　③　X―誤　Y―正　　④　X―誤　Y―誤

5　空欄（　5　）に入る語句として正しいものを，次の①〜④のうちから一つ選びなさい。

① 宇 多　　　　　② 光 孝　　　　　③ 村 上　　　　　④ 冷 泉

6　下線部（6）に関して，源高明が左遷された政変として正しいものを，次の①〜④のうちから一つ選びなさい。

① 応天門の変　　　② 安和の変　　　③ 阿衡の紛議　　　④ 承和の変

Ⅱ　次の文章と史料を読んで，下の問いに答えなさい。

文章

　鎌倉幕府において，御家人は将軍から保証された所領に館を構え，直営地である（　7　）を切り開き収益を得ていたが，⁽⁸⁾次第に生活苦に陥る者が多くなった。そこで幕府は⁽⁹⁾下記の史料のような法令を出し，窮乏する御家人の救済に当たったが，効果は不十分であった。こうした状況により，武家社会の慣習にも変化が生じた。財産を保有する当人が亡くなった際にはその財産を惣領に返還することをあらかじめ約束した（　10　）分はその典型である。

史料

一　質券売買地の事

　右，所領を以て或いは質券に入れ流し，或いは売買せしむるの条，御家人等侘傺の基なり。向後に於いては，停止に従ふべし。以前沽却の分に至りては，本主領掌せしむべし。但し，或いは御下文・下知状を成し給ひ，或いは知行廿箇年を過ぐるは，公私の領を論ぜず，今更相違有るべからず。……

　次に非御家人・⁽¹¹⁾凡下の輩の質券買得地の事。年紀を過ぐと雖も，売主知行せしむべし。

（　12　）五年七月二十二日

（東寺百合文書）

7　空欄（　7　）に入る語句として**誤っている**ものを，次の①〜④のうちから一つ選びなさい。

① 門 田　　　　　② 官 田　　　　　③ 佃　　　　　④ 正 作

8　下線部（8）に関して，鎌倉時代の御家人が生活苦に陥る理由についての説明として**誤っている**ものを，次の①〜④のうちから一つ選びなさい。

① 蒙古襲来の際の恩賞が不十分であった。

② 所領相続の際に分割相続が行われた。

③ 貨幣経済の影響で負債が増大した。

④ 幕府に納付する年貢が増大した。

9 下線部（9）に関して，史料の内容について述べた文X・Yの正誤の組み合わせとして正しいものを，下の①〜④のうちから一つ選びなさい。

　　X　史料は，御家人が所領を売却・質入れすることを禁止した法令である。

　　Y　非御家人・凡下の輩に売却・質入れされた所領は，御家人に返却されない。

　　①　X—正　Y—正　　　　　　　　②　X—正　Y—誤

　　③　X—誤　Y—正　　　　　　　　④　X—誤　Y—誤

10 空欄（　10　）に入る語句として正しいものを，次の①〜④のうちから一つ選びなさい。

　　①　末　期　　　　②　一　作　　　　③　一　期　　　　④　小　作

11 下線部（11）に関して，「凡下の輩」とは一般庶民を意味する語句であるが，この史料においてより具体的に指し示すものとして正しいものを，次の①〜④のうちから一つ選びなさい。

　　①　問　丸　　　　②　借　上　　　　③　振　売　　　　④　悪　党

12 空欄（　12　）に入る元号として正しいものを，次の①〜④のうちから一つ選びなさい。

　　①　弘　安　　　　②　正　中　　　　③　永　仁　　　　④　元　弘

Ⅲ **次の近世外交に関する略年表を読んで，下の問いに答えなさい。**

　1543 年　ポルトガル人が日本に漂着

　1549 年　⁽¹³⁾宣教師フランシスコ＝ザビエルが来日

　1551 年　（　14　）がザビエルを豊後府内に招く

　1561 年　宣教師ガスパル＝ヴィレラが⁽¹⁵⁾堺で布教する

　1569 年　宣教師ルイス＝フロイスが⁽¹⁶⁾織田信長と対面する

　1582 年　天正遣欧使節に宣教師⁽¹⁷⁾ヴァリニャーノが同行する

　1584 年　⁽¹⁸⁾スペイン船が日本に来航

13 下線部（13）に関して，ザビエルが初めて上陸した場所として正しいものを，次の①〜④のうちから一つ選びなさい。

　　①　鹿児島　　　　②　平戸　　　　③　種子島　　　　④　長崎

14 空欄（　14　）に入る人物名として正しいものを，次の①〜④のうちから一つ選びなさい。

　　①　有馬晴信　　　②　大村純忠　　　③　大内義隆　　　④　大友義鎮

15 下線部（15）に関して，近世の堺についての説明として**誤っているもの**を，次の①～④のうちから一つ選びなさい。

①　会合衆の合議による自治が行われた。

②　鉄砲の産地としても栄えた。

③　堺の商人千利休によって茶の湯が完成した。

④　豊臣秀吉は堺に聚楽第を造営した。

16 下線部（16）に関して，織田信長についての説明として正しいものを，次の①～④のうちから一つ選びなさい。

①　足利義輝を室町幕府の将軍に擁立した。

②　美濃の長篠で武田勝頼の軍勢を破った。

③　石山本願寺の顕如らと争った。

④　検地役人を派遣し検地を実施した。

17 下線部（17）に関して，ヴァリニャーノが日本に伝えたものとして正しいものを，次の①～④のうちから一つ選びなさい。

①　南蛮屏風の技法　　②　活字印刷の技法　　③　陶磁器の技法　　④　城郭建築の技法

18 下線部（18）に関して，東アジア地域でのスペインの拠点であった都市として正しいものを，次の①～④のうちから一つ選びなさい。

①　マカオ　　　　②　バタヴィア　　　③　マラッカ　　　④　マニラ

IV　次の文章を読んで，下の問いに答えなさい。

1937 年 7 月に ⁽¹⁹⁾日中戦争へ突入すると，政府は戦争遂行のためにさまざまな政策を打ち出した。
これを受け，軍部・官僚と結びついた経済界は積極的に軍需品の生産に乗り出し，巨万の利益を得た。
一方で政府は国民に節約や貯蓄の必要性を主張し，マッチ・砂糖などに対して（　20　）を導入す
るなど，民需品の消費を制限した。国民世論や社会運動への統制も強化され，警察の指導の下，職場
ごとに労働者と資本家が一体となる（　21　）の結成が進められた。そして 1940 年にはドイツのナ
チス党やイタリアのファシスト党を模した一大政党の組織を目指す ⁽²²⁾新体制運動が展開された。

1941 年 12 月に太平洋戦争が開戦すると，国民生活は一層厳しく統制されることとなった。特に，
⁽²³⁾戦局が劣勢へと転換していくと，学生・生徒や女性らも戦争の影響をより強く受けることとなり，
1944 年には大都市の学童に対する（　24　）が始まった。

19　下線部（19）に関して，日中戦争開戦後の戦争遂行のための政策についての説明として**誤って**
いるものを，次の①〜④のうちから一つ選びなさい。

① 重要産業統制法が制定された。

② 国家総動員法が制定された。

③ 国民徴用令が発令された。

④ 価格等統制令が発令された。

20　空欄（　20　）に入る語句として正しいものを，次の①〜④のうちから一つ選びなさい。

① 供出制　　　　　② 専売制　　　　　③ 通帳制　　　　　④ 切符制

21　空欄（　21　）に入る語句として正しいものを，次の①〜④のうちから一つ選びなさい。

① 日本労働総同盟　② 職工義友会　　　③ 産業報国会　　　④ 経済安定本部

22　下線部（22）に関して，新体制運動について述べた文X・Yの正誤の組み合わせとして正しい
ものを，次の①〜④のうちから一つ選びなさい。

X　大政翼賛会が結成され，部落会や町内会などは解散させられた。

Y　ナチズムの教育制度を参考に，小学校が国民学校に改称された。

① X―正　Y―正　　　　　　　　　② X―正　Y―誤

③ X―誤　Y―正　　　　　　　　　④ X―誤　Y―誤

23　下線部（23）に関して，太平洋戦争の戦局が転換する契機となった 1942 年 6 月の出来事として
正しいものを，次の①〜④のうちから一つ選びなさい。

① サイパン島陥落　　　　　　　　② ミッドウェー海戦

③ インパール作戦　　　　　　　　④ マレー沖海戦

24 空欄（　24　）に入る語句として正しいものを，次の①〜④のうちから一つ選びなさい。

① 学徒出陣 ② 勤労動員 ③ 集団疎開 ④ 白紙召集

V 次の文章を読んで，下の問いに答えなさい。

668 年に制定されたとされる近江令については，原本が現存しないこともあり，存在説と非存在説がある。[(25)]689 年に施行された飛鳥浄御原令も現存しておらず，701 年の大宝律令制定によって日本における律令制度は完成したとされる。718 年に制定された養老律令は，大宝律令に続く律令とされ，以降も[(26)]格式の制定などによって補いつつ，形式上は明治維新期まで存続した。

武家社会における最初の法典とされるのが 1232 年に制定された（　27　）式目（御成敗式目）である。この式目は鎌倉幕府のみならず室町幕府においても基本法典とされ，戦国大名らが制定した分国法（家法）にも影響を与えた。江戸幕府においては各方面に向けて統制法令が制定されたが，特に将軍に従属する大名にとっての基本法典となったのが[(28)]武家諸法度であった。

明治時代に入り，欧米諸国の思想や文化が大量に流入する中，1889 年 2 月 11 日に大日本帝国憲法が発布された。これと並行して諸法典の編纂も進められ，フランス人法学者（　29　）らによって民法が起草された。しかし，その内容に対し「民法出デ、忠孝亡ブ」などと強い批判が起こり，より家父長制的なものに改められ施行された。

1945 年に日中戦争・太平洋戦争が終結し，ＧＨＱ（連合国軍最高司令官総司令部）による間接統治が始まると，憲法改正作業も行われ，1947 年 5 月 3 日に[(30)]日本国憲法が施行された。

25 下線部 (25) に関して，飛鳥浄御原令を施行した人物として正しいものを，次の①〜④のうちから一つ選びなさい。

① 天智天皇 ② 天武天皇 ③ 持統天皇 ④ 文武天皇

26 下線部 (26) に関して，格式について述べた文X・Yの正誤の組み合わせとして正しいものを，次の①〜④のうちから一つ選びなさい。

X　格とは，律・令・式の施行細則のことである。

Y　嵯峨天皇の時代に貞観格式が編纂された。

① X―正　Y―正 ② X―正　Y―誤

③ X―誤　Y―正 ④ X―誤　Y―誤

27 空欄（　27　）に入る和年号（元号）として正しいものを，次の①〜④のうちから一つ選びなさい。

① 治　承 ② 宝　治 ③ 寿　永 ④ 貞　永

28 下線部（28）に関して，武家諸法度についての説明として**誤っているもの**を，次の①～④のうちから一つ選びなさい。

① 原則として将軍の代替わりごとに発せられた。

② 元和令では，大船建造の禁止が定められた。

③ 寛永令では，参勤交代の制度化が定められた。

④ 天和令では，従来の「文武弓馬」の道から「文武忠孝」を重視する内容に改められた。

29 空欄（ 29 ）に入る人物名として正しいものを，次の①～④のうちから一つ選びなさい。

① モッセ　　　　② ベルツ　　　　③ ボアソナード　　　④ ロエスレル

30 下線部（30）に関して，日本国憲法の施行を受けて改正された，もしくは新たに制定された法令として**誤っているもの**を，次の①～④のうちから一つ選びなさい。

① 警察法　　　　② 普通選挙法　　　③ 地方自治法　　　④ 刑法

世 界 史

（60分）

I 次の文章を読んで，下の問いに答えなさい。

　漢字の日本伝来について，応神天皇の時に（ 1 ）から王仁という博士が『論語』と『千字文』をもたらした，という『日本書紀』や『古事記』の記事に基づいて，この時に初めて日本に漢字が伝えられたとされていた。しかし，4世紀末から⁽²⁾5世紀頃に在位したと考えられる応神天皇に対して，『千字文』が成立したのは6世紀の南朝・梁の頃と考えられており，辻褄が合わない。そもそも，後漢の（ 3 ）が「倭奴国」に金印を下賜したように，漢字そのものがもっと早い段階で日本に伝わっていたのは間違いない。もっとも，漢字を用いて日本語を表記した事例としては，現在のところ5世紀頃の各地の古墳から出土した鉄剣などに記された銘文より早い時期のものは見つかっていない。

　日本人は漢字を使い始めた初期の段階から「訓読み」と「音読み」を併用していたが，本来の中国語音が，時代や地域によって差異があったのを反映して，日本語の音読みにもいくつかの「種類」がある。最も早期に日本に伝えられた中国語音に基づく音読みを，「呉音」とよぶ。時期でいえば，おおよそ6世紀末頃までに伝えられた音とされる。一説にはもっぱら⁽⁴⁾江南地方（別名「呉」）から伝わったために「呉音」という。あるいは朝鮮半島を経由して伝わったために古韓音の影響もあるという説もある。この時期には⁽⁵⁾仏教も伝来したため，仏教用語には呉音で読むものが多い。これに対して，7世紀から9世紀まで，遣隋使・遣唐使が⁽⁶⁾隋唐王朝の朝廷で使われていた音を持ち帰ってきたものを「漢音」とよぶ。この時に最も大量かつ体系的に漢字の知識が伝えられ，平安時代にはこれが標準音に定められた。そして10世紀以降，日宋貿易や日明貿易，あるいは（ 7 ）を中心とした仏教交流の中で伝えられた音を「唐音」という。この時期には北方民族政権の影響もあって中国語音が大きく変化したとされ，唐音も呉音・漢音とは大きく異なることが多い。以上の具体例を示すと，「明」「清」「京」の呉音・漢音・唐音はそれぞれ，「ミョウ・メイ・ミン」「ショウ・セイ・シン」「キョウ・ケイ・キン」である。「⁽⁸⁾明王朝」「清王朝」「北京」「南京」などは実は唐音なのである。

1 空欄（ 1 ）に入れる，4〜7世紀に存続し，日本と特に関係の深かった朝鮮半島の国名として正しいものを，次の①〜④のうちから一つ選びなさい。

　　① 高句麗　　　　　② 高麗　　　　　③ 百済　　　　　④ 新羅

2 下線部（2）の時期に起きた出来事として正しいものを，次の①〜④のうちから一つ選びなさい。

①　キリスト教がローマ帝国の国教となった。

②　インド東部にナーランダー僧院が建てられた。

③　ホスロー１世のもとでササン朝が最盛期を迎えた。

④　モンゴル高原では突厥が栄えた。

3 空欄（　3　）に入れる皇帝として正しいものを，次の①〜④のうちから一つ選びなさい。

①　武帝　　　　　　　②　光武帝　　　　　　③　文帝　　　　　　④　明帝

4 下線部（4）について述べた文として**誤っているもの**を，次の①〜④のうちから一つ選びなさい。

①　春秋時代には呉と越は隣国として激しく対立していた。

②　戦国時代には呉の国は「戦国の七雄」の一つに数えられた。

③　漢代には呉の国を含めて「呉楚七国の乱」が起きた。

④　三国時代には呉の国は建業に都を置いた。

5 下線部（5）に関連して，仏教の歴史について述べた次の文 a・b の正誤の組合せとして正しいものを，下の①〜④のうちから一つ選びなさい。

a　ブッダの没後すぐに仏像が造られるようになった。

b　中国・朝鮮・日本に伝わった仏教の中心は大乗仏教だった。

①　a・b ともに正しい　　　　　　　②　a のみ正しい

③　b のみ正しい　　　　　　　　　　④　a・b ともに誤り

6 下線部（6）に関連して，隋王朝と唐王朝の首都の組合せとして正しいものを，次の①〜④のうちから一つ選びなさい。

①　隋：大興城−唐：長安　　　　　　②　隋：洛陽−唐：長安

③　隋：長安−唐：洛陽　　　　　　　④　隋：江都−唐：洛陽

7 空欄（　7　）に入れる，インドから来た達磨が開いた仏教の宗派として正しいものを，次の①〜④のうちから一つ選びなさい。

①　天台宗　　　　　　②　真言宗　　　　　　③　浄土宗　　　　　　④　禅宗

8 下線部（8）について述べた文として**誤っているもの**を，次の①〜④のうちから一つ選びなさい。

①　建国者は農民出身だった。

②　原則として民間の対外交易を禁止した。

③　モンゴルの捕虜となった皇帝がいた。

④　最後は清朝により滅ぼされた。

Ⅱ　次の文章を読んで，下の問いに答えなさい。

　ムハンマドは，当時のアラブ人が信仰していた多神教とその偶像崇拝が，人々の精神を堕落させた
と考え，これを排撃する厳格な一神教であるイスラーム教を唱えた。同時にまた富の独占を否定した
ことによって，メッカの大商人たちの迫害を受けたムハンマドとその信徒たちは北部のメディナに逃
れ，622 年その地で ⁽⁹⁾ 教団を組織した。ムハンマドの死後，⁽¹⁰⁾ 正統カリフの時代にアラブ人はア
ッラーの教えを広めるために征服を始めた。しかし，その間に教団内部で対立が起こり，第 4 代カリ
フのアリーが暗殺されると，シリア総督だったムアーウィヤは（　11 − a　）を都としてウマイヤ朝
をおこした。

　ウマイヤ朝もまた積極的に征服活動を行い，やがてイベリア半島に進出し，その後さらにフランク
王国にも侵入した。しかし，732 年トゥール・ポワティエ間の戦いで敗れ，ピレネー山脈の南に退い
た。ウマイヤ朝はアラブ中心主義をとって ⁽¹²⁾ 異民族の改宗者を差別したため，各地で不満が募り，
またアラブ人の中にもウマイヤ朝を批判するものがでてきた。ムハンマドの叔父アル＝アッバースの
子孫はウマイヤ朝を倒してアッバース朝をおこし，新都（　11 − b　）が建設された。一方ウマイ
ヤ朝の一族はイベリア半島に移り，（　11 − c　）に都を定めて後ウマイヤ朝をつくった。

　751 年にタラス河畔の戦いで唐を破った後に ⁽¹³⁾ アッバース朝は全盛期を迎え，⁽¹⁴⁾ 文化的にも
大いに発展した。さらに，⁽¹⁵⁾ アラブ人の特権は次第に廃止され，イスラーム教徒の平等化が進んだ。
しかし，アッバース朝も 9 世紀後半から衰え始め，⁽¹⁶⁾ 領土内に諸王朝が自立し始めたため弱体化し
て，1258 年フラグ率いるモンゴル軍によって滅ぼされた。

9　下線部（9）について，イスラームの共同体を意味するアラビア語として正しいものを，次の
　　①〜④のうちから一つ選びなさい。
　　　①　シャリーア　　　　②　ウンマ　　　　③　ウラマー　　　　④　ワクフ

10　下線部（10）について，正統カリフ時代に関して述べた文として**誤っているもの**を，次の①〜④
　　のうちから一つ選びなさい。
　　　①　ムハンマドの後継者は世襲制であった。
　　　②　『コーラン（クルアーン）』は正統カリフ時代にまとめられた。
　　　③　イスラーム共同体の防衛と拡大のためにジハード（聖戦）が課せられた。
　　　④　ササン朝を滅ぼして勢力を拡大した。

11　空欄（　11 − a　）（　11 − b　）（　11 − c　）に入れる都市の組合せとして正しいものを，
　　次の①〜④のうちから一つ選びなさい。
　　　①　a ＝ダマスクス　　　　b ＝バグダード　　　　c ＝コルドバ
　　　②　a ＝バグダード　　　　b ＝コルドバ　　　　　c ＝カイロ
　　　③　a ＝ダマスクス　　　　b ＝コルドバ　　　　　c ＝バグダード
　　　④　a ＝バグダード　　　　b ＝ダマスクス　　　　c ＝グラナダ

12　下線部（12）について，異民族の改宗者の呼称として正しいものを，次の①〜④のうちから
　　一つ選びなさい。

　　　①　ミナレット　　　　　②　スーク　　　　　③　モスク　　　　　④　マワーリー

13　下線部（13）を実現したカリフの名として正しいものを，次の①〜④のうちから一つ選びなさい。

　　　①　ラシード＝アッディーン　　　　　　②　アブー＝バクル

　　　③　ハールーン＝アッラシード　　　　　④　アブド＝アッラフマーン3世

14　下線部（14）に関連して，イスラームの文化について述べた文として正しいものを，次の①〜④
　　のうちから一つ選びなさい。

　　　①　学者や知識人を養成するキャラヴァンサライが設立された。

　　　②　バグダードに知恵の館が，翻訳・研究機関として設立された。

　　　③　ガザーリーは民族叙事詩『千夜一夜物語』を著した。

　　　④　イブン＝ハルドゥーンが医学書『医学典範』を著した。

15　下線部（15）について述べた次の文 a・b の正誤の組合せとして正しいものを，下の①〜④のう
　　ちから一つ選びなさい。

　　a　アラブ人が地租ジズヤを負担するようになった。

　　b　異民族改宗者が人頭税ハラージュを免除されるようになった。

　　　①　a・b ともに正しい　　　　　　　②　a のみ正しい

　　　③　b のみ正しい　　　　　　　　　　④　a・b ともに誤り

16　下線部（16）に関連して，アッバース朝の領土内に自立した諸王朝について述べた文として**誤っ
　　ているもの**を，次の①〜④のうちから一つ選びなさい。

　　　①　チュニジアに建てられたファーティマ朝はスンナ派の王朝である。

　　　②　ブワイフ朝は大アミールとして，アッバース朝カリフから実権を奪った。

　　　③　セルジューク朝はアッバース朝カリフからスルタンの称号を授かった。

　　　④　サーマーン朝はソグディアナで自立した王朝である。

Ⅲ　次の文章を読んで，下の問いに答えなさい。

　第二次世界大戦の終結後，大戦の戦場となり荒廃したヨーロッパでは経済復興が急務であった。諸国間の対立を避け，各国の経済発展を実現する方法としてヨーロッパが採用したのは，地域統合という道であった。まず，フランスの外相（　17　）によって，すべての産業の基礎となる石炭と鉄鋼の共同管理が提案された。これを受けて，(18)フランス，(19)西ドイツを中心とする6カ国によるヨーロッパ石炭鉄鋼共同体（ECSC）が成立することとなった。その後も，ヨーロッパ経済共同体（EEC）とヨーロッパ原子力共同体（EURATOM）が設置され，1967年に3共同体は合併してヨーロッパ共同体（EC）となった。(20)冷戦構造の下，順調に経済成長を遂げ，加盟国も増加したヨーロッパ共同体は，(21)アメリカ合衆国，日本とともに資本主義世界の経済の一翼を担う勢力となった。

　さらなる発展を目指すEC諸国は，1985年に単一欧州議定書に調印して，域内の関係強化を加速させ，冷戦終了後の1993年には，（　22　）の発効によって，ヨーロッパ連合（EU）を成立させるに至った。1995年には，スウェーデン，フィンランドの北欧諸国と(23)オーストリアがヨーロッパ連合に加わり，2004年以降は，ポーランドやチェコなどの東欧諸国も次々と加盟した。また，1999年より貿易の決済通貨として使用されていたユーロは，2002年から一般市民の商取引にも通用するようになった。

17　空欄（　17　）に入れる人物名として正しいものを，次の①～④のうちから一つ選びなさい。

　　①　ブリアン　　　　　　　　　　　　　②　シュトレーゼマン

　　③　タレーラン　　　　　　　　　　　　④　シューマン

18　下線部（18）に関連する，第二次世界大戦後の出来事について述べた文として正しいものを，次の①～④のうちから一つ選びなさい。

　　①　インドシナ戦争で，ベトナム民主共和国を支援して，ベトナム国と戦った。

　　②　核兵器の開発に成功して，世界で4番目の核兵器保有国となった。

　　③　アメリカ合衆国との関係悪化のため，NATOには当初から参加しなかった。

　　④　独立を目指す現地の武装組織との戦争の後，ナイジェリアの独立を承認した。

19　下線部（19）の第二次世界大戦後の歩みについて述べた文として**誤っているもの**を，次の①～④のうちから一つ選びなさい。

　　①　アデナウアー首相の時代に，「経済の奇跡」とよばれる復興を遂げた。

　　②　アデナウアー首相の時代に，パリ協定によって主権を回復した。

　　③　ブラント首相の時代に，東ドイツと同時に国際連合に加盟した。

　　④　コール首相の時代に，東ドイツと合併してドイツ民主共和国となった。

20　下線部（20）に関連する出来事について述べた文として正しいものを，次の①〜④のうちから一つ選びなさい。

①　ソ連の通貨改革に対抗して，アメリカ合衆国がベルリン封鎖を行った。

②　西側のマーシャル＝プランに対抗して，ソ連と東欧諸国はコミンテルンを結成した。

③　キューバ危機では，ソ連がミサイル基地の撤去を受け入れ，戦争は回避された。

④　ブッシュとゴルバチョフによるヤルタ会談で冷戦の終結が宣言された。

21　下線部（21）の大統領について述べた文として**誤っているもの**を，次の①〜④のうちから一つ選びなさい。

①　ケネディは，ニューフロンティア政策を掲げ，社会の改革を目指した。

②　ジョンソンは，人種差別の撤廃を図る公民権法を成立させた。

③　ニクソンは，ウォーターゲート事件が発覚して，大統領を辞任した。

④　レーガンは，財政赤字を解消するため，金・ドルの交換を停止した。

22　空欄（　22　）に入れる条約名として正しいものを，次の①〜④のうちから一つ選びなさい。

①　パリ条約　　　　　　　　　　　　　②　マーストリヒト条約

③　ローザンヌ条約　　　　　　　　　　④　ユトレヒト条約

23　下線部（23）について述べた文として**誤っているもの**を，次の①〜④のうちから一つ選びなさい。

①　プロイセン＝オーストリア戦争後，ハンガリーと二重帝国を形成した。

②　青年トルコ革命による混乱に乗じて，ボスニア・ヘルツェゴヴィナを併合した。

③　第一次世界大戦の敗戦国となり，連合国とトリアノン条約を締結した。

④　1930年代に，民族の統一を掲げるヒトラーにより，ドイツに併合された。

Ⅳ　次の文章を読んで，下の問いに答えなさい。

　エリザベス1世の死後，テューダー朝は断絶し，⁽²⁴⁾ジェームズ1世が即位して，（　25　）朝を開いた。ジェームズ1世の後を継いだ息子のチャールズ1世は，父王同様，専制政治を行ったため，議会はこれに反発し，「権利（の）請願」を提出したが，国王は議会の解散をもってこれに応えた。以後，10年以上，議会は開かれなかったが，イギリス国教の強制に対してスコットランドで反乱が起こったため，戦費調達の必要から，チャールズ1世は議会を開かざるをえなくなった。

　この時とその後再び開かれた議会では，国王派と議会派が激しく対立することになり，ついには内戦にまで発展した。最終的に，クロムウェルが指導する議会派が勝利し，チャールズ1世は処刑され，⁽²⁶⁾共和政が樹立された。議会派の主な支持者がピューリタンであったため，これをピューリタン革命とよぶ。その後，⁽²⁷⁾クロムウェルが護国卿となって軍事独裁体制をしいたが，国民の反発を買い，彼の死後，チャールズ1世の子チャールズ2世が国王として即位した（王政復古）。

　しかし，⁽²⁸⁾チャールズ2世は，議会の尊重を約束して即位したものの，専制を志向し，カトリックを擁護したことで，議会と対立した。その後を継いだジェームズ2世も，専制政治を行い，カトリックの復活を図ろうとしたため，議会は，王の娘メアリの夫でオランダ総督（統領）のウィレムに支援を求めた。ウィレムが軍をともなってイギリスに上陸すると，ジェームズ2世は抗戦せずにフランスに亡命した。その後，ウィレムとメアリは，議会がまとめた「権利（の）宣言」を承認し，ウィリアム3世とメアリ2世として王位についた。この宣言は，⁽²⁹⁾「権利（の）章典」として立法化されたが，これにより，⁽³⁰⁾議会を中心とする立憲王政が確立されることになった。この一連の動きを，流血をともなわずに変革が実現されたことから，名誉革命という。

24　下線部（24）について述べた次の文a・bの正誤の組合せとして正しいものを，下の①〜④のうちから一つ選びなさい。
　　a　ピューリタンへの迫害により，ピルグリム＝ファーザーズのような外国への移住者を生んだ。
　　b　神が王の権力を授けたとする王権神授説を主張した。
　　①　a・bともに正しい　　　　　　　　②　aのみ正しい
　　③　bのみ正しい　　　　　　　　　　　④　a・bともに誤り

25　空欄（　25　）に入れる王朝名として正しいものを，次の①〜④のうちから一つ選びなさい。
　　①　ハノーヴァー　　　②　プランタジネット　③　ヨーク　　　　　　④　ステュアート

26　下線部（26）に関連して，共和政または共和国について述べた文として正しいものを，次の①〜④のうちから一つ選びなさい。
　　①　古代ローマでは，前1世紀末に王政から共和政に移行した。
　　②　フランスでは，1792年に総裁政府が共和政を宣言した。
　　③　イタリアでは，1849年にローマ共和国が成立したが，すぐに崩壊した。
　　④　ロシアでは，1825年のデカブリストの乱により，共和国が成立した。

27　下線部（27）が共和政樹立後に行ったことについて述べた文として**誤っているもの**を，次の
①〜④のうちから一つ選びなさい。

　　①　王党派の拠点とみなされたアイルランドとスコットランドを征服した。

　　②　ジェントリの利益を守るため，議会派の一派で急進的な水平派を弾圧した。

　　③　オランダに経済的打撃を与えるため，航海法を制定した。

　　④　議会派の一派で，立憲王政を支持する長老派を追放した。

28　下線部（28）に関連して，議会の，国王に対する対抗措置について述べた次の文 a・b の正誤の
組合せとして正しいものを，下の①〜④のうちから一つ選びなさい。

　　a　議会は，審査法を制定し，国教徒が公職に就くことを禁止した。

　　b　議会は，不当な逮捕や投獄を禁止するために，人身保護法を制定した。

　　①　a・b ともに正しい　　　　　　　　　　②　a のみ正しい

　　③　b のみ正しい　　　　　　　　　　　　④　a・b ともに誤り

29　下線部（29）について述べた文として**誤っているもの**を，次の①〜④のうちから一つ選びなさい。

　　①　国王は，議会の同意なしに，法を停止することができない。

　　②　国王は，議会の承認なしに，課税することができない。

　　③　国王は，議会の同意なしに，常備軍を徴集できる。

　　④　議会では，言論の自由が認められる。

30　下線部（30）に関連する次の文 a〜c が，年代の古い順に正しく配列されているものを，下の
①〜④のうちから一つ選びなさい。

　　a　第 1 回選挙法改正により，選挙権が中間市民層まで拡大した。

　　b　ウォルポール首相のもとで責任内閣制が始まった。

　　c　トーリー党とホイッグ党が生まれ，二大政党制のもととなった。

　　①　b→a→c　　　　②　b→c→a　　　　③　c→a→b　　　　④　c→b→a

数　学

（60分）

解答記入上の注意

（1）分数は既約分数（それ以上約分ができない分数）で答えなさい。

（2）根号を含む場合は分母を有理化し，根号の中に現れる自然数が最小となる形で答えなさい。

I

（ア）　2次方程式 $x^2 - 6x + 1 = 0$ の2つの解を p, q $(p < q)$ とすると

$$p = \boxed{1} - \boxed{2} \sqrt{\boxed{3}}$$

である。

また，

$$p + q = \boxed{4}, \quad p^2 + q^2 = \boxed{5}, \quad p^3 + q^3 = \boxed{6}$$

である。

1	①	2	②	3	③	5	④	6
2	①	2	②	3	③	5	④	6
3	①	2	②	3	③	5	④	6
4	①	2	②	3	③	5	④	6
5	①	32	②	33	③	34	④	35
6	①	192	②	198	③	204	④	210

（イ）　次のデータは，あるクラスの12人の生徒がゲームをしたときの得点である。

$$1,\ 1,\ 1,\ 2,\ 3,\ 3,\ 4,\ 4,\ 4,\ 4,\ 4,\ 5 \text{（点）}$$

このとき，最頻値は $\boxed{7}$ 点，中央値は $\boxed{8}$ 点，平均値は $\boxed{9}$ 点である。

7	①	1	②	2	③	3	④	4
8	①	2.5	②	3	③	3.5	④	4
9	①	2.5	②	3	③	3.5	④	4

（ウ）　$0° \leqq \theta \leqq 180°$ とする。

$\sqrt{2}\sin\theta \geqq 1$ を満たす θ の値の範囲は　[10]　である。また，$\tan\theta \geqq \sqrt{3}$ を満たす θ の値の範囲は　[11]　である。

10　① $0° \leqq \theta \leqq 45°$　　② $30° \leqq \theta \leqq 150°$　　③ $45° \leqq \theta \leqq 135°$　　④ $60° \leqq \theta \leqq 120°$

11　① $0° \leqq \theta \leqq 60°$　　② $60° \leqq \theta < 90°$　　③ $90° < \theta \leqq 150°$　　④ $150° \leqq \theta \leqq 180°$

Ⅱ　p を実数の定数とする。x の 2 次関数

$$f(x) = -x^2 + 4px - 4p$$

があり，$y = f(x)$ のグラフを C とする。

（ア）　C の頂点の座標は

$$(\boxed{12}\,p,\ \boxed{13}\,p^2 - \boxed{14}\,p)$$

である。

12　① 　2　　　　② 　3　　　　③ 　4　　　　④ 　5

13　① 　2　　　　② 　3　　　　③ 　4　　　　④ 　5

14　① 　2　　　　② 　3　　　　③ 　4　　　　④ 　5

（イ）　すべての実数 x について，$f(x)$ の値が負となるような p の値の範囲は

$$\boxed{15} < p < \boxed{16}$$

である。

15　① 　-2　　　② 　-1　　　③ 　0　　　　④ 　1

16　① 　1　　　　② 　2　　　　③ 　3　　　　④ 　4

以下　$\boxed{15} < p < \boxed{16}$　とする。

（ウ）　$0 \leqq x \leqq 2$ における $f(x)$ の最大値を M，最小値を m とすると，

$$M = \boxed{17}\,p^2 - \boxed{18}\,p$$

であり，

$$\boxed{15} < p \leqq \frac{\boxed{19}}{\boxed{20}}\ \text{のとき，}\ m = \boxed{21}\,p - \boxed{22}$$

$$\frac{\boxed{19}}{\boxed{20}} < p < \boxed{16}\ \text{のとき，}\ m = -\boxed{23}\,p$$

である。

したがって，$M - m = 3$ となるような p の値は

$$p = \frac{\boxed{24} - \sqrt{\boxed{25}}}{\boxed{26}}, \frac{\sqrt{\boxed{27}}}{\boxed{28}}$$

である。

2024年度 一般選抜 大学 数学

17	① 2	② 3	③ 4	④ 5
18	① 2	② 3	③ 4	④ 5
19	① 1	② 2	③ 3	④ 4
20	① 2	② 3	③ 4	④ 5
21	① 1	② 2	③ 3	④ 4
22	① 1	② 2	③ 3	④ 4
23	① 2	② 3	③ 4	④ 5
24	① 1	② 2	③ 3	④ 4
25	① 2	② 3	③ 5	④ 6
26	① 2	② 3	③ 4	④ 5
27	① 2	② 3	③ 5	④ 6
28	① 2	② 3	③ 4	④ 5

Ⅲ 箱の中に，0 が書かれたカード，1 が書かれたカード，2 が書かれたカード，3 が書かれたカードが 1 枚ずつ入っている。この箱の中からカードを 1 枚取り出し，カードに書かれた数字を記録して元に戻すことを 2 回繰り返す。記録した数字を順に p, q とする。

（ア） $p + q = 2$ となるようなカードの取り出し方は全部で $\boxed{29}$ 通りあり，$p + q = 6$ となるようなカードの取り出し方は全部で $\boxed{30}$ 通りある。

29	① 1	② 2	③ 3	④ 4
30	① 1	② 2	③ 3	④ 4

（イ） 得点 X を次のように定める。

$p + q$ が偶数のとき，$X = p + q$

$p + q$ が奇数のとき，$X = 0$

このとき，$X = 2$ となる確率は $\dfrac{\boxed{31}}{\boxed{32}}$，$X = 4$ となる確率は $\dfrac{\boxed{33}}{\boxed{34}}$，

$X = 0$ となる確率は $\dfrac{\boxed{35}}{\boxed{36}}$ である。

31	①	1	②	3	③	7	④	9
32	①	2	②	4	③	8	④	16
33	①	1	②	3	③	7	④	9
34	①	2	②	4	③	8	④	16
35	①	1	②	3	③	7	④	9
36	①	2	②	4	③	8	④	16

Ⅳ　三角形 ABC において，AB $= 3$，$\angle \mathrm{BAC} = 60°$，外接円の半径が $\dfrac{7\sqrt{3}}{3}$ である。

（ア）　BC $=$ 　37　，CA $=$ 　38　である。

37	①	5	②	6	③	7	④	8
38	①	5	②	6	③	7	④	8

（イ）　三角形 ABC の面積は　39　$\sqrt{\boxed{40}}$　であり，三角形 ABC の内接円の半径は　41　である。

39	①	3	②	5	③	6	④	10
40	①	2	②	3	③	5	④	6
41	①	$\dfrac{\sqrt{3}}{3}$	②	$\dfrac{2\sqrt{3}}{3}$	③	$\dfrac{4\sqrt{3}}{3}$	④	$\dfrac{5\sqrt{3}}{3}$

42 ～ 43 は別紙記述式解答用紙に解答を記入しなさい。

（ウ）

42　　三角形 ABC の内接円の中心を I とし，$\angle \mathrm{IBC} = \alpha$，$\angle \mathrm{ICA} = \beta$ とおくとき，$\alpha + \beta$ を求めなさい。

43　また，三角形 BIC の外接円の半径を求めなさい。

化　学

（60分）

> 必要ならば，次の数値を用いなさい。
> 標準状態の気体の体積　　22.4L/mol
> 原子量　　　　　　　　H：1.0　C：12　N：14　O：16

I　次の問いに答えなさい。

1　物質の分離操作に関する記述として最も適切なものを，次の①〜④から一つ選び，その番号をマークしなさい。

 ①　ヨウ素やナフタレンを含む混合物を加熱し，取り出した蒸気を再び冷却してヨウ素やナフタレンを分離する操作を蒸留という。

 ②　沸点の違いを利用して，液体混合物を各液体成分に分離する操作を分留という。

 ③　不溶性の固体が沈殿している水溶液を，ろ紙の上に注ぎ不溶性の固体を分離する操作を再結晶という。

 ④　高温の溶媒に固体を溶かし，溶媒を冷やして溶解度の差により固体を分離する操作を抽出という。

2　次の熱化学方程式を参考に，体積パーセントで水素22.4％，一酸化炭素67.2％，二酸化炭素5.20％，窒素5.20％からなる気体燃料 1.00 m^3（標準状態）を燃焼するときの発熱量として最も適切なものを，下の①〜④から一つ選び，その番号をマークしなさい。ただし，生じた水は水蒸気であるとする。

$$H_2 + \frac{1}{2}O_2 = H_2O（液）+ 286 \text{ kJ} \cdots\cdots （\text{i}）$$
$$C（黒鉛）+ \frac{1}{2}O_2 = CO + 111 \text{ kJ} \cdots\cdots （\text{ii}）$$
$$C（黒鉛）+ O_2 = CO_2 + 394 \text{ kJ} \quad \cdots\cdots （\text{iii}）$$
$$H_2O（液）= H_2O（気）- 44.0 \text{ kJ} \cdots\cdots （\text{iv}）$$

 ①　6.19×10^3 kJ ②　1.09×10^4 kJ ③　1.14×10^4 kJ ④　1.47×10^4 kJ

3 電気分解は，電池の作り出す電子の流れにより強制的に酸化還元反応を起こす操作である。

　　水槽Ⅰと水槽Ⅱの電極を下図のようにつなぐとき，気体の発生する電極として最も適切なものを，次の①～④から一つ選び，その番号をマークしなさい。

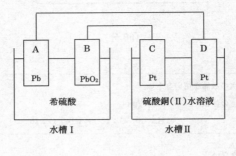

① A　　　　　　② B　　　　　　③ C　　　　　　④ D

4 下図は，水，ジエチルエーテル，エタノールの飽和蒸気圧と温度の関係を示したものである。

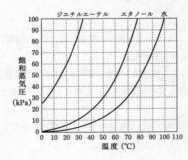

　　分子間力の強い順序として最も適切なものを，次の①～④から一つ選び，その番号をマークしなさい。

① ジエチルエーテル ＞ エタノール ＞ 水

② ジエチルエーテル ＞ 水 ＞ エタノール

③ 水 ＞ エタノール ＞ ジエチルエーテル

④ 水 ＞ ジエチルエーテル ＞ エタノール

5 反応条件や反応速度に関する記述として最も適切なものを，次の①～④から一つ選び，その番号をマークしなさい。

① 反応物の構成粒子が衝突しても，反応が必ず起きるとは限らない。

② 活性化エネルギーが大きな反応ほど，反応速度が大きくなる。

③ 正反応と逆反応の活性化エネルギーの差は，触媒の有無によって変化する。

④ 温度一定の条件下では，反応熱が等しい反応の反応速度は必ず等しい。

Ⅱ 次の文章を読んで，下の問いに答えなさい。

　物質は原子と呼ばれる微粒子からできている。原子は，当時発見されていた化学法則を説明するためドルトンが考えた仮想的粒子であったが，今日では様々な実験によりその存在や構造がわかっている。

　原子は，極めて小さな粒子でその直径は約（ **6－ア** ）mである。原子は，中心に原子の大きさの約（ **6－イ** ）分の1程度の原子核とその周囲に存在する電子でできている。原子核をつくる（ **7－ア** ）と（ **7－イ** ）の質量はほぼ等しいが，電子の質量は（ **7－ア** ）の約（ **8－ア** ）なので，原子の質量は原子核に集中している。

　原子は，（ **7－ア** ）の数で分類され，その種別を元素という。現在，約（ **8－イ** ）種類の元素が確認されている。多くの元素は，単一の原子で構成されているのではなく（ **7－イ** ）の数の異なる（ **9** ）を含んでいる。（ **9** ）は，安定な（ **9** ）と放射線を出して別の元素に変わっていく (10) 放射性（ **9** ）がある。

　原子核のまわりに存在する電子は電子殻と呼ばれる軌道上に規則的に配列する。電子殻は，内側からK殻，L殻，M殻，N殻…と呼ばれている。それぞれの電子殻に収容できる電子の数は決まっており内側からn番目の電子殻には（ **7－ウ** ）個の電子が収容できる。例えば，M殻には（ **11** ）個の電子が収容できる。

　電子の配置は元素の性質を決める重要な要素である。典型元素では，原子番号の増加にともなって最も外側の電子殻に電子が順次収容されるため性質に規則性が生まれる。しかし，遷移元素では，原子番号の増加にともなって内側の電子殻に電子が順次収容されるため原子番号の近い元素の性質が似ている。第4周期の遷移元素では，原子番号の増加にともなって電子は（ **12** ）に順次収容されていく。

6 文中の（ **6－ア** ），（ **6－イ** ）にあてはまる数値の組み合わせとして最も適切なものを，次の①～④から一つ選び，その番号をマークしなさい。

	（ 6－ア ）	（ 6－イ ）
①	10^{-8}	10^{3}
②	10^{-8}	10^{5}
③	10^{-10}	10^{3}
④	10^{-10}	10^{5}

7 文中の（ **7－ア** ）～（ **7－ウ** ）にあてはまる語句，式の組み合わせとして最も適切なものを，次の①～④から一つ選び，その番号をマークしなさい。

	（ 7－ア ）	（ 7－イ ）	（ 7－ウ ）
①	陽子	中性子	n^2
②	陽子	中性子	$2n^2$
③	中性子	陽子	n^2
④	中性子	陽子	$2n^2$

8 文中の（ **8－ア** ），（ **8－イ** ）にあてはまる数値の組み合わせとして最も適切なものを，次の①～④から一つ選び，その番号をマークしなさい。

	（ 8－ア ）	（ 8－イ ）
①	$\dfrac{1}{900}$	120
②	$\dfrac{1}{900}$	90
③	$\dfrac{1}{1840}$	120
④	$\dfrac{1}{1840}$	90

9 文中の（ **9** ）にあてはまる語句として最も適切なものを，次の①～④から一つ選び，その番号をマークしなさい。

① 同素体   ② 同族体   ③ 異性体   ④ 同位体

10 下線部（10）について，ヨウ素の（ 9 ）には安定な ^{126}I, ^{127}I のほかに放射性の ^{131}I があり，約8日ごとにその数が半分になっていく。80日後の割合として最も適切なものを，次の①～④から一つ選び，その番号をマークしなさい。

① $\dfrac{1}{1000}$ ② $\dfrac{1}{100}$ ③ $\dfrac{1}{20}$ ④ $\dfrac{1}{10}$

11 文中の（ **11** ）にあてはまる数値として最も適切なものを，次の①～④から一つ選び，その番号をマークしなさい。

① 4   ② 9   ③ 18   ④ 32

12 文中の（　**12**　）にあてはまる語句として最も適切なものを，次の①〜④から一つ選び，その番号をマークしなさい。

　　① K殻　　　　　　② L殻　　　　　　③ M殻　　　　　　④ N殻

Ⅲ　次の文章を読んで，下の問いに答えなさい。

　いろいろな溶液の酸やアルカリの濃度を調べるためには，中和滴定の実験が簡便である。市販の食酢中の酢酸の濃度を求めるために，次のような滴定実験を行った。

【操作1】　シュウ酸二水和物の結晶 0.630 g を正確にビーカーに量り取り少量の純水に溶かした。この水溶液とビーカーやガラス棒の洗液を 100 mL の器具Aに入れ，標線まで純水を注いでシュウ酸水溶液を調製した。

【操作2】　器具Bに水酸化ナトリウム水溶液を入れた（この水溶液をX液とする）。**【操作1】**で調製したシュウ酸水溶液 10.0 mL を器具Cで正確に量り取ってコニカルビーカーに入れ，指示薬として（　**15－ア**　）溶液を2〜3滴加えた。コニカルビーカーに器具BからX液を少しずつ滴下し，よく振り混ぜて溶液全体が（　**15－イ**　）を終点として滴定を終えた。この滴定実験を3回行い，滴定量の平均値を求めると 10.2 mL であった。

【操作3】　食酢 10.0 mL を器具Cで正確に量りとり，100 mL の器具Aに入れ，標線まで純水を加えて食酢を希釈した（この希釈後の水溶液をY液とする）。Y液を器具Cで 10.0 mL 正確に量り取ってコニカルビーカーに入れ，指示薬として（　**15－ア**　）溶液を2〜3滴加えた。

【操作4】　このコニカルビーカーの溶液に器具BからX液を少しずつ滴下し，よく振り混ぜて溶液全体が（　**15－イ**　）を終点として滴定を終えた。この滴定実験を3回行い，滴定量の平均値を求めると 7.45 mL であった。

13 文中の器具A〜Cにあてはまる模式図の組み合わせとして最も適切なものを，下の①〜④から一つ選び，その番号をマークしなさい。

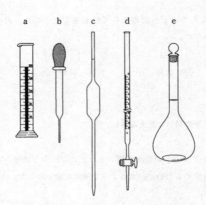

	器具 A	器具 B	器具 C
①	a	b	b
②	a	d	c
③	e	b	b
④	e	d	c

14　蒸留水で洗浄し，ぬれた状態にある器具 A〜C を量り取る液で中を数回すすいだ後，そのまま使うものの組み合わせとして最も適切なものを，次の①〜④から一つ選び，その番号をマークしなさい。

　①　A, B　　　　②　A, C　　　　③　B, C　　　　④　A, B, C

15　文中の（　15−ア　），（　15−イ　）にあてはまる語句の組み合わせとして最も適切なものを，次の①〜④から一つ選び，その番号をマークしなさい。ただし，（　）内の数値は変色域のpH 値である。

	（　15−ア　）	（　15−イ　）
①	フェノールフタレイン （8.0 〜 9.8）	指示薬の赤色が消えたとき
②	フェノールフタレイン （8.0 〜 9.8）	無色から薄い赤色になり， その色が消えなくなったとき
③	メチルオレンジ （3.1 〜 4.4）	黄色から薄い赤色になったとき
④	メチルオレンジ （3.1 〜 4.4）	赤色から薄い黄色になったとき

16 【操作4】を行った時の pH の変化として最も適切なものを，次の①〜④から一つ選び，その
　番号をマークしなさい。

①
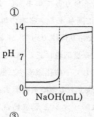

②
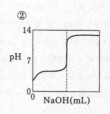

③
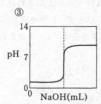

④

17 水酸化ナトリウム水溶液の濃度決定を【操作1】および【操作2】によって行った。その理
　由として最も適切なものを，次の①〜④から一つ選び，その番号をマークしなさい。

　　①　水酸化ナトリウムは潮解性をもち，大気中の二酸化炭素と反応するため。
　　②　水酸化ナトリウムは潮解性をもち，大気中の酸素で酸化されるため。
　　③　水酸化ナトリウムは風解性をもち，大気中の二酸化炭素を吸収するため。
　　④　水酸化ナトリウムは風解性をもち，大気中の酸素で酸化されるため。

18 【操作2】で求めた水酸化ナトリウム水溶液のモル濃度として最も適切なものを，次の①〜④
　から一つ選び，その番号をマークしなさい。

　　①　0.490 mol/L　　③　0.501 mol/L　　③　0.0980 mol/L　　④　0.102 mol/L

19 この食酢中に含まれる酸がすべて酢酸 (CH_3COOH) とした場合，食酢中の酢酸の質量パーセ
　ント濃度［％］として最も適切なものを，次の①〜④から一つ選び，その番号をマークしなさい。
　ただし，食酢の密度を 1.02 g/cm^3 とする。

　　①　0.429 ％　　　②　0.730 ％　　　③　4.29 ％　　　④　4.47 ％

IV　次の文章を読んで，下の問いに答えなさい。

　窒素は周期表 15 族に属し，（　20－ア　）個の価電子をもっている。（　20－ア　）の価電子のうち（　20－イ　）個は不対電子であり共有結合に関与する。窒素の単体は二原子分子で（　21－ア　）を含む無色無臭の気体で，空気の主成分であり体積で約 78 ％を占めている。工業的には液体空気の分留によって得られる。窒素は常温では反応性に乏しいが，高温では反応性が高くなり水素と反応してアンモニアになり，酸素と反応して一酸化窒素や二酸化窒素などの酸化物をつくる。さらに，これらの化合物から窒素のオキソ酸である硝酸を製造する。

　アンモニアは，分子内に（　21－イ　）を有し，水素イオンと配位結合するため水溶液は（　22－ア　）を示す。アンモニアの工業的合成は，（　23－ア　）を主成分とする触媒を用いて水素と窒素から直接合成される。この反応は，次の熱化学方程式（ i ）で表される。

$$N_2（気）+ 3H_2（気）= 2NH_3（気）+ 92 \text{ kJ} \quad ……（i）$$

　この反応は，（　24－ア　）・（　24－イ　）で行う。（　24－ア　）で反応させると平衡時のアンモニア生成量は減少するが，平衡になるまでの時間が短くなり単位時間当たりの生成量は結果的に多くなる。このようなアンモニアの製造法を（　25－ア　）法という。アンモニアは，（　22－ア　）の気体で濃塩酸を付けたガラス棒を近づけると白煙を生じる。この反応によりアンモニアの存在が確認される。

　硝酸の工業的合成は，触媒に（　23－イ　）を用いて次に示す 3 段階で合成される。

$$4NH_3 + 5O_2 \longrightarrow 4NO + 6H_2O \quad ……（ii）$$
$$2NO + O_2 \longrightarrow 2NO_2 \quad ……（iii）$$
$$3NO_2 + H_2O \longrightarrow 2HNO_3 + NO \quad ……（iv）$$

　このような硝酸の製造法を（　25－イ　）法という。硝酸は（　22－イ　）の強酸で，光で分解するので（　26－ア　）瓶に保存する。硝酸イオンが（　26－イ　）力をもつためイオン化傾向の小さな銅など溶かす。このとき，水素は発生せず一酸化窒素や二酸化窒素が発生する。

20　文中の（　20－ア　），（　20－イ　）にあてはまる数値の組み合わせとして最も適切なものを，次の①～④から一つ選び，その番号をマークしなさい。

	（　20－ア　）	（　20－イ　）
①	5	2
②	5	3
③	6	2
④	6	4

21 文中の（　**21－ア**　），（　**21－イ**　）にあてはまる語句の組み合わせとして最も適切なものを，次の①〜④から一つ選び，その番号をマークしなさい。

	（　**21－ア**　）	（　**21－イ**　）
①	二重結合	非共有電子対
②	二重結合	共有電子対
③	三重結合	非共有電子対
④	三重結合	共有電子対

22 文中の（　**22－ア**　），（　**22－イ**　）にあてはまる語句の組み合わせとして最も適切なものを，次の①〜④から一つ選び，その番号をマークしなさい。

	（　**22－ア**　）	（　**22－イ**　）
①	塩基性	揮発性
②	塩基性	不揮発性
③	酸性	揮発性
④	酸性	不揮発性

23 文中の（　**23－ア**　），（　**23－イ**　）にあてはまる化学式の組み合わせとして最も適切なものを，次の①〜④から一つ選び，その番号をマークしなさい。

	（　**23－ア**　）	（　**23－イ**　）
①	V_2O_5	C
②	V_2O_5	Pt
③	Fe_3O_4	C
④	Fe_3O_4	Pt

24 文中の（　**24－ア**　），（　**24－イ**　）にあてはまる語句の組み合わせとして最も適切なものを，次の①〜④から一つ選び，その番号をマークしなさい。

	（　**24－ア**　）	（　**24－イ**　）
①	高温	高圧
②	高温	低圧
③	低温	高圧
④	低温	低圧

25 文中の（　**25－ア**　），（　**25－イ**　）にあてはまる語句の組み合わせとして最も適切なものを，次の①〜④から一つ選び，その番号をマークしなさい。

	（ 25 ー ア ）	（ 25 ー イ ）
①	ハーバー・ボッシュ	接触
②	ハーバー・ボッシュ	オストワルト
③	ソルベー	接触
④	ソルベー	オストワルト

26　文中の（　26 ー ア　），（　26 ー イ　）にあてはまる語句の組み合わせとして最も適切なものを，次の①～④から一つ選び，その番号をマークしなさい。

	（ 26 ー ア ）	（ 26 ー イ ）
①	ポリエチレン	脱水
②	ポリエチレン	酸化
③	褐色	脱水
④	褐色	酸化

27　（　25 ー イ　）法で 63.0 ％の濃硝酸を 10.0 kg 製造するために必要なアンモニアの標準状態における体積として最も適切なものを，次の①～④から一つ選び，その番号をマークしなさい。

① 5.60 × 10^2 L　　② 1.12 × 10^3 L　　③ 2.24 × 10^3 L　　④ 4.48 × 10^3 L

Ⅴ　次の文章を読んで，下の問いに答えなさい。

有機化合物は分子式から含まれる官能基が推定できることがある。以下は同じ分子式をもつ化合物についての実験結果である。

【実験1】　元素分析と分子量測定の結果、化合物の分子式はいずれも C$_4$H$_{10}$O であった。

分子式からこれらの化合物は（　28 ー ア　）または（　28 ー イ　）であると推定できる。

【実験2】　化合物はいずれも中性の化合物で，金属ナトリウムと反応して気体を発生した。

この結果から化合物はすべて（　28 ー ア　）であることがわかり，発生した気体は（　29　）である。

【実験3】　構造異性体である化合物 A ～ D に濃硫酸を加えて加熱すると，化合物 B からシス・トランス（幾何）異性体の関係にある炭化水素 X を得た。

【**実験4**】　実験3で得られた炭化水素に白金を触媒として水素と反応させると，化合物C，D
　　　　　から同一の炭化水素Yが得られた。

【**実験5**】　化合物A～Dを硫酸酸性の二クロム酸カリウム水溶液でおだやかに酸化すると，
　　　　　化合物A～Cは中性の生成物が得られたが，化合物Dは酸化されなかった。

【**実験6**】　実験5による酸化で生成した化合物に，試験管中でフェーリング液と加熱すると
　　　　　化合物AおよびCより得られた化合物から（　**30-ア**　）が得られた。

　　実験5および6の結果から化合物Cは（　**31-ア**　）の（　**28-ア**　），化合物Dは（　**31-イ**　）
の（　**28-ア**　）であることが分かった。

【**実験7**】　化合物A～Dにヨウ素と水酸化ナトリウム水溶液を加えて加熱すると，(32) 特有の
臭気をもつ（　**30-イ**　）を生じるものがあった。

28　文中の（　**28-ア**　），（　**28-イ**　）にあてはまる語句の組み合わせとして最も適切なものを，
　　次の①～④から一つ選び，その番号をマークしなさい。

	（　28-ア　）	（　28-イ　）
①	エーテル	アルデヒド
②	エーテル	アルコール
③	アルコール	エーテル
④	アルコール	アルデヒド

29　文中の（　**29**　）にあてはまる物質名として最も適切なものを，次の①～④から一つ選び，
　　その番号をマークしなさい。

　　①　二酸化炭素　　　②　水素　　　　③　アンモニア　　　④　窒素

30　文中の（　**30-ア**　），（　**30-イ**　）にあてはまる化学式の組み合わせとして最も適切なも
　　のを，次の①～④から一つ選び，その番号をマークしなさい。

	（　30-ア　）	（　30-イ　）
①	Cu_2O	CHI_3
②	Cu_2O	CH_3I
③	CuO	CHI_3
④	CuO	CH_3I

31　文中の（　**31-ア**　），（　**31-イ**　）にあてはまる語句の組み合わせとして最も適切なものを，
　　次の①～④から一つ選び，その番号をマークしなさい。

	（ 31 － ア ）	（ 31 － イ ）
①	第一級	第二級
②	第一級	第三級
③	第二級	第一級
④	第二級	第三級

32 下線部 **(32)** について，この反応を示す化合物として最も適切なものを，次の①～④から
一つ選び，その番号をマークしなさい。

① 化合物 A   ② 化合物 B   ③ 化合物 C   ④ 化合物 D

33 炭化水素 X と炭化水素 Y の名称の組み合わせとして最も適切なものを，次の①～④から一つ
選び，その番号をマークしなさい。

	炭化水素 X	炭化水素 Y
①	1 － ブテン	ブタン
②	1 － ブテン	メチルプロパン
③	2 － ブテン	ブタン
④	2 － ブテン	メチルプロパン

34 化合物 C の構造式として最も適切なものを，次の①～④から一つ選び，その番号をマークし
なさい。

① $CH_3-CH_2-CH_2-CH_2-OH$

② $CH_3-CH_2-\underset{\underset{OH}{|}}{CH}-CH_3$

③ $CH_3-\underset{\underset{CH_3}{|}}{CH}-CH_2-OH$

④ $CH_3-\underset{\underset{CH_3}{|}}{\overset{\overset{OH}{|}}{C}}-CH_3$

35 分子式 $C_4H_{10}O$ を持ち（ **28 － イ** ）に分類される化合物の数として最も適切なものを，次
の①～④から一つ選び，その番号をマークしなさい。

① 1 種類   ② 2 種類   ③ 3 種類   ④ 4 種類

生　物

（60分）

Ⅰ　日本の植生の移り変わりに関する次の文章を読んで，下の問いに答えなさい。

　　ある場所をおおっている植物全体を植生といい，(1) 植生は時間とともに移り変わっていく。
土壌や植物などがまったく含まれない（　2　）からでも，時間が経てば植生が移り変わり変化
していく。土壌が形成されていないような場所には（　3　）などが侵入し，やがて土壌が形成さ
れ始める。ここに（　4　）などの草本が侵入して草原が形成され，土壌の形成がさらに進むと
（　5　）などの木本も侵入して生育するようになる。やがて，構成種に大きな変化が見られなく
なった状態を（　6　）とよぶ。

　　下の **図1** は，日本のある地方の森林における，季節と林冠・林床の相対照度の関係を示したも
のである。**図1** で示されたバイオームは（　7　）に分布しており，このバイオームの高木層を
構成する樹種は（　8　）。また，この図から，林床では，（　9　）ことが推察できる。このよう
なバイオームが成立するのは，土壌がない状態から（　10　）経過した後と考えられる。

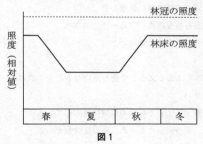

図1

1　下線部（1）について，この現象を表す用語として最も適切なものを，次の①〜④のうちから
　　一つ選び，その番号をマークしなさい。

　　① セントラルドグマ　　　　　　　　② 帰化

　　③ フィードバック　　　　　　　　　④ 遷移

2　文中の（　2　）にあてはまる語句として最も適切なものを，次の①〜④のうちから一つ選び，
　　その番号をマークしなさい。

　　① 荒原　　　　　② 湿原　　　　　③ 裸地　　　　　④ 山地

3 文中の（ 3 ）にあてはまる語句として最も適切なものを，次の①～④のうちから一つ選び，その番号をマークしなさい。

① コケモモ　　　② コケ植物　　　③ マングローブ林　　④ ガマ

4 文中の（ 4 ）にあてはまる生物名として最も適切なものを，次の①～④のうちから一つ選び，その番号をマークしなさい。

① ススキ　　　② ヒマワリ　　　③ チーク　　　④ フタバガキ

5 文中の（ 5 ）にあてはまる生物名として最も適切なものを，次の①～④のうちから一つ選び，その番号をマークしなさい。

① ゲッケイジュ　　② アカマツ　　　③ エゾマツ　　　④ ハイマツ

6 文中の（ 6 ）にあてはまる語句として最も適切なものを，次の①～④のうちから一つ選び，その番号をマークしなさい。

① 相観　　　② 優占　　　③ 先駆　　　④ 極相

7 文中の（ 7 ）にあてはまる語句として最も適切なものを，次の①～④のうちから一つ選び，その番号をマークしなさい。

① 瀬戸内海沿岸にのみ

② 本州東北部から北海道西南部の低地など

③ 和歌山県の一部から奈良県の一部にかけてのみ

④ 本州の高山帯や北海道東部の低地など

8 文中の（ 8 ）にあてはまる文として最も適切なものを，次の①～④のうちから一つ選び，その番号をマークしなさい。

① ブナであり，落葉することで冬期の環境に適応している

② スダジイであり，葉の表面にクチクラ層が発達している

③ パインであり，雨季に葉をつけ，乾季に落葉する

④ オリーブであり，乾燥に適応した硬くて小さい葉をつける

9 文中の（ 9 ）にあてはまる文として最も適切なものを，次の①～④のうちから一つ選び，その番号をマークしなさい。

① 春から夏にかけて徐々に気温が上昇することで，草本類が増加する

② 夏には樹木の葉が枯れることで，草本類が減少する

③ 比較的気温や照度が高い早春に，冬期に見られなかった植物が生育する

④ 気温が高く，樹木が葉を広げる初夏に，冬期に見られた植物が大きく生育する

10 文中の（　10　）にあてはまる語句として最も適切なものを，次の①〜④のうちから一つ選び，その番号をマークしなさい。

  ① 　1年以内　 ② 　1〜10年　 ③ 　10〜100年　 ④ 　100年以上

Ⅱ　DNAの複製に関する次の文章を読んで，下の問いに答えなさい。

 DNA が複製される時には，複製起点とよばれる場所に（　11　）が結合し，DNA の二重らせん構造をほどいていく。1 本鎖になった鋳型鎖の塩基に相補的な塩基を持つヌクレオチドを，（　12　）が次々に結合させていくことで，DNA の新生鎖が伸長する。（　12　）はヌクレオチド鎖の 5' 末端から 3' 末端の方向にだけヌクレオチド鎖を伸長することができるので，DNA を構成する 2 本鎖のうち片方の鎖では DNA がほどけていく方向に連続的に新生鎖を伸長する。もう一方の鎖では，DNA がほどけていく方向と逆向きにしか新生鎖を伸長できないため，新生鎖は ₍₁₃₎ DNA の断片として生じ，その後，₍₁₄₎ DNA 断片は繋がれていく。

 このような複製のしくみを半保存的複製といい，（　15　）によって証明された。彼らは DNA に含まれる窒素原子である N をすべて ^{15}N に置き換えた大腸菌を用意し，^{14}N のみを含む培地に移して増殖させ，分裂のたびに大腸菌から DNA を抽出し，密度勾配遠心法でその比重を調べる実験をおこなった。密度勾配遠心法では，例えば，^{15}N のみを含む DNA を抽出して得られる結果は**図 1** のようになり，^{14}N のみを含む DNA を抽出して得られる結果は**図 2** のようになる。ただし，この結果は DNA の比重のみを示しており，DNA の量の違いなどは示されていないものとする。

 1 回目の分裂を終えた大腸菌では，**図 3** の（　16　）のような結果が得られ，2 回目の分裂を終えた大腸菌では，**図 3** の（　17　）のような結果が得られた。これは，仮説として考えられていた ₍₁₈₎ 分散的複製（もとの DNA2 本鎖は分解され，もとの DNA 鎖と新しい DNA 鎖が混在する DNA2 本鎖ができる）や ₍₁₉₎ 保存的複製（鋳型となるもとの DNA2 本鎖はそのまま残り，新たな DNA2 本鎖ができる）から予想される結果とは異なるものであったことから，DNA は半保存的に複製されることが証明された。このことから，n 回目の複製を終えた大腸菌では**図 3** の（　20　）という結果が推測できる。

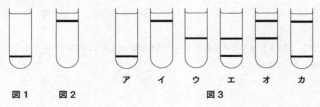

           ア　**イ**　**ウ**　**エ**　**オ**　**カ**
   図 1　　**図 2**　　 **図 3**

11 文中の（　11　）にあてはまる語句として最も適切なものを，次の①〜④のうちから一つ選び，その番号をマークしなさい。

① RNA ポリメラーゼ 　　② DNA ポリメラーゼ

③ DNA ヘリカーゼ 　　④ 調節タンパク質

12 文中の（ **12** ）にあてはまる語句として最も適切なものを，次の①～④のうちから一つ選び，その番号をマークしなさい。

① RNA ポリメラーゼ 　　② DNA ポリメラーゼ

③ DNA ヘリカーゼ 　　④ 調節タンパク質

13 下線部（**13**）について，この DNA 断片の名称として最も適切なものを，次の①～④のうちから一つ選び，その番号をマークしなさい。

① 岡崎フラグメント 　　② プロモーター

③ オペロン 　　④ 選択的スプライシング

14 下線部（**14**）について，この説明として最も適切なものを，次の①～④のうちから一つ選び，その番号をマークしなさい。

① この新生鎖はリーディング鎖と呼ばれ，DNA リガーゼが DNA 断片を結合する。

② この新生鎖はラギング鎖と呼ばれ，DNA リガーゼが DNA 断片を結合する。

③ この新生鎖はリーディング鎖と呼ばれ，制限酵素が DNA 断片を結合する。

④ この新生鎖はラギング鎖と呼ばれ，制限酵素が DNA 断片を結合する。

15 文中の（ **15** ）にあてはまる人物名として最も適切なものを，次の①～④のうちから一つ選び，その番号をマークしなさい。

① ジャコブとモノー 　　② ハーシーとチェイス

③ グリフィスとエイブリー 　　④ メセルソンとスタール

16 文中の（ **16** ）にあてはまる記号として最も適切なものを，次の①～④のうちから一つ選び，その番号をマークしなさい。

① ア 　　② イ 　　③ ウ 　　④ エ

17 文中の（ **17** ）にあてはまる記号として最も適切なものを，次の①～④のうちから一つ選び，その番号をマークしなさい。

① ウ 　　② エ 　　③ オ 　　④ カ

18 下線部 **(18)** について，DNA の複製が分散的複製であった場合，1 回目と 2 回目の実験の結果として最も適切なものを，次の①～④のうちから一つ選び，その番号をマークしなさい。

　　① 1 回目は**ウ**であり，2 回目も**ウ**である。

　　② 1 回目は**カ**であり，2 回目も**カ**である。

　　③ 1 回目は**図 3** に存在せず，2 回目は**カ**である。

　　④ 1 回目は**ウ**であり，2 回目は**図 3** に存在しない。

19 下線部 **(19)** について，DNA の複製が保存的複製であった場合，1 回目と 2 回目の実験の結果として最も適切なものを，次の①～④のうちから一つ選び，その番号をマークしなさい。

　　① 1 回目は**ウ**であり，2 回目も**ウ**である。

　　② 1 回目は**カ**であり，2 回目も**カ**である。

　　③ 1 回目は**図 3** に存在せず，2 回目は**カ**である。

　　④ 1 回目は**ウ**であり，2 回目は**図 3** に存在しない。

20 文中の（　**20**　）にあてはまる記号として最も適切なものを，次の①～④のうちから一つ選び，その番号をマークしなさい。

　　① **ウ**　　　　　　② **エ**　　　　　　③ **オ**　　　　　　④ **カ**

Ⅲ　両生類の発生に関する次の文章を読んで，下の問いに答えなさい。

　カエルの受精の際に，精子は卵の（　**21**　）から卵内に進入する。精子の進入後，最初の卵割までの間に，卵の表層全体が回転する。この回転によって精子進入点の反対側に（　**22**　）が生じ，（　**22**　）が生じた側が将来の背側となる。受精卵は卵割を進め (23) 細胞数が増加していき，やがて (24) 胞胚となる。さらに発生が進むと胚は前後に伸びて尾の形成が始まり，(25) 尾芽胚となる。

　下の**図 1** は，胚の各部域の発生運命を示した (26) 原基分布図（予定運命図）であり，**図 2** は (27) 尾芽胚の横断面図である。**図 1** の●で示した **A** と **B** は，**図 2** では（　**28**　）に位置している。**図 1** の脊索，体節，側板などの中胚葉は，(29) 受精卵から胞胚期にかけて起こるしくみによって，胞胚期に初めてみられるようになる。このしくみにおいてはたらくような，卵形成の過程で卵内に蓄えられる母性効果遺伝子として（　**30**　）などがある。

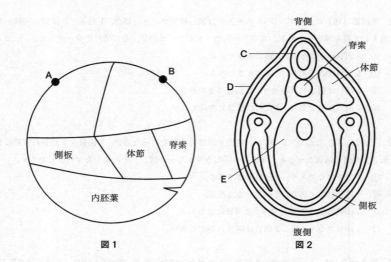

図1 図2

21 文中の（ 21 ）にあてはまる語句として最も適切なものを，次の①〜④のうちから一つ選び，
その番号をマークしなさい。
① 真上（動物極） ② 真下（植物極）
③ 赤道面から動物極側にずれた場所 ④ 赤道面から植物極側にずれた場所

22 文中の（ 22 ）にあてはまる語句として最も適切なものを，次の①〜④のうちから一つ選び，
その番号をマークしなさい。
① 原腸 ② 先体突起 ③ ゼリー層 ④ 灰色三日月（環）

23 下線部（23）について，2細胞期から8細胞期になるまでに1時間かかった場合，1回の卵割
に要した時間として最も適切なものを，次の①〜④のうちから一つ選び，その番号をマークし
なさい。
① 7分30秒 ② 20分 ③ 30分 ④ 1時間

24 下線部（24）について，胞胚の説明として最も適切なものを，次の①〜④のうちから一つ選び，
その番号をマークしなさい。
① 原口から陥入が始まり，原腸が生じている。
② 動物極側に偏った胞胚腔が見られる。
③ ゼリー層が他の精子の進入を防いでいる。
④ 細胞数は16個程度である。

25 下線部（25）について，尾芽胚の説明として最も適切なものを，次の①〜④のうちから一つ選び，
その番号をマークしなさい。

① 骨片が発達して腕が伸びる。

② 胚の中心部に円形の胞胚腔が見られる。

③ 終期には胚はふ化して幼生（オタマジャクシ）となる。

④ 細胞数は 32 個程度である。

26 下線部（26）について，原基分布図の作製に必要な実験方法の名称と，それをおこなった人物名の組み合わせとして最も適切なものを，次の①～④のうちから一つ選び，その番号をマークしなさい。

	実験方法の名称	人物名
①	局所生体染色法	フォークト
②	局所生体染色法	シュペーマン
③	三点交雑法	フォークト
④	三点交雑法	シュペーマン

27 下線部（27）について，脊椎骨と心臓は，図2のどの部域からそれぞれ生じるか。その組み合わせとして最も適切なものを，次の①～④のうちから一つ選び，その番号をマークしなさい。

	脊椎骨	心臓
①	脊索	側板の上方（背側）
②	脊索	側板の下方（腹側）
③	体節	側板の上方（背側）
④	体節	側板の下方（腹側）

28 文中の（　28　）にあてはまる語句として最も適切なものを，次の①～④のうちから一つ選び，その番号をマークしなさい。

① A は C, B は D　　　　　　　　② A は C, B は E

③ A は D, B は C　　　　　　　　④ A は D, B は E

29 下線部（29）について，このしくみの説明として最も適切なものを，次の①～④のうちから一つ選び，その番号をマークしなさい。

① ノーダルタンパク質に濃度勾配が生じ，その濃度に応じてディシェベルド遺伝子が活性化され，ディシェベルドの濃度が高い側で側板が誘導される。

② ノーダルタンパク質に濃度勾配が生じ，その濃度に応じてディシェベルド遺伝子が活性化され，ディシェベルドの濃度が高い側で脊索が誘導される。

③ βカテニンに濃度勾配が生じ，その濃度に応じてノーダル遺伝子が活性化され，ノーダルタンパク質の濃度が高い側で側板が誘導される。

④ βカテニンに濃度勾配が生じ，その濃度に応じてノーダル遺伝子が活性化され，ノーダルタンパク質の濃度が高い側で脊索が誘導される。

30　文中の（　30　）にあてはまる語句として最も適切なものを，次の①〜④のうちから一つ選び，その番号をマークしなさい。

 ① GFP　　　　② ビコイド遺伝子　　　③ ホメオティック遺伝子　　④ BMP

Ⅳ　筋収縮に関する次の文章を読んで，下の問いに答えなさい。

　骨格筋は，（　31　）と呼ばれる多核の細長い細胞が多数集まったもので，（　31　）の中には多数の（　32　）が束になって存在している。（　32　）には(33)アクチンフィラメントとミオシンフィラメントが含まれ，ミオシンフィラメントの間にアクチンフィラメントが滑り込むことで(34)筋収縮が起こる。

　筋収縮に必要な ATP は，解糖や(35)呼吸によって生成される。しかし，ATP は筋肉中に微量しか含まれておらず，筋収縮で消費された ATP は，次の反応Ⅰや反応Ⅱによっても供給される。反応Ⅰでは，運動時に1分子の(36)物質Xと1分子の ADP から，1分子の ATP を合成する。なお，安静時には1分子の物質Yと1分子の ATP から，1分子の物質Xと1分子の ADP を作り出している。反応Ⅱでは，2分子の ADP から，1分子の ATP と1分子の AMP を生成する。

反応Ⅰ　物質X + ADP → 物質Y + ATP （運動時）
反応Ⅱ　2ADP → ATP + AMP

　カエルの腹直筋を取り出し，薬剤 Z で処理した後，または薬剤 Z と薬剤 V で処理した後，1回筋収縮させ，筋肉中の物質X，ATP，ADP，AMP の筋の重量あたりの分子数を，相対値で比較した結果が下の**表1**である。なお，薬剤 Z は解糖系を阻害する薬剤，薬剤 V は反応Ⅰを阻害する物質であり，**表1**中の空欄番号は文中の番号と一致する。

　薬剤 Z を添加した実験結果では，1回の筋収縮で消費される ATP は相対値で（　37　）であることが考えられる。薬剤 Z と薬剤 V で処理した実験において，1回の筋収縮で消費される ATP が相対値で（　37　）であること，物質Xの量は相対値で（　38　）であること，また，AMP の量が収縮前から相対値で1増加したことから，（　39　）と（　40　）の値（相対値）が推定できる。

表1（相対値）

	物質X	ATP	ADP	AMP
収縮前	200	12	6	1
収縮後（薬剤 Z で処理）	197	12	6	1
収縮後（薬剤 Z と薬剤 V で処理）	（　38　）	（　39　）	（　40　）	2

31　文中の（　31　）にあてはまる語句として最も適切なものを，次の①〜④のうちから一つ選び，その番号をマークしなさい。

 ① 横紋筋　　　　② 平滑筋　　　　③ 筋繊維　　　　④ 筋原繊維

32 文中の（　**32**　）にあてはまる語句として最も適切なものを，次の①～④のうちから一つ選び，その番号をマークしなさい。

① 横紋筋　　　　② 平滑筋　　　　③ 筋繊維　　　　④ 筋原繊維

33 下線部(33)について，暗帯および明帯とこれらフィラメントの関係として最も適切なものを，次の①～④のうちから一つ選び，その番号をマークしなさい。

① 明帯は，アクチンフィラメントとミオシンフィラメントが重なっている領域である。
② 暗帯は，アクチンフィラメントとミオシンフィラメントが重なっている領域である。
③ 明帯は，アクチンフィラメントのみの領域である。
④ 暗帯は，ミオシンフィラメントのみの領域である。

34 下線部（34）について，筋収縮に必要なイオンとその説明として最も適切なものを，次の①～④のうちから一つ選び，その番号をマークしなさい。

① アクチンフィラメントとミオシンフィラメントの結合に，カルシウムイオンが必要である。
② アクチンフィラメントとミオシンフィラメントの結合に，カリウムイオンが必要である。
③ ミオシンヘッドの構造変化に，カルシウムイオンのミオシンヘッドへの結合が必要である。
④ ミオシンヘッドの構造変化に，カリウムイオンのミオシンヘッドへの結合が必要である。

35 下線部（35）について，呼吸に必要な酸素を供給する筋肉中のタンパク質名として最も適切なものを，次の①～④のうちから一つ選び，その番号をマークしなさい。

① アルブミン　　② グロブリン　　③ クリスタリン　　④ ミオグロビン

36 下線部(36)について，物質Xの名称として最も適切なものを，次の①～④のうちから一つ選び，その番号をマークしなさい。

① クレアチン　　　　　　　　② グリセリン
③ クレアチンリン酸　　　　　④ トロポミオシン

37 文中の（　**37**　）にあてはまる数値として最も適切なものを，次の①～④のうちから一つ選び，その番号をマークしなさい。

① 1　　　　　　② 3　　　　　　③ 6　　　　　　④ 12

38 文中の（　**38**　）にあてはまる数値として最も適切なものを，次の①～④のうちから一つ選び，その番号をマークしなさい。

① 188　　　　　② 194　　　　　③ 198　　　　　④ 200

39　文中の（　39　）にあてはまる数値として最も適切なものを，次の①〜④のうちから一つ選び，その番号をマークしなさい。

　　① 8　　　　　　　　② 9　　　　　　　　③ 10　　　　　　　　④ 11

40　文中の（　40　）にあてはまる数値として最も適切なものを，次の①〜④のうちから一つ選び，その番号をマークしなさい。

　　① 2　　　　　　　　② 4　　　　　　　　③ 7　　　　　　　　④ 9

国　語

（六〇分）

一　次の文章を読んで、後の問いに答えなさい。

　歴史や考古や民俗の展示を見たり話を聞いたり本を読んだりすること。で、健康になったり、寿命が延びたり、①コウフクになったりするわけではけっしてない。生命や財産にはいっさい無関係だ。にもかかわらず、安くない対価を支払って人びとがそうするのは、歴史や考古や民俗に触れて知識や感興を得ることに、別の ②　-A　 を見出しているからだろう。

　その点で、歴史や民俗は文学や芸術と同じである。文学や芸術もまた腹の足しや命の糧になるわけではない。だが、それを③キョウジュすることに対して人びとが支払う対価、すなわちその経済価値はきわめて大きい。もっとも端的な例でいうと、一枚の絵がときに何億もする。食うや食わずのまま文学に一生をかける人もいる。演奏家を目ざして物心もつかぬうちから日に何時間もピアノに向かう子供がいる。

　物理的には何の利得ももたらさない文学や芸術、考古や歴史といった営みが生み出したものにそれほどの経済価値を付加しているのは、人間の心だ。一枚の絵に何億も払ったり、それに遠く及ばないけれどもこの本に千数百円も払っていただいたりすることを決定するのは、どこかの金持ちの心や、あなたの心である。そして、このような「無用の用」は、古今東西、私たちヒトの社会や文化にはどこにでも例外なく認められる。ギリシアや中国の古代文明だけではなく、旧石器時代の洞窟壁画、新石器時代の巨石記念物、縄文時代の土偶、弥生時代

の鐸、古墳や埴輪など、列挙するに際限はない。

このことは、そのような「無用」のものに「用」としての価値を与える心の働きが、特定の文化や時代や個人に限られた現象ではなく、私たちすべてが共有するヒト普遍の生物学的特質に根ざしている可能性を示唆している。そうでなければ、ホメロスも紫式部も村上春樹も、ミケランジェロもピカソも宮崎駿も、ベックもビートルズも、シェイクスピアもチャップリンも黒澤明も、名を残す形で存在するはずはなかった。私もまたこのような仕事はしていないにちがいない。子供のころからあこがれた調理師か左官職人になっていたと思う。もっとも、この二つの職業でも、優れた職人といわれる人なら、その仕事のなかにたくさんの（　　　）を織り込んでいるだろう。

　物理的に無意味なもの、腹の足しや命の糧にはならぬもの、つまり無用の用の②—Ｂはどこにあるのだろうか。

　無用の用と聞いてすぐ思い浮かぶのは、大きくカラフルなクジャクの飾り羽（上尾筒：尾羽の付け根を覆う羽）だ。これは、鳥の本分である飛ぶという行為のためにはまったく意味がない（クジャクも数十メートルは滑空できるが、このときに飾り羽は役に立っていない）。食物を得るのに貢献するわけでもない。それはかりか、襲われたときなどに必要な敏捷な動きはかえって差しつかえる。クジャクの飾り羽は、その個体自身にとって、腹の足しや命のつなぎにはけっして役立っていないのである。

　よく知られているように、この派手なクジャクの飾り羽はオスだけがもち、メスにはない。繁殖の際、オスがメスの前で扇形に広げてみせ、交配しと誘うためのものと考えられる。その蛇の目模様の数が多いほど、メスはオスに引きつけられるということが、ある種のクジャクでは確かだという。こうした派手な飾り羽は、持ち主の身体の健全

さを宣伝しているとも考えられる。あるいは、敵から逃げるときには無用のハンディキャップとなる大きな飾り羽を平気で背負っていることが、持ち主の強さをしめす「信号」になっているのかもしれない。いずれにしても、自己の遺伝子を残す機会を高めるべく、優勢な配偶相手を選ぼうとしているメスを、自分に引き寄せるディスプレイとして、オスのクジャクの飾り羽は進化したものと考えられる。

　これと同じ ②—C をもつらしいものに、オスのライオンのたてがみがある。ツバメの特徴である無用に長い尾羽もそうらしい。ライチョウのオスの尾羽もその一例だが、彼らはそれを振って踊るのに加えて鳴いたりもするから、メスくのディスプレイの手段として、視覚のほかに聴覚、すなわち音も用いていることになる。オスによる音のディスプレイの典型には、セミやヒキガエルの「声」がある。

　⑩驚くべきは、身体そのものでなく「物」を使って視覚に訴えるディスプレイが、生物界にも存在することだ。オーストラリアにすむニワシドリ（庭師鳥）科の何種かの鳥のオスは、小枝や草の茎などを集めてきて、自分の身体よりもはるかに大きな構造物を作る。形は種類によって異なるが、小屋のようだったり門のようだったりする。小石や貝殻でその前を飾ることもある。これを見せてメスを誘い込むのだ。考古学者としては、ニワシドリの構造物をピラミッドや古墳に結びつけたいところだが、⑪拙速は禁物。その可否についてはこれから点検していう。

　以上のように、食べものを得るためや生きるために直接は役立たない「無用の用」の例は、生物界にたくさん見つけることができる。その多くはオスがメスに見せつけて引き寄せるためのものだが、シカやトナカイの角のように、メスをめぐるオス同士の争いや力の誇示に用いられることもある。この場合は、闘争のためという物理的役割も演じているので「無用の用」とはいえまいが、その個体が食べもの

を得るためにしか機能しているわけでもない。結局のところ、生物界の「無用の用」は、直接的には、異性の確保や同性間での地位向上といった社会関係を有利に運ぶための ②―D として役立っているといえるだろう。

これら「無用の用」は、クジャクの飾り羽に典型的にみられるように、寸法、形状、色彩、動きなどの点で、見る者の視覚を通して顕著に働きかける特性をもっている。また、セミやヒグラシの音声のように、音量、音程、リズムといった聴覚上の目立つ特性をもつこともある。目で見るにせよ、耳で聴くにせよ、感覚器官を通して知覚されるある種の特性に、これらの生物たちは引きつけられたり、威圧を感じたり、特定の反応をしているわけである。

ある種の知覚的特性に心をひかれる、あるいは刺激されるといったことは、もっとも広い意味での「美」の感覚といえるだろう。どんな色や輝きでも容易に作り出せる現代人は麻痺しているのかもしれないが、貴金属や宝石が古今東西いかなるところでも人びとの心を引きつけてきたのは、それらがもつ視覚上の特性による。巨大な建造物などに圧倒されるのは、古代の人びとも現代人も変わらない。ある特定の周波数の階梯や時間に沿った音の配列、言いかえればメロディやリズム、すなわち音楽が人びとの心をとらえるのもまた、古今東西、人類に共通の現象である。

もちろん、メロディやリズムには文化ごとにそれぞれ好まれるパターンや様式があって、その国や民族でとくに「美しい」とされているものもあるだろう。視覚でも同様に、文化ごとにとくに「美しい」と価値づけられる色彩や形や文様や景観などが存在する。しかし、京都の景観を「美しい」と言挙げして愛でる私たち日本人もまた、フィレンツェの街並みを素敵だと思い、グランド・キャニオンに圧倒される。演歌が好きな私だが、ビートルズも愛するし、モーツァルトも聴

2024年度　一般選抜　大学　国語

く。何を見て、何を聴いて心をひかれるかは、けっして文化ごとにばらばらというわけではない。人類が文化をこえて共有する、最大公約数的な美の基盤がある。

（松木武彦『美の考古学――古代人は何に魅せられてきたか』による）

問1　――線部①「コウフク」の「コウ」にあたる漢字と同じ漢字を含むものを一つ選び、その番号をマークしなさい。

1　コウセンと構える。

2　時間にヨユウがない。

3　キンコウ業を営む。

4　コウダイな景観だ。

問2　空欄部②　A　～②　D　を補うのにふさわしい言葉の組合せを一つ選び、その番号をマークしなさい。

1　A＝役割　　　B＝手段　　　C＝起源　　　D＝価値

2　A＝役割　　　B＝価値　　　C＝手段　　　D＝起源

3　A＝価値　　　B＝起源　　　C＝役割　　　D＝手段

4　A＝価値　　　B＝起源　　　C＝手段　　　D＝役割

問3　――線部③「キョウジュ」の「キョウ」にあたる漢字と同じ漢字を含むものを一つ選び、その番号をマークしなさい。

1　キョウラクにふける。

2　キョウイにさらされる。

3　クキョウに陥る。

4　メイキョウ止水の心もちである。

問4　――線部④「無用の用」とありますが、この語句で用いられてい

る表現技巧に当たるカタカナ語を一つ選び、その番号をマークしなさい。

1　シンボル　　　　　　　2　メタファー

3　アフォリズム　　　　　4　パラドックス

問5　―線部⑤「『無用』のものに『用』としての価値を与える心の働き」とはどういうことですか。その説明としてふさわしいものを一つ選び、その番号をマークしなさい。

1　物理的な有用性よりも経済的価値を重視すること

2　物理的な有用性に触れて、値段をつけること

3　経済的価値が全くなくても、物理的価値を見出して利用すること

4　物理的には有用性のないものに触れて、知識や感興を得ること

問6　―線部⑥「シナ」の「サ」にあたる漢字と同じ漢字を含むものを一つ選び、その番号をマークしなさい。

1　サギョウの効率を高める。

2　ヘンサ値が上がる。

3　上司をホサする。

4　犯罪をキョウサする。

問7　―線部⑦「その仕事のなかにたくさんの（　　）を織り込んでいるだろう」の空欄（　　）に入れる語句としてふさわしいものを一つ選び、その番号をマークしなさい。

1　知識や感興　　　　　　2　歴史や民俗

3　経済価値　　　　　　　4　無用の用

問8　一線部⑧「大きくカラフルなクジャクの飾り羽」についての説明としてふさわしいものを一つ選び、その番号をマークしなさい。

1　オスにだけ進化したもので生命の維持とは関係のない飾りだが、人間が個体の身体の健全さを測る指標になる。

2　オスだけが持つディスプレイであり、優勢な配偶相手を選ぶために欠かせない極めて有用なものである。

3　飛行はもちろん食物摂取や生命維持にも無用なものだが、オスがメスを誘うためのディスプレイとしては役立つ。

4　飛行という機能を犠牲にしてオスが獲得した飾りで、天敵をひきつけてメスを逃がすのに役立つ。

問9　一線部⑨「驚くべきは」とありますが、筆者はどういうことに驚いているのですか。その説明としてふさわしいものを一つ選び、その番号をマークしなさい。

1　視覚や聴覚に訴える身体的なディスプレイよりも、色々な材料で作った構造物のほうがメスを誘う効果が高いこと

2　ある種の鳥が色々な材料で作った構造物が、考古学者にとってピラミッドや古墳に匹敵する意味を持つこと

3　様々な材料で構造物を作る鳥の中には、自分の身体よりもはるかに大きなものを作る種類が存在すること

4　人間以外にも、自分の身体ではなく、色々な材料で作った構造物をディスプレイの手段としている生物がいること

問10　一線部⑩「拙速」のここでの意味としてふさわしいものを一つ選び、その番号をマークしなさい。

1　対象を見失うこと

2　結論を急ぐこと

3 誤りを犯すこと

4 失敗して慌てること

問11 ──線部⑪─X「文化ごとにそれぞれ好まれるパターンや様式があって」と⑪─Y「人類が文化をこえて共有する、最大公約数的な美の基盤がある」の内容の対比を示している言葉の組合せとしてふさわしいものを一つ選び、その番号をマークしなさい。

1 X 具体 ── Y 抽象

2 X 主観 ── Y 客観

3 X 異端 ── Y 正統

4 X 特殊 ── Y 普遍

問12 本文で挙げられている次の具体例のうち、「無用の用」の例ではないものを一つ選び、その番号をマークしなさい。

1 グランド・キャニオン　　2 古墳や埴輪

3 クジャクの飾り羽　　4 セミの音声

問13 本文の内容と合致するものを一つ選び、その番号をマークしなさい。

1 歴史や民俗、文学や芸術は、腹の足しや命の糧にならないからこそ、逆に大きな経済的価値を付加できる。

2 ミワシドリの作る構造物とピラミッドや古墳との共通点は、両者とも物理的な価値しか持たないという点にある。

3 動物たちのディスプレイに見られる視覚的・聴覚的な特性は、人間の美的感覚を強く刺激するものである。

4 人間が美しいと感じる対象には文化ごとの固有性があるが、一方でそこには文化を超越した共通の基盤も存在する。

三　次の文章を読んで、後の問いに答えなさい。

　日本には、平成二四年度現在、二〇〇万人を超える外国人が住んでいます。この人たちは、日本で、いったい何語で話したらよいのでしょう。

　（注）一九九〇年の入管法改正で、いわゆる日系の人が、多く来日しました。労働力を増やそうと思ったのだが、ふたを開けてみたら「労働力」ではなく「人間」が来てしまうと、なんとも形容しがたい読みの甘さがあったことは、語り種となっています。

　この読みの甘さは、制度的な準備が整っていないこととして現れました。家族とともに来日した日系人の子どもたちの教育がなおざりにされたのです。ポルトガル語社会から、いきなり日本語社会に連れてこられた子どもたちの苦難は並大抵のものではありませんでした。ことばがまさに壁となって、学校教育が十分に受けられない状況が続いたのです。

　子どもであればだれもを愛する学校の先生たちが、手をこまねいて見ていたわけではありません。多くの先生が一生懸命、ことばの指導をしながら教科の指導をしてきました。十分な文科省（文部省）の支援もなく、市教委の受入れ態勢も整っていない中でがんばってこられた先生方には敬意を表したいと思います。

　しかし、そんな理論も何もない段階での日本語教育であったため、いくつかの間違った考えが浸透してしまいました。その一つに、「お母さん、家の中でもなるべく日本語を使ってあげてください。そのほうが日本語を早く覚えますから」というものでした。みなさんは、これをどう思いますか。多くの方は「余計な一言」とは思わないでしょう。事実、多くの先生が、よかれと思ってこのような助言をしたのでした。（⑱─イ）、それによってどのような状況が生み出されたでしょ

うか。それは⑲想像を超える事態でした。

幼い頃に母親をはじめとして多くの周囲の人から自然に教わった母語（「国」と言語は必ずしも一致しないため、現在では「母国語」ということば⑳₋₁ を避け「母語」と言うことが一般的です）は、単なる言語能力というわけではなく、人格そのものの基礎として成長に関わっています。

しかし、これが、途中で違う言語にスイッチされると、子どもは大きな混乱⑳₋₂ を来します。大人のように一定の成長を言語的にも精神的にも⑳₋₃ 遂げた後であれば大丈夫ですが、外国から日本に来たばかりの言語形成期の子どもたちに、母語を否定して日本語だけを使うことを強要すると、それまでの人間としての成長をも否定してしまう事態を招きかねないのです。

母語で育ててきた概念を、うまく使って、母語でも日本語という第二言語でもうまくことばを育て続けることによってバイリンガルという状況は達成されます。しかし、母語も第二言語もどちらも十分に発達しないということもありえます。それが、ダブルリミテッドと呼ばれる、二重に制限された言語しかもたない状態です。

やがて彼らが大人になっても、基礎となる言語力がなく十分な理解力も表現力ももちあわせていないため、進学はもとより、まともな就職もできないことになってしまいます。（⑱―ロ）、社会的にも本来持ち得たであろう力を発揮できないことになってしまうのです。

では、どのような教育がよいのでしょうか。「お母さん、家の中ではなるべくこれまでどおり、母語で会話してください。そのほうがこの子はちゃんとしたことばをつかえるようになりますから」と言うのがよいでしょう。言語敏感期と呼ばれるおよそ十歳までであれば、どちらの言語も健全に習得されていくでしょう。両言語に力が発揮できるバイリンガルとしての力が期待されます。

家でお母さんとは母語で話すこと。⑳この効果は、お母さんと話し続

けられることとしても現れます。移住した経験がある家庭では、どこでも、子どものほうが現地のことばに馴染みやすいと感じていることでしょう。それは、外国に移住した日本語母語話者でも同じで、一年も経たないうちに子どものほうが現地語がうまくなったなんてことはざらにあります。子どものほうが親よりも、言語習得に向いているのです。

　日本では日本語を使ったほうが情報取得にも発信にも有利なわけですから、子どもがどんどん日本語の力を付けていって、日本語ができない親は、子どもからもばかにされるようになります。外国語を母語とする親に、漢字の宿題を見てやれとか国語の朗読を聞いてやれなどと言っても無理なことです。親と子の断絶を引き起こすことは、それが「家庭でもなるべく日本語で話しましょう」という「余計な一言」、さらに言えば「過酷な一言」なのです。

　そもそも、日本語は、基本語一〇〇〇語で理解できる割合が、諸言語の中で<u>著</u>しく低い言語です。英語、フランス語、スペイン語では、一〇〇〇語の基本的な<u>語</u>彙で八割以上理解できるのに対して、日本語は六割程度です(『日本語教育事典』)ので、世界でもっとも理解困難な(そして豊かな)言語のひとつと言ってもよいのです。

　（⑱——く）、学術用語が一般言語と大きく異なるのも日本語の特徴です。「〇」という形を、通常の生活で使う言語では「丸」と言うのに、算数のような学習の言語では「円」と呼ぶ。これは、日本語の多重語彙構造に慣れない子どもには過酷なことです。「数」が時に「かず」と読まれ、時に「すう」と読まれるなどは、漢字の性質を理解している日本語母語話者にも難しいのですから、日本語を母語としない子には大変なことです。

　ある時、こんなことがありました。電車が駅で止まったまま動かないのでどうしたかと思ったら、車内アナウンスで「貨物列車が〇〇

駅付近でイオンを感じ臨時停車しました」と聞こえてきました。一緒に乗っていた知人は二人とも「何があったって」とわからない様子。「異音」という漢字がわかってはじめて理解できたことには日常茶飯事です。「『異音』はわかるよ」という人でも「ズリク」と聞いたらどうでしょうか。これは、エビの寿司ネタ作りできるだけ残すように気をつける「頭肉」のことです。漢字が音と意味の仲介をしている言語であることが、日本語を一層難しい言語にしています。

(⑱—二)、どのように理解しやすい日本語にしたらよいのでしょう。相手が漢字を使う国から来ているかそうでないかにもよりますが、まず、同音異義語の多い漢語を避けて和語を基本に基礎的な語をなるべく選びます。そして、ひとつの文はひとつの動詞に限定して原則として短く切り、「それ」や「これ」を使わず具体的な名詞で言い換えます。

　話すときであれば、これらの文を、順番にゆっくり間を適当にはさみながら話します。

　もちろん実践するには試行錯誤もありますが、基本的にこのようなことに気をつけるだけで、日本語はだいぶわかりやすく「やさしい(優しい・易しい)」なるものです。このようなやさしい日本語の実践が、学校や社会で求められています。

　人口減少の日本社会で、この国に住む子どもたちは、未来を担っていく宝です。肌の色や目の色など関係ありません。どのような母語をもっていようと、日本語を学んだという記憶は、その子どもの一生に大きな足跡を残します。それが忌むべきつらいものでなく、優しくしてもらった想い出とともにあり、日本という社会に役立てていってくれたら、未来の日本は明るい社会になるでしょう。

(山田敏弘『その一言が余計です。——日本語の「正しさ」を問う』による)

（注）一九九〇年の入管法改正＝外国人が就労できる在留資格の条件が大幅に緩和され、日系二世、三世とその家族の就労が合法化された。

問14　─線部⑭「この人たちは、日本で、いったい何語で話したらよいのでしょう」とありますが、筆者はそれについてどのように述べていますか。ふさわしいものを一つ選び、その番号をマークしなさい。

1　世の中はいま多様性が重んじられる時代なので、特に大人は母語を大いに活かし、日本人に教えられるように話していくとよい。

2　だれでもが現地に何年か滞在すれば、バイリンガルになれるのだから、与えられた環境のなかで日本語を習得し、話していくとよい。

3　特に子どもたちは一定の成長を遂げるまでは、家庭内では母語を話し、学校生活のなかでは第二言語としての日本語を話していくとよい。

4　大人は母語を話すのはなるべく控え目にして、生活するなかで必要な第二言語としての日本語を学習し身につけていくとよい。

問15　─線部⑮「ふたを開けてみたら『労働力』ではなく『人間』が来てしまった」とはどういうことですか。その説明としてふさわしいものを一つ選び、その番号をマークしなさい。

1　労働力を増やし経済発展を推し進めようとする日本にやってきたのは、一刻も早く先進国の日本人になろうとする人たちであったということ

2　日本にやってきた多くの労働者は、真面目に働く人たちであ

り、労働力不足の日本の労働を補っても余りある存在であったということ

3　まだ外国人の移住に関する制度が十分に整っていなかったので、家族を連れて来日する労働者と人間的な軋轢が生じてしまったということ

4　労働力を補うために受け入れた外国人は、たんなる労働力である以前に、言語も生活習慣も異なる異文化の人たちであったということ

問16　――線部⑯「なおざり」を用いた文としてふさわしいものを一つ選び、その番号をマークしなさい。

1　このあいだ、彼女とはなおざりに別れた。

2　あなたがなおざりなら、なんでもうまくいくよ。

3　父のなおざりな態度に腹が立った。

4　母の手料理は、なおざりでおいしい。

問17　――線部⑰「手をこまねいて」の意味としてふさわしいものを一つ選び、その番号をマークしなさい。

1　腕を上げて、諦めたように

2　腕を組んで、何もしないで

3　腕を振って、悔しそうに

4　腕を回して、焦りながら

問18　空欄部（⑱―イ）～（⑱―ニ）を補うのにふさわしい言葉の組合せを一つ選び、その番号をマークしなさい。

1　イ＝しかし　　ロ＝そして　　ハ＝また　　　ニ＝では

2　イ＝しかし　　ロ＝また　　　ハ＝では　　　ニ＝そして

3　イ＝また　　ロ＝そして　　ハ＝しかし　　ニ＝では

4　イ＝また　　ロ＝しかし　　ハ＝では　　ニ＝そして

問19　─線部⑲「想像を超える事態」とはどのようなことですか。その説明としてふさわしいものを一つ選び、その番号をマークしなさい。

1　日本語があまり話せないために、日本人との意思疎通がうまくとれないこと

2　ある程度日本語を話せるようになっても、日本社会で力を発揮できないこと

3　本来の母語よりも、第二言語である日本語の方が母語化してしまうこと

4　母語によって支えられてきた人間としての成長が否定されてしまうこと

問20　─線部⑳─1～⑳─4のうちから、漢字の読みが**間違っている**ものを一つ選び、その番号をマークしなさい。

1　避（さ）　　　　2　来（きた）

3　遂（と）　　　　4　著（はなはだ）

問21　─線部㉑「この効果」とはどのようなことですか。その説明としてふさわしいものを一つ選び、その番号をマークしなさい。

1　現地語がうまくなった子どもが、母親に母語で説明しながら現地語を教えられること

2　現地語を母親より上手に話せる子どもが、母親とは母語で話すことで母子の断絶を回避できること

3　現地語を使って子どもが得た情報を、母親が子どもと母語で

　　　　　　　語ることによって共有できること

4 　現地語に馴染みやすい子どもと母親が母語で語ることによって、母語の良さを子どもに伝えられること

問22 　―線部㉒―a～㉒―dのうちから、漢字の読みが**間違っている**ものを一つ選び、その番号をマークしなさい。

1 　a 「語彙」＝ごい 　　　2 　b 「間」＝ま

3 　c 「担」＝にな 　　　4 　d 「忌」＝き

問23 　―線部㉓「日常茶飯事」の意味としてふさわしいものを一つ選び、その番号をマークしなさい。

1 　ありふれたこと

2 　あたりまえなこと

3 　仕方がないこと

4 　面倒なこと

問24 　―線部㉔「理解しやすい日本語」の例としてふさわしいものを一つ選び、その番号をマークしなさい。

1 　歩行者に注意しながら徐行してください。

2 　情景を想像しながらこの曲を聴きなさい。

3 　道を渡る時は、右と左をよく確かめなさい。

4 　加齢のせいだから気にしないでください。

問25 　本文の内容と**合致しない**ものを一つ選び、その番号をマークしなさい。

1 　多重語彙構造や同音異義語は、日本語の表現に豊かさを与える大切な要素であるから、日本語が母語でない人々はその重

要性を理解しなければならない。

2　外国人の子どもに対する日本語教育はまだ理論がない段階であったため、教師たちは努力を重ねてきたが、そこにはいくつかの間違った考え方も浸透していた。

3　人口減少社会である日本で明るい未来を実現するためには、外国人を含む誰もが日本語を苦労なく学べるように、やさしい日本語を学校や社会で実践していかねばならない。

4　「ダブルリミテッド」は、母語と第二言語を学びながら、そのどちらも十分に発達せず、バイリンガルになりえない状態を意味する言葉である。

問26〜問35は別紙解答用紙に解答を記入しなさい。

三　次の問26〜問30に答えなさい。

問26　次の一線部の漢字の読みをひらがなで解答用紙に書きなさい。

習い覚えた技を披露する。

問27　次の一線部の漢字の読みをひらがなで解答用紙に書きなさい。

両手が塞がっている。

問28　次の空欄部□に入る漢字一字を解答用紙に書きなさい。

□後策を講じる。

問29　次の空欄部□に入る漢字一字を解答用紙に書きなさい。

　　陰暦十二月は「□走」とも呼ばれます。

問30　次の──線部を漢字に直して解答用紙に書きなさい。

　　祖父はよくエンギをかつぐ人だった。

四　次の問31〜問35に答えなさい。

問31　次の俳句の切れ字を解答用紙に書きなさい。

　　万緑の中や吾子の歯生え初むる　（中村草田男）

問32　次の文から助動詞を抜き出し、その基本形（終止形）を解答用
　　紙に書きなさい。

　　コンビニに行くのなら、アイスを買ってきて。

問33　次の二つの四字熟語の空欄部□に共通して入る漢字を解答用紙
　　に書きなさい。
　　□目八目
　　□若無人

問34　本来は「読み書き能力」を意味し、そこから「ある分野に関す
　　る知識やそれを活用する能力」を意味するようになった外来語を

カタカナで解答用紙に書きなさい。

問35　夏目漱石の未完に終わった最後の小説の題名を漢字二字で解答用紙に書きなさい。

┌ 実　技 ┐

◀鉛筆デッサン▶

$\left(\begin{array}{c}\text{150 分}\\\text{解答例省略}\end{array}\right)$

【問題】

与えられたモチーフを台紙上に自由に配置・構成し、鉛筆で描写しなさい。

① 霧吹き容器　②ほうれん草

【条件】
対象物はすべて描写すること

【支給されるもの】
モチーフ①②各1個、解答用紙1枚（四つ切）、台紙用画用紙1枚（四つ切）
受験番号・名前記入シール1枚
カルトン、カルトン用クリップ

【使用してよいもの】
鉛筆（色鉛筆は除く）、消しゴム、練消しゴム、鉛筆削りおよびカッターナイフ（鉛筆削り用）
※定規の使用は不可

【注意事項】
1．解答用紙は縦横自由です。どちらを表にしてもかまいません。
2．解答用紙と台紙用画用紙は同じものです。どちらを解答用紙にしてもかまいません。
3．席を立たずに、腰を掛けたままで描写しなさい。
4．試験終了後に受験番号・名前記入シールを作品裏面に貼り付ける作業を行います。
　　作業については試験終了後に指示します。
5．鉛筆の削りかすは、指定されたごみ箱へ、または持ち帰ってください。

解 答 編

英 語

Ⅰ 　解答　　1—② 　2—③ 　3—③ 　4—① 　5—① 　6—②
　　　　　　　　7—③ 　8—② 　9—③ 　10—③

Ⅱ 　解答　　11—② 　12—③ 　13—② 　14—③ 　15—①

Ⅲ 　解答　　16—④ 　17—③ 　18—④ 　19—④ 　20—②

Ⅳ 　解答　　《ビジネスカジュアルの歴史》

21—③ 　22—③ 　23—③ 　24—③ 　25—④

Ⅴ 　解答　　《フードマイレージ》

26—③ 　27—③ 　28—① 　29—② 　30—④ 　31—① 　32—④ 　33—②

34—③ 　35—②

日 本 史

Ⅰ　解答　《平安時代中期の延喜・天暦の治》

1 —①　2 —③　3 —④　4 —①　5 —③　6 —②

Ⅱ　解答　《鎌倉時代の社会・経済》

7 —②　8 —④　9 —②　10—③　11—②　12—③

Ⅲ　解答　《戦国〜安土・桃山時代の外交》

13—①　14—④　15—④　16—③　17—②　18—④

Ⅳ　解答　《日中戦争〜アジア太平洋戦争時の社会・経済》

19—①　20—④　21—③　22—③　23—②　24—③

Ⅴ　解答　《古代〜現代の法律》

25—③　26—④　27—④　28—②　29—③　30—②

世界史

Ⅰ　解答　《漢字に関連する歴史》

1 —③　　2 —②　　3 —②　　4 —②　　5 —③　　6 —①　　7 —④　　8 —④

Ⅱ　解答　《イスラーム教の成立からアッバース朝の滅亡まで》

9 —②　　10 —①　　11 —①　　12 —④　　13 —③　　14 —②　　15 —④　　16 —①

Ⅲ　解答　《第二次世界大戦後のヨーロッパ統合》

17 —④　　18 —②　　19 —④　　20 —③　　21 —④　　22 —②　　23 —③

Ⅳ　解答　《イギリス革命》

24 —①　　25 —④　　26 —③　　27 —④　　28 —③　　29 —③　　30 —④

数　学

Ⅰ　**解答**　《２次関数，数と式，データの分析，図形と計量》

1―②　2―①　3―①　4―④　5―③　6―②　7―④　8―③
9―②　10―③　11―②

Ⅱ　**解答**　《２次関数》

12―①　13―③　14―③　15―③　16―①　17―③　18―③　19―①
20―①　21―④　22―④　23―③　24―②　25―②　26―①　27―②
28―①

Ⅲ　**解答**　《場合の数，確率》

29―③　30―①　31―②　32―④　33―②　34―④　35―④　36―④

Ⅳ　**解答**　《図形と計量》

37―③　38―④　39―③　40―②　41―②

(ウ)　**42.** Ⅰは三角形 ABC の内心であるから，線分 BI,
CI はそれぞれ，∠ABC，∠ACB の角の二等分線で
ある。よって

$$\angle IBA = \angle IBC = \alpha$$
$$\angle ICB = \angle ICA = \beta$$

∠BAC＝60° であるから

$$2\alpha + 2\beta + 60° = 180°$$
$$2\alpha + 2\beta = 120°$$
$$\alpha + \beta = 60° \quad \cdots\cdots (答)$$

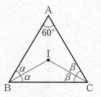

43. $\quad \angle \mathrm{BIC} = 180° - (\alpha + \beta) = 120°$

　三角形 BIC の外接円の半径を R とおき，正弦定理を用いると

$$\frac{\mathrm{BC}}{\sin 120°} = 2R$$

㋐より，BC＝7 であるから

$$R = \frac{7}{\sqrt{3}} = \frac{7\sqrt{3}}{3} \quad \cdots\cdots(\text{答})$$

化　学

Ⅰ ─ 解答 《小問5問》

1 —② 　2 —② 　3 —③ 　4 —③ 　5 —①

Ⅱ ─ 解答 《原子の構造と電子配置》

6 —④ 　7 —② 　8 —③ 　9 —④ 　10 —① 　11 —③ 　12 —③

Ⅲ ─ 解答 《食酢の中和滴定》

13 —④ 　14 —③ 　15 —② 　16 —② 　17 —① 　18 —③ 　19 —③

Ⅳ ─ 解答 《窒素とその化合物》

20 —② 　21 —③ 　22 —① 　23 —④ 　24 —① 　25 —② 　26 —④ 　27 —③

Ⅴ ─ 解答 《有機化合物の構造決定》

28 —③ 　29 —② 　30 —① 　31 —② 　32 —② 　33 —④ 　34 —③ 　35 —③

生　物

Ⅰ　解答　《日本の植生と遷移》

1—④　　2—③　　3—②　　4—①　　5—②　　6—④　　7—②　　8—①
9—③　　10—④

Ⅱ　解答　《DNA の複製》

11—③　12—②　13—①　14—②　15—④　16—③　17—③　18—④
19—②　20—③

Ⅲ　解答　《両生類（カエル）の発生》

21—③　22—④　23—③　24—②　25—③　26—①　27—④　28—③
29—④　30—②

Ⅳ　解答　《筋収縮》

31—③　32—④　33—③　34—①　35—④　36—③　37—②　38—④
39—③　40—③

国　語

① **出典**　松木武彦『美の考古学——古代人は何に魅せられてきたか』〈第一章　人類は美というかかわってきたか　1　美の起源〉（新潮選書）

解答　問1　2　問2　3　問3　1　問4　4　問5　4
問6　4　問7　4　問8　3　問9　4　問10　2
問11　4　問12　1　問13　4

② **出典**　山田敏弘『その一言が余計です。——日本語の「正しさ」を問う』〈第四章　子どもの頃に使ったことばを道連れに——ことばで明るい未来を築くために「日本にいるのだからなるべく日本語で話しましょう」という「余計な一言」〉（ちくま新書）

解答　問14　3　問15　4　問16　3　問17　2　問18　1
問19　4　問20　4　問21　2　問22　4　問23　1
問24　3　問25　1

③ **解答**　問26　ひろう　問27　ふそ（がっている）
問28　善　問29　師　問30　縁起

④ **解答**　問31　や　問32　なら→だ　問33　傍
問34　リテラシー　問35　明暗

短期大学：学校推薦型選抜 公募方式（A日程）

問 題 編

▶試験科目・配点〔1科目選択方式・2科目選択方式〕

教科	科　　目	1科目 選択方式	配点	2科目 選択方式	配点
外国語	英語（コミュニケーション英語Ⅰ・Ⅱ・Ⅲ，英語表現Ⅰ・Ⅱ）	1科目 選択	100点	必須	100点
数　学	数学Ⅰ・A			1科目 選択	100点
国　語	国語総合（古文・漢文除く）・現代文B				

▶備　考

- 選択科目について，事前登録不要。
- 1科目選択方式・2科目選択方式が選択可（事前登録不要）。
- 1科目選択方式受験者…調査書（50点：全体の学習成績の状況×10）＋科目試験（100点）＝合計150点満点と自己アピール文（医療事務総合・ライフデザイン総合学科）または志望理由書（歯科衛生学科）により合否を判定する。
- 2科目選択方式受験者…調査書（50点：全体の学習成績の状況×10）＋科目試験（200点）＝合計250点満点と自己アピール文（医療事務総合・ライフデザイン総合学科）または志望理由書（歯科衛生学科）により合否を判定する。
- 英語民間試験について，短期大学指定のスコアを取得した者は，「外国語（英語）」に10点を加点する（100点を超えた場合の得点は100点を上限とする）。

▶出題範囲

「数学A」の出題範囲は「場合の数と確率」「図形の性質」とする。

英　語

（60 分）

I　次の各文の（　　　）に入る最も適切なものを①～④から一つずつ選び，マークしなさい。

1 The event has been put (　　　) due to heavy rain.

① off　　　　　② on　　　　　③ out　　　　　④ up

2 The other day, while I was riding my bicycle, I was stopped by a police officer and had my bike (　　　).

① inspect　　　② inspected　　　③ inspecting　　　④ to inspect

3 I would have made it home by 7 o'clock if my train (　　　) on time.

① had left　　　② has left　　　③ leaves　　　④ left

4 Hurry up! The bus is coming. If we (　　　) it, we'll be late for work.

① fail　　　　② fall　　　　③ lose　　　　④ miss

5 When I was younger, I (　　　) the stars for hours, dreaming of becoming an astronaut.

① used to watch　　② used to watching　　③ used watching　　④ was used watching

6 They live in a town (　　　) everyone knows everyone else and the sense of community is strong.

① from which　　② in which　　③ which　　④ with which

7 I hope you might take a look at my paper and tell me (　　　) you think of it.

① that　　　　② what　　　　③ whether　　　　④ why

8 We wish to (　　　) for the delay in responding to your letter.

① apologize　　② complain　　③ regret　　④ thank

9 I have great respect for his ideas, (　　　) I don't agree with them.

① although　　② as if　　③ so that　　④ until

10 My parents always (　　　) me to try new things and not to be afraid of failure.

① encourage　　　② inform　　　③ insist　　　④ introduce

Ⅱ　和文に合った英文になるように語（句）を並べ替え，（　　　）内で３番目となるものを①〜④から一つずつ選び，マークしなさい。ただし，文頭に来る文字も小文字になっています。

11 フレッドはただの友達ではない。私の家族同然だ。

Fred is not just (① a　② friend　③ mine　④ of) ; he is like a member of my family.

12 どんなに頑張っても，すべての人を喜ばすことはできない。

(① hard　② how　③ matter　④ no) you try, you can't please everyone.

13 自分の力ではどうにもならないことについて悩んでも仕方がない。無用なストレスになるだけだ。

It's (① about　② no　③ use　④ worrying) things we can't control; it only creates unnecessary stress.

14 まだ分からないようですね。はっきりさせるためにもう一つ例を挙げましょう。

You're still having trouble understanding, aren't you? Let (① another　② give　③ me　④ you) example to make it clear.

15 「このリンゴを入れて行く袋をもらえませんか。」「いいですよ。これどうぞ。」

"Could you give me a bag (① carry　② in　③ these apples　④ to) ?" "Sure, here you are."

Ⅲ 次の会話を読み，設問に答えなさい。

Juan : Hey, Sofia, do you want to go get something to eat?

Sofia : I'd rather enjoy a home-cooked meal.

Juan : （ ア ） Don't say that. Let's go eat at Ruby's. You can get your favorite appetizer sampler!

Sofia : （ イ ） I just want to eat at home. Maybe I will make some spaghetti. Would you like some? I can make it for you.

Juan : （ ウ ） Are you going to cook it soon? I'm really hungry.

Sofia : I can get started now, and it should be ready pretty quickly. （ エ ） to boil some pasta and heat up some sauce.

Juan : Are you going to cook them in the microwave?

Sofia : No, I'll make them on the stove.

Juan : （ オ ）

Sofia : Feel free to boil the water while I add my secret ingredients to the sauce.

Juan : Okay, I can do that!

注 appetizer sampler：前菜の盛り合わせ

設問

16 （ ア ）に入る最も適切なものを①～④から一つ選び，マークしなさい。

① Oh, come on.

② Oh, no problem.

③ Oh, thank you.

④ Oh, why not?

17 （ イ ）に入る最も適切なものを①～④から一つ選び，マークしなさい。

① I always love to eat out.

② I haven't eaten out for long.

③ I should eat out more often.

④ I've been eating out too much lately.

18 （ ウ ）に入る最も適切なものを①～④から一つ選び，マークしなさい。

① Don't bother.

② I have a better idea.

③ No thanks.

④ That sounds good.

19 （　**エ**　）に入る最も適切なものを①～④から一つ選び，マークしなさい。

　① It doesn't take that long

　② It'll take some time

　③ It's a lot of work

　④ It's not easy

20 （　**オ**　）に入る最も適切なものを①～④から一つ選び，マークしなさい。

　① Do you feel any responsibility?

　② Do you have any information?

　③ Do you need any assistance?

　④ Do you notice any difference?

Ⅳ　次の文章を読み，設問に答えなさい。

　Whales are mammals just like humans, and there are many similarities between us. We both breathe air, have warm blood, and （　**ア**　） our babies milk. There are many other interesting similarities as well .

　Lifespan is one similarity between humans and whales. Whales generally live for 40-90 years, depending on their species. On （　**イ**　） occasions, they can live for over a century. This is very similar to human's lifespan.

　Whales also （　**ウ**　） by using sounds, just like humans do. Some whales sing, while other whales use loud clicks. Because they are so large and powerful, the sounds whales make can be extremely loud. Sometimes whales shout messages to each other!

　However, whales and humans are not exactly the same. There is one important difference: our （　**エ**　）. Whales have a special breathing system that lets them stay underwater for long periods of time. Some whales, such as the sperm whale, can stay underwater for up to two hours while holding a single breath. Humans aren't as well adapted. Our （　**オ**　） for holding our breath is only 10 minutes and 12 seconds.

注　sperm whale：マッコウクジラ

設問

21 （　**ア**　）に入る最も適切なものを①～④から１つ選び，マークしなさい。

　① feed　　　　② feel　　　　③ keep　　　　④ meet

出典追記：Reading Town 2nd Edition Student Book 2 by Jason Wilburn, Soo Kim, Aaron Siegel, and Tony Maguire, e-future

22　（　**イ**　）に入る最も適切なものを①〜④から１つ選び，マークしなさい。

① countless　　　② frequent　　　③ ordinary　　　④ rare

23　（　**ウ**　）に入る最も適切なものを①〜④から１つ選び，マークしなさい。

① appreciate　　　② communicate　　　③ concentrate　　　④ participate

24　（　**エ**　）に入る最も適切なものを①〜④から１つ選び，マークしなさい。

① brains　　　② eyes　　　③ hearts　　　④ lungs

25　（　**オ**　）に入る最も適切なものを①〜④から一つ選び，マークしなさい。

① record　　　② remark　　　③ report　　　④ request

V　次の文章を読み，設問に答えなさい。

On a boat near Costa Rica, a team of marine biologists is helping a turtle. The animal is having trouble breathing, and the team discovers why — there is something inside its nose. A scientist tries to extract the object, but the turtle cries in pain. Finally, after eight long minutes, a long object is pulled out: It is a 10-centimeter plastic straw.

The video of the turtle's rescue has been viewed millions of times on YouTube. It has helped raise awareness of a growing problem: The world's seas are full of plastic. Since 2000, there has been a huge increase in worldwide plastic production, but we recycle less than one-fifth of it. A lot of this plastic waste ends up in the ocean. Today, scientists think about 8.1 billion kilograms goes into the sea every year from coastal regions. Most of this plastic will never biodegrade.

This ocean plastic hurts millions of sea animals every year. Some fish eat plastic because it is covered with sea plants, and it looks and smells like food. Typically, eating plastic leads to constant hunger. "Imagine you ate lunch and then just felt weak ... and hungry all day," says marine biologist Matthew Savoca. "That would be very confusing." In some cases, eating sharp pieces of plastic can seriously hurt sea animals and even result in death.

Plastic is useful to people because it is strong and lasts a long time — but this is bad news for sea creatures who eat or get stuck in it. According to Savoca, "Single-use plastics are the worst." These are items that are used only once before we throw them away. Some common examples include straws, water bottles, and plastic bags. About 700 sea species (including the turtle from the video) have been caught in or have eaten this kind of plastic. Luckily, the turtle survived and was released back into the ocean.

How will plastic affect sea animals in the long term? "I think we'll know the answers in 5 to 10 years' time," says Debra Lee Magadini from Columbia University. But by then, another 25

2
0
2
4
年
度

短
期
大
学

推
薦
(公
募
A
)

英
語

million tons of plastic will already be in the ocean.

注 extract：引き抜く biodegrade：微生物の働きによって分解する

設問

26 下線部**ア**の内容として最も適切なものを①～④から一つ選び，マークしなさい。
① why it is difficult to save the turtle
② why it is necessary to help the turtle
③ why the turtle is hardly able to breathe
④ why the turtle is unable to move

27 下線部**イ**の意味として最も適切なものを①～④から一つ選び，マークしなさい。
① In spite of the video, people are still ignorant of a growing problem
② In spite of the video, people still don't care about a growing problem
③ Thanks to the video, people now know more about a growing problem
④ Thanks to the video, people now talk more about a growing problem

28 下線部**ウ**の region の e と**異なる**発音を含む語を①～④から一つ選び，マークしなさい。その際，次に示す下線部分を比較すること。
region ① breathing ② marine ③ piece ④ rescue

29 下線部**エ**の意味として最も適切なものを①～④から一つ選び，マークしなさい。
① Fortunately ② Occasionally ③ Surprisingly ④ Usually

30 下線部**オ**の具体的な意味として最も適切なものを①～④から一つ選び，マークしなさい。
① 長くはもたない ② 長もちする
③ 次第に摩耗する ④ 結局はゴミとなる

31 下線部**カ**の言い換えとして最も適切なものを①～④から一つ選び，マークしなさい。
① get caught in it ② get covered with it
③ get hurt by it ④ get used to it

32 下線部**キ**の意味として最も適切なものを①～④から一つ選び，マークしなさい。
① plastics that are made for a variety of uses
② plastics that are made for one particular use
③ plastics that are used more than once
④ plastics that are used only once and then thrown away

出典追記：Reading Explorer 1 by David Bohlke and Nancy Douglas, Heinle & Heinle Pub

33　下線部**ク**を次のように言い換えた時，空所に入る最も適切なものを①〜④から一つ選び，マークしなさい。

What is the lomg-term (　　　　) of plastic on sea animals?

① growth　　　　　　② impact　　　　　　③ survival　　　　　　④ value

34　本文の内容と**一致しないもの**を①〜④から一つ選び，マークしなさい。

① 世界のプラスチック製品のリサイクル率は 5 分の 1 以下である。

② 世界の海に流入するプラスチックの重量は毎年ほぼ 8 億キログラムである。

③ 魚がプラスチックを食べるのは，それが海藻に覆われているからである。

④ 海の生き物が，先のとがったプラスチックを食べて死ぬこともある。

35　本文の内容と一致するものを①〜④から一つ選び，マークしなさい。

① The marine biologists couldn't save the turtle with a 10-centimeter plastic straw in its nose.

② Plastic is harmful for marine life because it is strong and long-lasting.

③ Debra Lee Magadini says we will never know how plastic will influence sea animals.

④ It is expected that the problem of plastic pollution in the sea will be solved in the near future.

数　学

（60分）

解答記入上の注意

（1）分数は既約分数（それ以上約分ができない分数）で答えなさい。

（2）根号を含む場合は分母を有理化し，根号の中に現れる自然数が最小となる形で答えなさい。

I （ア） $x = \dfrac{\sqrt{5}+1}{2}$ のとき，

$$x + \dfrac{1}{x} = \boxed{1} \ , \ x^2 - \dfrac{1}{x^2} = \boxed{2}$$

である。

| 1 | ① 1 | ② 2 | ③ $\sqrt{5}$ | ④ $2\sqrt{5}$ |
| 2 | ① 3 | ② 6 | ③ $\sqrt{5}$ | ④ $2\sqrt{5}$ |

（イ）　$P = x^4 + 2x^3 + 6x - 9$ とする。

$x^4 + 2x^3 = (x^2+x)^2 - x^2$ であることを用いて P を変形すると，

$$P = (x^2+x)^2 - (x - \boxed{3})^2$$

となるので，因数分解すると

$$P = (x - \boxed{4})(x + \boxed{5})(x^2 + \boxed{6})$$

となる。

3	① 1	② 2	③ 3	④ 6
4	① 1	② 2	③ 3	④ 4
5	① 1	② 2	③ 3	④ 4
6	① 1	② 2	③ 3	④ 6

（ウ）　方程式 $x^2 - 3|x| - 4 = 0$ の解は

$$\boxed{7}$$

である。

不等式 $|x^2 - 4x| < 3$ の解は

$$\boxed{8}$$

である。

7　① $x = -1, 4$　　② $x = 4$　　③ $x = \pm 1$　　④ $x = \pm 4$

8　① $2 - \sqrt{7} < x < 1$　　　② $2 - \sqrt{7} < x < 2 + \sqrt{7}$

　　③ $3 < x < 2 + \sqrt{7}$　　　④ $2 - \sqrt{7} < x < 1, \ 3 < x < 2 + \sqrt{7}$

（エ）　三角形 ABC の3辺の長さは

$$BC = 6, \quad CA = 4, \quad AB = 5$$

である。このとき，三角形 ABC の面積を S，内接円の半径を r とおくと

$$\cos \angle CAB = \boxed{9}, \quad S = \boxed{10}, \quad r = \boxed{11}$$

である。

9　① $\dfrac{1}{8}$　　② $\dfrac{1}{4}$　　③ $\dfrac{3}{4}$　　④ $\dfrac{\sqrt{7}}{4}$

10　① $\dfrac{5\sqrt{7}}{4}$　　② $\dfrac{5\sqrt{7}}{2}$　　③ $\dfrac{15\sqrt{7}}{4}$　　④ $\dfrac{15\sqrt{7}}{2}$

11　① $\dfrac{\sqrt{7}}{6}$　　② $\dfrac{\sqrt{7}}{4}$　　③ $\dfrac{\sqrt{7}}{2}$　　④ $\sqrt{7}$

Ⅱ　2次関数

$$f(x) = x^2 + 4x - 3$$

がある。$y = f(x)$ のグラフを C とする。

（ア）　放物線 C の頂点を P とすると，P の座標は（$\boxed{12}$, $\boxed{13}$ ）である。

　　C と x 軸との2つの交点を A，B とすると，三角形 ABP の面積は $\boxed{14}$ である。

12　① -4　　② -2　　③ 2　　④ 4

13　① -19　　② -13　　③ -7　　④ 1

14　① $\dfrac{7\sqrt{7}}{2}$　　② $7\sqrt{7}$　　③ $\dfrac{49}{2}$　　④ 49

（イ）　C を x 軸方向に a，y 軸方向に $2a$ だけ平行移動した放物線を D とする。

　　D が点 $(0 , 0)$ を通るとき，$a = \boxed{15}$ または $a = \boxed{16}$ である。

　　D が x 軸と共有点をもたないような a の値の範囲は，$\boxed{17}$ である。

　　D が x 軸の $x > 0$ の部分と異なる2つの共有点をもつような a の値の範囲は，$\boxed{18}$ である。

15　① － 4　　　② － 3　　　③ － 2　　　④ － 1

16　① 1　　　② 2　　　③ 3　　　④ 4

17　① $a < -\dfrac{7}{2}$　　② $a > -\dfrac{7}{2}$　　③ $a < \dfrac{7}{2}$　　④ $a > \dfrac{7}{2}$

18　① $a > 2$　　② $a > 3$　　③ $2 < a < 3$　　④ $3 < a < \dfrac{7}{2}$

Ⅲ　赤玉，青玉，黄玉がそれぞれ5個ずつあり，同じ色の玉は区別できないとする。これら15個の玉から任意に5個を選んで横一列に並べる。

（ア）　並べ方は全部で　19　通りある。そのうちで3色のどの色の玉も少なくとも1個使うものは　20　通りある。

19　① 120　　　② 125　　　③ 243　　　④ 3003

20　① 60　　　② 90　　　③ 150　　　④ 540

（イ）　両端が同じ色である並べ方は　21　通りある。また，左右対称な並べ方は　22　通りある。

21　① 27　　　② 54　　　③ 81　　　④ 162

22　① 9　　　② 27　　　③ 54　　　④ 81

（ウ）　同じ色の玉が隣り合わない並べ方は　23　通りある。

23　① 16　　　② 32　　　③ 48　　　④ 108

国　語

（六〇分）

一 次の文章を読んで、後の問いに答えなさい。

　哲学のプロセスを思い起こしていただきたいのですが、まず最初は疑うことから始まりました。常識や思い込みを疑うのです。そうして初めて私たちは考え始めます。逆にいうと、普段私たちは考えずに過ごしているのです。

　何を見ても、何を扱うにしても、その対象を直接受け入れるか、素通りするかです。いちいち疑ってませんよね？　だから、考えるためには、対象の前で立ち止まり、その周りを環のようにとるとメ①　必要があるのです。あるいは、素通りするのではなく、振り返って戻ってくる必要があります。だから考える時、私たちは「ぐ、ちょっと待てよ」というのです。（１）

　これはそのまま受け止めたり、通り過ぎたりしそうになった時、あえて立ち止まってくるくる見回してみたり、立ち返ったりする時に使う言葉です。頭の中でそうした行為をする②　時、私たちは初めて考えるのです。だから考えるとは、本当は「環返る」なのではないでしょうか。

　忙しい日常の中で、私たちは「環返る」ことを忘れてしまっているのです。小さい頃は自然にやっていたはずなのに。きれいな花を見つけたら、わざわざそこに戻って、キョロキョロと見つめる。親が手を引っ張って「はら、もう行こうね」というまで離れない。誰しもそん③　な想い出があると思います。人によってそのエピソードは様々でしょうが。

　あるいは、親にもよるでしょうね。こういう時、子どもの好奇心に

2024年度　推薦（公募A）　短期大学　国語

任せてという見守ることができればいいのですが、つい忙しくて手を引いてしまいます。（2）

私たちの周りには考える材料がたくさんあります。子どもにとって自然はまさに考える素材の④ホウコです。その意味では、「環返る」という表現にもう一つの意味を持たせることもできそうです。自然環境に返るという意味です。

⑤ーA 的なものは、生活を便利にするために作られたものです。だからできるだけ考えなくてもいいように設計されています。誰でも楽に使えるというのはそういうことです。しかし、それでは考える機会が失われてしまいます。

そんな時、自然に返ると、つまりアナログな道具を使うと、私たちは ⑤ーB 的に考えざるを得なくなるのです。無人島での生活はその極致でしょう。考えないと生きて行けません。ありあわせのもので、なんとかしのがないといけないのですから。スマホが便利なツールであることは間違いないですが、その意味で考える力を奪っていることもまたたしかなのです。

⑥スマホに目を奪われて、きれいな花の前で立ち止まることを忘れてしまわないようにしなければなりません。それは考えることを忘れてしまうということを意味するのですから。（3）

そんなふうにいうと、きちんと見てますという人がいます。歩きスマホしてませんと。たしかにそうかもしれません。でも、私がいいたいのは、そういうことじゃないんですよね。みんな物を見ているようで、本当は見てないということなのです。

いや、見ているかもしれないけれど、それはあくまで ⑤ーC 的な部分だけです。かつて近代ドイツの哲学者カントは、物事には人間の知り得ない側面があって⑦イ、それを「物自体」と名付けました。人間は五感で物をとらえるわけですが、言い換えると五感でとらえられない

範囲はわからないということで⑦－ロ＿＿＿。それが物自体にはかなりません。

　でも、私はそれでも人間は見えない物を見ることができると思っています。それは想像をするということです。これについて哲学者の鷲田清一さんは、著書『想像のレッスン』の中で、「⑤－Ｄ的に視界をこと開けるということをしなくては、世界が見えるようにはならない」と書かれています。

　見えない物を見るのは大変なのです。では、どうすれば物の本当の姿が見えるのか？　鷲田さんがいうように、それはその対象の背景にあるものを想像することによってなのでしょう。

　具体的には、色んなことを知ることで⑦－ヘ＿＿それは可能になります。想像をするといっても、その元になる素材がなければ、不可能です。まったく知らない物を想像する時、私たちはすでに知っている何かになぞらえたり、あるいはそれをアレンジしたりしてイメージを構成するはずです。（４）

　だからその元になる素材が多ければ多いほど、想像がしやすくなるのです。それは読書やインターネットでも集めることができますが、一番いいのは実体験でしょう。自分が身体で経験したことはなかなか忘れないものです。事細かに覚えていますから、想像する際に大いに役立つのです。

　単に見ただけのものであっても、図鑑で見たのと実際に⑨＿＿見たのとでは大違いです。それを見たシーン、その時の気持ち、すべてが素材になるからです。だからできるだけ外を歩くときはものをキョロキョロ見た方がいいと思います。そしてなんでも機会があれば、やってみる。それが想像にも役立つのです。

　もっとも、素材が豊富にあるからといって、それに比例してどんどんアレンジができるかというと、必ずしもそうではありません。やはりそこにはアレンジのセンスみたいなものが要求されてくるのです。

それは料理と同じです。料理もレパートリーをたくさん知っていれば、少しアレンジするだけで創作料理ができそうです。

でも、あまり料理を知らなくても、面白い創作をする人はいるものです。なんでもそうですが、それはセンスなのです。だから想像にもセンスが求められます。そういうと身も蓋もないように聞こえるかもしれませんが、これはアートセンスと異なり、誰でもトレーニング次第で身につけることが可能です。

それは似ているものを発見するトレーニングです。日ごろから、何に似てるか、誰に似てるかといったことを探するようにしていれば、自ずと想像するセンスが磨かれていきます。違うものを同じように見るには、想像力がいります。そこがポイントなのです。

ある時気づいたのですが、話し方でも、絵でも、真似がうまい人は想像力もあります。私もよく中高生の頃、先生の真似をしてみんなを笑わせていたのですが、想像力も高い方でした。ここには相関性があるのです。ただし、くれぐれも先生の前で真似をして怒られないように気をつけてくださいね。

（小川仁志『中高生のための哲学入門──「大人」になる君へ』による）

問１　―線部①「メグる」の「メグ」にあたる漢字と同じ漢字を含むものを、一つ選びなさい。

1　前後の内容がヂュンする。

2　利ジュンを生む。

3　基ジュンに達する。

4　町内をジュン回する。

問２　―線部②「裏返る」とありますが、その具体例として適切なものを、一つ選びなさい。

2024年度　短期大学　推薦（公募A）　国語

1　昨日どうしても解けなかった数学の問題を、今日は別の角度から解いてみようと思った。

2　地球温暖化や環境汚染は、自分たちの生活と密接に関わる問題なのではないかと思った。

3　友だちにメールを送ったのにいつまでも返事が来ないので、何かあったのだろうかと思った。

4　「官民」「男女」という熟語を見ていて、なぜ「官」や「男」が先なのかと疑問に思った。

問3　──線部③「ヒンド」の「ヒン」にあたる漢字と同じ漢字を含むものを、一つ選びなさい。

1　地震がヒン発する。

2　来ヒンが挨拶する。

3　ヒン富の差が大きい。

4　海ヒン公園で遊ぶ。

問4　──線部④「ホウコ」の「ホウ」にあたる漢字と同じ漢字を含むものを、一つ選びなさい。

1　果ホウは寝て待て。

2　他人の作品を模ホウする。

3　けが人を介ホウする。

4　重ホウな料理道具。

問5　空欄部⑤－Ａ〜⑤－Ｄを補うのに適切な言葉の組み合わせを、一つ選びなさい。

1　Ａ＝必然　　　Ｂ＝人工　　　Ｃ＝意識　　　Ｄ＝表面

2　Ａ＝必然　　　Ｂ＝表面　　　Ｃ＝人工　　　Ｄ＝意識

3　A＝人工　　　B＝必然　　　C＝表面　　　D＝意識

4　A＝人工　　　B＝意識　　　C＝必然　　　D＝表面

問6　一線部⑥「スマホに目を奪われて」とありますが、筆者はスマホのどのような点を特に問題にしていますか。その説明として適切なものを、一つ選びなさい。

1　考える機会を失わせてしまう点

2　誰でも楽に使える点

3　便利なツールである点

4　無人島での生活に不可欠な点

問7　一線部⑦－イ～⑦－二の「それ」の指示する内容として適切でないものを、一つ選びなさい。

1　イ＝人間の知り得ない物事の側面

2　ロ＝五感でとらえられない範囲

3　ハ＝物の本当の姿が見えること

4　二＝すでに知っている何か

問8　一線部⑧「人間は見えない物を見ることができる」とありますが、それはどうすることによって可能となるのですか。それを説明した次の文の空欄　X　・　Y　に入る語句の組み合わせとして適切なものを、一つ選びなさい。

　　　自分が　X　して集めた素材になぞらえたり、それをアレンジしたりして、物の本当の姿を　Y　することによって可能となる。

1　X＝読書　　　Y＝意識

2　X＝読書　　　Y＝想像

3　X＝体験　　　Y＝意識

4　X＝体験　　　Y＝想像

問9　—線部⑨「ミチバタ」の「バタ」にあたる漢字と同じ漢字を含むものを、一つ選びなさい。

1　時代の先タンを行く。

2　ひどく落タンする。

3　冷タンな態度をとる。

4　経理をタン当する。

問10　—線部⑩「身も蓋もない」の意味として適切なものを、一つ選びなさい。

1　露骨すぎて、含みや味わいがない

2　あきれて、開いた口がふさがらない

3　話が難しくて、理解できない

4　打つ手がなく、どうしようもない

問11　—線部⑪「相関性」とは何と何の「相関性」をいいますか。その説明として適切なものを、一つ選びなさい。

1　真似とトレーニング

2　想像力とセンス

3　話し方と絵

4　真似と想像力

問12　本文から次の文が抜け落ちています。元に戻すのに適切な箇所を、本文中の（１）〜（４）から一つ選びなさい。

　　　そうすると、子どもは考える機会を逃してしまうのです。

　　１（１）　　２（２）　　３（３）　　４（４）

問13　本文の内容について、A〜D四人の生徒が話し合いました。筆者の考えと**合致しない**ものを、一つ選びなさい。

１　A　著者は、哲学は当たり前のことと思われていることを疑うことから始まると言っているよね。それを「環返る」という造語で表現している。

２　B　もちろん僕たちは授業中や勉強中などに考えるという行為をしているわけだけれど、それは「環返る」というのとはやや意味が違うよね。

３　C　著者も「自然環境に返る」と述べているように「環返る」とは、自然と人間の調和といった、ふだん考えないことについて考えることをいうんだ。

４　D　ところで、本文の後半は想像することに議論が移っているよ。想像するためにはその元になる素材が必要だと著者は指摘している。

[二]　童話作家による次の文章を読んで、後の問いに答えなさい。

「作品は自分の子ども時代を思い出して書くのですか？　それとも自分の子どもと関わっているうちに、生れてくるのですか？」

というような質問をよく受ける。そのたびに考えてみると、そのいずれでもないような気がする。思い出というのはだれにとっても大切なものだけど、だからといって、そのままのものを作るエネルギーにはならないような気がする。思い出はとても個人的な事だから、当人には大切でも、他人にはなかなか伝わりにくい。（⑮ーイ）時をくだて今の子どもたちに通じるかどうか、してもあやしい。個人的な思い出によりかかり、その中に意味があると思い込んでいるところに、本に対しての大人と子どもの違いが生まれてしまうのではないだろうか。

大人は自分の子ども時代を懐かしむあまり、それを正当化したくなる。（⑮ーロ）押しつけが生まれ、子どもは反発したくなる。とはいっても、やはり私の場合子ども時代と、それに続く若いころの思い出がなかったら、子どもの物語を書くにはなっていなかったかもしれない。そのときあったことがらよりも、出会ったときの心の動きの中に創作のエネルギーはかくれているような気がする。

先日、地下鉄で連結器のドアの横に座っていた。隣の車両から子どもの激しい泣き声が聞こえてくる。それからすぐ、その子はおばあさんとこちらの車両に移ってきて、まわりに席はいっぱい空いているのになぜか私の顔を見ながら、一層声を張り上げて泣き続けた。「ここに座りたいの？」と私がきくと、「うん」と大きくうなずく。私が立って向かいの席に移った。その子はとたんに泣き止むと椅子の横の機械などを入れてあるのだろう幅三十センチばかりの張り出した合の上にミニカーを乗せるといかれしそうに遊びはじめた。

㊲私は思わずにやりとした。彼はどうしてもあそこでミニカーを動かしてみたかったのだ。あの場所は今彼の気持ちの中で特別な場所になってしまったのだ。そんな心の動きが伝わってきたとたんに私は子どものときの自分の世界に入り込んでいた。

あの時、私はどうしても白い軸の鉛筆が欲しかった。学校のそばの文房具店にならんでいた白い鉛筆で書きたいものがあったのだ。いつもの緑の鉛筆とやらのものでしか書けないとやなの。それで私は欲しいと泣いた。鉛筆はどれも同じだよ、うちにはたくさん買い置きがあるんだからがまんしなさいといくらいわれても泣き続けた。

このミニカーの男の子もいつもやっている遊びをしたくなったのだ。電車の中の遊びはぜんぜんぜんぜんちがうものなのだ。それで泣いた。そんな彼の泣き声に飛び乗って私は自分の子ども時代に入り込んでいった。あの子と私は時ははくだたっているけど、同じ風景の中にいたのだと思う。幼い頃のあのドキドキした気持ちが㊰-b目を覚ましたのだ。

㊳このように同じ気持ちを感じたとき、私を物語の世界に送り込んでくれる。それはこの男の子を主人公にして、語をつくるというのとは、まったくちがう。書きたくなるのはあくまでも、形ではなく、同じ気持ちなのだ。

電車の中という公共の場で子どもを甘やかしていると思う人もいるかもしれない。私はそれがいいことか、悪いことかというようなことを㊴書きたいのではない。子どもってそういう時があるのだ。私もそうだった。あなたもそうだったのではないだろうか。

㊵この後、この子がどういった行動をぜひとも聞いてほしい。しばらくして、おばあさんが差し出したヤクルトをその子は手にとってちょっとのあいだそれを見ていた。ご存じのようにちいさなプラスチックの口はアルミ箔でぴっ㊶-c覆われている。私はこの飲み物の蓋をいつも上

２０２４年度　推薦（公募A）　短期大学　国語

手に開けられない。引っ張るのに力を入れ過ぎて着ているものをからずといっていくらほど汚してしまう。それでもじっとほほえむ、にほほえを見る。半ばあきれた気分でこの子がどうするかを見守っていた。この子はアルミ缶の蓋に指の爪をちょっと引っかけた。でも力足らずで開かない。（⑮－く）、今度は口を近づけて、前歯をぐっと突き立てた。そうしてできた穴からジュースをちゅうちゅうと吸ってまたたくまに飲んでしまったのだ（余談…帰宅して私は早速まねをしてみた。大人の歯は大きすぎてうまくいかず、また洋服を汚すこととなった）。

私はこの子の見事なやり方に感嘆した。ちょっと不潔、なんてどうらわなくていいだろう。この子は賢い。目の前に現れたことがらに対してなんて自在なんだろう。ちいさな場所に執着してあんなに泣いていた子に、これだけの生きる力があるのだ私は心から尊敬してしまった。子どもの行動は⑳（　　　　　）を突く。大人はいつも既成の答えを用意しているから不意を突かれてびっくりする。子どもの生きの良さについていけないのを認めないで、子どもは何も知らないと思い込もうとする。答えはいつもひとつではないのだ。

ある時どこかの学校で授業を見せていただいた。いや娘の授業参観のときだったかもしれない。多分国語の時間だったと思う。どんな質問だったか忘れたが、手をあげて答えた子どもに、あとの子どもたちがみんな声をそろえて「ご明答」というのだ。私はそのときたまげた！　ずいぶんすごい言葉だなと思った。「ご明答」なんて、町のご隠居さんが一年に一度か二度それも遠慮しいしい使う言葉だと思っていたから、こんなにいくらまっちゃっていいのだろうか。こっちが良くて、あっちが悪いと簡単に決めてしまっていいのだろうか。決めるのもひとつの知恵という考え方もあるかもしれない。でもこの世は決められないことばかりなのだ。

私は小さいときすごく癇（注）の強い子どもだったらしい。よく泣

いた。それも晴やかに。なにかに期待する気持ちも、それが与えられた喜びも、また与えられなかったときの嘆きも、激しかったようだ。要するにヒステリーだったのだ。父はこのありさまを栄子の疳の虫が⑬-b暴れだしたというのだ。大人たちはそんな私に辟易し、なるべく近寄らないようにしていた。ある日、父はどこかのお寺か神社から疳の虫封じ⑬-cのおふだというのをいただいてきた。それを南側の鴨居に釘で打ち付け、その下に両手を合わせて正座するように私にいった。それから父は踏み台の上に乗り、小石をもっておふだの上の釘をトントンと打ち、どうかこの泣き虫をなおしてください⑬-dと拝んだ。

「これで疳の虫は封じ込められ、栄子のところには出てこられなくなるから」といった。え、やだ。恐ろしい。ちゃんとしてないと疳の虫がまた出てきて、私をぱくぱく食べちゃうものかと思って、また泣きたかった。今でもこのときの自分の姿を思い出す。成長して大人になり始めの頃、あんな迷信でしょ、全くうちはインテリジェンスがないんだからと軽蔑して父にいったことがあった。
⑭
「迷信だと思うのか。それは大まちがいだよ」と父がいった。

「もう。まったく、おとうさんは古いんだから……」私はツケツケといって席を立った。

大まちがいとはどういうことなのと聞かなかった。そのときは聞く気持ちにもならなかったのだ。でも今はちょっと違う。父は私をだめな子と決めつけはしなかった。疳の虫を人の強い爪で無理矢理ひねりつぶしたりはしなかったのだ。あなたの存在は認めます。（⑮-二）この子のところにはやってこないで、向こうの世界で自由にしてください、という気持ちだったと思える。この世に存在しているものをいいもの、悪いものと決めつけず、いろいろあるさ、それが私たちの世界なのだということを父はいいたかったのだろう。

（角野栄子『「作家」と「魔女」の集まっちゃった思い出』による）

（注）癇＝神経が過敏で些細なことにもいらだったり怒ったりすること。後出の「疳の虫」はその原因と想像されたもの。

問14　―線部④「作品は自分の子ども時代を思い出して書くのですか？」とありますが、それに対して筆者はどのように答えていますか。その説明として適切なものを、一つ選びなさい。

1　大人が自分の子ども時代を正当化して描いても、それは今の子どもたちの反発を招いてしまうだけである。

2　思い出はそのままでは創作のエネルギーにはならない、個人的な思い出は他人には伝わりにくい。

3　自分の個人的な思い出に基づいて作品を書くと、読者である子どもの感性に合わないものになる。

4　今の子どもたちに受け入れられることが問題なのだから、昔の個人的な思い出は重要ではない。

問15　空欄部（⑤―イ）～（⑤―ニ）を補うのに適切な言葉の組合せを、一つ選びなさい。

1　イ＝しかも　　ロ＝すると　　ハ＝だから　　ニ＝そして

2　イ＝しかも　　ロ＝そして　　ハ＝すると　　ニ＝だから

3　イ＝だから　　ロ＝しかも　　ハ＝そして　　ニ＝すると

4　イ＝だから　　ロ＝そして　　ハ＝しかも　　ニ＝すると

問16　―線部⑯―a～⑯―dの漢字の読みとして適切でないものを、一つ選びなさい。

1　a「懐」＝なつか　　　　2　b「覚」＝さ

3　c「覆」＝おお　　　　　4　d「半」＝はん

2024年度　推薦（公募A）　短期大学　国語

問17　一線部⑰「私は思わずにやりとした」とありますが、その理由として適切なものを、一つ選びなさい。

1　あんなに泣いていたのに、自分の顔らがかなうと突然機嫌を直してしまう変わり身の速さがおかしかったから。

2　目の前の光景が筆者自身の子どもの頃の経験とつながり合って、その子の気持ちがよく分かったから。

3　その子が筆者の前で泣いていた理由を筆者は察知することができ、その子がまったく予想した通りの行動をとったから。

4　どんなに泣いていても、すぐに泣を止んでしまうほど、ミニカーで遊ぶことが好きなその子が愛おしく思えたから。

問18　一線部⑱「私を物語の世界に送り込んでくれる」とありますが、これについての説明として適切なものを、一つ選びなさい。

1　筆者は目の前の出来事と同じような自分の幼い頃の思い出に浸ることができるようになる。

2　筆者は望もうが望むまいが、現実に触発されていつか読んだ物語の世界に連れ戻されてしまう。

3　筆者はそこで感じた気持ちを表現できるような物語を創造することができるようになる。

4　筆者は現実のしつけや道徳をまったく顧みることのないような考え方をつらぬいてしまう。

問19　一線部⑲「そういう時」とはどういう時ですか。その説明として適切なものを、一つ選びなさい。

1　わざと親を困らせてやりたいと思う時

2　親に甘えたくてどうしようもない時

3　いいことと悪いことの区別がつかない時

4 自分の意志をどうしても通したい時

問20 ─線部⑳「この後、この子がとった行動をぜひとも聞いてほしい」とありますが、それはなぜですか。その理由として適切なものを、一つ選びなさい。

1 前のエピソードだけでは、男の子がわがままであることばかりが印象づけられてしまうので、その子の優れた点も挙げておきたかったから。

2 筆者がいつも苦労している蓋を開けて飲むという動作を、男の子が難なく行ってしまったことに驚嘆したから。

3 男の子が電車内で泣きわめく幼児性をもっている一方で、ジュースをこぼさず飲もうとする行儀良さもあることに感心したから。

4 小さな事にこだわって泣いていた子どもが、目の前に現れた問題を自在に解決する力を持っていることに感嘆したから。

問21 ─線部㉑－a～㉑－dの漢字の読みとして適切でないものを、一つ選びなさい。

1 a「爪」＝つめ　　2 b「暴」＝あば

3 c「礼」＝さつ　　4 d「拝」＝おが

問22 ─線部㉒「（　　　）を突く」の空欄（　　　）を補うのに適切な語を、一つ選びなさい。

1 天　　2 意表　　3 間隙　　4 胸

問23 ─線部㉓「辟易」の意味として適切なものを、一つ選びなさい。

1 恐れをなすこと

２　うんざりするこ

３　がっかりすること

４　困惑すること

問24　―線部㉓「迷信だと思うか？。それは大まちがいだよ」とありますが、筆者は後に父のその言葉をどのように受け取りましたか。その説明として適切なものを、一つ選びなさい。

１　善悪でこの世界を判断するのではなく、世界は多様であることを認めることが大切なのだと父に教えられた。

２　たとえ迷信であってもそれが父親の愛情の現れであれば、実際に効力を発揮することがあるかもしれないと納得した。

３　父親が子どもの問題に真面目に対処していることを見せることが目的であったので、お礼そのものには大して意味がないことが分かった。

４　見えない世界の存在を認めて、現実との折り合いをつけて生活することが重要であり、またそこに知恵があると教わった。

問25　本文の内容と合致するものを、一つ選びなさい。

１　筆者が幼いころ白い軸の鉛筆がどうしても欲しかったのは、それが普段使っている緑の鉛筆と違って手の届かないものであったからである。

２　筆者は、実際にあった事柄そのものよりも、その事柄に伴う心の動きから創作のエネルギーを得ている。

３　ある学校の授業での子どもたちの「ご明答」という言葉に筆者が驚いたのは、そんな古い言葉を現代の子どもたちが知っていたからである。

４　筆者は小さいころ何かに期待する気持ちが人一倍大きかった

ので、それがかなわなかったときの悲しさや怒りを激しく表に出した。

［三］　次の問いに答えなさい。

問26　次の傍線部のうち、活用の種類が他の三つと**異なるもの**を、一つ選びなさい。

1　対策を<u>講ずる</u>　　　　2　眠い目を<u>こする</u>

3　学校で<u>勉強する</u>　　　4　職務を<u>まっとうする</u>

問27　次の漢字の読みが**間違っているもの**を、一つ選びなさい

1　功徳（くどく）　　　　2　往生（おうじょう）

3　成就（じょうしゅう）　4　通夜（つや）

問28　「根拠のないことがら」を意味する四字熟語を、一つ選びなさい。

1　空中楼閣　　　　　　　2　誇大妄想

3　羊頭狗肉　　　　　　　4　五里霧中

問29　「姓」の部首名を、一つ選びなさい。

1　のつとう　　　　　　　2　のつしんべん

3　にすい　　　　　　　　4　ごんべん

問30　「歌よみに与ふる書」を発表して、短歌の革新運動に乗り出した俳人の名を、一つ選びなさい。

1　斎藤茂吉　　　　　　　2　与謝野晶子

3　北原白秋　　　　　　　4　正岡子規

解 答 編

英 語

Ⅰ **解 答** 1—① 2—② 3—① 4—④ 5—① 6—②
7—② 8—① 9—① 10—①

Ⅱ **解 答** 11—④ 12—② 13—④ 14—④ 15—③

Ⅲ **解 答** 16—① 17—④ 18—④ 19—① 20—③

Ⅳ **解 答** 《クジラの生態》

21—① 22—④ 23—② 24—④ 25—①

Ⅴ **解 答** 《海洋プラスチックごみ》

26—③ 27—③ 28—④ 29—④ 30—② 31—① 32—④ 33—②
34—② 35—②

数 学

Ⅰ ── 解 答 《数と式，2次関数，図形と計量》

1─③ 2─③ 3─③ 4─① 5─③ 6─③ 7─④ 8─④
9─① 10─③ 11─③

Ⅱ ── 解 答 《2次関数》

12─② 13─③ 14─② 15─④ 16─③ 17─④ 18─④

Ⅲ ── 解 答 《場合の数》

19─③ 20─③ 21─③ 22─② 23─③

国　語

① **出典**　小川仁志『中高生のための哲学入門――「大人」になる君へ』〈第四章「自分なりの答え」を見つけ、育ててみよう　1　「与えられた答え」を疑う〉（ミネルヴァ書房）

解答

問1	4	問2	4	問3	1	問4	4	問5	3
問6	1	問7	3	問8	4	問9	1	問10	1
問11	4	問12	2	問13	3				

② **出典**　角野栄子『「作家」と「魔女」の集まっちゃった思い出』〈第五章　本とことば　見えない世界〉（角川文庫）

解答

問14	2	問15	2	問16	4	問17	2	問18	3
問19	4	問20	4	問21	3	問22	2	問23	2
問24	1	問25	2						

③ **解答**

問26	2	問27	3	問28	1	問29	2
問30	4						

短期大学：一般選抜（Ａ日程）

問 題 編

▶試験科目・配点〔１科目選択方式・２科目選択方式〕

教　科	科　　　　　目	１科目選択方式	配点	２科目選択方式	配点
外国語	英語（コミュニケーション英語Ⅰ・Ⅱ・Ⅲ，英語表現Ⅰ・Ⅱ）	１科目選択	100点	必須	100点
数　学	数学Ⅰ・Ａ			１科目選択	100点
国　語	国語総合（古文・漢文除く）・現代文Ｂ				

▶備 考
- 選択科目について，事前登録不要。
- １科目選択方式・２科目選択方式が選択可（事前登録不要）。
- １科目選択方式受験者…科目試験（100点）と自己アピール文（医療事務総合・ライフデザイン総合学科）または志望理由書（歯科衛生学科）により合否を判定する。
- ２科目選択方式受験者…科目試験（200点）と自己アピール文（医療事務総合・ライフデザイン総合学科）または志望理由書（歯科衛生学科）により合否を判定する。
- 英語民間試験について，短期大学指定のスコアを取得した者は，「外国語（英語）」に10点を加点する（100点を超えた場合の得点は100点を上限とする）。

▶出題範囲
「数学Ａ」の出題範囲は「場合の数と確率」「図形の性質」とする。

英　語

(60分)

Ⅰ　次の各文の（　　　）に入る最も適切なものを①〜④から一つずつ選び，マークしなさい。

1 Don't get discouraged. Learning a new language (　　　) a lot of effort.
① makes　　　② spends　　　③ takes　　　④ works

2 Be careful! You'll (　　　) injured if you fall off your bike.
① come　　　② get　　　③ have　　　④ make

3 The builders have been repairing the roof for two days. So far, they (　　　) half of it.
① finish　　　　　　　　② have been finishing
③ have finished　　　　④ will finish

4 If you (　　　) me earlier, I might have been able to do something about it.
① had told　　　② have told　　　③ tell　　　④ told

5 I thought everyone in my family had a cell phone. It turns (　　　) my uncle refuses to get one!
① around　　　② out　　　③ over　　　④ up

6 I don't go to the mall very often. If I want to buy something, I usually buy it (　　　).
① click　　　② digital　　　③ internet　　　④ online

7 Learning memory techniques can help you improve your (　　　) in exams.
① appearance　　　② assistance　　　③ importance　　　④ performance

8 Where have you been? It's one o'clock now. I've been waiting for you (　　　) noon.
① at　　　② by　　　③ since　　　④ until

9 The word "culture" comes from the Latin "colere," (　　　) means to cultivate and grow.
① that　　　② what　　　③ which　　　④ whose

10　When I was younger, I used to believe in UFOs, but I don't (　　　).

① already　　　　② anymore　　　　③ still　　　　④ yet

Ⅱ　和文に合った英文になるように語を並べ替え，（　　　）内で３番目となるものを①～④から
一つずつ選び，マークしなさい。ただし，文頭に来る文字も小文字になっています。

11　私には，彼を元気づけてやることぐらいしかできなかった。

（ ① best　② could　③ I　④ the) do was cheer him up.

12　その論文を書き終えたら，すぐに私に送ってください。

（ ① be　② send　③ sure　④ to) me the paper as soon as you have finished writing it.

13　空港に行くにはどのバスに乗ったらよいか教えてください。

Please tell me (① bus　② take　③ to　④ which) to get to the airport.

14　このあたりは以前と比べると家の数が２倍になっている。

There are twice as many houses in this area as (① be　② there　③ to　④ used).

15　はるばるおいでいただいて，本当にありがとう。

（ ① are　② how　③ kind　④ you) to come all the way to see me!

Ⅲ　次の会話を読み，設問に答えなさい。

At a pizza restaurant.

Liz　　：　Do you know what you want to order?

Mark　：　I think I'll drink cola. Why don't we order a regular size pepperoni pizza and share it? Is that OK with you, Liz?

Liz　　：　Yes, that sounds good. I want to have some cola, too. (　ア　) Why don't we get a family size pizza and a pitcher of cola instead?

Mark　：　That's OK, I guess. (　イ　)

Liz　　：　Look at the sign over there. It says that we can get a free toy if we order a family size pizza.

Mark　：　You want a toy, (　ウ　)

Liz　　：　Yes! The toy looks cute, don't you think?

Mark　：　Well, yeah. (　エ　) I am hungry, but I don't think we can finish a family size pizza.

Liz　　：　(　オ　) We can stay longer to finish it, or we can take some home.

Mark　：　OK. Do you want extra cheese or onions on the pizza?

Liz　　：　I want extra mushrooms and pineapple. I also want some chocolate cake!

注　pepperoni：ペパロニ（ピザのトッピング具材によく用いられるソーセージの一種）

設問

16　(　ア　) に入る最も適切なものを①～④から一つ選び，マークしなさい。

① Hey, hurry up!

② Hey, look out!

③ Hey, relax!

④ Hey, wait!

17　(　イ　) に入る最も適切なものを①～④から一つ選び，マークしなさい。

① Do you often come to this place?

② How do you like the pizza here?

③ What kind of pizza do you like best?

④ Why did you change your mind?

18　(　ウ　) に入る最も適切なものを①～④から一つ選び，マークしなさい。

① so you're coming back here with your family?

② so you're not eating pizza at all?

③ so you're ordering a bigger pizza?

④ so you're ordering a pitcher of cola?

19 （　**エ**　）に入る最も適切なものを①～④から一つ選び，マークしなさい。

① Don't you think that's the cutest toy you can find?

② Don't you think the pizza is too big for us?

③ Don't you think we should get two toys instead of one?

④ Don't you think we should order more pizza?

20 （　**オ**　）に入る最も適切なものを①～④から一つ選び，マークしなさい。

① Don't get too excited.

② Don't worry about it!

③ It's not as easy as you think.

④ That's what I'm talking about.

IV　次の文章を読み，設問に答えなさい。

How likely is it that you'll lose your job to a robot? According to Toby Walsh, a professor of Artificial Intelligence, it's hard to （　**ア**　） a job that a computer won't be able to do. There are already some factories where all the work is done by robots, and there will certainly be more in the future. But what about teachers, engineers, and electricians?

A team at Oxford University studied 350 different professions and （　**イ**　） that 35 percent of UK jobs might go to robots in the next 20 years. In particular, work that is repetitive or involves handling small objects will be at risk of automation. （　**ウ**　）, jobs that involve helping other people or having original ideas will probably always need people. So journalists, nurses, engineers, and teachers won't be at risk, but clerical workers and telemarketers may not be so lucky.

The Oxford study gives the （　**エ**　） for each of the 350 jobs. Electricians (65 percent) are more at risk than taxi drivers (57 percent). One global taxi company says driverless taxis will be on every street corner eventually. （　**オ**　）, a spokesperson for London taxi drivers isn't convinced. "It won't happen. Driverless cars will never be able to work on roads at the same time as normal vehicles."

注　repetitive：反復の多い　　　　　　　　　clerical worker：事務員

　　telemarketer：電話を使ってセールスする人　　electrician：電気技師

出典追記：Life 4 by Paul Dummett, John Hughes and Helen Stephenson, Cengage Learning

設問

21 （　**ア**　）に入る最も適切なものを①〜④から１つ選び，マークしなさい。

　① believe in　　② look at　　③ think of　　④ worry about

22 （　**イ**　）に入る最も適切なものを①〜④から１つ選び，マークしなさい。

　① apologized　　② confessed　　③ promised　　④ suggested

23 （　**ウ**　）に入る最も適切なものを①〜④から１つ選び，マークしなさい。

　① As a result　　　　　　② In other words

　③ In the same way　　　 ④ On the other hand

24 （　**エ**　）に入る最も適切なものを①〜④から１つ選び，マークしなさい。

　① opportunity　　② popularity　　③ probability　　④ responsibility

25 （　**オ**　）に入る最も適切なものを①〜④から一つ選び，マークしなさい。

　① However　　② Instead　　③ Moreover　　④ Therefore

V　次の文章を読み，設問に答えなさい。

About 25 to 30% of children participate in sports. In the US alone, this number equals 30 million children. Sports are a fun activity through which children can meet new friends with similar interests. Sports help children learn how to work hard and how to work as a team. Playing sports also contributes to a child's physical and mental well-being.
　ア

Despite the benefits of participation in sports, it also increases the chance of injury. In fact, sports-related injuries seem to be on the rise in today's youth. Hospitals report that 40% of
　　　　　　　　　　　　　　　イ
the sports-related injuries treated are for children between the age of 5 and 14. In the US, that means 3.5 million children under age 14 receive medical treatment for a sports-related injury each year. Scientists show that football and baseball are the two sports with the most injuries, with 1 in 4 young players being injured. In fact, between 2005 and 2014, 92 high school football players died from their injuries. Not only that, since 2000, the number of shoulder and arm injuries has increased by five times for young baseball players. These numbers are disturbing.
　　　　　　　　　　　　　　　　　　　　　　　　　　　　　　　　　　　　　ウ

Why are there so many sports-related injuries among the youth? One common reason is that certain body parts get used too much. For example, in baseball, players are using the same arm and shoulder to throw and hit a ball that is flying at very high speeds. This repeated impact on the body over time causes wear and tear of the body. Another reason for more injuries is the lack of safety equipment or safety measures. For instance, a child playing sports at home or with
　　　　　　　　　　　　　　　エ

friends may not take the time to use the proper equipment or follow the safety rules that a coach would normally require.

To prevent such injuries, coaches, parents, and players must <u>team up</u> and take appropriate
オ
measures. Some steps could include （　　カ　　） properly before and after every practice. In addition, coaches and parents should reduce practice time or limit repeating certain exercises to avoid using body parts too much. <u>Skills should be age appropriate</u>, and equipment should
キ
fit properly. Furthermore, having honest and open lines of communication between the coach, parent, and player about any pain or injuries is important in preventing further injury.

In the end, sports can be a fun and healthy activity for children and youth <u>if safety is taken</u>
ク
<u>seriously</u>.

注　wear and tear：（継続的な使用による）損傷，すりへること

設問

26　下線部**ア**の意味として最も適切なものを①〜④から一つ選び，マークしなさい。

① Playing sports also helps a child become beautiful and smart.

② Playing sports also helps a child become healthy and happy.

③ Playing sports also helps a child become honest and responsible.

④ Playing sports also helps a child become rich and famous.

27　下線部**イ**の意味として最も適切なものを①〜④から一つ選び，マークしなさい。

① continuing　　　② disappearing　　　③ increasing　　　④ returning

28　下線部**ウ**の意味として最も適切なものを①〜④から一つ選び，マークしなさい。

① dropping　　　② encouraging　　　③ growing　　　④ worrying

29　下線部**エ**の measure の ea と同じ発音を含む語を①〜④から一つ選び，マークしなさい。その際，次に示す下線部分を比較すること。

m<u>ea</u>sure　　① <u>e</u>qual　　② prev<u>e</u>nt　　③ sp<u>ee</u>d　　④ tr<u>ea</u>tment

30　下線部**オ**の言い換えとして最も適切なものを①〜④から一つ選び，マークしなさい。

① play together

② trust each other

③ understand each other

④ work together

出典追記：Timed Reading for Fluency 4 by Paul Nation and Casey Malarcher, Seed Learning, Inc.

31 空欄（　**カ**　）に入る最も適切なものを①～④から１つ選び，マークしなさい。

① going up and coming down

② opening up and closing down

③ standing up and sitting down

④ warming up and cooling down

32 下線部**キ**の意味として最も適切なものを①～④から一つ選び，マークしなさい。

① 技術は年月をかけてじっくりと身につけさせるべきである

② 技術は長年続けているうちに自然に身につくはずである

③ 技術は年齢に関係なく早く身につければ早いほどよい

④ 技術は年齢に応じて身につけさせるべきである

33 下線部**ク**の意味として最も適切なものを①～④から一つ選び，マークしなさい。

① if we don't pay much attention to safety

② if we don't worry too much about safety

③ if we often forget about safety

④ if we pay close attention to safety

34 本文の内容と一致するものを①～④から一つ選び，マークしなさい。

① スポーツ関連の負傷で治療を受けた患者の半数以上が５歳から14歳の子どもである。

② フットボールと野球をしている子どもたちの約25％が怪我をしている。

③ 14歳以下の子どもたちのうち，毎年35万人がスポーツ関連の負傷で治療を受けている。

④ ハイスクールのフットボールの選手は怪我をすることがよくあるが，致命傷を負うことはまれである。

35 本文の内容と**一致しないもの**を①～④から一つ選び，マークしなさい。

① Participation in sports helps children make new friends with those who share common interests.

② Thanks to the safety measures adopted by young baseball players, the incidence of shoulder and arm injuries is now just one fifth of what it was in the year 2000.

③ Overuse of certain body parts in sports often leads to injuries.

④ With a coach who encourages the use of proper equipment and following safety rules, a child is less likely to suffer injuries.

数　学

（60 分）

解答記入上の注意

（1）分数は既約分数（それ以上約分ができない分数）で答えなさい。

（2）根号を含む場合は分母を有理化し，根号の中に現れる自然数が最小となる形で答えなさい。

I （ア）　$x = \dfrac{\sqrt{7} + \sqrt{3}}{\sqrt{7} - \sqrt{3}}$, $y = \dfrac{\sqrt{7} - \sqrt{3}}{\sqrt{7} + \sqrt{3}}$ のとき，

$$x + y = \boxed{1}\ , \quad x^2 + y^2 = \boxed{2}$$

である。

1　① $\dfrac{5}{2}$　　　　② 5　　　　③ $\dfrac{\sqrt{21}}{2}$　　　　④ $\sqrt{21}$

2　① $\dfrac{13}{4}$　　　　② $\dfrac{17}{4}$　　　　③ 19　　　　④ 23

（イ）　2次関数

$$y = x^2 + 2ax + 3a - 6$$

がある。ただし，a は実数の定数である。

　　定義域を実数全体としたときの y の最小値を m とすると，$m = -16$ となるような a の値

は $\boxed{3}$ であり，m を最大にする a の値は $\boxed{4}$ である。

　　$-2 \leqq x \leqq 2$ の範囲でつねに $y \leqq 0$ となるような a の値の範囲は $\boxed{5}$ である。

3　① $-\dfrac{10}{3}$　　　② 0　　　　③ -5 または 2　　④ -2 または 5

4　① -3　　　　② $-\dfrac{3}{2}$　　　③ $\dfrac{3}{2}$　　　　④ 3

5　① $a \geqq -2$　　② $a \leqq \dfrac{2}{7}$　　③ $-\dfrac{2}{7} \leqq a \leqq 2$　④ $-2 \leqq a \leqq \dfrac{2}{7}$

（ウ）　a を実数の定数とする。

　　　2次方程式 $x^2 + ax - \dfrac{a}{2} + 2 = 0$ が異なる2つの実数解をもつような a の値の範囲は

　　　$\boxed{6}$ である。

　　　2次方程式 $x^2 - 2ax + 6a - 9 = 0$ が異なる2つの実数解をもつような a の値の範囲は

　　　$\boxed{7}$ である。

6　① $a < -4,\ 2 < a$　　　　　　　② $a < -2,\ 4 < a$

　　　③ $-4 < a < 2$　　　　　　　　④ $-2 < a < 4$

7　① $a = 3$　　　　② $a < 3$　　　　③ $a > 3$　　　　④ $a < 3,\ 3 < a$

（エ）　一般に，集合 X の補集合を $\overline{X}$ と表し，集合 X の要素の個数を $n(X)$ と表す。

　　　全体集合 U とその部分集合 A, B があり，

　　　　　　$n(U) = 40$，$n(A) = 15$，$n(B) = 12$，$n(A \cap B) = 4$

　　　である。このとき，

　　　　　　$n(A \cup B) = \boxed{8}$，$n(\overline{A} \cup \overline{B}) = \boxed{9}$，$n(\overline{A} \cap \overline{B}) = \boxed{10}$

　　　である。

8　① 3　　　　　② 23　　　　　③ 27　　　　　④ 31

9　① 4　　　　　② 7　　　　　③ 17　　　　　④ 36

10　① 3　　　　　② 8　　　　　③ 11　　　　　④ 37

Ⅱ　xについての2つの不等式

$$x^2 - 8x + a < 0 \cdots (*), \quad |4x - 3| < a \cdots (**)$$

がある。ただし，aは正の実数の定数である。

（ア）　$a = 12$とする。

不等式（*）の解は $\boxed{11}$ $< x <$ $\boxed{12}$ ，（**）の解は $\boxed{13}$ $< x <$ $\boxed{14}$ である。

（*）と（**）をともに満たす整数xの個数は $\boxed{15}$ である。

11　① -6　　　② -4　　　③ 2　　　④ 3

12　① -3　　　② -2　　　③ 4　　　④ 6

13　① $-\dfrac{15}{4}$　　② $-\dfrac{9}{4}$　　③ 0　　　④ $\dfrac{9}{4}$

14　① $-\dfrac{9}{4}$　　② 0　　　③ $\dfrac{9}{4}$　　④ $\dfrac{15}{4}$

15　① 0　　　② 1　　　③ 2　　　④ 3

（イ）　不等式（*）が解をもたないようなaの値の範囲は $\boxed{16}$ である。

また，不等式（**）を満たす整数xが存在しないようなaの値の範囲は $\boxed{17}$ である。

16　① $0 < a < 16$　　② $0 < a \leqq 16$　　③ $a > 16$　　④ $a \geqq 16$

17　① $0 < a < 1$　　② $0 < a \leqq 1$　　③ $0 < a < 3$　　④ $0 < a \leqq 3$

Ⅲ 1個のさいころをくり返し3回投げる。

（ア） 3回とも同じ目が出る確率は

$$\frac{\boxed{18}}{\boxed{19}}$$

であり，3回とも異なる目が出る確率は

$$\frac{\boxed{20}}{\boxed{21}}$$

である。

18	①	1	②	2	③	5	④	7
19	①	6	②	9	③	36	④	216
20	①	1	②	2	③	5	④	7
21	①	6	②	9	③	36	④	216

（イ） 同じ目が続けて出ない確率は

$$\frac{\boxed{22}}{\boxed{23}}$$

である。

| 22 | ① | 5 | ② | 11 | ③ | 13 | ④ | 25 |
| 23 | ① | 6 | ② | 9 | ③ | 36 | ④ | 216 |

（ウ） 各回に出た目を a, b, c とする。

和 $a + b + c$ が偶数である確率は

$$\frac{\boxed{24}}{\boxed{25}}$$

であり，積 abc が偶数である確率は

$$\frac{\boxed{26}}{\boxed{27}}$$

である。

24	①	1	②	3	③	5	④	7
25	①	2	②	4	③	6	④	8
26	①	1	②	3	③	5	④	7
27	①	2	②	4	③	6	④	8

28 ～ 30 は別紙記述式解答用紙に解答を記入しなさい。

Ⅳ 三角形 ABC の 3 辺の長さは

$$BC = 8，CA = 4，AB = 6$$

である。∠BAC の二等分線が辺 BC と交わる点を D とする。

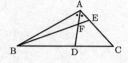

28 （ア） cos∠BAC の値を求めなさい。

また，三角形 ABC の面積を求めなさい。

29 （イ） 線分 BD の長さを求めなさい。

30 （ウ） 辺 AC 上に AE = 1 となる点 E をとり，BE と AD の交点を F とする。

このとき，線分の長さの比 AF：FD を求めなさい。

国　語

（六〇分）

一　次の文章を読んで、後の問いに答えなさい。

そもそも誰もが欲し、誰もが賞賛する「コミュニケーション」とは何なのか？

これに関して、ある程度、最初に定義をしておきたい。

コミュニケーションには二つの側面がある、と僕は思っている。

ひとつは「現状を維持するためのコミュニケーション」で、もうひとつは「異質なものとつきあうためのコミュニケーション」だ。

前者はたとえば「おつきあい」という言葉に代表される。

「ご近所づきあい」や「会社づきあい」「先輩とのつきあい」や「友だちとのつきあい」。さらに言うなら「夫婦関係」や「家族関係」、恋愛関係」を維持するためのコミュニケーションもここに含まれる。

ここで重要なのは「いかに問題を起こさないか」ということだ。良い言葉で表現すれば「協調」や「協力」ということになるが、悪い言葉で言えば、ようするに「馴れ合い」である。ここには、何か新しい価値観を生み出そうという意志はない。

日本人が「コミュニケーション」という言葉を使う場合、ほとんどはこちらの「コミュニケーション」を指しているように思う。

だが、コミュニケーションとは本来、異質な世界や異質な文化というかにつきあい、新たな関係性を生み出すかという重要な目的を持っている。

こちらはたとえば「議論」という行為に代表される。

　会社や学校での「会議」や国同士の「外交」、企業間での「交渉」がそうであるし、「恋愛」や「結婚」においてもその初期段階では「交渉」に近いコミュニケーションが必要になる。

　①この二つは完全に分離したものではなく、フェーズ（注1）が異なるものだといえる。

　僕が「コミュニケーション」というものにおいて問題にしたいのは、日本における「コミュニケーション」が前者に偏りすぎているということである。あるいは前者のコミュニケーションに後者のコミュニケーションがシンクされているといってもよい。②＿＿＿＿＿＿

　国会での答弁などを見ても明らかなように、本来は後者の「議論」を戦わせるコミュニケーションが必要な場面でも、日本人は③往々にして④前者の「現状を維持するためのコミュニケーション」に頼ってしまう。暗黙の了解というやつだ。「わかるでしょ？」「まあ、それぐらいでわかってよ」と。

　ある共同体を維持するためには確かにそういうコミュニケーションも必要だろう。けれども、戦後半世紀以上がすぎ、そろそろそういうコミュニケーションだけでは日本という国を支えきれなくなってきている。

　最大の問題は、⑤こうしたコミュニケーションを続けてきた結果、日本にはまともな言語空間と言論空間というものがなくなってしまったということだ。

　まともな言葉が育まれる世界がなければ、まともな議論も成立しない。

　コミュニケーションの基本は「言葉」にある。

　言葉とは文化そのものであり、それは歴史に支えられている。

　なぜ日本語にはこういう言い回しがあるのか、なぜ有り難がってこの言葉を使うのか、その元ネタはなんなのか。

昔は⑥それが歌舞伎であったり舞台だったりした。たとえば江戸の町民文化が持っていた言語空間というのは、今よりもずっと洗練されていた。

当時は芝居を観に行くということが⑦―Ａ的に教養の源泉だった。丁稚（注2）だって、年に数回は主人に連れられて芝居を観に行った。当時の芝居が扱っていたテーマといえばほとんどが⑦―Ｂ的なものだった。

大衆は、そういう舞台を観ていく中で、目上の人間にはどういう言葉を使うのか、同僚にはどういう言葉を使うのか、女性にはどういう言葉を使うのかということを自然に覚えていったのだ。

ようするに、今のサラリーマンが夕刊紙や週刊誌を読んだり、若い女性がテレビドラマを観るのと同じレベルで、⑦―Ｃ的教養を身につけていたわけだ。しかも、その一方で寺子屋に行けば、論語を教えていた。

当時は、今のように術職（注3）した日本の歴史なんて誰も知らなかっただが、自分たちの⑦―Ｄ的な言語空間の中に歴史的なものは根付いていて、大衆芸能として、あらかじめそこに存在した。

これが、僕がいう「言語空間」というものだ。

そういう意味で、現在の日本には生活レベルの中に一番ベーシックにあるべき言語空間というものが保証されていない。

テレビがその代替機能を果たしているかといえば、むしろ言語の崩壊を促進しているだけだろう。ではインターネットがその役目を担えるのかといえば、僕はネットとは、そもそもそういうものではないと思っている。

だから、この国では正しい議論がなされる「言論空間」が育まれないのだ。

今でもヨーロッパに行くとつくづく思うのだが、彼らは社会階層に

２０２４年度

一般選抜　短期大学

国語

　よって、男女によって、年齢によって、ごく自然に生活の中に、確固
とした言語空間を持っている。

　たとえばイギリスには、パブという世界がある。

　パブは酒場だが、酒を飲むためだけにあるわけではない。あの空間
でコミュニケーションをとるために行くのだ。ビールは語るための
ツールで、つまみなんかはとんと置いていない。飲むことよりも会話
をすることのほうが主目的であるわけだ。

　実際、パブにたむろしているオヤジたちはそれほど多くの量の酒を
飲まない。１パイント（注3）のビール一杯で３時間くらいはねばる。
現役を引退したというなどは昼からビールを飲み始めて夕方までい
る。あっちのビールは最初からぬるいから、時間を気にせず、ブラン
デーを舐めるようにちびちびやっている。

　パブはそんな男たちの文化で、女は入れない。それが社会の暗黙の
了解としてある。

　彼らはパブで自分の家庭の愚痴なんて言わない。たいていはボクシ
ングや競馬やサッカーの話しかしない。これが労働者階級の男たちの
言論空間なのである。

　同じようにおばちゃんや若い女の子にも、個々に行く場所がある。
上流階級の者たちはクラブへ行き、そこで政治や経済の話しかしな
い。それぞれの世界が違うのだ。程度の差こそあれ、今でもヨーロッ
パはそういう世界だ。

　では、ひるがえって日本はどうか？

　戦前までは日本にある種の階級があり、それぞれの世界で固有の言
葉があった。

　江戸時代から戦前までどれだけの言葉の階層があったかということ
について山本夏彦（注4）がさんざん書いているけれど、男の言葉
があり、女の言葉があり、山の手の言葉があり、下町の言葉があり、

2024年度　一般選抜　短期大学　国語

武士の言葉があり、町人の言葉があった。

だが、それが戦後の民主化の中ですべて均質化されてしまったのだ。

言語空間なしに日常的な言語というのは成立しない。日常的な言語なしに言論空間も成立しない。階層や性別、年齢差でわかれているからこそ、本来はそこでコミュニケーションが成立した。それをマス（注5）というカタチで均質化してしまったからわけがわからなくなってしまったのだ。

今やオヤジも若いヤツらの言葉を使おうとするし、若いヤツらも真似されてたまるかとますます言葉を特殊化する。本来の需要とは関係ない場所で特殊化が進み、世代間の突っ張りだけで言語が特殊化した。だから言語がアンダーグラウンド化し、言論空間そのものも成り立たないのだ。

（押井守『コミュニケーションは、要らない』による）

（注1）フェーズ＝局面。段階。

（注2）丁稚＝商家などに奉公する少年。

（注3）パイント＝体積の計量単位。およそ半リットル。

（注4）山本夏彦＝一九一五〜二〇〇二年。随筆家、編集者。

（注5）マス＝大衆。集団。

問1　一線部①「この二つ」とは何と何ですか。適切なものを、一つ選びなさい。

1　「現状を維持するためのコミュニケーション」と、「異質なものとつきあうためのコミュニケーション」

2　「協調」や「協力」としてのコミュニケーションと、「馴れ合い」としてのコミュニケーション

3　「おつきあい」や「馴れ合い」で成り立つ同質な世界や同質な文化と、異質な世界や異質な文化

4 会社や学校での「会議」や国同士の「外交」と、「恋愛」や「結婚」の初期段階における「交渉」

問2 ―線部②「シンショク」の「シン」にあたる漢字と同じ漢字を含むものを、一つ選びなさい。

1 他国の領土をオカす。

2 ことばをツツシむ。

3 床下まで水にヒタる。

4 手がアルえる。

問3 ―線部③「往々にして」の意味として適切なものを、一つ選びなさい。

1 しばしば

2 かねがね

3 つくづく

4 ますます

問4 ―線部④「暗黙の了解」と意味が最も近い四字熟語として適切なものを、一つ選びなさい。

1 付和雷同

2 不言実行

3 異口同音

4 以心伝心

問5 ―線部⑤「言語空間と言論空間」とありますが、両者の関係を説明したものとして適切なものを、一つ選びなさい。

1 確固とした言語空間があってはじめて、それに応じた言論空

2024年度　一般選抜　短期大学　国語

間も成立する。

2　コミュニケーションが行われる言論空間がなければ、言語空間は発達しない。

3　言語空間と言論空間は、言葉の育まれる場として互いに支えあっている。

4　言語空間がなければ、「おつきあい」の場である言論空間も存立しない。

問6　━線部⑥「それ」が指示する内容として適切なものを、一つ選びなさい。

1　言葉が育まれる世界

2　まともな議論

3　コミュニケーションの基本

4　文化や歴史

問7　空欄部⑦─A〜⑦─Dを補う言葉の組み合わせとして適切なものを、一つ選びなさい。

1　A＝歴史　　B＝日常　　C＝基本　　D＝言語

2　A＝歴史　　B＝基本　　C＝言語　　D＝日常

3　A＝基本　　B＝日常　　C＝歴史　　D＝言語

4　A＝基本　　B＝歴史　　C＝言語　　D＝日常

問8　━線部⑧「俯瞰」の意味として適切なものを、一つ選びなさい。

1　細かい事柄に言及すること

2　様々な視点に立って見ること

3　広く見渡して全体を捉えること

4　事実に基づいて記述すること

問9　━線部⑨「そういうもの」とはどのようなものですか。その説明として適切なものを、一つ選びなさい。

1　言語の崩壊を促進するもの

2　言語空間を保証するもの

3　テレビの代替機能を果たすもの

4　言論空間を育むもの

問10　━線部⑩「ヨーロッパはそういう世界だ」とはどういうことですか。その説明として適切なものを、一つ選びなさい。

1　ヨーロッパには、バアがそうであるように、男だけが集まって酒を飲んだり語り合ったりする場所があるということ

2　ヨーロッパには、それぞれの社会階層ごとの言論空間が日常の中に存在しているということ

3　ヨーロッパでは、上流階級と労働者階級との差別が厳然として存在しており、それぞれ独自の言語空間を持って対立しているということ

4　ヨーロッパでは、言論空間において、ボクシングや競馬の話から、政治や経済の話まで盛んに行われているということ

問11　━線部⑪「ひるがえって日本はどうか？」とありますが、筆者は日本についてどのように考えていますか。その説明として適切なものを、一つ選びなさい。

1　戦後の民主化の中で階層や性別や年齢差による差別がなくなり、平等で均質な社会になった。

2　江戸時代のように身分ごとの言葉の違いはないものの、世代や性別ごとに言葉が特殊化した。

3　日常的な会話が成立する言語空間が均質化したのは逆に、

言論空間は特殊化してしまった。

4　階層や性別や年齢ごとの言語空間がなくなってしまったため
に、言論空間も成立していない。

問12　──線部⓪「タクドウ化」の「ドウ」にあたる漢字と同じ漢字を
含むものを、一つ選びなさい。

1　心が<u>ドウ</u>ヨウする。

2　子供に<u>ドウ</u>ワを読み聞かせる。

3　人間の心理を<u>ドウ</u>サツする。

4　生徒たちをコウ<u>ドウ</u>に集める。

問13　本文の内容と合致するものを、一つ選びなさい。

1　日本人のコミュニケーションは主に、「現状を維持するた
めのコミュニケーション」に偏った、「おつきあい」の言論空
間で行われている。

2　コミュニケーションは本来、異質な世界や文化と付き合うた
めに行うものであり、ヨーロッパでは社会階層を超えた言論
空間が存在している。

3　日本では異質なものとのコミュニケーションが行われること
はまれであり、議論を戦わせる場である言論空間そのものが
成り立たない。

4　「現状を維持するためのコミュニケーション」は言語空間で
行われ、「異質なものとつきあうためのコミュニケーション」
は言論空間で行われる。

□二　次の問いに答えなさい。

問14　次の漢字のうち読みが**間違っているもの**を、一つ選びなさい。

1　担（にな）う　　　　　2　悼（いた）む

3　矯（た）める　　　　　4　顧（かえり）みる

問15　「紺屋（こうや）の白袴（しろばかま）」とほぼ同じ意味を表すことわざを、一つ選びなさい。

1　餅は餅屋

2　医者の不養生

3　灯台下暗し

4　河童の川流れ

問16　次の四字熟語の空欄□に入る漢字を、一つ選びなさい。

内憂外□

1　患　　　2　勘　　　3　観　　　4　寒

問17　小説論『小説神髄』の作者名を選びなさい。

1　二葉亭四迷　　　　2　森鷗外

3　芥川龍之介　　　　4　坪内逍遥

問18　次の動詞のうち活用の種類が他の三つとは異なるものを、一つ選びなさい。

1　滅ぶ　　　　2　着る　　　　3　見る　　　　4　用いる

三　次の文章を読んで、後の問いに答えなさい。⑲〜㉔はマーク式の問題で、A〜Fは記述式の問題です。

最近の研究で、人間の脳の短期的な情報処理能力について多くのことが分かってきている。パソコンの一次キャッシュ（注1）に当たるようなこの領域は、人間の脳の場合「ワーキングメモリ」と呼ばれていて、その容量は私たちが想像している以上に小さいようだ。

人間のワーキングメモリは少しずつしか情報処理ができないから、本を読むときに、速読で大量に情報をインプットしようとしても、そもそも無理がある。スロー・リーディングによって、小分けにして、その都度長期記憶との間を往復しながら情報を処理していかないと、理解は進まないのである。

これほど小さなメモリを使って本を読んでいる以上、少し前に読んだことを忘れてしまうのは、不思議なことではない。（⑲－イ）一回読んだだけで、すべて覚えているほうが異常である。私たちには、いつもどこか「天才願望」があって、速読本はそこに巧みにつけ込む「やればできる！」的な暗示的表現をこれでもかとたたみかけてくるが、クールな大人は、そんな謳い文句にココロをやられないことにこそ胸を張るべきだ。

外国文学の長編小説などを読んでいると、登場人物の名前や特徴などを、ついつい忘れてしまう。私の『葬送』という小説についてもよくそう言われたが、その都度前のページに戻れば、それでいいのである。もちろん私も、ドストエフスキー（注2）の名前のややこしい登場人物が大勢出てくるような小説を読むときには、しょっちゅうページをさかのぼって、「なんだったっけ？」と確認し直している。

スラスラとよどみなく読めるのが当たり前と言われると、なんとなく、こうしてページを元に戻るのも屈辱的だが、そもそも人間の頭の

構造からして、それが当然だと分かってしまえば、気楽にくージのあちこちを右往左往しながら本を読めるようになるものである。逆に、「一切、そんな必要がない」という人がいれば、「本当かな？」と、少し意地悪く疑ってみよう。

分からなくなった箇所をそのままにしておいて、読み進めていっても、内容の理解は半減してしまう。忘れた部分は「なんだっけ？」としっかり確認してから、改めて前進すればいいのである。

読書を始めるに当たっては、誰でも「保護者」が必要だ。子供の頃から、書店や図書館で、いきなり自分で本を選んでいたという人はいないだろう。最初は、先生や親が「これを読みなさい」と選んでくれる。それが読書好きの友達や兄弟だったりすることもあるかもしれない。そのうちに、中学生くらいになって、少し読書に慣れてくると、自分で読みたい本、読みたくない本の選択ができるようになる。その段階からは、もう「保護者同伴」の必要はなく、読者として「独り立ち」してゆくことになる。そうして考えると、最初に、魅力的な「保護者」と出会えたどうかは、その後の読書の歩みに大きな違いをもたらすことであろう。

（⑲－ロ）、その「保護者」は、生きている人間でなくても構わない。私が読書にのめり込むようになったきっかけは、一四歳のときに読んだ三島由紀夫の『金閣寺』だった。それが、今にして思えば、ほとんど「なんだこりゃ？」的な衝撃で、どこまで内容が理解できたかも怪しいものだったが、しかし、だからこそ、私はひどく興味をそそられたのだと思う。一般に、子供に読書をすすめるときには、その理解力に応じた子供向けの本を買い与えがちだが、個人的には、そういう本は面白くなかった。（⑲－ハ）、実際の人生では、親類の死だとか両親の離婚だとか、決して子供の理解力の及ばないような出来事がヨB、ウショなく起こり、私たちは、それなりにそれを受け止めながら成長

2024年度　一般選抜　短期大学　国語

してゆくのである。そんなときに、本だけがノンキな子供向けの内容だったとしたら、そっぽを向きたくなるのも当然だろう。

　『金閣寺』ショックのあと、私はしばらく、三島の本ばかりを読みあさり、気がつけばすっかりファンになっていた。そのうちに、今度は、彼が小説やエッセイの中で言及しているいろいろな作家のことが気になり始めた。たとえば、彼がトーマス・マン（注3）が好きだと言う。それじゃあ、マンを読んでみようと思う。マンを読むと、今度はゲーテ（注4）の話が出てくる。それで、次はゲーテ。すると今度は、シラー（注5）が出てくる。それじゃあシラー……と、その連鎖は延々と続いてゆく。また、三島が別のところでドストエフスキーについて何か書いている。すると今度は、ドストエフスキー。ドストエフスキーを読むと、次はゴーリキ（注6）……等々。三島はその意味で、（⑲-二）私にとって読書の道順を示してくれた「保護者」だった。そして、三島が影響を受けた様々な作家の小説を読んだあと、もう一度『金閣寺』をはじめとする彼の作品を読み返すと、最初に読んだときよりも、はるかによく、その内容が分かるようになっていて、私はひどくうれしかった。

　そうしたことを通じて、私は読書の喜びを知り、自分の好き嫌いを知った。しかし、それ以上に学んだことは、ある作家のある一つの作品の背後には、さらに途方もなく広大な言葉の世界が広がっているという事実である。どの一つの連鎖が欠落していても、その作品は生まれてこなかったかもしれない。言葉というものは、地球規模の非常に大きな知の球体であり、そのほんの小さな一点に光を当てたものが一冊の本という存在ではないかと思う。一つの作品を支えているのは、それまでの文学や哲学、宗教、歴史などの膨大な言葉の積み重ねである。そう考えるとき、私たちは、本を「先へ」と早足で読み進めているというのではなく、「奥へ」とより深く読み込んでいるというふう

に発想を転換できるのではないだろうか？

作者は一体、何を言おうとしているのだろうか？ そしてその主張は、どんなところから来ているのだろうか？ それを探るのは、常に、奥く、奥くと言葉の森を分け入っていくイメージである。

一冊の本をじっくりと時間をかけて読めば、実は、一〇冊分、二〇冊分の本を読んだのと同じ手応えが得られる。これは、比喩でも何でもない。実際に、その本が生まれるには、一〇冊、二〇冊分の本の存在が欠かせなかったからであり、私たちは、スロー・リーディングを通じて、それらの存在に開かれることになるのである。

小説家が本を読むのが遅い理由は明らかだ。それは、彼らが考えながら読むからである。重要な一節に出くわす度に、本を置いて考える。ときにはそのまま、読書を中断して、翌日までずっとものを考えているこ とともある。そんなことを繰り返していて、速読などできるはずがない。

言うまでもなく、この「考える」という行為こそが、読書にとっては最も重要なことである。速読とは、要するにアタマを使わない読書のことだ。「遅読（チドク）」は、すなわち「知読（チドク）」だと言えよう。

仮に、ノルマを決めて、一日に三冊読もうと決めたとする。そのためには、とても考える時間など悠長にとってはいられない。「読まなければいけない」という焦りは、読書を貧しくするだけである。

単に情報処理の速度を上げることが目的なら、読書は無意味だろう。主体的に E 力を伸ばすこと。これこそが、読書の本来の目的である。

（平野啓一郎『本の読み方』による）

（注1）一次キャッシュ＝CPU（コンピュータの中心的な処理装置）内部にある、処理速度を高めるための記憶装置。使用頻度が高い情報を、一時的に保存する。

（注2）ドストエフスキー＝一八二一〜一八八一年。ロシアの小説家。

（注3）トーマス・マン＝一八七五〜一九五五年。ドイツの小説家。

（注4）ゲーテ＝一七四九〜一八三二年。ドイツの小説家、詩人。

（注5）シラー＝一七五九〜一八〇五年。ドイツの詩人、劇作家。

（注6）ゴーゴリ＝一八〇九〜一八五二年。ロシアの小説家。

問19　空欄部（⑲－イ）〜（⑲－ニ）を補う言葉の組み合わせとして適切なものを、一つ選びなさい。

1　イ　もちろん　ロ　そもそも　ハ　まさしく　ニ　むしろ

2　イ　もちろん　ロ　そもそも　ハ　むしろ　ニ　まさしく

3　イ　むしろ　ロ　もちろん　ハ　そもそも　ニ　まさしく

4　イ　むしろ　ロ　もちろん　ハ　まさしく　ニ　そもそも

問20　一線部⑳「読者として『独り立ち』してゆく」とは、どういうことですか。その説明として適切なものを、一つ選びなさい。

1　先生や親の言うことを聞いて本を読む。

2　書店や図書館に行き自分で本を選ぶ。

3　先生や親から離れて、独り読書にふける。

4　他の人とは異なる分野の本を読む。

問21　一線部㉑「三島由紀夫」の作品を、一つ選びなさい。

1　『他人の顔』　　　2　『人間失格』

3　『沈黙』　　　　　4　『仮面の告白』

問22 ―線部⑳「発想を転換できる」とありますが、ここでの転換とは何から何への転換ですか。その説明として適切なものを、一つ選びなさい。

1 作品が成立した背景を探ることから、作者が作品に寄せる深い思い入れを探ることへの転換

2 作者と作品とを一体のものとして捉えることから、作品と作者をそれぞれ分離独立したものとして捉えることへの転換

3 作品そのものだけを批判的に理解することから、作者の言葉の世界に対する向きあい方を理解することへの転換

4 作品の筋の展開を追うことから、作者の主張とその根拠は何かを追うことへの転換

問23 ―線部㉓「一冊の本をじっくりと時間をかけて読めば、実は、一〇冊分、二〇冊分の本を読んだのと同じ手応えが得られる」とありますが、それはなぜですか。その理由として適切なものを、一つ選びなさい。

1 偶然手にとった一冊の本が、じっくり読み込むことで一〇冊にも二〇冊にも値する価値ある本に変わりうるから。

2 一冊の本をゆっくりと時間をとって読んでゆけば、一〇冊、二〇冊を読んだくらいの時間がかかっているから。

3 スロー・リーディングを通じて読む本は、奥く奥くと分け入っていくイメージなので、一冊読むのに一〇冊分、二〇冊分の集中力が必要だから。

4 言葉の世界は広大であり、作家の書く一冊の本も、文学や哲学、宗教、歴史など膨大な言葉に支えられているから。

問24 本文の内容と合致するものを、一つ選びなさい。

1　筆者は、三島のような興味のある作者の本ばかりを読んでいたので、読書の偏りを覚え、外国の作家の作品を読むようになった。

2　本を読むときには、スラスラとよどみなく読む必要はなく、途中分からなくなったら周囲の人に確かめて読んでゆけばよい。

3　読書を始めるときには「保護者」が必要であるが、その「保護者」が魅力的であるかどうかはその後の読書に大きな影響を与える。

4　人間の脳は短期的な情報処理を苦手としているので、特に読書を始める子供の頃は誰でも「保護者」を必要とするものだ。

以下は記述式問題です。記述式解答用紙に解答を記入しなさい。

問25　一線部　A　「人間の頭の構造」について具体的に記した箇所を、これより前の部分から三十字以内で抜き出して書きなさい（句読点を含む）。

問26　一線部　B　「ヨウシャ」を漢字で書きなさい。

問27　一線部　C　「それ」が指している語句を、二〇字で抜き出して書きなさい。

問28　一線部　D　「悠長」の読みを平仮名で書きなさい。

問29　空欄部　E　を補うのにふさわしい三字の言葉を、本文中から抜き出して書きなさい。

問30　本文中から次の段落が抜け落ちています。どこに戻すのが適当ですか。その直前の段落の最後の五字（句読点を含む）を抜き出して書きなさい。

　そのうちに、三島を通じて出会った別の作家のほうにむしろのめり込むようになったりして、今度は自分の読書の偏りを自覚し、それを矯正するような本選びを心がけるようになった。

解 答 編

英 語

Ⅰ 解答　1 —③　2 —②　3 —③　4 —①　5 —②　6 —④
7 —④　8 —③　9 —③　10—②

Ⅱ 解答　11—③　12—④　13—③　14—③　15—④

Ⅲ 解答　16—④　17—④　18—③　19—②　20—②

Ⅳ 解答　《ロボットに奪われる職種》

21—③　22—④　23—④　24—③　25—①

Ⅴ 解答　《スポーツ関連の負傷》

26—②　27—③　28—④　29—②　30—④　31—④　32—④　33—④

34—②　35—②

$$\boxed{\text{数　学}}$$

Ⅰ 　解答　《数と式，2次関数，集合と論理》

1—② 　**2**—④ 　**3**—④ 　**4**—③ 　**5**—④ 　**6**—① 　**7**—④ 　**8**—②
9—④ 　**10**—②

Ⅱ 　解答　《2次関数，数と式》

11—③ 　**12**—④ 　**13**—② 　**14**—④ 　**15**—② 　**16**—④ 　**17**—②

Ⅲ 　解答　《確　率》

18—① 　**19**—③ 　**20**—③ 　**21**—② 　**22**—④ 　**23**—③ 　**24**—① 　**25**—①
26—④ 　**27**—④

Ⅳ 　解答　《図形と計量，図形の性質》

28. (ア)　三角形 ABC に余弦定理を用いると

$$8^2 = 6^2 + 4^2 - 2 \cdot 6 \cdot 4 \cdot \cos \angle BAC$$

$$2 \cdot 6 \cdot 4 \cdot \cos \angle BAC = -12$$

$$\cos \angle BAC = -\frac{1}{4} \quad \cdots\cdots (答)$$

よって，$\dfrac{\pi}{2} < \angle BAC < \pi$ であり，$\sin \angle BAC > 0$ であるから

$$\sin \angle BAC = \sqrt{1 - \cos^2 \angle BAC}$$

$$= \sqrt{1 - \frac{1}{16}}$$

$$= \sqrt{\frac{15}{16}}$$

$$= \frac{\sqrt{15}}{4}$$

したがって，三角形 ABC の面積は

$$\frac{1}{2} \cdot AB \cdot CA \cdot \sin \angle BAC = 3\sqrt{15} \quad \cdots\cdots(答)$$

29. (イ)　線分 AD は ∠BAC の角の二等分線であるから

　　BD：CD＝AB：AC＝3：2

したがって

$$BD = \frac{3}{5}BC = \frac{24}{5} \quad \cdots\cdots(答)$$

30. (ウ)　メネラウスの定理より

$$\frac{AE}{EC} \cdot \frac{BC}{BD} \cdot \frac{FD}{AF} = 1$$

$$\frac{1}{3} \cdot \frac{5}{3} \cdot \frac{FD}{AF} = 1$$

$$\frac{FD}{AF} = \frac{9}{5}$$

　　AF：FD＝5：9　 ……(答)

2024年度　一般選抜　短期大学　国語

国　語

① 出典　押井守『コミュニケーションは、要らない』〈第一章　コミュニケーションのできない日本人〉(幻冬舎新書)

解答

問1　1　問2　1　問3　1　問4　4　問5　1

問6　1　問7　4　問8　3　問9　2　問10　2

問11　4　問12　3　問13　3

②

解答

問14　3　問15　2　問16　1　問17　4

問18　1

③ 出典　平野啓一郎『本の読み方――スロー・リーディングの実践』〈第2部　魅力的な「誤読」のすすめ〉(PHP文芸文庫)

解答

問19　3　問20　2　問21　4　問22　4　問23　4

問24　3

【記述式問題】

問25　人間のワーキングメモリは少しずつしか情報処理ができない

問26　答赦

問27　決して子供の理解力の及ばないような出来事

問28　ゆうちょう

問29　考える

問30　しかった。

////////////////// · memo · //////////////////

2023
年度

問題と解答

■**大学：学校推薦型選抜　公募方式（A日程）**

問題編

▶**試験科目・配点〔2科目選択方式・3科目選択方式〕**

学部	教科	科　　　目	2科目選択方式	配点	3科目選択方式	配点
経営・社会・国際・建築＆芸術現代日本	外国語	英語（コミュニケーション英語Ⅰ・Ⅱ・Ⅲ，英語表現Ⅰ・Ⅱ）	2科目選択※1	200点		
	地　歴	日本史Bまたは世界史B				
	数　学	数学Ⅰ・A				
	国　語	国語総合（古文・漢文を除く）・現代文B				
健康栄養	外国語	英語（コミュニケーション英語Ⅰ・Ⅱ・Ⅲ，英語表現Ⅰ・Ⅱ）	2科目選択※2	200点	必須	100点
	数　学	数学Ⅰ・A			1科目選択	100点
	理　科	化学基礎・化学または生物基礎・生物				
	国　語	国語総合（古文・漢文を除く）・現代文B			必須	100点
国際看護	外国語	英語（コミュニケーション英語Ⅰ・Ⅱ・Ⅲ，英語表現Ⅰ・Ⅱ）	必須	100点	必須	100点
	数　学	数学Ⅰ・A	1科目選択	100点	1科目選択	100点
	理　科	化学基礎・化学または生物基礎・生物				
	国　語	国語総合（古文・漢文を除く）・現代文B			必須	100点

▶**試験科目・配点〔実技方式〕**

学部	教科	内　　　容	配点
建築＆芸術	実　技	鉛筆デッサン※3	200点

▶備　考

- 選択科目について，事前登録不要。
- 建築＆芸術学部は，２科目選択方式（配点 200 点）・実技方式（配点 200 点）が選択可（実技方式は出願時に申請が必要）。
- 健康栄養・国際看護学部は，２科目選択方式（配点 200 点）・３科目選択方式（配点 300 点）が選択可（事前登録不要）。
- ２科目選択方式受験者…調査書（50 点：全体の学習成績の状況×10）＋科目試験（200 点）＝合計 250 点満点および自己アピール文（国際看護学部は面接評価）により合否を判定する。
- ３科目選択方式受験者…調査書（50 点：全体の学習成績の状況×10）＋科目試験（300 点）＝合計 350 点満点および自己アピール文（国際看護学部は面接評価）により合否を判定する。
- 英語民間試験について，大学指定のスコアを取得した者は，「外国語（英語）」100 点に換算。

※１　経営，国際日本，現代社会，建築＆芸術学部は，次の①〜③のいずれかの科目の組み合わせを選択する。
　　　①「英語」と「国語」
　　　②「英語」と（「日本史」・「世界史」・「数学」から１科目）
　　　③「国語」と（「日本史」・「世界史」・「数学」から１科目）

※２　健康栄養学部は，次の①〜③のいずれかの科目の組み合わせを選択する。
　　　①「英語」と「国語」
　　　②「英語」と（「数学」・「化学」・「生物」から１科目）
　　　③「国語」と（「数学」・「化学」・「生物」から１科目）

※３　与えられたモチーフ（六面体・円柱の要素を含む器物から１点，果物や野菜などの青果物から１点，布・紙素材から１点）を自由に配置し画用紙（382×542mm）にデッサンする。

▶出題範囲

- 「数学Ａ」の出題範囲は「場合の数と確率」「図形の性質」とする。
- 「化学」の出題範囲は「物質の状態」「物質の変化」「無機物質」とする。
- 「生物」の出題範囲は「生態と環境」「生物の進化と系統」を除いたものとする。

■■■英語■■■

(60 分)

Ⅰ 次の英文の（　　）に入る最も適切なものを①〜④から一つずつ選び，マークしなさい。

1 It's very kind of you to come all the way to the airport to (　　) me up.

①	hold ②	lift ③	pick ④	raise

2 Paul phoned me to (　　) me about the party on Friday.

①	recall ②	recollect ③	remember ④	remind

3 She's been waiting for more than an hour, (　　) she?

①	doesn't ②	hasn't ③	isn't ④	wasn't

4 If I (　　) home earlier, I could have avoided the morning rush hour.

①	had left ②	have left ③	leave ④	left

5 This is (　　) a comfortable sweater. I love wearing it.

①	so ②	such ③	too ④	very

6 "How (　　) do you go shopping in the mall?" "Once a week or less."

①	long ②	many ③	often ④	soon

7 WHO, which (　　) World Health Organization, is concerned with improving health standards throughout the world.

①	asks for ②	looks for ③	stands for ④	waits for

8 How about getting together for lunch? Is the day after tomorrow (　　) for you?

①	complete ②	confident ③	content ④	convenient

9 "Can I see these boots (　　) black? I prefer black." "Sorry, we only have white for women."

①	at ②	for ③	in ④	with

10 We human beings differ from animals (　　　　) we can speak and laugh.

　① except that　　　② for which　　　③ in that　　　　④ in which

Ⅱ　和文に合った英文になるように語句を並べ替え，(　　　　)内で 3 番目となるものを①〜④から一つ選び，マークしなさい。ただし，文頭に来る語も小文字になっています。

11　元々ここには大きな木があったが，切り倒されてしまった。

　(① be　② there　③ to　④ used) a big tree here, but it has been cut down.

12　ほとんどの評論家が，その映画は十分見るに値すると考えているようだ。

　Most critics seem to think that (① is　② seeing　③ the movie　④ well worth).

13　店長が腹を立てたのは，彼らが遅刻したからではなくてミスをおかしたからだ。

　The manager got (① because　② irritated　③ not　④ they) were late but because they made a mistake.

14　音楽がなければ，私は死ぬほど退屈するだろう。

　(① for　② it　③ not　④ were) music, I would get bored to death.

15　彼らは新しい素材を生かした商品を開発中だ。

　They are developing products (① advantage　② of　③ take　④ that) the new materials.

Ⅲ　次の会話を読み，設問に答えなさい。

Greg　　：　Julie, isn't it great? Classes are almost over.

Julie　　：　Yeah, winter break (　ア　). How are you going to spend the winter break, Greg? (　イ　)

Greg　　：　Probably not. I think we're going to Chicago for the holiday. We're going to visit my aunt.

Julie　　：　Really? So you won't be here on (　ウ　)?

Greg　　：　I'm not sure. Why?

Julie　　：　Well, I'm having a New Year's Eve party that day. I hope you can come.

Greg　　：　Well, we might be back by that time. I know we're not going to spend New Year's Day in Chicago. Anyway, (　エ　)?

Julie　　：　First, we're going to visit my grandma. We always visit her around this time of year.

Greg　　：　Nice! What about the rest of the holiday?

Julie　　：　(　オ　) I might just stay home and relax. It's been a busy semester!

Greg　　：　It sure has!

(注)　semester：学期

設問

16　(　ア　) に入る最も適切なものを①～④から一つ選び，マークしなさい。

① has already ended

② is coming to an end

③ is coming up soon

④ started weeks ago

17　(　イ　) に入る最も適切なものを①～④から一つ選び，マークしなさい。

① Are you going anywhere?

② Are you going to stay here?

③ Are you looking forward to it?

④ Do you have any plans?

18　(　ウ　) に入る最も適切なものを①～④から一つ選び，マークしなさい。

① December 24th

② December 25th

③ December 31st

④ January 1st

19 （　エ　）に入る最も適切なものを①〜④から一つ選び，マークしなさい。

　① is the party going to be at your place

　② what are you going to do over the winter break

　③ when can I see you during the winter break

　④ who else are you inviting to the party

20 （　オ　）に入る最も適切なものを①〜④から一つ選び，マークしなさい。

　① I have a very full schedule.

　② I'm not sure what I will do.

　③ I've got a lot of things I must do.

　④ There are so many things I want to do.

Ⅳ　次の文章を読み，設問に答えなさい。

　　Silicon Valley in California has become the world center of technology, innovation, and social media. It's home to some of the world's biggest tech companies. So, with all this technology around, you probably think that all schools in Silicon Valley use lots of computers, laptops, and tablets in their classrooms, right? （　ア　）! In Masters Middle School, the school I visited, there isn't a tablet, screen, or smartphone anywhere. The classrooms have plants, traditional wooden desks, and even blackboards with colored chalks!

　　So why don't they use technology? The surprising thing is that the parents of these children — many of them technology experts at major tech companies — believe that bringing technology to class isn't a good idea! Many think that it doesn't help young people use their own minds. So, in this school, there are （　イ　） electronic teaching devices in the classroom. Teachers here think that children use their （　ウ　） better without them!

　　This means that students don't use the Internet to study and they use pens and paper to write, not tablets or laptops. They study their main subjects through artistic activities like music and painting. One student told me, "Our teachers believe that technology will only be helpful when we're older and we know how and when to use it （　エ　）." So even the tech experts think that technology has its （　オ　）! High-tech or no-tech: which is better? What do you think?

（注）　laptop：ノートパソコン

設問

21 （　ア　）に入る最も適切なものを①〜④から一つ選び，マークしなさい。

出典追記：Shape it! 2 by Claire Thacker, Stuart Cochrane, Andrew Reid, Daniel Vincen, Cambridge University Press

① Correct　　　② Definitely　　　③ Exactly　　　④ Wrong

22 （　**イ**　）に入る最も適切なものを①〜④から一つ選び，マークしなさい。

① no　　　② numerous　　　③ plenty of　　　④ quite a few

23 （　**ウ**　）に入る最も適切なものを①〜④から一つ選び，マークしなさい。

① imagination　　　② imitation　　　③ impression　　　④ introduction

24 （　**エ**　）に入る最も適切なものを①〜④から一つ選び，マークしなさい。

① greatly　　　② hardly　　　③ properly　　　④ slowly

25 （　**オ**　）に入る最も適切なものを①〜④から一つ選び，マークしなさい。

① limits　　　② manners　　　③ merits　　　④ spirits

Ⅴ　次の文章を読み，設問に答えなさい。

　　Delivering medical supplies to hard-to-reach places has been an issue for years. Worldwide, more than two billion people lack access to essential life-saving supplies, such as blood and vaccines. In the African nation of Rwanda, for example, several remote health clinics do not have sufficient quantities of blood and other healthcare products. As a result, many people die of treatable illnesses.

　　A company called Zipline is trying to deal with this problem. It uses drones to transport medical supplies around Rwanda. In the past, it took hours for packages of medicines to reach some health clinics. However, a drone can now deliver medicine in 30 minutes. （　**ウ**　） this rapid healthcare service, fewer women suffer during childbirth and more children receive life-saving medicine.

　　Drones are also assisting emergency organizations after natural disasters. In 2015, for example, a powerful cyclone destroyed thousands of buildings in the Pacific island nation of Vanuatu. Around 75,000 people lost their homes, and at least 15 died. After the storm, drones photographed the damage. These surveys helped emergency workers assess the situation quickly and answer important questions: Which areas were hardest hit? Were crops damaged? What roads were affected? Emergency workers used the data to create a detailed map of the affected area. They were then able to transport aid to the people who needed it most.

　　Drones are also helping to protect wildlife populations in parts of Africa and Asia. Every year, poachers kill thousands of elephants, rhinos, and other animals. To stop them, the environmental organization World Wildlife Fund （WWF） is using drones. "Drones help us see things we can't," says Colby Loucks, who works for the WWF. For example, they can show where poachers are hiding and if they are carrying weapons. Drones are particularly helpful at night, when poachers tend to be most active. Fitted with infrared video cameras, drones can easily identify people and animals in the dark. These drones are not only helpful but also affordable. Drones with infrared cameras cost about $20,000 each, which is a fraction of the cost of other high-tech tools.

　<u>Interestingly</u>, a tool originally created for military use is increasingly being used to save
　カ
lives instead of taking them. Drones have the <u>potential</u> to provide solutions that will benefit both
　　　　　　　　　　　　　　　　　　　　キ
humans and animals, says photographer and environmentalist Kike Calvo. "There's nothing that can replace a good scientist," he says. But with the help of drones, "researchers are given the power to carry out <u>projects</u> they've never imagined before."
　　　　　　　　　　ク

(注)　vaccine：ワクチン　　　　drone：ドローン（無人小型航空機）　　　poacher：密猟者
　　　rhino：犀（サイ）　　　　infrared：赤外線の

設問

26　下線部**ア**の意味として最も適切なものを①〜④から一つ選び，マークしなさい。
　　① a dream　　　　② a mystery　　　　③ a problem　　　　④ a habit

27　下線部**イ**の意味として最も適切なものを①〜④から一つ選び，マークしなさい。
　　① 原因不明の　　　② 致命的な　　　　③ 治療可能な　　　　④ 慢性的な

28　（　**ウ**　）に入る最も適切なものを①〜④から一つ選び，マークしなさい。
　　① According to　　② In favor of　　　③ In search of　　　④ Thanks to

29　下線部**エ**の具体的な内容として本文に**挙げられていないもの**を①〜④から一つ選び，マーク
　　しなさい。
　　① 被害を受けた道路の状況
　　② 農作物の被害状況
　　③ 復旧費用の概算についての状況
　　④ 最も深刻な被害を受けた地域の状況

30　下線部**オ**の意味として最も適切なものを①〜④から一つ選び，マークしなさい。
　　① native people
　　② nature lovers
　　③ wild animals
　　④ wild areas

出典追記：Reading Explorer 3 by Nancy Douglas and David Bohlke, Cengage Learning

31 下線部**カ**の Interestingly という語が使われている理由として最も適切なものを①〜④から一つ選び，マークしなさい。

① ドローンの使用地域が広がる一方なので，ドローンの生産が追いつかなくなったため。

② 密猟者もドローンを使うようになったので，環境保護団体の活動の成果が上がらなくなったため。

③ 動物の命を救うために作られたドローンが，人の命も救うようになったため。

④ 人の命を奪うために作られたドローンが，今では人の命を救うために使われるようになったため。

32 下線部**キ**を言い換えた表現として最も適切なものを①〜④から一つ選び，マークしなさい。
① achievement　　② necessity　　③ possibility　　④ reason

33 最も強く発音する音節の位置が，下線部**ク**の語と同じものを①〜④から一つ選び，マークしなさい。
proj-ect　　① as-sist　　② dam-age　　③ re-mote　　④ sup-ply

34 本文の内容と一致するものを①〜④から一つ選び，マークしなさい。
① 世界では 20 億人分以上の血液の供給やワクチンの生産が追いついていない。
② Zipline は，医薬品や医療機器を輸送するためのドローンを製作し販売する会社である。
③ ドローンの導入によって，医薬品を遠隔地に届ける時間が大幅に短縮された。
④ 環境保護団体がドローンを導入したことで，密猟者は夜間に活動することが多くなった。

35 本文の内容と**一致しないもの**を①〜④から一つ選び，マークしなさい。

① In Rwanda, many people die because there are health clinics that don't have enough blood and healthcare products.

② After a big cyclone hit Vanuatu, drones enabled emergency workers to draw a detailed map of the affected areas.

③ Drones are extremely useful, but they cost a lot more than other high-tech tools.

④ Drones make it possible for researchers to start projects that are completely new to save humans and animals.

■日本史■

（60 分）

Ⅰ 次の史料Ａ・Ｂを読んで，下の問いに答えなさい。

Ａ 建武中元二年，⁽¹⁾倭の奴国，貢を奉じて朝賀す。使人自ら大夫と称す。倭国の極南界なり。光武，賜ふに印綬を以てす。安帝の永初元年，倭の国王師升等，（ **2** ）百六十人を献じ，請見を願ふ。⁽³⁾桓霊の間，倭国大いに乱れ，更相攻伐して歴年主なし。……

Ｂ ……倭国乱れ，相攻伐して年を歴たり。乃ち共に一女子を立てて王と為す。名を⁽⁴⁾卑弥呼と曰ふ。鬼道を事とし，能く衆を惑はす。年已に長大なるも，夫壻なし。男弟あり，佐けて国を治む。……⁽⁵⁾景初二年^(注)六月，倭の女王，大夫難升米等を遣し郡に詣り，天子に詣りて朝献せんことを求む。……その年十二月，詔書して倭の女王に報じて曰く，『……今汝を以て親魏倭王と為し，金印紫綬を仮し，装封して（ **6** ）の太守に付し仮授せしむ……』と。

（注）景初三年の誤り。

1 下線部（1）の国に関して述べた文として**誤っているもの**を，次の①〜④のうちから一つ選びなさい。
　① 奴国は現在の福岡市周辺にあった小国と考えられている。
　② 奴国が臣下の礼をとった返礼に，後漢の光武帝は印綬を授けた。
　③ 福岡県春日市にある須玖岡本遺跡の甕棺墓は，奴国の王墓であったと考えられている。
　④ 博多湾をのぞむ沖ノ島からは金印が発見され，奴国が授かったものと推定されている。

2 空欄（ **2** ）に入る語句として正しいものを，次の①〜④のうちから一つ選びなさい。
　① 下戸　　　　　　② 生口　　　　　　③ 大人　　　　　　④ 下人

3 下線部（3）のような状況と関係するものとして正しいものを，次の①〜④のうちから一つ選びなさい。
　① 朝鮮式山城が各地に築かれた。
　② 好太王碑文が建てられた。
　③ 高地性集落が各地にあらわれた。
　④ 日本海に沿って城柵が築かれた。

4 下線部（4）について述べた文として**誤っているもの**を，次の①〜④のうちから一つ選びなさい。

① もっぱら鬼道をおこない宗教的権威として君臨した。

② 卑弥呼の夫は彼女を補佐し国を治めた。

③ 魏の皇帝より王としての称号を賜った。

④ 難升米を遣いとして朝鮮半島にある郡へと送った。

5 下線部（5）の年代は何世紀のことですか。正しいものを，次の①〜④のうちから一つ選びなさい。

① 1世紀　　　　② 2世紀　　　　③ 3世紀　　　　④ 4世紀

6 空欄（　6　）に入る語句として正しいものを，次の①〜④のうちから一つ選びなさい。

① 楽浪　　　　② 帯方　　　　③ 臨屯　　　　④ 玄菟

Ⅱ　次の文章を読んで，下の問いに答えなさい。

　治承・寿永の戦乱のさなかに興福寺や東大寺が焼失した。興福寺は摂関家などにより再建されたが，東大寺は大勧進となった（　7　）の活躍により復興がすすみ，伽藍がよみがえった。この時代には^{（8）}奈良仏師により数多くの彫刻が伽藍を飾った。

　武家の世が到来するいっぽうで，京都では公家が文化の担い手となって伝統文化を受け継いだ。後鳥羽上皇は勅撰和歌集の編纂を命じ，順徳天皇は『（　9　）』を著して朝廷での作法や先例をまとめ，天皇は学問に心懸けるべき事などを記した。

　鎌倉時代には^{（10）}絵巻物が寺社の縁起や高僧の絵伝，合戦図などへと主題を広げた。北条実時は評定衆として時頼・時宗らを助ける一方，学問を好み，^{（11）}居館の敷地内に和漢の書を集めた。

　南北朝時代に入ると複数の人々が集い楽しむ文化が流行し，連歌や茶寄合が人気を博した。鎌倉期に伝来した禅宗のうち，とりわけ臨済宗では南宋の官寺の制度にならい，五山・十刹の制を設けた。^{（12）}五山では画僧を輩出して水墨画の発展に寄与した。

7 空欄（　7　）に入る人物名として正しいものを，次の①〜④のうちから一つ選びなさい。

① 道元　　　　② 法然　　　　③ 重源　　　　④ 叡尊

8 下線部（8）に関連して，奈良仏師やその作品について述べた文として正しいものを，次の①〜④のうちから一つ選びなさい。

① 定朝は写実的な『無著像・世親像』を制作した。

② 東大寺南大門の『金剛力士像』は，運慶ら慶派一派による合作である。

③ 運慶の子湛慶は，六波羅蜜寺の『空也上人像』を残した。

④ 興福寺の『阿修羅像』は，鎌倉時代につくられた乾漆像である。

9 空欄 （ 9 ）に入る著作名として正しいものを，次の①〜④のうちから一つ選びなさい。

① 禁秘抄 　　　　② 十訓抄 　　　　③ 愚管抄 　　　　④ 世俗浅深秘抄

10 下線部（10）に関連して，鎌倉時代の絵巻物について述べた文として正しいものを，次の①〜④のうちから一つ選びなさい。

① 『北野天神縁起絵巻』は中興の祖である僧・命蓮がおこなった霊験奇瑞の話が描かれている。

② 『蒙古襲来絵巻』は九州の御家人安達泰盛が元軍と戦う様子が描かれている。

③ 『一遍上人絵伝』では，備前国福岡で市が開かれている様子が描かれている。

④ 『石山寺縁起絵巻』では石山本願寺の縁起（由来）を描いている。

11 下線部（11）に関して，これらの書物が納められた施設として正しいものを，次の①〜④のうちから一つ選びなさい。

① 心学舎 　　　　② 金沢文庫 　　　　③ 足利学校 　　　　④ 閑谷学校

12 下線部（12）に関連して，画僧如拙の作品として正しいものを，次の①〜④のうちから一つ選びなさい。

① 『松林図』 　　　② 『瓢鮎図』 　　　③ 『四季山水図』 　　　④ 『聖聚来迎図』

Ⅲ 次の文章を読んで，下の問いに答えなさい。

　徳川吉宗は窮乏する幕府財政の再建をはかって財政支出の抑制のため，倹約令を発した。また (13)財政の増収をはかって諸大名の協力を求め，年貢の増徴にも踏み切った。さらに米価の調節をはかり，大坂にある（ 14 ）の米市を公認した。

　徳川家治の側用人や老中をつとめた（ 15 ）は株仲間を積極的に公認して運上・冥加などの営業税の増収をはかった。また (16)長崎貿易による収益の増加をはかり，その貿易による輸入品により 1772 年には上質の（ 17 ）を発行した。

　天明の飢饉による被害が広がるなかで徳川家斉のもとで政権を担った松平定信は，荒廃した (18)農村の再建と江戸の秩序回復に努めたが，就任後 6 年で老中を辞任した。

13 下線部（13）に関連して，幕府財政の増収をはかる施策として**誤っているもの**を，次の①〜④のうちから一つ選びなさい。

① 定免法 　　　　② 上げ米 　　　　③ 新田開発 　　　　④ 相対済し令

14 空欄 （ 14 ）に入る地名として正しいものを，次の①〜④のうちから一つ選びなさい。

① 堂島 　　　　② 船場 　　　　③ 天満 　　　　④ 雑喉場

15 空欄（ 15 ）に入る人物名として正しいものを，次の①〜④のうちから一つ選びなさい。

① 保科正之 ② 間部詮房 ③ 柳沢吉保 ④ 田沼意次

16 下線部（16）に関連して，江戸時代における長崎貿易の推移を古い順に並べた場合，3 番目にくるものを，次の①〜④のうちから一つ選びなさい。

① 長崎における貿易額の制限をはかる海舶互市新例が発令された。

② 銅と俵物を独占的にあつめて輸出し，金銀を輸入して貨幣鋳造にあてた。

③ 中国産生糸の一括購入をはかる糸割符仲間（五カ所商人）が出そろった。

④ 長崎以外にも神奈川，兵庫，新潟の開港が約された。

17 空欄（ 17 ）に入る語句として正しいものを，次の①〜④のうちから一つ選びなさい。

① 一分金 ② 一分銀 ③ 二朱銀 ④ 五匁銀

18 下線部（18）に関連して，その具体策として**誤っているもの**を，次の①〜④のうちから一つ選びなさい。

① 人足寄場を設けた。

② 足高の制を設けた。

③ 七分積金の制度を設けた。

④ 旧里帰農令を発した。

Ⅳ 次の文章を読んで，下の問いに答えなさい。

　第一次世界大戦は日本経済に転機をもたらした。欧州の各国が総力戦となるなか，日本では
(19) 輸出が急増し，空前の好景気となり，貿易に従事する海運業や商社が急成長した。ドイツからの
輸入途絶により（　20　）が勃興した。
　(21) 大戦景気が続くなか，都市人口が増大し米の需要が増えたにもかかわらず，供給が追いつか
ず米価が上がった。これに（　22　）出兵に備えた米の購入が投機を呼び，米価は一気に高騰した。
各地で米の安売りや買占め反対を求める騒動がおこり，新聞報道が火に油を注ぎ，全国的な (23) 米
騒動へと発展した。米騒動・ロシア革命などをきっかけとして，冬の時代に沈滞していた諸々の (24)
社会運動が一気に活発化した。

19 下線部（19）に関連した内容として**誤っているもの**を，次の①～④のうちから一つ選びなさい。
　① イギリス・フランス・ロシアへの軍需品輸出が急増した。
　② 中国・アジア市場への綿製品輸出が急増した。
　③ 好景気のアメリカへは生糸輸出が急増した。
　④ 紡績業ではインドで工場経営をおこなうものが増えた。

20 空欄（　20　）に入る語句として正しいものを，次の①～④のうちから一つ選びなさい。
　① 鉄鋼業　　　　② 機械工業　　　　③ 造船業　　　　④ 化学工業

21 下線部（21）に関連して，大戦景気による日本経済の変化ついて述べた文として正しいものを，
　次の①～④のうちから一つ選びなさい。
　① 日本の工業原動力が，電力から蒸気力へと転換した。
　② 日本の工業生産額は農業生産額を上まわった。
　③ 大戦勃発時に債権国であった日本は，大戦終結時は債務国となっていた。
　④ 貿易の急拡大により，日本は世界第一の海運国となり，多くの船成金を生み出した。

22 空欄（　22　）に入る語句として正しいものを，次の①～④のうちから一つ選びなさい。
　① シベリア　　　　② 山東　　　　③ 台湾　　　　④ 朝鮮

23 下線部（23）に関連して，この事件をめぐり内閣は総辞職し，新たな内閣が発足した。新内閣
　を組閣した首相名として正しいものを，次の①～④のうちから一つ選びなさい。
　① 山県有朋　　　　② 寺内正毅　　　　③ 加藤高明　　　　④ 原敬

24 下線部（24）に関連して，賀川豊彦が 1922 年に杉山元治郎らと結成した団体として正しいもの
　を，次の①～④のうちから一つ選びなさい。
　① 全国水平社　　　　② 日本農民組合　　　　③ 日本共産党　　　　④ 日本労働総同盟

Ⅴ　次の年表を見て，下の問いに答えなさい。

1600 年　(25) オランダ船が豊後に漂着する

1641 年　幕府，オランダ商館を（　26　）から長崎出島に移す

1774 年　(27) 『解体新書』が刊行される

1796 年　『ハルマ和解』が刊行される

1808 年　（　28　）号が長崎港に侵入する

1825 年　(29) あいつぐ異国船来航に対し，打払を命じる

1844 年　オランダ国王が開国を勧告する

1854 年　幕府は，イギリス，アメリカ，ロシアと和親条約を結ぶ

1855 年　幕府，オランダと和親条約を結ぶ

　　　　　海軍伝習所を設ける

1894 年　日英通商航海条約を結ぶ

1902 年　(30) 日英同盟協約を結ぶ

25　下線部 (25) の漂着船の水先案内人であったイギリス人が徳川家康に謁見し，外交顧問に登用された。その人物名として正しいものを，次の①～④のうちから一つ選びなさい。

①　ウィリアム＝アダムズ　　　　　　　②　ヤン＝ヨーステン

③　シドッチ　　　　　　　　　　　　　④　ケンペル

26　空欄（　26　）に入る地名として正しいものを，次の①～④のうちから一つ選びなさい。

①　天草　　　　　　②　島原　　　　　　③　平戸　　　　　　④　博多

27　下線部 (27) に関連した説明として**誤っているもの**を，次の①～④のうちから一つ選びなさい。

①　オランダ語で書かれた西洋解剖学書を翻訳したものである。

②　蘭医の杉田玄白や前野良沢らが翻訳にあたった。

③　解剖図は秋田藩士の小田野直武が模写した。

④　原著は医師シーボルトがドイツ語で著したものである。

28　空欄（　28　）に入る船名として正しいものを，次の①～④のうちから一つ選びなさい。

①　フェートン　　　　②　リーフデ　　　　③　ノルマントン　　　　④　サン＝フェリペ

29　下線部 (29) 以降に起きた事件として**当てはまらないもの**を，次の①～④のうちから一つ選びなさい。

①　日本に接近したアメリカ船モリソン号が撃退された。

②　アヘン戦争で清国が敗れ，南京条約が結ばれた。

③　来航したロシア人レザノフの通商要求を拒絶した。

④ 内憂外患に迫られるなか，幕府は天保の薪水給与令を発令した。

30 下線部（30）に関連して，この協約を結んだ時の内閣総理大臣として正しいものを，次の①〜
④のうちから一つ選びなさい。

① 山県有朋 ② 伊藤博文 ③ 西園寺公望 ④ 桂太郎

■世界史■

（60 分）

Ⅰ　次の文章を読んで，下の問いに答えなさい。

　「世界の四大文明」という言い方がある。その中には，⁽¹⁾黄河文明も含まれる。実際には黄河流域以外の中国各地，たとえば中国を代表するもう一つの大河，⁽²⁾長江流域の「長江文明」はもちろんのこと，北方の遼河や南方の珠江などの流域にも古代文明は存在していた。しかしその中でも存在感が際立っているのは，やはり黄河文明だろう。

　たとえば，現在確認できている中国最古の王朝である（　3　）王朝は明らかに黄河文明の系譜を継承している。黄河文明が他にくらべてより早く発達した原因・理由として考えられる一つの例を挙げてみよう。黄河流域よりも長江や珠江の方が，より温暖で雨量も多い。つまりこちらの方がより植物の生育に適しており，農業に向いているように思える。ところが雨量が多いがために湿地帯もしくは森林地帯が多い。つまり農業を営むためには干拓もしくは伐採などの開発をする必要があった。そもそもこうした地理環境は，人類が集団を形成するのに不向きでもある。⁽⁴⁾世界的に見て，早くから発達してきた古代文明の多くが雨量のそれほど多くない地域に成立している一つの理由は同じところにあるのだろう。

　ただし，「温暖多湿」の気候条件は，いったん土地を開発して耕作地にすれば，やはり農業に向いている。⁽⁵⁾魏晋南北朝時代には北方民族政権の支配から逃れるため，多くの漢人が黄河流域から長江流域へ移住し，結果としてこの期間に長江流域の大開発がおこなわれた。南北朝を統一した隋が⁽⁶⁾大運河を開削した一つの主要な目的は，都の大興城に南方の生産物を運ぶためだったといわれる。更にその後，⁽⁷⁾遼・金王朝の圧迫により宋が南渡するとこの傾向は一層強まり，最終的には⁽⁸⁾長江流域の生産だけで全中国の人口をまかなえるとさえいわれるようになった。

1　下線部 (1) について述べた文として正しいものを，次の①～④のうちから一つ選びなさい。
　　①　仰韶文化は彩文土器を一つの特徴とする。
　　②　竜山文化では稲作の遺跡が発見されている。
　　③　河姆渡遺跡は日本の弥生文化との関連が指摘されている。
　　④　黄河上流には三星堆文化という独特の文化があった。

2　下線部 (2) の歴史について述べた文として**誤っているもの**を，次の①～④のうちから一つ選びなさい。
　　①　長江下流域に興った楚の国は戦国時代には強国となった。

② 前漢時代には長江流域で呉楚七国の乱が起きた。

③ 陶磁器で有名な景徳鎮は長江流域に所在する。

④ 辛亥革命は長江中流域の武昌で革命派が蜂起したことから始まった。

3 空欄（ 3 ）に入れる王朝名として正しいものを，次の①〜④のうちから一つ選びなさい。

① 秦 ② 殷 ③ 夏 ④ 周

4 下線部（4）に関連して，世界各地における古代文明について述べた文として正しいものを，次の①〜④のうちから一つ選びなさい。

① メソポタミアでは灌漑農業によって主にアワを栽培していた。

② エジプトではナイル川の氾濫を利用して水稲栽培が発達した。

③ エーゲ文明が栄えたギリシアはバナナなどの果樹栽培をおこなっていた。

④ メソアメリカの古代文明ではトウモロコシやジャガイモが栽培されていた。

5 下線部（5）の時期に起きた出来事について述べた次の文 a〜c が，年代の古い順に正しく配列されているものを，下の①〜④のうちから一つ選びなさい。

a 劉裕が宋をたてた。

b 八王の乱が起きた。

c 孝文帝が漢化政策をおこなった。

① a→b→c ② a→c→b ③ b→a→c ④ b→c→a

6 下線部（6）にその後，大規模な補修を加えた王朝として正しいものを，次の①〜④のうちから一つ選びなさい。

① 南宋 ② 遼 ③ 金 ④ 元

7 下線部（7）に関連して，南宋の都として正しいものを，次の①〜④のうちから一つ選びなさい。

① 開封 ② 臨安 ③ 建康 ④ 南京

8 下線部（8）について述べた次の文 a・b の正誤の組合せとして正しいものを，下の①〜④のうちから一つ選びなさい。

a 南宋の頃は長江下流域が大開発され，「蘇湖（江浙）熟すれば天下足る」といわれた。

b 明清時代には長江中流から上流域にかけて大開発され，「湖広熟すれば天下足る」といわれるようになった。

① a・b ともに正しい ② a のみ正しい

③ b のみ正しい ④ a・b ともに誤り

Ⅱ　次の文章を読んで，下の問いに答えなさい。

　1498 年，ポルトガルのヴァスコ＝ダ＝ガマは，アフリカ南端の喜望峰を経由してアフリカ東岸を北上し，インド洋を渡ってインドのカリカットに至った。こうしてインドに至る航路を開拓したポルトガルは，⁽⁹⁾ゴアを根拠地として香辛料取引で莫大な富を得，首都リスボンは世界商業の中心地として繁栄した。しかしその間，国内産業の発展に力を注がなかったため，繁栄は一時的なものに終わった。

　イギリスは（　10　）事件を契機としてインドネシアから撤退してインドの経営に注力するようになり，⁽¹¹⁾イギリス東インド会社はインド各地に拠点を設けた。インドではアウラングゼーブ帝の時代に⁽¹²⁾ムガル帝国がその版図を最大としたが，アウラングゼーブ帝の没後急速に力を失って各地で地方政権が独立の動きを強めた。そのインドをめぐりイギリスと覇権争いを演じたのはフランスであった。

　17 世紀後半～18 世紀の半ば，ヨーロッパではフランス，イギリス，プロイセン，オーストリア，ロシアなどの参加する国際戦争が繰り広げられた。スペイン継承戦争，オーストリア継承戦争，七年戦争などがそれにあたる。ヨーロッパでの国際戦争と並行して進行した，イギリスとフランスのインドにおける植民地での争いで，イギリスの勝利が決定的となったのは 1757 年の（　13　）の戦いであった。イギリスはこの戦いで，フランスと結ぶベンガル太守を破り，現在のインド西ベンガル州とバングラデシュにあたるベンガル地域の実質的支配権を得た。イギリスは⁽¹⁴⁾1763 年のパリ条約で，北アメリカと共にインドでの優位を確定させ，その後着々と⁽¹⁵⁾インドの植民地化をすすめた。

　イギリス東インド会社の経済的侵略に対するインド側の反感は，インド人傭兵であるシパーヒーの反乱を中心としたインド大反乱となって爆発した。このインド初の民族的反乱を鎮圧したイギリスは，ムガル帝国を滅ぼし，⁽¹⁶⁾インド帝国を成立させてインドの植民地化を完成させた。

9　下線部（9）について述べた次の文 a・b の正誤の組合せとして正しいものを，下の①～④のうちから一つ選びなさい。

　　a　インド東岸にある港市である。
　　b　「航海王子」エンリケが占領した。

　　①　a・b ともに正しい　　　　　　　②　a のみ正しい
　　③　b のみ正しい　　　　　　　　　　④　a・b ともに誤り

10　空欄（　10　）に入れる語として正しいものを，次の①～④のうちから一つ選びなさい。

　　①　アンボイナ　　　②　イリ　　　　③　モロッコ　　　④　ファショダ

11　下線部（11）のイギリス東インド会社の拠点として**誤っているもの**を，次の①～④のうちから一つ選びなさい。

　　①　ボンベイ　　　②　シャンデルナゴル　③　カルカッタ　　　④　マドラス

12 下線部 (12) について述べた文として**誤っているもの**を，次の①〜④のうちから一つ選びなさい。

① バーブルが建国した。

② 第3代アクバル帝はジズヤを廃止した。

③ ヒンドゥー教が国教とされた。

④ タージ＝マハルが建立された。

13 空欄 (13) に入れる語として正しいものを，次の①〜④のうちから一つ選びなさい。

① プラッシー　　　　② パーニーパット　　③ アドワ　　　　　④ ワールシュタット

14 下線部 (14) について述べた文として正しいものを，次の①〜④のうちから一つ選びなさい。

① オーストリア継承戦争とフレンチ＝インディアン戦争の講和条約である。

② カナダとフロリダがフランスからスペインに割譲された。

③ ミシシッピ以西のルイジアナはフランスからイギリスに割譲された。

④ ミシシッピ以東のルイジアナはフランスからイギリスに割譲された。

15 下線部 (15) について述べた文として**誤っているもの**を，次の①〜④のうちから一つ選びなさい。

① ディーワーニーとよばれる徴税権を得た。

② マイソール戦争に勝利して南インドの支配権を確立した。

③ マラーター戦争でデカン高原西部のマラーター同盟を破った。

④ シク王国を倒してインド東部の支配を確立した。

16 下線部 (16) について述べた文として正しいものを，次の①〜④のうちから一つ選びなさい。

① イギリス女王ヴィクトリアが初代インド皇帝として即位した。

② インド帝国成立時のイギリス首相は，グラッドストンであった。

③ イギリス東インド会社がインド帝国の統治権を握っていた。

④ 第一次世界大戦中，インド連邦が成立して滅んだ。

Ⅲ　次の文章を読んで，下の問いに答えなさい。

　　近年，あらゆる領域でデジタル化が進む中で，書物や新聞なども紙媒体から電子媒体へと発行形態
を変える動きが見られ，情報伝達手段の変化が社会に大きな影響を与えている。

　　ヨーロッパの歴史において，シート状に加工された記録媒体として最初に用いられたのはパピル
ス紙であった。パピルス紙は (17) 古代エジプト文明に由来し，ナイル川流域に自生するパピルス
草の茎を薄くはいで織り合わせて造られた。地中海交易を通じてエジプトから大きな影響を受けた
(18) 古代ギリシアにもパピルス紙は導入され，さらに古代ローマにおいても重要な記録媒体として使
用され続けた。しかし，中世になって (19) エジプトを含む地中海南岸地域がイスラーム勢力の支配
下に入ると，パピルス紙の入手は容易ではなくなり，自前で製造可能な代用品が求められるようになっ
た。

　　こうした状況を受けて，中世ヨーロッパにおいて主たる記録媒体として使用されたのが，獣皮紙（羊
皮紙）である。これは羊や牛などの獣の皮をシート状に加工したものだが，原料に限りがあるうえ製
造にも時間がかかるため，比較的高価な製品であった。一方で，(20) 東洋で生み出された紙の製法が
ヨーロッパに伝わり，自家製の紙が使用されていくのは中世後期のことである。紙の使用は，やがて
(21) 活版印刷術とあいまって出版革命を引き起こし，近世以降には活字メディアが社会において重要
な影響力をもつようになった。

　　時代が進み，(22) 19 世紀には木材パルプを原料とした製紙法が開発され，機械製造による安価な
紙が大量に出回るようになった。その結果，木材パルプ製の紙は文字記録媒体として支配的な地位を
築いたが，20 世紀後半になると，コンピュータの開発が進むとともに，(23) 地球環境問題の深刻化
が森林資源をめぐる議論を活発化させるにつれて，紙に代わるものとして電子媒体が急速に存在感を
高めることになったのである。

17　下線部 (17) について述べた文として正しいものを，次の①〜④のうちから一つ選びなさい。
　　①　王国の首都は，常にナイル川下流域のデルタ地帯に置かれていた。
　　②　王であるファラオのみが，死後に遺体をミイラとして保存した。
　　③　古代エジプト人の宗教は，一時期を除いて様々な神々を信仰する多神教であった。
　　④　月の満ち欠けを基準とする太陰暦を用いていた。

18　下線部 (18) について述べた文として正しいものを，次の①〜④のうちから一つ選びなさい。
　　①　戦争に敗れてペルシアの支配下に入ったが，アレクサンドロス大王によって解放された。
　　②　都市国家であるポリスを築き，すべての人々が政治に参加する直接民主政を実現した。
　　③　一定程度の文化的共通性を有していたが，単一のギリシア人という意識は存在しなかった。
　　④　高度に発達した文化は，西方のローマのみならずアジア地域の文化にも影響を与えた。

19　下線部 (19) に関連して，イスラーム勢力の拡大過程について述べた文として**誤っているもの**を，
　　次の①〜④のうちから一つ選びなさい。

① ムハンマドは，メッカとメディナを含むアラビア半島西部を制圧した。

② 正統カリフ時代に，アラビア半島全域がイスラーム勢力の支配下に入った。

③ ウマイヤ朝は，地中海南岸の北アフリカ地域を支配下におさめた。

④ アッバース朝はヨーロッパに侵攻したが，トゥール・ポワティエ間の戦いに敗れて撤退した。

20 下線部（20）に関連して，2世紀に製法を改良し，紙の普及に貢献した人物として正しいものを，次の①～④のうちから一つ選びなさい。

① 班固　　　　　　② 班超　　　　　　③ 蔡倫　　　　　　④ 屈原

21 下線部（21）に関連して，15世紀のヨーロッパで活版印刷術の実用化を促す技術改良をおこなった人物として正しいものを，次の①～④のうちから一つ選びなさい。

① コペルニクス　　② グーテンベルク　③ カートライト　　④ ハーグリーヴズ

22 下線部（22）に関連して，19世紀に発明されたものとして**誤っているもの**を，次の①～④のうちから一つ選びなさい。

① ダイナマイト　　② 映画　　　　　　③ 電話機　　　　　④ 核兵器

23 下線部（23）に関連する出来事について述べた次の文 a～c が，年代の古い順に正しく配列されているものを，下の①～④のうちから一つ選びなさい。

a　ストックホルムで国連人間環境会議が開催された。

b　京都で地球温暖化防止会議（京都会議）が開催された。

c　リオデジャネイロで「環境と開発に関する国連会議」（地球サミット）が開催された。

① a→b→c　　② a→c→b　　③ b→a→c　　④ b→c→a

Ⅳ　次の文章を読んで，下の問いに答えなさい。

　12 世紀の西欧カトリック世界では，十字軍運動が活発化する中で宗教騎士団（騎士修道会）が相次いで設立された。そのうちテンプル騎士団やドイツ騎士団と並んで三大騎士団の一つに数えられるのが，ヨハネ騎士団である。

　ヨハネ騎士団は，⁽²⁴⁾ 聖地での戦闘や巡礼の救援などに活躍したのち，1291 年にイェルサレム王国の最後の拠点である（　25　）が陥落すると，最初はキプロス島に，次いでロードス島に拠点を移して ⁽²⁶⁾ イスラーム勢力との戦いを継続した。16 世紀に入るとオスマン帝国の圧力を受けてロードス島からの撤退を余儀なくされたが，1530 年には ⁽²⁷⁾ 神聖ローマ皇帝カール 5 世からマルタ島を与えられ，マルタ騎士団と称されるようになった。マルタ騎士団は強力な海軍を擁し，1571 年の（　28　）の海戦では，キリスト教連合軍に加わってオスマン帝国に対する勝利に貢献した。

　騎士団のマルタ島統治を終わらせたのは，イスラーム勢力ではなくフランスのナポレオン＝ボナパルトであった。ナポレオンは，地中海における軍事拠点としてマルタ島を重視し，1798 年のエジプト遠征途上で島を占領したのである。マルタ島からの撤退を強いられた騎士団は，存亡の危機を迎えることとなったが，⁽²⁹⁾ ロシア皇帝の支援などもあって活動を継続し，拠点を移しながら 1834 年に最終的にローマに落ち着いた。その後のマルタ騎士団は軍事的な活動からは離れ，⁽³⁰⁾ 医療などの分野での慈善活動に従事するようになり，人道的団体として現在に至っている。

24　下線部（24）に関連して，十字軍に関する出来事について述べた次の文 a ～ c が，年代の古い順に正しく配列されているものを，下の①～④のうちから一つ選びなさい。

　　a　クレルモンで教皇主催の宗教会議が開かれた。
　　b　ラテン帝国が建てられた。
　　c　サラディン（サラーフ＝アッディーン）にイェルサレムを奪われた。

　　①　a→b→c　　　　②　a→c→b　　　　③　b→a→c　　　　④　b→c→a

25　空欄（　25　）に入れる都市名として正しいものを，次の①～④のうちから一つ選びなさい。

　　①　エデッサ　　　　②　アッコン　　　　③　アレクサンドリア　　④　ダマスクス

26　下線部（26）に関連して，14 世紀にエジプト地域を支配していたイスラーム王朝として正しいものを，次の①～④のうちから一つ選びなさい。

　　①　ファーティマ朝　　②　アイユーブ朝　　③　マムルーク朝　　　④　セルジューク朝

27　下線部（27）について述べた文として**誤っているもの**を，次の①～④のうちから一つ選びなさい。

　　①　カルロス 1 世としてスペイン王を兼ねた。
　　②　イタリアの支配をめぐってフランス王フランソワ 1 世と争った。
　　③　ヴォルムス帝国議会を開催してルターを召喚した。
　　④　ネーデルラント連邦共和国の独立を承認した。

28　空欄（　28　）に入れる地名として正しいものを，次の①〜④のうちから一つ選びなさい。

　　①　アクティウム　　　　②　サラミス　　　　③　プレヴェザ　　　　④　レパント

29　下線部（29）に関連して，1800 年頃のロシアについて述べた文として正しいものを，次の①〜④のうちから一つ選びなさい。

　　①　イギリスやオーストリアなどと第 2 回対仏大同盟を結成していた。

　　②　プロイセンやオーストリアとポーランド分割の協議をおこなっていた。

　　③　プガチョフが主導する農民反乱が起こっていた。

　　④　ナロードニキの運動が盛んに展開されていた。

30　下線部（30）に関連して，国際赤十字について述べた文として**誤っているもの**を，次の①〜④のうちから一つ選びなさい。

　　①　デュナンによって設立された。

　　②　スイスのジュネーヴにおいて設立された。

　　③　第一次世界大戦の惨禍をきっかけに設立された。

　　④　戦時の傷病者に関する取扱いなどを定めた条約を成立させた。

数学

（60 分）

解答記入上の注意

（1）分数は既約分数（それ以上約分ができない分数）で答えなさい。

（2）根号を含む場合は分母を有理化し，根号の中に現れる自然数が最小となる形で答えなさい。

I　a を実数の定数，$y = f(x) = x^2 - (5a + 1)x + 4a^2 + 7a - 2$ とする。

（ア）　$y = f(x)$ のグラフは $x = \boxed{1}\,a - \boxed{2}$ ，$a + \boxed{3}$ で x 軸と共有点を持つ。

1	①	2	②	3	③	4	④	5
2	①	1	②	2	③	3	④	4
3	①	1	②	2	③	3	④	4

（イ）　$-7 \leqq x \leqq 3$ における $y = f(x)$ の最小値を $g(a)$ とすると，

　　　$a \leqq -\boxed{4}$ のとき　　　　　$g(a) = \boxed{5}\,(\boxed{6}\,a + \boxed{7})\,(a + \boxed{8})$，

　　　$-\boxed{4} \leqq a \leqq \boxed{9}$ のとき　$g(a) = -\dfrac{\boxed{10}}{\boxed{11}}\,(a - \boxed{12})^2$，

　　　$a \geqq \boxed{9}$ のとき　　　　　$g(a) = \boxed{13}\,(a - \boxed{14})^2$

　　である。

4	①	1	②	3	③	5	④	7
5	①	-3	②	-2	③	2	④	3
6	①	2	②	3	③	5	④	7
7	①	1	②	2	③	3	④	4
8	①	2	②	3	③	7	④	9
9	①	1	②	3	③	5	④	7
10	①	1	②	9	③	16	④	25
11	①	4	②	7	③	9	④	16
12	①	1	②	2	③	4	④	5
13	①	-4	②	-2	③	2	④	4

14 ① 　1 　　　　② 　2 　　　　③ 　4 　　　　④ 　5

Ⅱ 　四角形 ABCD において，∠BAD = 60°，∠BCA = 30°，BC = CD，AB = 2，AD = 4 とする。

（ア）　BD = $\boxed{}$ $\sqrt{\boxed{}}$ である。

15 ① 　2 　　　　② 　3 　　　　③ 　4 　　　　④ 　5
16 ① 　2 　　　　② 　3 　　　　③ 　5 　　　　④ 　6

（イ）　BC = CD = $\boxed{}$ ，AC = $\boxed{}$ $\sqrt{\boxed{}}$ である。

17 ① 　2 　　　　② 　3 　　　　③ 　4 　　　　④ 　6
18 ① 　2 　　　　② 　3 　　　　③ 　5 　　　　④ 　6
19 ① 　2 　　　　② 　3 　　　　③ 　5 　　　　④ 　6

（ウ）　BD と AC の交点を E とする。△AED と△BEC の面積の比は $\boxed{}$ ： $\boxed{}$
（最も簡単な整数の比）である。

20 ① 　1 　　　　② 　2 　　　　③ 　3 　　　　④ 　4
21 ① 　1 　　　　② 　2 　　　　③ 　3 　　　　④ 　4

（エ）　四角形 ABCD の面積は $\boxed{}$ $\sqrt{\boxed{}}$ である。

22 ① 　2 　　　　② 　3 　　　　③ 　4 　　　　④ 　6
23 ① 　2 　　　　② 　3 　　　　③ 　5 　　　　④ 　6

Ⅲ

【1】

(i)　x が負の整数のとき，不等式 $3x - 1 < 7(x + 1) + 8$ を満たす x の値は $\boxed{24}$ 個ある。

24　① 　2　　　　② 　3　　　　③ 　4　　　　④ 　5

(ii)　$f(a) = |2 - a|(a - 5) + |a - 5|$ とする。$f(6) = \boxed{25}$，$f(3) = \boxed{26}$ である。

25　①　-5　　　②　-4　　　③　4　　　　④　5
26　①　-4　　　②　0　　　　③　1　　　　④　4

【2】

$x = \dfrac{\sqrt{11} - \sqrt{7}}{\sqrt{11} + \sqrt{7}}$ とする。

(i)　$x + \dfrac{1}{x} = \boxed{27}$，$x^2 + \dfrac{1}{x^2} = \boxed{28}$ である。

27　①　7　　　　② 　9　　　　③ 　11　　　④ 　18
28　①　53　　　②　63　　　③　79　　　④　81

(ii)　$x^2 - \dfrac{1}{x^2} = \boxed{29} \sqrt{\boxed{30}}$ である。

29　①　-18　　②　-9　　　③　9　　　　④　18
30　①　7　　　　②　11　　　③　33　　　④　77

Ⅳ　赤球 2 個，青球 2 個，黒球 4 個の計 8 個の球がある。

（ア）　この 8 個の球を左から右に 1 列に並べる並べ方は　[31]　通りある。またこのうち，黒球
　　　　同士が隣り合わない並べ方は　[32]　通りある。

　　　31　① 　210　　　　　② 　420　　　　　③ 　840　　　　　④ 　1260
　　　32　① 　30　　　　　 ② 　60　　　　　 ③ 　90　　　　　 ④ 　210

（イ）　この 8 個の球を円周上に等間隔に並べるとき，赤球 2 個が円の直径の両端となるような並べ
　　　　方は　[33]　通りある。

　　　33　① 　6　　　　　　② 　9　　　　　　③ 　15　　　　　④ 　18

（ウ）　この 8 個の球を円周上に等間隔に並べる並べ方は　[34]　通りある。

　　　34　① 　15　　　　　② 　21　　　　　③ 　45　　　　　④ 　54

（エ）　これらの 8 個の球が入った袋から球を 3 個取り出す。3 個とも異なる色となる確率は

　　　　$\dfrac{\boxed{35}}{\boxed{36}}$　である。

　　　35　① 　1　　　　　　② 　2　　　　　　③ 　5　　　　　　④ 　11
　　　36　① 　7　　　　　　② 　14　　　　　③ 　21　　　　　④ 　42

（オ）　これらの 8 個の球が入った袋から球を 3 個取り出す。3 個のうちの 2 個が同じ色で 1 個は異

　　　　なる色となる確率は　$\dfrac{\boxed{37}}{\boxed{38}}$　である。

　　　37　① 　1　　　　　　② 　3　　　　　　③ 　5　　　　　　④ 　9
　　　38　① 　7　　　　　　② 　14　　　　　③ 　28　　　　　④ 　56

■化学■

(60分)

必要ならば，次の数値を用いなさい。

原子量　H：1.0　C：12　N：14　O：16　Na：23　S：32　Cl：35.5
　　　　Ar：40

Ⅰ　次の問い1〜7に答えなさい。

1 原子間の結合様式が異なる物質の組み合わせとして最も適切なものを，次の①〜④から一つ選び，その番号をマークしなさい。

① （KCl, HCl）　　② （H_2O, NH_3）　　③ （CuO, NaF）　　④ （C_2H_4, O_2）

2 次の図は，陽イオンA（●）と陰イオンB（○）からなるイオン結晶の単位格子である。これらの単位格子のうち，A_2B の組成式で表されるものとして最も適切なものを，図の①〜④から一つ選び，その番号をマークしなさい。

①

②

③

④

3 容積5.6Lの密閉容器に，酸素8.0g，窒素7.0g，アルゴン20gを入れ，0℃に保ち，混合気体とした。このときの容器内の酸素の分圧として最も適切なものを，次の①〜④から一つ選び，その番号をマークしなさい。ただし，0℃, 1.0×10^5 Pa での気体1 molの体積を22.4Lとする。

① 1.0×10^5 Pa　　② 2.0×10^5 Pa　　③ 3.0×10^5 Pa　　④ 4.0×10^5 Pa

4 密度1.80 g/cm³，質量パーセント濃度98%の濃硫酸がある。この溶液のモル濃度として最も適切なものを，次の①〜④から一つ選び，その番号をマークしなさい。

① 7.0　　　　　② 18　　　　　③ 21　　　　　④ 28

5　塩化アンモニウム NH_4Cl と水酸化カルシウム $Ca(OH)_2$ の反応により発生するアンモニアを捕集する実験装置として最も適切なものを，次の①～④から一つ選び，その番号をマークしなさい。

　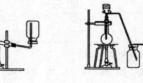　

①　　　　　　　　　②　　　　　　　　　③　　　　　　　　　④

6　水溶液がどちらも酸性を示す塩の組み合わせとして最も適切なものを，次の①～④から一つ選び，その番号をマークしなさい。

① $CaCl_2$，$CuSO_4$　　　　　　　② $NaHSO_4$，$NaHCO_3$

③ $FeCl_3$，$(NH_4)_2SO_4$　　　　　④ CH_3COONa，NH_4Cl

7　次の反応 a，b，c より，Fe^{3+}，I_2，Br_2，Zn^{2+}の酸化力の比較をおこなった。酸化力の強いものから弱いものの順として最も適切なものを，下の①～④から一つ選び，その番号をマークしなさい。

a.　$2Fe^{3+} + 2I^- \longrightarrow 2Fe^{2+} + I_2$

b.　$2Fe^{2+} + Br_2 \longrightarrow 2Fe^{3+} + 2Br^-$

c.　$I_2 + Zn \longrightarrow Zn^{2+} + 2I^-$

① $Fe^{3+} > I_2 > Br_2 > Zn^{2+}$　　　② $I_2 > Br_2 > Zn^{2+} > Fe^{3+}$

③ $Br_2 > Zn^{2+} > Fe^{3+} > I_2$　　　④ $Br_2 > Fe^{3+} > I_2 > Zn^{2+}$

Ⅱ　次の文章を読んで，下の問いに答えなさい。

　すべての物質は，原子などの小さな粒子から成り立っている。これら構成粒子間の結合を化学結合という。構成粒子がイオン結合，共有結合，金属結合，分子間力によって規則正しく配列した固体を結晶という。

　陽イオンと陰イオンがイオン結合により規則正しく配列した結晶をイオン結晶という。一般に，イオン結晶は（　8　）という性質をもつ。また，イオン結合は，一般に（　9　）の間で電子をやり取りすることで生じる。

　ダイヤモンドは，炭素原子が隣接する（　10－ア　）個の炭素原子と結合した構造がくり返された共有結合結晶である。また，黒鉛の炭素原子は，隣接する（　10－イ　）個の炭素原子との結合が繰り返されて（　11　）構造をつくり，それらが分子間引力により何層にも重なりあった結晶である。このため黒鉛は（　12　）という性質をもつ。

　金属における原子の配列の繰り返し構造には，(13) 体心立方格子，面心立方格子，六方最密構造などがあり，一般に金属結晶はこれらのいずれかに分類される。

　分子が分子間力によって結晶となったものを分子結晶という。ハロゲンの単体（注：ここではアスタチンを除く）では（　14　）だけが常温，常圧で分子結晶をつくり，他は液体または気体である。その理由は，ハロゲン分子間にはたらく引力が（　15　）からである。しかし，ハロゲンの水素化合物の沸点では，（　15　）という性質から予想される値とは異なり，（　16　）の順になる。この理由は，沸点の最も高い分子の分子間には（　17　）が働いているからである。

8　文中の（　8　）に当てはまる性質として最も適切なものを，次の①～④から一つ選び，その番号をマークしなさい。

　　①　極めて融点が低い　　　　　　　　②　硬いがもろい
　　③　展性・延性に富む　　　　　　　　④　昇華しやすいものもある

9　文中の（　9　）に当てはまる原子として最も適切なものを，次の①～④から一つ選び，その番号をマークしなさい。

　　①　金属原子と金属原子　　　　　　　②　金属原子と非金属原子
　　③　非金属原子と非金属原子　　　　　④　金属と非金属の両方の性質を併せもつ原子

10　文中の（　10－ア　），（　10－イ　）に当てはまる数値の組み合わせとして最も適切なものを，次の①～④から一つ選び，その番号をマークしなさい。

	（ 10-ア ）	（ 10-イ ）
①	3	3
②	3	4
③	4	3
④	4	4

11 文中の（ **11** ）に当てはまる構造名として最も適切なものを，次の①〜④から一つ選び，その番号をマークしなさい。

① 正四面体 ② 平面 ③ 直鎖状 ④ 三次元網目状

12 文中の（ **12** ）に当てはまる性質として最も適切なものを，次の①〜④から一つ選び，その番号をマークしなさい。

① 硬く，電気を導かない ② 硬く，電気を導く

③ 軟らかく，電気を導かない ④ 軟らかく，電気を導く

13 下線部（**13**）について，これらの結晶構造のうち，最密構造（または最密充填構造）と呼ばれる構造として最も適切なものを，次の①〜④から一つ選び，その番号をマークしなさい。

① 六方最密構造のみ ② 六方最密構造と体心立方格子

③ 体心立方格子と面心立方格子 ④ 面心立方格子と六方最密構造

14 文中の（ **14** ）に当てはまる物質名として最も適切なものを，次の①〜④から一つ選び，その番号をマークしなさい。

① フッ素 ② 塩素 ③ 臭素 ④ ヨウ素

15 文中の（ **15** ）に当てはまる記述として最も適切なものを，次の①〜④から一つ選び，その番号をマークしなさい。

① 分子量が大きいほど強くなる

② 分子量が小さいほど強くなる

③ 陰性の大きい原子からなる分子ほど強くなる

④ 陰性の小さい原子からなる分子ほど強くなる

16 文中の（ **16** ）に当てはまる沸点の順（高いものから低いものの順）として最も適切なものを，

次の①〜④から一つ選び，その番号をマークしなさい。

①　HI > HBr > HCl > HF　　　　　　　②　HF > HI > HBr > HCl

③　HCl > HF > HI > HBr　　　　　　　④　HBr > HCl > HF > HI

17　文中の（　**17**　）に当てはまる語句として最も適切なものを，次の①〜④から一つ選び，その番号をマークしなさい。

①　イオン結合　　　②　共有結合　　　③　水素結合　　　④　配位結合

Ⅲ　次の文章を読んで，下の問いに答えなさい。

　化学反応において，反応物から生成物ができるときに，複数の反応経路が考えられる場合がある。こうした反応では，反応熱と反応経路の間には，次のような関係が成り立つ。

　「物質が変化するときの反応熱の総和は，変化前後の物質の種類と状態だけで決まり，変化の経路や方法には関係しない」この法則を（　**18**　）という。

　この法則を確かめるため，次の**操作1〜3**をおこない，それぞれの反応熱を図Aの装置（蓋つきの発泡ポリスチレン容器）を用い，その温度変化を図Bに記録した。

操作1：図Aの装置（以下Aと略記）に純水 100 mL を入れ，室温となったところで水酸化ナトリウムの固体 2.0 g を素早くはかり取ってAに入れた。(19) 温度変化を図Bから読み取ると，5.3 ℃であった。

操作2：1.0 mol/L の水酸化ナトリウム水溶液 50 mL と 1.0 mol/L の塩酸 50 mL を別々の容器にとり，どちらも室温となったことを確かめたうえで両液をAに入れた。このときの温度変化は 6.7 ℃であった。

操作3：室温となった 0.50 mol/L の塩酸 100 mL をAに入れ，次に 2.0 g の水酸化ナトリウムの固体を加えた。このときの温度変化は 12 ℃であった。

　以下の設問において，すべての水溶液の比熱を 4.2 J/(g・K) とし，水および水溶液の密度は 1.0 g/mL，固体の水酸化ナトリウムを溶かしても溶液の体積変化はなく，溶液の混合後も体積和が成り立つものとする。

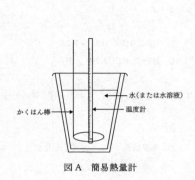

図 A　簡易熱量計

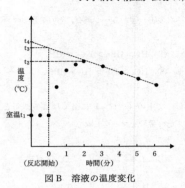

図 B　溶液の温度変化

18　文中の（　**18**　）に当てはまる法則名として最も適切なものを，次の①～④から一つ選び，その番号をマークしなさい。

　　①　ヘンリーの法則　　　②　ヘスの法則　　　③　ボイルの法則　　　④　シャルルの法則

19　下線部（**19**）に関して，図 B から温度変化を求める場合，図中の $t_1 \sim t_4$ のどの温度差を求めればよいか。最も適切なものを，次の①～④から一つ選び，その番号をマークしなさい。

　　①　t_1 と t_2　　　　　②　t_1 と t_3　　　　　③　t_1 と t_4　　　　　④　t_2 と t_4

20　**操作 1** について，水への固体の水酸化ナトリウムの溶解による発熱量として最も適切なものを，次の①～④から一つ選び，その番号をマークしなさい。

　　①　1.5 kJ　　　　　②　2.2 kJ　　　　　③　3.4 kJ　　　　　④　4.0 kJ

21　固体の水酸化ナトリウムの溶解熱として最も適切なものを，次の①～④から一つ選び，その番号をマークしなさい。

　　①　22 kJ/mol　　　②　36 kJ/mol　　　③　44 kJ/mol　　　④　52 kJ/mol

22　**操作 2** について，中和熱として最も適切なものを，次の①～④から一つ選び，その番号をマークしなさい。

　　①　54 kJ/mol　　　②　56 kJ/mol　　　③　58 kJ/mol　　　④　60 kJ/mol

23　**操作 3** の結果より，過剰の塩酸に固体の水酸化ナトリウム 1 mol を加えた際の反応熱として最も適切なものを，次の①～④から一つ選び，その番号をマークしなさい。

① 7.6 × 10 kJ/mol ② 9.2 × 10 kJ/mol
③ 9.8 × 10 kJ/mol ④ 1.0 × 10² kJ/mol

24 中和熱を Q[kJ/mol] とすると，0.50 mol/L の硫酸水溶液 200 mL と 1.0 mol/L の水酸化ナト
リウム水溶液 300 mL を混合したときの発熱量として最も適切なものを，次の①～④から一つ
選び，その番号をマークしなさい。

① 0.10Q kJ ② 0.20Q kJ ③ 0.30Q kJ ④ 0.40Q kJ

Ⅳ 次の［文章1］および［文章2］を読んで，下の問いに答えなさい。

［文章1］ 密閉容器の中に，水素 H_2 とヨウ素 I_2 の気体混合物を入れて熱すると，ヨウ化水素 HI
が生成する。この反応は，次の（a）式で表され，左右どちらの向きにも起こりうる可逆
反応である。

$$H_2（気）+ I_2（気）\rightleftharpoons 2HI（気）\quad\cdots\cdots(a)$$

下図に，この反応の経路を模式的に示す。図中の E_1 は，反応物（水素分子とヨウ素分子）
がそれぞれ水素原子とヨウ素原子に解離した状態1になるために必要なエネルギーであ
る。実際の反応は，この状態1を経由するのではなく，十分なエネルギーをもった水素
分子とヨウ素分子が適切な向きで衝突して形成される状態2の（ **25－ア** ）状態を経
由して進む。また，E_2 は反応の（ **25－ア** ）エネルギーであり，E_3 は反応熱である。
この反応の際に用いられる白金は，反応（a）の（ **25－イ** ）として作用する。この
とき白金は，反応の（ **25－ア** ）エネルギーを（ **26－ア** ）し，（ **26－イ** ）を
大きくする。

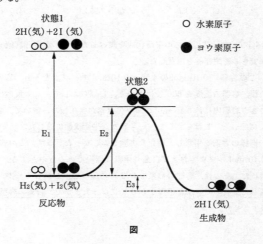

図

25　文中の（　**25 ーア**　），（　**25 ーイ**　）に当てはまる語句の組み合わせとして最も適切なものを，次の①〜④から一つ選び，その番号をマークしなさい。

	（　**25 ーア**　）	（　**25 ーイ**　）
①	イオン化	触媒
②	活性化	触媒
③	イオン化	脱水剤
④	活性化	脱水剤

26　文中の（　**26 ーア**　），（　**26 ーイ**　）に当てはまる語句の組み合わせとして最も適切なものを，次の①〜④から一つ選び，その番号をマークしなさい。

	（　**26 ーア**　）	（　**26 ーイ**　）
①	小さく	反応速度
②	ゼロに	反応速度
③	大きく	生成量
④	ゼロに	生成量

27　図中の反応熱 E_3 の値は，状態 2 を経路とした場合 9.0 kJ である。状態 1 を経路とした場合の反応熱として最も適切なものを，下の①〜④から一つ選び，その番号をマークしなさい。必要ならば次の値を用いなさい。

	H − H	I − I	H − I
結合エネルギー [kJ/mol]	436	153	299

①　9.0 kJ　　　　②　45 kJ　　　　③　244 kJ　　　　④ 396 kJ

［文章 2］　**［文章 1］**の（a）式の反応の平衡状態を調べるために，温度と容積を自由に変化させることができる密閉容器を用意した。

　　　　まず，この容器に 0.10 mol の水素と 0.10 mol のヨウ素を入れ，容積 5.0 L で密閉した。その後，容器の温度を 800 K に保つと，しばらくして，(28) 反応は平衡状態に達した。そのとき容器内には 0.15 mol のヨウ化水素が存在した。続いて，容器の温度を下げて 600 K に保つと，しばらくして，(29) 新たな平衡状態に達した。

　　　　次に，同様の容器を用意し，新たな実験をおこなった。まず，この容器に 0.10 mol の水素と 0.10 mol のヨウ素および白金（体積は無視できるものとする）を入れ，容積 5.0 L で密閉した。その後，容器の温度を 800 K に保つと，しばらくして，(30) 反応は平衡状態に達した。続いて，(31) 温度を 800 K に保ったままで，容器の容積を 5.0 L から 1.0 L まで減少させた。

28 下線部 **(28)** で，(a) 式の反応が平衡状態に達したときの容器内の水素の物質量として最も適切なものを，次の①〜④から一つ選び，その番号をマークしなさい。

① 0.05 mol　　　② 0.03 mol　　　③ 0.025 mol　　　④ 0.02 mol

29 下線部 **(29)** の 600 K の容器内のヨウ化水素の物質量は，下線部 **(28)** の 800 K のときと比べて，どのように変化したか。最も適切なものを，次の①〜④から一つ選び，その番号をマークしなさい。

① 増加した　　　② 変化しなかった　　　③ 減少した
④ 初め増加したが次第に 800 K のときの物質量に戻った

30 下線部 **(30)** において，容器内のヨウ化水素の物質量として最も適切なものを，次の①〜④から一つ選び，その番号をマークしなさい。

① 0.10 mol　　　② 0.15 mol　　　③ 0.20 mol　　　④ 0.25 mol

31 下線部 **(31)** において，容器の容積の減少とヨウ化水素の物質量は，どのような関係にあったか。最も適切なものを，次の①〜④から一つ選び，その番号をマークしなさい。

① 容器の容積の減少とともにヨウ化水素の物質量も減少していった。
② 容器の容積の減少とともにヨウ化水素の物質量は増大していった。
③ 容器の容積が減少してもヨウ化水素の物質量は変化しなかった。
④ 容器の容積の減少とともにヨウ化水素の物質量は初めは減少したが，
　　次第に 5.0 L の容積のときの物質量に戻った。

V 次の文章を読んで，下の問いに答えなさい。

　炭酸ナトリウムはガラスや洗剤の原料として工業的に重要な化合物である。炭酸ナトリウムは白色の粉末で，水に溶けて（　32－ア　）を示す。また，塩酸と反応して，気体（　32－イ　）を発生する。炭酸ナトリウムの水和物としては炭酸ナトリウム十水和物などがある。炭酸ナトリウム十水和物は，空気中で結晶水の一部を失い，粉末状の炭酸ナトリウム一水和物になる。このような現象を（　33　）という。

　炭酸ナトリウムは，工業的には NaCl，（　34－ア　），（　34－イ　）を出発原料として製造されている。この方法においては，次の（i）式に示した反応にしたがって，まず中間生成物である（　35－ア　）が合成される。

$$NaCl + （34－ア） + （34－イ） + H_2O \longrightarrow （35－ア） + （35－イ） \cdots (i)$$

　沈殿物として分離された（　35－ア　）は，(ii) 式のように熱分解されて最終生成物の Na_2CO_3 が生成される。

$$2（35－ア） \longrightarrow Na_2CO_3 + （34－ア） + H_2O \cdots\cdots\cdots\cdots\cdots\cdots (ii)$$

　出発原料である（　34－ア　）は，(ii) 式の副生成物として得られるほか，次の (iii) 式にしたがって石灰石からも作られる。

$$CaCO_3 \longrightarrow CaO + （34－ア） \cdots\cdots\cdots\cdots\cdots\cdots\cdots\cdots\cdots\cdots (iii)$$

　また，もう一つの出発原料である（　34－イ　）は，(i) 式の副生成物を用いて，下の (v) 式の反応で回収，再利用される。

$$CaO + H_2O \longrightarrow Ca(OH)_2 \cdots\cdots\cdots\cdots\cdots\cdots\cdots\cdots\cdots\cdots\cdots (iv)$$

$$Ca(OH)_2 + 2（35－イ） \longrightarrow CaCl_2 + 2（34－イ） + 2H_2O \cdots\cdots\cdots (v)$$

32 文中の（　32－ア　），（　32－イ　）に当てはまる語句と物質名の組み合わせとして最も適切なものを，次の①〜④から一つ選び，その番号をマークしなさい。

	（　32－ア　）	（　32－イ　）
①	塩基性	二酸化炭素
②	塩基性	アンモニア
③	中性	二酸化炭素
④	中性	アンモニア

33 文中の（　**33**　）に当てはまる語句として最も適切なものを，次の①～④から一つ選び，その番号をマークしなさい。

① 潮解　　　　　② 風解　　　　　③ 脱水　　　　　④ 融解

34 文中の（　**34－ア**　），（　**34－イ**　）に当てはまる物質の化学式の組み合わせとして最も適切なものを，次の①～④から一つ選び，その番号をマークしなさい。

	（　34－ア　）	（　34－イ　）
①	H_2CO_3	NH_4Cl
②	NH_4Cl	H_2CO_3
③	CO_2	NH_3
④	NH_3	CO_2

35 文中の（　**35－ア**　），（　**35－イ**　）に当てはまる物質の化学式の組み合わせとして最も適切なものを，次の①～④から一つ選び，その番号をマークしなさい。

	（　35－ア　）	（　35－イ　）
①	NH_4Cl	H_2CO_3
②	$NaHCO_3$	H_2CO_3
③	NH_4Cl	$NaHCO_3$
④	$NaHCO_3$	NH_4Cl

36 問題文に記された炭酸ナトリウムの工業的製法は，とくに何と呼ばれるか。その名称を答えなさい。

37 炭酸ナトリウム 2.12 kg を合成するために必要な，質量パーセント濃度 30.0％の食塩水の最小質量（kg）を求め，小数第二位まで答えなさい。ただし，反応はすべて完全に進行するものとする。

■生物■

（60分）

Ⅰ　ヒトの生体防御に関する次の文章を読んで，下の問いに答えなさい。

　ヒトの生体防御のしくみは，大きく3つの段階に分けることができる。まず，第一の防御として物理的防御や化学的防御がある。物理的防御の例としては，（　1　）などが挙げられる。また，化学的防御の例としては，涙などに含まれる（　2　）による細菌の細胞壁の破壊などが挙げられる。

　物理的・化学的防御を突破して病原体などの異物が体内に侵入すると，第二の防御のしくみがはたらく。これは，主に（　3　）が異物を取り込み，細胞内で分解して排除するしくみである。このような第一・第二の防御のしくみを（　4　）免疫という。

　第二の防御のしくみによって排除しきれなかった異物に対しては，第三の防御のしくみがはたらく。このしくみでは，リンパ球が特異的に異物を認識し，攻撃する。リンパ球の認識対象となる異物を抗原という。この第三の防御のしくみは（　5-ア　）免疫と（　5-イ　）免疫から成り，第二の防御の段階で異物を取り込んだ（　3　）のうちの（　6　）が，T細胞に（　7　）することで始まる。

　(8) キラーT細胞が活性化されると，これが増殖して抗原を攻撃し，排除する。このしくみを（　5-ア　）免疫という。また，ヘルパーT細胞が活性化され，これがさらにB細胞を活性化すると，B細胞が増殖して抗体産生細胞（形質細胞）に分化し，(9) 抗体を体液中に放出する。抗体は，抗原抗体反応により抗原を無毒化し，排除する。このしくみを（　5-イ　）免疫という。

　(10) 第三の防御のしくみには，第二の防御のしくみにはみられない特徴があり，この特徴は医療などの分野でも応用的に利用されている。

1　文中の（　1　）にあてはまる例として最も適切なものを，次の①〜④のうちから一つ選び，その番号をマークしなさい。

　　①　皮膚の角質層により，異物の侵入を防ぐこと

　　②　立毛筋の収縮により，異物の侵入を防ぐこと

　　③　胃酸により，細菌などの繁殖を抑えること

　　④　だ液中の成分により，細菌などの繁殖を抑えること

2　文中の（　2　）にあてはまる語句として最も適切なものを，次の①〜④のうちから一つ選び，その番号をマークしなさい。

① ワクチン　　② サイトカイン　　③ ディフェンシン　　④ リゾチーム

3 文中の（ 3 ）にあてはまる語句として最も適切なものを，次の①〜④のうちから一つ選び，その番号をマークしなさい。

① 食細胞　　　② リンパ球　　　③ NK 細胞　　　④ 原核細胞

4 文中の（ 4 ）にあてはまる語句として最も適切なものを，次の①〜④のうちから一つ選び，その番号をマークしなさい。

① 獲得（適応）　　② 自然　　　③ 特異的　　　④ 日和見

5 文中の（ 5ーア ）および（ 5ーイ ）にあてはまる語句の組合せとして最も適切なものを，次の①〜④のうちから一つ選び，その番号をマークしなさい。

	（ 5ーア ）	（ 5ーイ ）
①	体液性	非特異性
②	体液性	細胞性
③	細胞性	非特異性
④	細胞性	体液性

6 文中の（ 6 ）にあてはまる語句として最も適切なものを，次の①〜④のうちから一つ選び，その番号をマークしなさい。

① 好中球　　　② NK 細胞　　　③ 樹状細胞　　　④ 記憶細胞

7 文中の（ 7 ）にあてはまる語句として最も適切なものを，次の①〜④のうちから一つ選び，その番号をマークしなさい。

① 融合　　　② 分化　　　③ 抗原提示　　　④ アレルゲン提示

8 下線部（8）について，キラー T 細胞により攻撃，排除される対象として**適切でないもの**を，次の①〜④のうちから一つ選び，その番号をマークしなさい。

① がん細胞　　　　　　　　　　② 皮膚の移植片
③ ウイルスに感染した細胞　　　④ 体内に侵入したウイルス

9 下線部（9）について，抗体に関する説明として最も適切なものを，次の①〜④のうちから一つ選び，その番号をマークしなさい。

① 1 つの抗体は，特定の抗原とのみ結合する。
② 1 つの抗体において，抗原と結合できる部位は 1 箇所のみである。
③ 1 つの抗体産生細胞は，複数の抗原に対応するさまざまな種類の抗体を産生する。
④ 1 つの抗体は，脂質とタンパク質からできている。

10　下線部（10）について，第三の防御のみにみられる特徴，およびその医療分野における応用に関する説明として**適切でないもの**を，次の①〜④のうちから一つ選び，その番号をマークしなさい。

　　①　第三の防御のしくみでは，免疫記憶ができる。

　　②　第三の防御のしくみでは，二次応答が起こる。

　　③　第三の防御のしくみを応用したものに，予防接種がある。

　　④　第三の防御のしくみを応用したものに，骨髄移植がある。

Ⅱ　生態系のバランスと保全に関する次の文章を読んで，下の問いに答えなさい。

　　生態系はさまざまな要因によってかく乱され，常に変動している。しかし，（　11　）力がはたらくため，過度なかく乱が起こらない限り，変動は一定の範囲内に保たれることが多い。例えば，河川に有機物を含む汚濁物質が流れ込むと，その場所では（　12　）が増殖し，その結果，多量の NH_4^+ が発生する。このとき多量の（　13　）が消費されるため，水中の（　13　）濃度が低下する。NH_4^+ は下流に運ばれるうちに（　14　）のはたらきによって最終的に（　15　）に変えられ，これが下流の藻類などに利用される。藻類などが繁殖している下流地域までくると，水中の有機物の量は減少し，（　13　）濃度も高くなる。このようにして，河川の水は浄化される。

　　しかし，河川の浄化能力を超える量の汚濁物質が流入すると，浄化できず，湖沼や海に多量の有機物が流れ込み，(16) 富栄養化が起こる。その結果，(17) 海では赤潮，湖沼ではアオコという現象が引き起こされることが多い。

　　人間の活動が生態系に深刻な影響をおよぼすことも報告されている。(18) DDT などの農薬が生物に取り込まれると，体内にまわりの環境よりも高い濃度で蓄積されることが多い。このような現象は生物濃縮と呼ばれる。

　　次の**表1**は，ある生態系におけるさまざまな生物の体内に蓄積された DDT 濃度（相対値）を示したものである。この表において，水中に存在する DDT が四次消費者の鳥類Cに至る過程での濃縮倍率は（　19　）倍である。また，各栄養段階間の DDT の濃縮倍率を計算すると，（　20　）に取り込まれる過程での濃縮率が最も大きいことがわかる。

表1

		DDT 濃度（相対値）
	水中	0.00005
一次消費者	動物プランクトン	0.04
二次消費者	魚類A	0.23
三次消費者	魚類B	2.07
四次消費者	鳥類C	13.80

11　文中の（　11　）にあてはまる語句として最も適切なものを，次の①〜④のうちから一つ選び，

その番号をマークしなさい。
① 保全 ② 復元 ③ バランス ④ 循環

12 文中の（ 12 ）にあてはまる生物名として最も適切なものを，次の①〜④のうちから一つ選び，その番号をマークしなさい。
① 細菌 ② サワガニ ③ カゲロウの幼虫 ④ オオカナダモ

13 文中の（ 13 ）にあてはまる語句として最も適切なものを，次の①〜④のうちから一つ選び，その番号をマークしなさい。
① 酸素 ② 二酸化炭素 ③ 窒素 ④ 水素

14 文中の（ 14 ）にあてはまる生物名として最も適切なものを，次の①〜④のうちから一つ選び，その番号をマークしなさい。
① 大腸菌 ② 乳酸菌 ③ 脱窒素細菌 ④ 硝化菌

15 文中の（ 15 ）にあてはまる語句として最も適切なものを，次の①〜④のうちから一つ選び，その番号をマークしなさい。
① N_2 ② NO_2^- ③ NO_3^- ④ CO_2

16 下線部（16）について，富栄養化を引き起こす原因となる元素として最も適切なものを，次の①〜④のうちから一つ選び，その番号をマークしなさい。
① 炭素 ② 酸素 ③ リン ④ 硫黄

17 下線部（17）について，赤潮やアオコに関する説明として**適切でないもの**を，次の①〜④のうちから一つ選び，その番号をマークしなさい。
① 赤潮が発生すると，水中の酸素量が増加する。
② 赤潮が発生すると，魚類や貝類などの大量死を招くことがある。
③ アオコが発生すると，水中に届く光の量が減少する。
④ アオコが発生すると，そこに生息する生物の多様性が低下する。

18 下線部（18）について，DDTなどの農薬の性質に関する説明として最も適切なものを，次の①〜④のうちから一つ選び，その番号をマークしなさい。
① 生体内で分解されにくいが，排出されやすい。
② 生体内で分解されやすいが，排出されにくい。
③ 生体内で分解されやすく，排出されやすい。
④ 生体内で分解されにくく，排出されにくい。

19 文中の（　**19**　）にあてはまる数値として最も適切なものを，次の①～④のうちから一つ選び，その番号をマークしなさい。

① 6.7　　　　　　② 60　　　　　　③ 345　　　　　　④ 276000

20 文中の（　**20**　）にあてはまる語句として最も適切なものを，次の①～④のうちから一つ選び，その番号をマークしなさい。

① 水中から動物プランクトン　　　　② 動物プランクトンから魚類 A

③ 魚類 A から魚類 B　　　　　　　④ 魚類 B から鳥類 C

Ⅲ　細胞に関する次の文章を読んで，下の問いに答えなさい。

　地球上には，(21) 原核生物や真核生物などのさまざまな生物が存在するが，すべての生物のからだは細胞からできている。細胞は，厚さ（　**22**　）の (23) 細胞膜に囲まれており，その内部にはさまざまなはたらきをもつ構造物が存在する。例えば，真核細胞がもつミトコンドリアは（　**24**　）。また，ゴルジ体は（　**25**　）。(26) 原核細胞と真核細胞の両者に共通してみられる構造物も存在する。真核細胞の細胞質基質には，微小管，（　**27**　），アクチンフィラメントという 3 種類の細胞骨格が存在する。これらのうちの微小管は，（　**28**　）というタンパク質からできている。アクチンフィラメント上では（　**29**　）というモータータンパク質の移動がみられ，(30) 生体にみられるさまざまな現象に関わる。

21 下線部（**21**）について，原核生物にあてはまる特徴として最も適切なものを，次の①～④のうちから一つ選び，その番号をマークしなさい。

① DNA をもつが，細胞壁はもたない。

② 細胞壁をもつが，DNA はもたない。

③ DNA と細胞壁の両方をもつ。

④ DNA と細胞壁の両方をもたない。

22 文中の（　**22**　）にあてはまる数値とその単位として最も適切なものを，次の①～④のうちから一つ選び，その番号をマークしなさい。

① 1～3 nm　　② 5～10 nm　　③ 1～3 μm　　④ 5～10 μm

23 下線部（**23**）について，細胞膜に関する説明として最も適切なものを，次の①～④のうちから一つ選び，その番号をマークしなさい。

① おもにリン脂質とタンパク質から成る。

② おもにリン脂質と核酸から成る。

③ おもに糖とタンパク質から成る。

④　おもに糖と核酸から成る。

24　文中の（　24　）にあてはまる文として最も適切なものを，次の①〜④のうちから一つ選び，
その番号をマークしなさい。

①　一重膜から成り，呼吸に関わる

②　一重膜から成り，光合成に関わる

③　二重膜から成り，呼吸に関わる

④　二重膜から成り，光合成に関わる

25　文中の（　25　）にあてはまる文として最も適切なものを，次の①〜④のうちから一つ選び，
その番号をマークしなさい。

①　一重膜から成り，タンパク質の合成に関わる

②　一重膜から成り，タンパク質の分泌に関わる

③　二重膜から成り，タンパク質の合成に関わる

④　二重膜から成り，タンパク質の分泌に関わる

26　下線部（26）について，原核細胞と真核細胞に共通してみられる構造物として最も適切なも
のを，次の①〜④のうちから一つ選び，その番号をマークしなさい。

①　中心体　　　　②　リソソーム　　　③　リボソーム　　　④　小胞体

27　文中の（　27　）にあてはまる語句として最も適切なものを，次の①〜④のうちから一つ選び，
その番号をマークしなさい。

①　ミオシンフィラメント　　　　　②　ダイニン

③　キネシン　　　　　　　　　　　④　中間径フィラメント

28　文中の（　28　）にあてはまる語句として最も適切なものを，次の①〜④のうちから一つ選び，
その番号をマークしなさい。

①　ケラチン　　　②　ミオシン　　　③　ダイニン　　　④　チューブリン

29　文中の（　29　）にあてはまる語句として最も適切なものを，次の①〜④のうちから一つ選び，
その番号をマークしなさい。

①　キネシン　　　②　アクチン　　　③　ミオシン　　　④　ダイニン

30　下線部（30）について，アクチンフィラメントが関わる現象として**適切でないもの**を，次の
①〜④のうちから一つ選び，その番号をマークしなさい。

①　筋収縮　　　　　　　　　　　　②　紡錘体の形成

③　原形質流動（細胞質流動）　　　④　アメーバ運動

Ⅳ　緑色植物のおこなう光合成に関する次の文章を読んで，下の問いに答えなさい。

　　緑色植物のおこなう光合成は，細胞小器官である葉緑体が光を受容することで開始する。葉緑体の内部に存在するチラコイドの膜には (31) クロロフィルなどの光合成色素が存在し，(32) 特定の波長の光をよく吸収する。

　　緑色植物のおこなう光合成の過程は，葉緑体のチラコイドで起こる反応と（　33　）で起こる反応に分けることができる。チラコイドに存在する光化学系に光が当たると，反応中心のクロロフィルが光エネルギーを吸収して活性化され，電子を放出する。光化学系Ⅱでは，電子を失った反応中心のクロロフィルが（　34　）の分解によって生じる電子を受け取って元の状態に戻る。一方，光化学系Ⅰでは，（　35　）が生成する。電子を失った光化学系Ⅰのクロロフィルは光化学系Ⅱから移動してくる電子を受け取り元の状態に戻る。光化学系の反応にともなって (36) 水素イオンが輸送され，チラコイド膜を介した H^+ の濃度勾配が形成されると，(37) これを利用してATP が合成される。

　　チラコイドにおける反応によって生成された（　35　）や ATP は，（　33　）においてカルビン・ベンソン回路で利用され，有機物が合成される。次の図 1 は，カルビン・ベンソン回路を模式的に表したものである。図中の (38) RuBP, PGA, GAP は，それぞれリブロース二リン酸（リブロースビスリン酸），ホスホグリセリン酸，グリセルアルデヒドリン酸を表す。図 1 において矢印で示されている A 〜 C の経路のうち，ATP が利用されるのは（　39 - ア　）であり，二酸化炭素の固定がおこなわれるのは（　39 - イ　）である。

　　緑色植物以外にも光合成をおこなう生物は存在し，その例として（　40　）などが挙げられる。

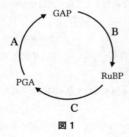

図 1

31　下線部 (31) について，クロロフィル以外の光合成色素として最も適切なものを，次の①〜④のうちから一つ選び，その番号をマークしなさい。

　　①　フィトクロム　　　②　フォトトロピン　　　③　クリプトクロム　　　④　カロテン

32　下線部 (32) について，クロロフィルがよく吸収する光の組合せとして最も適切なものを，次の①〜④のうちから一つ選び，その番号をマークしなさい。

　　①　青色光（青紫色光）と赤色光　　　　②　青色光（青紫色光）と緑色光

　　③　赤色光と遠赤色光　　　　　　　　　④　遠赤色光と緑色光

33 文中の（ **33** ）にあてはまる語句として最も適切なものを，次の①〜④のうちから一つ選び，
その番号をマークしなさい。

① マトリックス ② クリステ ③ グラナ ④ ストロマ

34 文中の（ **34** ）にあてはまる語句として最も適切なものを，次の①〜④のうちから一つ選び，
その番号をマークしなさい。

① 二酸化炭素 ② 水 ③ 酸素 ④ 硫化水素

35 文中の（ **35** ）にあてはまる語句として最も適切なものを，次の①〜④のうちから一つ選び，
その番号をマークしなさい。

① NAD^+ ② $NADH$ ③ $NADP^+$ ④ $NADPH$

36 下線部（**36**）についての説明として最も適切なものを，次の①〜④のうちから一つ選び，そ
の番号をマークしなさい。

① 水素イオンが，葉緑体外部からチラコイド内部に輸送される。

② 水素イオンが，チラコイド内部から葉緑体外部に輸送される。

③ 水素イオンが，（ **33** ）からチラコイド内部に輸送される。

④ 水素イオンが，チラコイド内部から（ **33** ）に輸送される。

37 下線部（**37**）についての説明として最も適切なものを，次の①〜④のうちから一つ選び，そ
の番号をマークしなさい。

① H^+が，ATP 合成酵素を通る受動輸送によって移動する際に ATP が合成される。

② H^+が，ATP 合成酵素を通る能動輸送によって移動する際に ATP が合成される。

③ H^+が，チャネルを通る受動輸送によって移動する際に ATP が合成される。

④ H^+が，チャネルを通る能動輸送によって移動する際に ATP が合成される。

38 下線部（**38**）について，RuBP および PGA に含まれる炭素数の組合せとして最も適切なものを，
次の①〜④のうちから一つ選び，その番号をマークしなさい。

	RuBP の炭素数	PGA の炭素数
①	3	3
②	3	5
③	5	3
④	5	5

39 文中の（ **39 － ア** ）および（ **39 － イ** ）にあてはまる記号の組合せとして最も適切なも
のを，次の①〜④のうちから一つ選び，その番号をマークしなさい。

	（ 39 ー ア ）	（ 39 ー イ ）
①	A・B	C
②	A・C	B
③	A	B・C
④	B	A・C

40　文中の（　**40**　）にあてはまる生物名として最も適切なものを，次の①〜④のうちから一つ
選び，その番号をマークしなさい。

①　紅色硫黄細菌　　　②　根粒菌　　　　③　硝酸菌　　　　④　アゾトバクター

国語

（六〇分）

一　次の文章を読んで、後の問いに答えなさい。

　人間にとって一番大事なことは、「生老病死」をたがいにケアしあうことだとおもう。赤ん坊も、老人も病人も、だれかの支えを必要とするし、最期は看取って見送ってもらわねばならない。こうしたことは長いあいだ、それこそわたしたちが子どもだった時分まで、家族や地域社会で完全に担われてきたことである。

　近代社会は、こうした人間にとっていちばん大切な生命に関する営みについては、より安全性を高めるという目標のもとに国家資格を持ったプロフェッショナルを養成しようとしてきた。医療は国家免許を持った医師や看護師だけに託され、料理を他人にふるまうには調理師免許が必要となり、排泄物はいつのしか下水道設備が担い、教育は教員免許を持つ教師だけが学校で受けもつ。トラブル解決は裁判官や検事、弁護士だけが関与する。

　大なり小なりみなが担い、それをいちばん大事なこととして代々に守り伝えていた大切な役割が、いつのしか人びとから奪い去られてしまった。行政が担い、専門家が担うようになった。そのおかげで、こんなにも長寿国になった。暮らしの安全と安心が　④ーＡ　的にクオリティー・アップしたのである。日本ほど安全で安心で正確な国はない。

　だが、そのことによって、気づいたときには、人びとはどぶんたちだけでは何もできない社会になってしまった。いちばん大事なことを行政や企業に委託してきた結果である。もしもサービスが劣化していった

としても、人びとはそれをどぶん自身で代替することができず、クレームをつけることしかできない。クレーマーというのは特別な人たちではなく、近代国民の象徴なのである。

そして、このことは政治に対する態度でもおなじだ。クレーマーというのは、言葉を換えれば「お任せ」である。大事なことは専門家に任せようという態度だ。

本来、大学で学ぶということは、全体を見渡し、何が一番大事なのかという「価値の遠近法」を身につけることだったはずではないのか。それは平たくいえば、さまざまな事態に直面した際に、絶対に失ってはならないものと、あればいいというものと、端的になくてもいいものと、絶対にあってはならないものという四つを、即座に見分けられる力をつけることである。

もちろん、その価値の遠近は人によって異なりはするが、本を読むなり対話をするなかで、その全体を考えられるようになる。こうした教養の基盤としての教育が失われたままに知識としての専門家ばかりになってしまった。さながら⑥「智者」はいるが「賢者」がいない社会であろう。

専門家社会というのは、トータルの責任を取らない社会なのである。これは裏返せば、わたしたちが市民としてどんどん劣化してきたということだとおもう。「市民社会」と言いながら、市民がきわめて無能力化している社会なのだ。大震災（注1）は、こうした姿を図らずも露わにした。

首都圏の公共交通機関が止まった震災当日、大勢の帰宅困難者が出た。しかし、考えてみれば⑦トホホに帰れないような場所に通勤するという姿そのものが尋常ではないのだ。ヨーロッパでは、都市でもオフィスの昼休みは自宅に戻って昼食を摂る人が少なくない。

あるいはニューヨークでもパリでも、都市のど真ん中を高速道路や高架鉄道が走っているということがない。東京など、人口密集地の頭

上を高速道路やモノレールが通っているが、大地震で倒壊したらと考えるとぞっとする。全体を気遣う人がものすごく少なくなってきた社会の端的な表象だとおもう。

大震災を経て、わたしたちの社会はようやく「他人に任せすぎてきた」ことに気がついた。少しぐらいでも勉強して自衛しなければという気運が人びとのあいだに生まれだしているようにおもう。震災は、もういちどシチズン・シップ（市民力）を喚起したのではないだろうか。

「右肩下がりの時代」は、社会が〝まとも〟になってゆくためには悪いことではない。右肩上がりの時代には次は何を手に入れようかと考えていたわけだが、下がってゆく時代には何を最初にあきらめるべきかを考えざるをえない。⑧先述した「（　　　）」を、嫌でもつねに頭に入れておかなければならないのである。

⑨<u>未曾有</u>の災害はわたしたちが知らぬ間に⑦<u>陥</u>っていた無力さを露呈したが、（中略）自立した市民へと成長してゆく、またとない機会ももたらしてくれもした。とりわけ地域行政や政治に対しては、自立した市民力を持たなければならないとおもう。

大阪や京都といった昔の都市に市民力があるのは、歴史のなかでつねにじぶんたちの暮らす場所が⑦<u>覇権</u>争いの末の戦場になってきたからである。つねに自衛が必要だったし、時の権力者に不用意に近づきすぎれば、権力の交代とともにじぶんたちが殺されてしまう恐れがあった。権力から一定の距離を保って、大事なことは町内で決める。そういうプルジ（注2）ョワジーが育まれていた。

京都の街を歩くと、とりたてて繁華街でもないところに料理屋や饅頭屋が多いことに気づく。これらは町内の寄り合いのために使われてきたものだ。人びとは、④ ― Ｂ 的には「お上」に従順なように見せていても、いざという時には「お上」がどうなろうがじぶんたちの家族や共同体は続くような⑩<u>算段</u>をちゃんとやってきた。

　かつてはじぶんたちで担っていた生きるための算段が、明治以降は国家が ④─Ｃ 的に担い、戦後は「会社」が家族の領域まで担うようになった。会社が人生のすべての面倒を見てくれる家族の延長ないしは代替になったからこそ、人びとは遠い距離を我慢してでもそこに通った。一方で生活する場所はバラバラな人びとの集まりとなり、地域の共同体が成り立たなくなってきた。地縁や血縁というのは、ある種の鬱陶しさがつきまとうものである。

　近代化というのは、かつてそうした地縁・血縁が担っていたことがらを行政や会社に付託することで、しがらみから解放されることでもあった。古い時代は共同体のなかだからこそ成り立っていた「私性」というものが、共同体をもたない気楽な「私性」になった。

　会社が一生涯の面倒をみられなくなって、人びとはあわてて地域社会での共同体の必要性に気づいた。映画『ＡＬＷＡＹＳ 三丁目の夕日』(注3) が熱狂されたように、今やコミュニティという言葉はノスタルジーに満ちた一種の流行でさえあるが、しかし、そこでみなと一緒に何をやっていいのかがわからなくなっている。ゴミを出す日に挨拶を交わすほかは、近所の人と一緒にすることがないのである。かつてであれば、他人の子守りを引き受けるなど、たがいの生命を支えあう ④─Ｄ 性があったが、今ではせいぜい地域でイベントをするしかない。

　個人が他人に頼らないで生きるという「自立」は、たしかに大切なことではあろう。けれどもほんとうに他人に頼らずに生きられる人などいない。多くの人が「自立」と「独立」を混同しているとおもう。

　英語の「インディペンデンス（独立）」の「イン」は否定の意味で、「ディペンデンス（依存）」を否定することだ。しかし、人間は年をとれば誰もがインディペンデンスでは生きられなくなる。本当に必要なのは、「インターディペンデンス（支えあい＝相互依存）」なのだ。

　ふだんはお金でそれらのサービスを賄えたとしても、いざというと

さらに、たとえ身内が近くに存在しなくても周囲の誰かと支えあえる、そういうネットワークや仕組みをいつでも使えるようにしてゆくこと。その用意ができているということが「自立」なのである。

これまで、そうした「インターディペンス」が日常の細部まで入り込む共同体は、もたれあいのようで鬱陶しいものだっただろう。これからは、ふだん一人でやっているが、いざとなれば、たとえばシェアハウスのように他人どうしが一緒に暮らすような、独立と支えあいのバランスのとれた新しい社会が求められてくる。まさに公民意識とはそういうものだとおもう。

教育も、本来はそこにいれば子どもが勝手に育ってゆくような環境をどう用意するかにこそ本義があるだろう。おもえばNHKの「朝ドラ」というのは、ずっとそういう物語を描いてきた。それが支持され続けてきたのは、社会生活においてもっとも大事なものが壊れているという人びとの危機意識が、どこかで反映されていたのかもしれない。

大震災を経て「右肩下がり」の時代に入っていくなかで、わたしたちは今<u>⑩</u>、その生き方と幸福観の転機を迎えているのだとおもう。

　　　　　　　（鷲田清一『パラレルな知性』による）

（注１）大震災＝２０１１年３月１１日に発生した東日本大震災。

（注２）アメジョワシー＝ここでは市民階級の意。

（注３）『ＡＬＷＡＹＳ　三丁目の夕日』＝昭和３０年代東京の下町に暮らす人びとの交流を描いた作品。西岸良平の同名漫画が原作。

問１　―線部①―a～①―dの漢字の読みが間違っているものを一つ選び、その番号をマークしなさい。

１　a「最期」＝さいご

２　b「陥」＝おちい

3　c　「覇権」＝はけん

4　d　「賭」＝あがな

問2　―線部②「フンソウ」の「フン」にあたる漢字と同じ漢字を含むものを一つ選び、その番号をマークしなさい。

1　不正にイキドオる。

2　勇気をフルう。

3　身をコにして働く。

4　暗闇にマギれる。

問3　―線部③「大切な役割」とは何ですか。その説明としてふさわしいものを一つ選び、その番号をマークしなさい。

1　「生老病死」をたがいにケアしあうこと

2　人間にとって大切な生命を育むこと

3　生命の営みの安全性をより高めること

4　プロフェッショナルを養成すること

問4　空欄部④-A～④-Dを補うのにふさわしい言葉の組合せを一つ選び、その番号をマークしなさい。

1　A＝多角　　B＝関係　　C＝表面　　D＝全面

2　A＝多角　　B＝表面　　C＝全面　　D＝関係

3　A＝全面　　B＝多角　　C＝関係　　D＝表面

4　A＝全面　　B＝表面　　C＝多角　　D＝関係

問5　―線部⑤「そのこと」の指示する内容としてふさわしいものを一つ選び、その番号をマークしなさい。

1　「生老病死」を家族や地域社会が担うこと

2　「生老病死」に関する営みの安全性を高めること

3　「生老病死」に関する営みを各専門家が担うこと

4　「生老病死」の営みが人びとから奪い去られたこと

問6　一線部⑥「『智者』はいるが、『賢者』がいない社会」とはどのような社会ですか。その説明としてふさわしくないものを一つ選び、その番号をマークしなさい。

1　市民がきわめて無能力化している社会

2　市民力によって安全と安心が保たれている社会

3　市民がクレーマー化している社会

4　全体を見通せる教養人がいない社会

問7　一線部⑦「トホ」の「ト」にあたる漢字と同じ漢字を含むものを一つ選び、その番号をマークしなさい。

1　トチュウでやめる。

2　心情をトロする。

3　トロに終わる。

4　壁をトソウする。

問8　一線部⑧「先述した『（　　　）』を、嫌でもつねに頭に入れておかなければならない」の空欄（　　　）を補うのにふさわしいものを一つ選び、その番号をマークしなさい。

1　生老病死

2　価値の遠近法

3　市民社会

4　右肩下がりの時代

問９　一線部⑨「未曾有」の意味としてふさわしいものを一つ選び、その番号をマークしなさい。

1　既に起こったこと

2　極めて重大なこと

3　避けがたいこと

4　前例がないこと

問10　一線部⑩「算段」のここでの意味としてふさわしいものを一つ選び、その番号をマークしなさい。

1　企み　　　　2　心構え　　　　3　工夫　　　　4　保証

問11　一線部⑪「多くの人が『自立』と『独立』を混同している」とありますが、「自立」と「独立」の違いの説明としてふさわしいものを一つ選び、その番号をマークしなさい。

1　「自立」は「独立」と違い、他人への依存を否定しない。

2　「独立」は「自立」と違い、他人への依存を否定しない。

3　「自立」は「独立」と違い、鬱陶しいもたれあいを許容する。

4　「独立」は「自立」と違い、鬱陶しいもたれあいを許容する。

問12　一線部⑫「その生き方と幸福観の転機を迎えている」とありますが、具体的にどういうことですか。その説明としてふさわしいものを一つ選び、その番号をマークしなさい。

1　かつて地縁・血縁が担っていた大切な営みを、行政や会社に付託してそれに依存することから、自立した個人としてすべて一人で担うことへと転換する時だということ

2　市民としてどんどん多化してきたことから、大震災を経て、人びとが自立した市民力を持ち、それを高めることへと転換

する時だということ

3　生活や医療や教育などを、行政や企業に委託して安全と安心を享受することから、それがかなわなくなった今、それらを一つずつあきらめるにしくと転換する時だということ

4　充実したサーヴィス（サービス）に依存しながら、便利で豊かな生活を追求することから、自立した市民力を持ち、周囲の人びとと支え合いながら生きるにしくと転換する時だということ

問13　本文の内容と**合致しないもの**を一つ選び、その番号をマークしなさい。

1　専門家社会は安全と安心が保たれた社会であるが、反面、市民が無能力化している社会でもある。

2　「右肩下がりの時代」は市民が市民力を高め、他人に頼らずに生きる力を身につける好機である。

3　クレーマーが増えたのは「生老病死」に関するケアを行政や企業に任せっきりにしたからである。

4　専門家は各分野における知識はあっても、社会全体を見渡して優先順位を付けることはできない。

2 次の文章を読んで、後の問いに答えなさい。

　おまえはすぐ<u>本に読まれる</u>。母はよくそういって私を叱った。また本に読まれてる。はやく勉強しなさい。本は読むものでしょう。おまえみたいに、年がら年中、本に読まれてばかりいて、どうするの。そんなふうに、このことばは使われた。それからずっとあと、母がもう私たちを大いばりで叱らなくなってから、じつは若かったころ、自分もおなじことばで母親に叱られたのだというのを聞いて、なあんだと笑ってしまった。われを忘れて読書に没頭する、という意味だったのだろうけれど、母はこの表現を、なにか主体性のないこととして、批判的なニュアンスで用いたので、私は、「本に読まれる」のは、はずかしいことだという意識をもつようになった。それでいながら、すこしも改心するきざしはなくて、こころのどこかで母の視線を気にしながら本に読まれつづけて、ここまで来たような気もする。

　大阪商人の中でそだった祖母は、母よりももっと<u>即物的な理由で私の本好きを叱った</u>。本ばかり読んでると、女はろくなことにならない。（女は、というところを「人間は」に変えると、それは、あたっているかもしれない。）そして、夜、床にはいって本を読むと、電気がもったいない、と<u>小言をいい</u>、パチンと壁のスイッチを消して行った。おばあちゃんのけち、と私はうらめしかった。

　その祖母を関西にのこして、私たちの家族が東京に移ったのは、私が九歳のとき。それ以後は、夏冬、春の休暇だけ、祖母のところにそろって帰ったので、彼女にあかりを消されるのは、学校の休暇のときだけになった。ある年頃からは、祖母が電気を消しにくるのを、あたまのどこか愉しみにするようになった。（**④—イ**）、神戸からときどき家に泊まりに来た、本好きで仲のよかったいとこのふうちゃんとは、わざわざふたりで、ふとんの中に電気スタンドを持ちこんで、汗びっ

しまうになって本を読んだりした。もう、おばあちゃんが来る、もう、おばあちゃんが来る、と心のどこかでひやひやしていて、それがもうそろそろ来たっている時分だ、に変わるころには、はや〜来ないともう暑くてやりきれない、の思いばかりで、あんなにまでして本を読んだのか、本の中身についてはまったく記憶にない。（⑰—ロ）、夏ぶらんこを頭からかぶったあの暑苦しさと電球のまぶしさだけは、はっきり憶えているのだが。

東京での母は、家がせまくなった分だけ、また、祖母がうるさく考え出す仕事がなくなった分だけ、私たちの行動に目を光らすようになった。本を読むひまがあったら算数の勉強でもなさい、としじゅう私たちを見張っていたけれど、ときには、ほんとうは、わたしも本がだいすきなのよ、この家におよめに来てから、おばあちゃんがいやがるから本を読まなくなっただけなどと、とんだ告白をすることもあったから、私の中のどこかで、母の小言はそれほどこわがらなくてもいいのだ、とたかをくくっていたかもしれない。

東京の学校に移ったことが、私の子供時代にとって決定的なこころの傷になったのはたしかだった。学校から帰るとすぐ玄関にカバンをほうりだしてあそびに行く裏山はない、大阪弁だといって級友やら教師たちにまで白い目でみられる、悲しいことばかりのなかで、私たち姉妹が愉しみにしていたことがひとつあった。それは、一年に二度、いま考えるとたぶんおとなたちにとっての御中元⑱と御歳暮の時期だったろう、私と妹にとって、本をもってきてくれる奇特な人物があらわれたことだった。それは、フジムラ氏という、なんでも私たちの家と祖父の時代から深いつながりのある人物（二世ではなかったけれど、アメリカで勉強していたフジムラ氏は英語が堪能で、祖父がアメリカに旅したとき、カリフォルニアで通訳をしてもらって意気トーゴーし、おねがいして日本に帰って、彼の会社に入ってもらったことから

うのだった）の夫人だった。こうこうとふとった「薄色の着物を着て」きれいな東京ことばでゆたかな声量のソプラノで話す彼女は「明るく」さっぱりした様子が新鮮だった。

　おばさんがえらんだものだから、おもしろくないかもしれないね。どんな本がいいのか、わからないのよ、かんべんしてちょうだいね。毎年、それぞれの季節がくると、フシムラ夫人はそういって、ちょっと重そうな本の包みを、麻布の家のせまい応接間のテーブルにのせた。たしかに、二冊だろうな、私の分と妹の分と。そうに決まっているのに、こちらさっと呼び出された私たちはその包みに熱っぽい視線をそそぎ、夕方になって、フシムラ夫人が、あーら、こんな遅くまでおじゃましちゃって、とはがらかな声の余韻を残して内玄関から帰っていくまで、一刻もはやく包みの中身を見たくてうずうずしていた。

　本がかならず二冊だったように、フシムラ夫人の本は、毎年、おなじシリーズものだった。小学三年生向きとか、四年生向き、というふうに学年がタイトルに明記されていて、そのあとに、『おもしろ話集』とか『ふしぎ話集』といった題がついている。話そのものはなんとも月並みで平凡で、ときには子供の私たちにも、はっきり、これはかなりくだらないぞ、と思えるしろもので、母たちの評判はけっしてかんばしくなかったのだが、それは、フシムラ夫人が子供の心理を見抜く天才だということに、おとなたちがまったく気づかなかったからだった。（⑰―く）なにもかもお見通しとばかりに、フシムラ夫人は、こちらが三年生のときには四年生向きを、四年生のときは五年生向きというふうに、かならず一年うえの学年向きの本をせっせと選んでくれた。そしてそのちいさな心づかいが、東京に来てはんでいた私の気持を、そっくりかえったカエルみたいにふんわりとふくらませてくれた。一年上の人たち向けの本でも、どんはすらすら読めるんだ。それもだったひと晩で。

だが、ひと晩で読んでしまうと、つぎの本が読みたくなる。うっとうしい顔をして、もう読んじゃった、というと、母は、私の本を読む速度がはやすぎるといって、こわい顔をした。ゆっくり、おいしいものを食べるときみたいに、だいじに、噛むようにして読むものよ、おまえみたいにはやく読んでしまったら（⑭—㈡）、かんじんのおいしいところを読み落しているにちがいないわ。よく噛んで読んでちょうだい。そんなはずない、と私は口答えした。ぜんぶ、読んだわよ。読み落しなんて、してない。すると母もむきになった。そんなはずない。そんなにはやく読めるはずないわよ。私も必死だった。ぜんぶ読みましたっていうのに。すると母がおどかした。こんどから、本を読んだら、なにが書いてあったかママが訊ねますから。でも、けっきょくのところ、いちどもそんな恐ろしい試験などされたことはなかった。

　　　　　（須賀敦子『遠い朝の本たち』による）

問
14　一線部⑭「本に読まれる」とありますが、具体的にはどういうことですか。その説明としてふさわしいものを一つ選び、その番号をマークしなさい。

　１　好きな本を短時間で集中的に読む。

　２　本の難解さに圧倒され収拾がつかなくなる。

　３　丁寧に読もうとするあまり時間を浪費する。

　４　主体性なく本に引きずられるように読み続ける。

問
15　一線部⑮「即物的」と置き換えても文脈が変わらないものを一つ選び、その番号をマークしなさい。

　１　生物的

　２　体力的

　３　功利的

4　封建的

問16　―線部⑯―a〜⑯―dのうちから、読みが間違っているものを
一つ選び、その番号をマークしなさい。

1　a「小言」＝こごと

2　b「歳暮」＝せいぼ

3　c「堪能」＝ばんのう

4　d「余韻」＝よらん

問17　空欄部（⑰―イ）〜（⑰―ニ）を補うのにふさわしい言葉
の組合せを一つ選び、その番号をマークしなさい。

1　イ＝ただ　　　　ロ＝とくに　　　　ハ＝きっと　　　　ニ＝まるで

2　イ＝ただ　　　　ロ＝きっと　　　　ハ＝まるで　　　　ニ＝とくに

3　イ＝とくに　　　ロ＝ただ　　　　　ハ＝まるで　　　　ニ＝きっと

4　イ＝とくに　　　ロ＝きっと　　　　ハ＝ただ　　　　　ニ＝まるで

問18　―線部⑱「たかをくくっていた」の意味としてふさわしいもの
を一つ選び、その番号をマークしなさい。

1　見くびっていた

2　しらを切っていた

3　勘違いしていた

4　肝に銘じていた

問19　―線部⑲「奇特な」とほぼ同じ意味を表わす言葉を一つ選び、
その番号をマークしなさい。

1　殊勝な　　　　2　剛毅な　　　　3　面妖な　　　　4　狡猾な

問20　─線部⑳「トウブン」の「トウ」にあたる漢字と同じ漢字を含むものを一つ選び、その番号をマークしなさい。

1　数値が<u>ヒト</u>しい。

2　床を<u>フ</u>み鳴らす。

3　球を<u>ナ</u>げる。

4　危険から<u>ノ</u>がれる。

問21　─線部㉑─1～㉑─4の中から、品詞の**異なるもの**を一つ選び、その番号をマークしなさい。

1　きれいな

2　ゆたかな

3　ほがらかな

4　ちいさな

問22　─線部㉒「子供の心理を見抜く天才だ」とありますが、フジムラ夫人は具体的にどのようなことをしたのですか。その説明としてふさわしいものを一つ選び、その番号をマークしなさい。

1　もめ事が起こらないように姉妹に一冊ずつ本を与えた。

2　わざと上の学年の本を選んで子供の自尊心をくすぐった。

3　子供が読みやすいようにシリーズものの本を選んだ。

4　本の内容に不満が出ないように前もって言い訳をした。

問23　─線部㉓「東京に来てしぼんでしまった私の気持」とありますが、筆者の気持ちがしぼんだ理由の説明としてふさわしいものを一つ選び、その番号をマークしなさい。

1　本を読んでいると小言を言った祖母も、いなくなると無性に恋しくなったから。

2　以前は読書に没頭できたのに、上京すると勉強を強いられる
　　ようになったから。

3　フンコラ夫人に対する母たちの評判がけっしてかんばしくは
　　なかったから。

4　関西に住んでいた頃とは周囲の環境が違う上に、学校でも冷
　　たくされたから。

問24　本文の特徴の説明としてふさわしいものを一つ選び、その番号
　　をマークしなさい。

1　様々な修辞法が使われているが、特に倒置法と擬人法が繰り
　　返し使われている。

2　幼年時代の思い出が事細かに綴られている中で、母と祖母の
　　確執に多くの字数が割かれている。

3　時系列から外れ、過去の出来事と筆者の現在の様子が混在し
　　ている箇所が目立つ。

4　登場人物の発言を引用形式ではなく、地の文に織り込むよう
　　な形で表現している。

問25　この文章の筆者のような人間を比喩的に表現した慣用表現とし
　　てふさわしいものを一つ選び、その番号をマークしなさい。

1　親のすねかじり

2　本の虫

3　天邪鬼（あまのじゃく）

4　門前の小僧

問26〜問35は別紙解答用紙に解答を記入しなさい。

三 次の問26〜問30に答えなさい。

問26　次の―線部の漢字の読みをひらがなで解答用紙に書きなさい。

甲乙つけがたい。

問27　次の慣用句の空欄部□に入る漢字一字を解答用紙に書きなさい。

稼ぐに追いつく□なし。

問28　次の―線部のカタカナを漢字に直して解答用紙に書きなさい。

ジンソクに行動する。

問29　次の四字熟語の空欄部□に入る漢字一字を解答用紙に書きなさい。

□急自在

問30　次の三つの文のどこかに誤って使われている漢字が一字あります。その漢字を抜き出して正しい漢字とともに解答用紙に書きなさい。

志願者を募集する。

不明を恥じる。

苦言を呈する。

四　次の問31〜問35に答えなさい。

問31　次の慣用句の空欄部□に入る漢字１字を解答用紙に書きなさい。

　　　□を売る（むだ話をして仕事を怠ける）

問32　次の文はいくつの単語から成りますか。漢数字（例　三二十二）で解答用紙に書きなさい。

　　　その話を聞いてとてもつらかった。

問33　次の四字熟語の空欄部□□に入る漢字二字を解答用紙に書きなさい。

　　　千載□□（めったにない機会）

問34　次の文の空欄部□□に入る漢字二字を解答用紙に書きなさい。

　　　私の父は六十歳になったので□□の祝いをした。

問35　夏目漱石の「前期三部作」と言われる作品は『三四郎』、『それから』ともう一つは何ですか。漢字で解答用紙に書きなさい。

■■ ■実技■ ■■

◀鉛筆デッサン▶

$$\binom{150\ 分}{解答例省略}$$

【問題】

> 与えられたモチーフ　①プラスチック角筆洗②彩色筆③ブロッ
> コリーを台紙上に自由に配置・構成し、鉛筆で描写しなさい。

●条件

1. 対象物はすべて描写すること

【支給されるもの】

モチーフ①②③各1 個、解答用紙1 枚（四つ切）、台紙用画用紙1 枚（四つ切）

受験番号・名前記入シール1 枚

カルトン、カルトン用クリップ

【使用してよいもの】

鉛筆（色鉛筆は除く）、消しゴム、練消しゴム、鉛筆削りおよびカッターナイフ（鉛筆削り用）

※定規の使用は不可

【注意事項】

1. 解答用紙は縦横自由です。どちらを表にしてもかまいません。

2. 解答用紙と台紙用画用紙は同じものです。どちらを解答用紙にしてもかまいません。

3. 席を立たずに、腰を掛けたままで描写しなさい。

4. 試験終了後に受験番号・名前記入シールを作品裏面に張り付ける作業を行います。

　作業については試験終了後に指示します。

5. 鉛筆の削りかすは、指定されたごみ箱へ、または持ち帰ってください。

解答編

■英語■

I 　**解答**　1―③　2―④　3―②　4―①　5―②　6―③
　　　　　　7―③　8―④　9―③　10―③

II 　**解答**　11―③　12―④　13―①　14―③　15―①

III 　**解答**　16―③　17―②　18―③　19―②　20―②

IV 　**解答**　≪教育現場でのテクノロジーの是非≫

21―④　22―①　23―①　24―③　25―①

V 　**解答**　≪ドローンの新たな活用方法≫

26―③　27―③　28―④　29―③　30―③　31―④　32―③　33―②
34―③　35―③

■日本史■

I　**解答**　≪原始・古代の日中関係≫

1 ―④　2 ―②　3 ―③　4 ―②　5 ―③　6 ―②

II　**解答**　≪鎌倉～室町時代の文化≫

7 ―③　8 ―②　9 ―①　10―③　11―②　12―②

III　**解答**　≪江戸時代中期の政治史≫

13―④　14―①　15―④　16―②　17―③　18―②

IV　**解答**　≪大正時代の社会経済≫

19―④　20―④　21―②　22―①　23―④　24―②

V　**解答**　≪近世～近代の外交≫

25―①　26―③　27―④　28―①　29―③　30―④

■世界史■

Ⅰ　解答　≪中国の古代文明の成立・発展と気候条件≫

1 —① 　2 —① 　3 —② 　4 —④ 　5 —③ 　6 —④ 　7 —② 　8 —②

Ⅱ　解答　≪イギリスのインド進出と植民地化≫

9 —④ 　10—① 　11—② 　12—③ 　13—① 　14—④ 　15—④ 　16—①

Ⅲ　解答　≪紙の歴史≫

17—③ 　18—④ 　19—④ 　20—③ 　21—② 　22—④ 　23—②

Ⅳ　解答　≪十字軍とヨハネ騎士団≫

24—② 　25—② 　26—③ 　27—④ 　28—④ 　29—① 　30—③

■ 数学 ■

Ⅰ 解答 ≪2次関数≫

1 —③ 2 —① 3 —② 4 —② 5 —③ 6 —① 7 —③ 8 —④
9 —① 10—② 11—① 12—① 13—④ 14—①

Ⅱ 解答 ≪図形と計量≫

15—① 16—② 17—① 18—① 19—② 20—④ 21—① 22—②
23—②

Ⅲ 解答 ≪数と式≫

24—② 25—④ 26—② 27—② 28—③ 29—② 30—④

Ⅳ 解答 ≪場合の数，確率≫

31—② 32—① 33—② 34—④ 35—② 36—① 37—④ 38—②

■■■化学■■■

Ⅰ　解答　≪小問 7 問≫

1 —①　2 —④　3 —①　4 —②　5 —②　6 —③　7 —④

Ⅱ　解答　≪化学結合，黒鉛・ダイヤモンド，金属の結晶格子，ハロゲン≫

8 —②　9 —②　10—③　11—②　12—④　13—④　14—④　15—①
16—②　17—③

Ⅲ　解答　≪溶解熱の測定，中和熱≫

18—②　19—②　20—②　21—③　22—②　23—④　24—②

Ⅳ　解答　≪活性化エネルギー，化学平衡，ルシャトリエの原理≫

25—②　26—①　27—①　28—③　29—①　30—②　31—③

Ⅴ　解答　≪アンモニアソーダ法≫

32—①　33—②　34—③　35—④
36. アンモニアソーダ法（ソルベー法）　37. 7.80 kg

■生物■

I　解答　≪免　疫≫

1 ―①　2 ―④　3 ―①　4 ―②　5 ―④　6 ―③　7 ―③　8 ―④
9 ―①　10―④

II　解答　≪生態系のバランス≫

11―②　12―①　13―①　14―④　15―③　16―③　17―①　18―④
19―④　20―①

III　解答　≪細胞小器官，細胞骨格≫

21―③　22―②　23―①　24―③　25―②　26―③　27―④　28―④
29―③　30―②

IV　解答　≪光合成の仕組み≫

31―④　32―①　33―④　34―②　35―④　36―③　37―①　38―③
39―①　40―①

国語

一

出典 鷲田清一『パラレルな知性』〈第5章 右肩下がりの時代に「右肩下がりの時代」をどう生きるか 3 「右肩下がりの時代」は社会にとって必ずしも悪いことではない〉（晶文社）

解答 問1 4　問2 4　問3 1　問4 2　問5 3
問6 2　問7 3　問8 2　問9 4　問10 3
問11 1　問12 4　問13 2

二

出典 須賀敦子『遠い朝の本たち』〈父ゆずり〉（ちくま文庫）

解答 問14 4　問15 3　問16 3　問17 3　問18 1
問19 1　問20 3　問21 4　問22 2　問23 4
問24 4　問25 2

三

解答 問26 こう・おつ　問27 貧乏　問28 迅速
問29 緩　問30 提→呈

四

解答 問31 油　問32 八　問33 一週
問34 還暦　問35 門

■大学：学校推薦型選抜　指定校方式（国際看護学部）

問題編

▶試験科目

　出願書類，個人面接，小論文（60 分）の結果を総合的に評価する。

※小論文課題は，「提示されたデータについての考えを求める」内容となる。

■小論文■

$\begin{pmatrix} 60分 \\ 解答例省略 \end{pmatrix}$

問1. 21世紀における国民健康づくり運動（健康日本21）では、成人の喫煙率の減少を
目標としている。以下の図1と図2は、令和元年における、現在習慣的に喫煙して
いる者と、たばこをやめたいと思う者の割合を示している。20〜29歳の男女の喫
煙率を減少させるためのあなたの考えを300字程度で記述しなさい。

図1. 現在習慣的に喫煙している者の割合（20歳以上、性・年齢階級別）

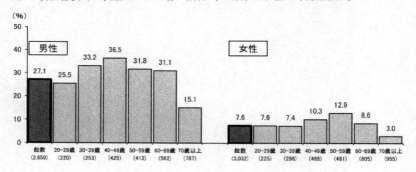

図2. 現在習慣的に喫煙している者におけるたばこをやめたいと思う者の割合
（20歳以上、性・年齢階級別）

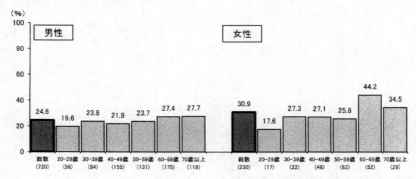

出典：厚生労働省「令和元年国民健康・栄養調査結果の概要」

問2.　「受動喫煙」について、知っている知識とその防止方法について、300 字程度で記
　　　述しなさい。

■ 大学：一般選抜（A 日程）

問題編

▶試験科目・配点〔2 科目選択方式・3 科目選択方式〕

学部	教科	科　　目	2 科目選択方式	配点	3 科目選択方式	配点
経営・社会・国際・日本・建築＆芸術	外国語	英語（コミュニケーション英語 I ・ II ・ III，英語表現 I ・ II ）	2 科目選択※1	200 点	必須	100 点
	地　歴	日本史 B または世界史 B			1 科目選択	100 点
	数　学	数学 I ・ A				
	国　語	国語総合（古文・漢文を除く）・現代文 B			必須	100 点
健康栄養	外国語	英語（コミュニケーション英語 I ・ II ・ III，英語表現 I ・ II ）	2 科目選択※2	200 点	必須	100 点
	数　学	数学 I ・ A			1 科目選択	100 点
	理　科	化学基礎・化学または生物基礎・生物				
	国　語	国語総合（古文・漢文を除く）・現代文 B			必須	100 点
国際看護	外国語	英語（コミュニケーション英語 I ・ II ・ III，英語表現 I ・ II ）	必須	100 点	必須	100 点
	数　学	数学 I ・ A	1 科目選択	100 点	1 科目選択	100 点
	理　科	化学基礎・化学または生物基礎・生物				
	国　語	国語総合（古文・漢文を除く）・現代文 B			必須	100 点

▶試験科目・配点〔実技方式〕

学部	教科	内　　容	配点
建築＆芸術	実　技	鉛筆デッサン※3	200 点

▶備　考

- 選択科目について，事前登録不要。
- 2 科目選択方式（200 点満点）・3 科目選択方式（300 点満点）が選択可（事前登録不要）。建築＆芸術学部は，出願時に申請をすることで実技方式での受験も可となる。
- 2 科目選択方式受験者…科目試験（200 点）および自己アピール文により合否を判定する。なお，国際看護学部は科目試験（200 点）で合否を判定する。
- 3 科目選択方式受験者…科目試験（300 点）および自己アピール文により合否を判定する。なお，国際看護学部は科目試験（300 点）で合否を判定する。
- 国際看護学部はインターネット出願時に「志望理由書」を入力する。
- 英語民間試験について，大学指定のスコアを取得した者は，「外国語（英語）」100 点に換算。

※1　経営，国際日本，現代社会，建築＆芸術学部の 2 科目選択方式では，次の①〜③のいずれかの科目の組み合わせを選択する。
    ①「英語」と「国語」
    ②「英語」と（「日本史」・「世界史」・「数学」から 1 科目）
    ③「国語」と（「日本史」・「世界史」・「数学」から 1 科目）

※2　健康栄養学部は，次の①〜③のいずれかの科目の組み合わせを選択する。
    ①「英語」と「国語」
    ②「英語」と（「数学」・「化学」・「生物」から 1 科目）
    ③「国語」と（「数学」・「化学」・「生物」から 1 科目）

※3　与えられたモチーフ（六面体・円柱の要素を含む器物から 1 点，果物や野菜などの青果物から 1 点，布・紙素材から 1 点）を自由に配置し画用紙（382×542mm）にデッサンする。

▶出題範囲

- 「数学 A」の出題範囲は「場合の数と確率」「図形の性質」とする。
- 「化学」の出題範囲は「合成高分子化合物」を除いたものとする。
- 「生物」の出題範囲は「生態と環境」「生物の進化と系統」を除いたものとする。

■英語■

(60 分)

Ⅰ　次の各文の（　　）に入る最も適切なものを①〜④から一つずつ選び，マークしなさい。

1 I got a used video camera for $300 — it (　　) $1,000 if I'd bought it new.

① costs　　　　② has cost　　　　③ would cost　　　　④ would have cost

2 We are delighted at the news (　　) our daughter will be a mother in summer.

① of　　　　② that　　　　③ what　　　　④ which

3 You've got to face facts, Rachel. You can't survive (　　) a salary that low.

① by　　　　② for　　　　③ in　　　　④ on

4 You must have a good education, but practical training is (　　) important.

① alike　　　　② equally　　　　③ similar　　　　④ the same

5 We equip students with the skills they will need once they (　　) college.

① have left　　　　② left　　　　③ will have left　　　　④ will leave

6 The success of the series enabled the young writer (　　) full-time on writing.

① concentrate　　　② concentrating　　　③ concentration　　　④ to concentrate

7 He just accepts people for (　　) they are and he doesn't judge them by their achievements.

① that　　　　② what　　　　③ which　　　　④ why

8 It's only a month (　　) we bought the car and it's broken down three times already.

① before　　　　② since　　　　③ until　　　　④ while

9 The economy is in worse shape than it (　　) last year.

① did　　　　② had　　　　③ has been　　　　④ was

10 A museum should aim to entertain as (   ) as educate.

    ① far   ② long   ③ soon   ④ well

Ⅱ 和文に合った英文になるように語句を並べ替え，（   ）内で3番目となるものを①〜④から一つずつ選び，マークしなさい。

11 すでに暗くなってきているが，まだ5キロ行かないと村には着かない。

    It's already getting dark, but we still have five kilometers (① before ② go ③ to ④ we) reach the village.

12 虫歯があり，痛みがひどくなったので，昨日近所の歯医者に抜いてもらった。

    I had a decayed tooth, and the ache became terrible, so I (① had ② it ③ out ④ pulled) by the dentist in my heighborhood yesterday.

13 こんなつらい経験もいつか笑える時がきっと来る。

    The time is (① come ② sure ③ to ④ when) we will laugh over these painful experiences.

14 コルクは軽いので水に浮く。

    Cork (① enough ② is ③ light ④ to) float on water.

15 事故は運転手の居眠りが原因だった。

    The accident resulted (① asleep ② falling ③ from ④ the driver's).

Ⅲ　次の会話を読み，設問に答えなさい。

At a shopping mall.

Anna : So, are you done with your shopping?

Eric : Yes, I am, and that's good because (　**ア**　). This place is enormous. I'd love it if we had a mall like this back home. Did you get to see the whole mall?

Anna : No, I couldn't. And I knew you would love this place, especially with all the cool electronic stores. That reminds me — (　**イ**　). I've been planning to get a fitness tracker for my dad.

Eric : Really? Is he interested in fitness?

Anna : Well, a month ago his doctor told him to exercise more and lose weight. (　**ウ**　) But he doesn't really enjoy it.

Eric : So you think that if he could see how many steps he's taking when he goes for a walk, it might encourage him to keep going?

Anna : Exactly. And I think he'd appreciate it. He's like you — (　**エ**　). They're like toys for him.

Eric : Okay, then (　**オ**　). I've been keeping an eye on the time, and the mall closes in twenty minutes.

(注) fitness tracker：フィットネス・トラッカー（身につけて運動量などを自動計測して記録する
　　　　　　　　　デジタル端末）

設問

16　(　**ア**　) に入る最も適切なものを①〜④から一つ選び，マークしなさい。

　　① I've been getting too bored

　　② I've got many other things I need to buy

　　③ I've run out of money

　　④ I've seen much better malls than this

17　(　**イ**　) に入る最も適切なものを①〜④から一つ選び，マークしなさい。

　　① I have one more comment to make

　　② I have one more favor to ask

　　③ I have one more purchase to make

　　④ I have one more question to ask

18　(　**ウ**　) に入る最も適切なものを①〜④から一つ選び，マークしなさい。

　　① So he's been doing stretching exercises every day.

出典追記：Blueprint 4 Intermediate by Peggy Anderson and Thomas Hong, Compass Publishing

   ② So he's been lifting weights every day.

   ③ So he's been swimming every day.

   ④ So he's been taking long walks every day.

19 （ **エ** ）に入る最も適切なものを①〜④から一つ選び，マークしなさい。

   ① he doesn't know how to use electronic devices

   ② he loves all electronic devices

   ③ he never likes electronic devices

   ④ he thinks electronic devices are a waste of money

20 （ **オ** ）に入る最も適切なものを①〜④から一つ選び，マークしなさい。

   ① let's hurry and get one back

   ② let's hurry and give one away

   ③ let's hurry and pick one out

   ④ let's hurry and set one up

Ⅳ 次の文章を読み，設問に答えなさい。

We all rely on mass media such as newspapers, magazines, radio, television, and the Internet. However, we wouldn't have much access to information without technology.

Johannes Gutenberg invented the printing press in the fifteenth century. The printing press allowed publishers to print books, and improvements to the press led to more affordable books. By the 1700s, publishers had started to sell the first newspapers and magazines. Unfortunately, though, they were still expensive to print. Newspapers and magazines became more widely used when the （ **ア** ） of printing decreased in the early 1800s.

While millions of people were reading their newspapers, others were working on new ways to spread information. By the early twentieth century, sending electronic signals either through wires or through radio waves had made it （ **イ** ） to spread information instantly. With the invention of radio and television, media producers no longer had to deliver a physical product. Neither did the public have to travel to buy it. Anyone with a radio or a TV could （ **ウ** ） information, and both radio and television became very popular.

Technological innovations in the late twentieth century completely changed the face of media. Satellites, computers, and the Internet led to new products and formats. Information spread through websites, blogs, and podcasts. People （ **エ** ） that they could quickly access information about almost anything. They could also produce information and comment on it. Because most people have their smartphones with them all the time, they can share information in seconds. All these advances have had an enormous （　**オ**　）on communication. What changes might we see in the future?

（注）podcast：ポッドキャスト（音声や動画などのデータをインターネット上に公開する方法の一つ）

21　（　**ア**　）に入る最も適切なものを①〜④から1つ選び，マークしなさい。

　　① number　　　② price　　　③ quality　　　④ speed

22　（　**イ**　）に入る最も適切なものを①〜④から1つ選び，マークしなさい。

　　① clear　　　② possible　　　③ tough　　　④ unlikely

23　（　**ウ**　）に入る最も適切なものを①〜④から1つ選び，マークしなさい。

　　① provide　　　② receive　　　③ request　　　④ store

24　（　**エ**　）に入る最も適切なものを①〜④から1つ選び，マークしなさい。

　　① realized　　　② recalled　　　③ refused　　　④ regretted

25　（　**オ**　）に入る最も適切なものを①〜④から1つ選び，マークしなさい。

　　① damage　　　② effort　　　③ impact　　　④ pressure

出典追記：Wide Angle Level 4 by Gary Pathare, Oxford University Press

Ⅴ　次の文章を読み，設問に答えなさい。

　　The twenty-first century has seen significant growth in mass tourism. This growth brings an
　　　　　　　　　　　　　　　　　　ア
increased risk of endangering the sites that make a place unique and worth visiting. However, a
new kind of tourism approach — geotourism — may offer a solution.

　　Jonathan Tourtellot is the founding director of the Destination Stewardship Center. Its
mission is to protect and （　イ　） the world's distinctive places through wisely managed tourism.
Tourtellot is an advocate of the geotourism approach, a term he came up with to describe the
　　　　　　　　　　　　　　　　　　　　　　　　　　ウ
core strategy for achieving this goal. He believes that as mass tourism continues to grow and
move into places that saw few visitors in the past, geotourism will be a good long-term plan. "The
　　　　　エ
challenge of managing tourism in a way that protects places instead of damaging them," says
Tourtellot, "is simply going to become larger."

　　Geotourism is an alternative to mass tourism, which can have harmful effects on local
　　　　　　　　　　　　　　　　オ
people and on the environment. Many of the systems that support mass tourism — large hotels,
chain restaurants, tour companies — are often owned and run by companies based outside the
tourist areas. Chain restaurants may not always serve local foods. Large tour companies do not
always hire local experts and guides, even though these people might have the most insight into
　　　　　　　　　　　　　　　　　　　　　　　　　　　　　　　　　　カ
the area's history and culture. Much of the money made from this type of tourism does not,
therefore, benefit the local economy. In addition, with mass tourism, visitors do not usually have
　　　　　　　　　　　　キ
much contact with the local people. This limits their understanding of the nature and culture of
the places they visit.

　　On the other hand, geotourism is like a partnership between travelers and locals. For
example, geotravelers stay in hotels owned by local residents who care about protecting the area
and the environment. Geotravelers eat in restaurants that serve regional dishes. They buy from
local merchants and craftspeople and hire local travel guides. They also try to see traditional
music, dance, and theater. As a result, these travelers gain a broader understanding of the area's
history and culture. Moreover, the money they spend stays in the local community. This helps
local people earn a living; it is also necessary in order to protect the area for future travelers. In
this way, geotourism benefits both sides of the partnership — the travelers and the locals.

（注）　distinctive：独特の　　　　advocate：提唱者

設問

26　下線部**ア**の同義語として最も適切なものを①〜④から一つ選び，マークしなさい。

　　① negative　　　　② remarkable　　　　③ slow　　　　④ steady

27　空欄（　イ　）に入る語として最も適切なものを①〜④から一つ選び，マークしなさい。

出典追記：Pathways: Reading, Writing, and Critical Thinking 3 by Laurie Blass and Mari Vargo, Cengage Learning

① destroy   ② discover   ③ maintain   ④ transform

28 下線部**ウ**の意味として最も適切なものを①～④から一つ選び，マークしなさい。

① 期間   ② 関係   ③ 用語   ④ 条件

29 下線部**エ**の意味として最も適切なものを①～④から一つ選び，マークしなさい。

① 人が訪れても見るべきものが皆無であった場所

② 以前から秘境として知られていた場所

③ これまで訪れる人がほとんどいなかった場所

④ 昔は訪れる人でにぎわっていた場所

30 Tourtellot の主張として最も適切なものを①～④から一つ選び，マークしなさい。

① 環境を保護しながら観光事業を営むことは将来ますます重要になる。

② 環境を保護しながら観光事業を営むことは将来ほとんど不可能になる。

③ 環境を保護するためには観光事業を縮小するべきである。

④ 環境を保護するためには観光事業で得た利益を活用しなければならない。

31 下線部**オ**に関する問題点として本文に**挙げられていないもの**を①～④から一つ選び，マークしなさい。

① 地元に本社を置かない企業によって事業が担われていることが多い。

② 宿泊代や料理などの料金が必要以上に高額になっている。

③ 事業から得られる利益の多くが地元に還元されない。

④ 旅行者と地元民との交流の機会が少ない。

32 下線部**カ**を言い換えたものとして最も適切なものを①～④から一つ選び，マークしなさい。

① the closest contact with   ② the deepest understanding of

③ the greatest curiosity about   ④ the strongest partnership with

33 最も強く発音する音節の位置が，下線部**キ**の語と**異なるもの**を①～④から一つ選び，マークしなさい。

e-con-o-my   ① al-ter-na-tive   ② com-mu-ni-ty

                   ③ des-ti-na-tion   ④ en-vi-ron-ment

34 本文の内容と**一致しないもの**を①～④から一つ選び，マークしなさい。

① Jonathan Tourtellot は観光事業においてジオツーリズムという新しい取り組みを提唱した。

② 従来のマスツーリズムが経営的に行き詰まり，ジオツーリズムという考えが生まれた。

③ ジオツーリズムは，旅行者と地元民とのつながりを大切にする。

④ ジオツーリズムにより地元の経済が潤い，持続可能な観光事業が可能になる。

35 本文の内容と一致するものを①～④から一つ選び，マークしなさい。

① As mass tourism continues to grow, there is a risk that more and more sites people visit may be harmed or destroyed.

② Geotourism may be successful for a while, but its success cannot be expected to last for long.

③ Geotravelers are the type of people who are not easily pleased by regional dishes and shops owned by locals.

④ Geotravelers donate a large amount of money to the local community at the end of their stay.

■■■■■日本史■■■■■

（60 分）

I　次の年表を見て，下の問いに答えなさい。

630 年　^{（1）}犬上御田鍬を初めて唐に遣わす

640 年　学問僧南淵請安，留学生（　2　）ら，唐から帰国する

654 年　（　2　），再び渡唐するも，唐にて没する

701 年　粟田真人らが遣唐使に任ぜられ翌年渡唐，山上憶良らも同行

717 年　多治比県守ら渡唐。^{（3）}玄昉，吉備真備らが同行

754 年　^{（4）}鑑真が来日

804 年　^{（5）}藤原葛野麻呂が遣唐使として出発し，最澄，空海，橘逸勢が同行

894 年　^{（6）}菅原道真が遣唐使に任ぜられる

1　下線部（1）に始まる遣唐使は 894 年まで企てられたが，この期間中に起きた出来事について
　　述べた文を古い順に並べたとき 3 番目にくるものを，次の①～④のうちから一つ選びなさい。
　　　①　大祚栄が新たな国家（のちの渤海）を建国した。
　　　②　伊治呰麻呂が陸奥で反乱を起こした。
　　　③　円仁が入唐し五台山を巡った。
　　　④　白村江の戦いで倭国の軍が敗退した。

2　空欄（　2　）に入る人物名として正しいものを，次の①～④のうちから一つ選びなさい。
　　　①　阿倍仲麻呂　　　　②　井真成　　　　　③　旻　　　　　　④　高向玄理

3　下線部（3）の二人は帰国後聖武天皇の信任を受けて政府に登用されたが，二人の排斥を求めて
　　反乱（政変）が勃発した。その名称として正しいものを，次の①～④のうちから一つ選びなさい。
　　　①　藤原広嗣の乱　　　②　恵美押勝の乱　　　③　長屋王の変　　　④　橘奈良麻呂の変

4　下線部（4）が創建した寺院として正しいものを，次の①～④のうちから一つ選びなさい。
　　　①　西大寺　　　　　　②　法華寺　　　　　③　唐招提寺　　　　④　薬師寺

5　下線部（5）について述べた文として**誤っているもの**を，次の①～④のうちから一つ選びなさい。
　　　①　最澄は比叡山に大乗戒壇の設立を企て，勅許を求めた。

② 空海は本格的な密教を学び，帰国後は天皇により東寺を賜った。

③ この遣唐使は光仁天皇の治世下で派遣された。

④ 橘逸勢は嵯峨上皇の死後，承和の変により伊豆に流された。

6 下線部（6）は，のち中央政界から追放され，死去したのち怨霊としておそれられるが，その鎮魂のために設けられた京都の神社として正しいものを，次の①〜④のうちから一つ選びなさい。

① 賀茂神社　　　② 石清水八幡宮　　　③ 八坂神社　　　④ 北野神社

Ⅱ 次の文章を読んで，下の問いに答えなさい。

　院政時代になると，六勝寺の建立に代表されるように，仏教は上皇の仏教興隆による王権強化策のもとで隆盛した。とりわけ古代以来の南都六宗に天台・（ 7 ）を加えた八宗（顕密仏教ともいう）が，朝廷の支持を得て中世を通じて仏教界の中心勢力としてありつづけた。

　源平の争乱がおきると，仏教界は衝撃を受け，仏教革新の二つの運動が呼び起こされることとなった。運動の一つは戒律の護持，もう一つは仏教の教えの根本的な見直しである。前者では栄西・(8) 貞慶・叡尊らが戒律の護持を提起し，後者は法然・親鸞・道元・日蓮の運動で，(9) その教えや活動は旧仏教（八宗）や朝廷から仏法として認められず，ときに圧迫や弾圧をうけた。

　室町時代に入ると，臨済宗は幕府の保護を受け，足利義満の代には (10) 京・鎌倉を中心とする五山制度が完成した。

　戦国時代に荘園公領制が崩壊に向かうと，仏教界にも下剋上が生じ，五山の衰退にかわって荘園への依存が少なかった林下の禅宗，浄土真宗，(11) 日蓮宗が急激な成長を見せた。なかでも浄土真宗は，8代法主（ 12 ）の活動により教勢を拡大した。

7 空欄（ 7 ）に入る語句として正しいものを，次の①〜④のうちから一つ選びなさい。

① 真言　　　　　② 法相　　　　　③ 三論　　　　　④ 浄土

8 下線部（8）について述べた文として正しいものを，次の①〜④のうちから一つ選びなさい。

① 貞慶は興福寺を出て山城の笠置寺に住み，戒律の復興につとめた。

② 貞慶は栂尾の高山寺を華厳宗興隆の道場とし，戒律の復興につとめた。

③ 叡尊は建仁寺に住して戒律を重んじる律宗を復興した。

④ 叡尊は授戒活動と社会事業に力を入れ，北山十八間戸を築いた。

9 下線部（9）について述べた文として**誤っているもの**を，次の①〜④のうちから一つ選びなさい。

① 法然は専ら阿弥陀仏の名号を唱える念仏を説いたが，朝廷の禁令により一時京都を追放された。

② 親鸞は長く東国で布教したが，帰京後，自身の教えに反する異論を批判して『歎異抄』を著

した。

③ 道元は宋より曹洞禅を伝えたが，延暦寺など他派の圧迫を避け，京を離れた越前に永平寺を建立した。

④ 日蓮は法華経の題目を唱える教えを説いたが，鎌倉幕府の弾圧を受け，伊豆や佐渡へ流された。

10 下線部（10）に関連して，五山の上に別格として位置づけられた寺院として正しいものを，次の①〜④のうちから一つ選びなさい。

① 天龍寺 ② 円覚寺 ③ 建長寺 ④ 南禅寺

11 下線部（11）の信仰にもとづいて形成された集団が，1536 年に延暦寺の宗徒と衝突した争乱として正しいものを，次の①〜④のうちから一つ選びなさい。

① 島原の乱 ② 石山戦争 ③ 加賀の一向一揆 ④ 天文法華の乱

12 空欄（ 12 ）に入る人物名として正しいものを，次の①〜④のうちから一つ選びなさい。

① 蓮如 ② 顕如 ③ 証如 ④ 覚如

Ⅲ 次の史料A〜Cは，それぞれ江戸時代の異なる時期に発令された諸大名を対象とする法令の抜粋である。これらの史料を読んで，下の問いに答えなさい。

史料A

一，文武弓馬ノ道，専ラ相嗜ムベキ事。……

一，(13)諸国ノ居城修補ヲ為スト雖モ，必ズ言上スベシ。況ヤ新儀ノ構営堅ク停止令ムル事。……

一，(14)私ニ婚姻ヲ締ブベカラザル事。……

慶長廿年卯七月　日

史料B

一，大名小名，在（ 15 ）交替，相定ル所也。毎歳夏四月中参勤致スベシ。従者ノ員数近来甚ダ多シ，且ハ国郡ノ費，且ハ人民ノ労也。向後其ノ相応ヲ以テ，之ヲ減少スベシ。……

(16)寛永十二年六月廿一日

史料C

一，文武（ 17 ）を励し，礼儀を正すべきの事。

一，養子は同姓相応の者を撰び，若之無きにおゐては由緒を正し，存生の内言上致すべし，五十以上十七以下の輩，(18)末期に及び養子致すと雖も，吟味の上之を立つべし，縦，実子と雖も筋目違たる儀，之を立つべからざる事。……

天和三年七月廿五日

『御触書寛保集成』

13 下線部 (13) の条項に違反したため，1619 年に領地を没収された大名として正しいものを，次の①〜④のうちから一つ選びなさい。

　　① 福島正則　　　　② 加藤清正　　　　③ 石田三成　　　　④ 柴田勝家

14 下線部 (14) と同様な内容の条項をもつ歴史上の法令として正しいものを，次の①〜④のうちから一つ選びなさい。

　　① 御成敗式目　　　② 建武式目　　　　③ 今川仮名目録　　④ バテレン追放令

15 空欄（　15　）に入る語句として正しいものを，次の①〜④のうちから一つ選びなさい。

　　① 国元　　　　　　② 江戸　　　　　　③ 京　　　　　　　④ 上方

16 下線部 (16) の 2 年後，島原・天草地方で大規模な一揆（乱）が起き，江戸幕府は翌年これを鎮圧した。この事件を受け，**史料 B** の発令者のあとを継いだ将軍の法令には，「耶蘇宗門（キリスト教徒）」の信仰禁止を徹底する項目が加わった。

　「耶蘇宗門」に対して江戸幕府がおこなった一連の政策について **誤っているもの** を，次の①〜④のうちから一つ選びなさい。

　　① 幕府は 1612 年直轄領に禁教令を出し，翌年これを全国に及ぼした。

　　② 幕府は 1614 年高山右近ら 300 人余りをマニラやマカオに追放した。

　　③ 幕府は乱ののち絵踏を強化し，宗門改役を置いて仏教への転宗を強制した。

　　④ 幕末期の開国にさいして，幕府は耶蘇宗門への弾圧を公式に撤回した。

17 空欄（　17　）に入る語句として正しいものを，次の①〜④のうちから一つ選びなさい。

　　① 兵の道　　　　　② 両道　　　　　　③ 忠義　　　　　　④ 忠孝

18 下線部 (18) の末期養子に関して生じた問題と対策について述べた文として **誤っているもの** を，次の①〜④のうちから一つ選びなさい。

　　① 末期養子とは，武家が死にぎわに急な養子を主君に願い出ることをいう。

　　② 末期養子が認められず無嗣断絶で改易となる大名が多く出た。

　　③ 幕府は末期養子の禁制をより厳しくして牢人の出現を防ごうとした。

　　④ 末期養子制度の改革は将軍徳川家綱の時代に実現した。

IV　次の文章を読んで，下の問いに答えなさい。

　明治新政府は富国強兵を目指し⁽¹⁹⁾封建的な諸制度を撤廃するとともに殖産興業に力を注いだ。工部省を設置し，鉄道の敷設につとめたほか，⁽²⁰⁾鉱山・軍事工業の官営化と育成をはかった。明治六年の政変のあと政府の実権を掌握した（　21　）は内務省を設置し，内務卿として官営模範工場を設置したり内国勧業博覧会を開催したりするなど民間在来産業の育成をはかった。政府はかつて蝦夷地と呼ばれた⁽²²⁾北海道の開発にも着手した。海運では欧米資本に対抗して⁽²³⁾岩崎弥太郎の経営する会社を保護して成長を促した。これらの産業振興には多大なる資金が必要であったため，政府は1876 年に秩禄処分を断行するとともに（　24　）条例を改正し，（　24　）の設立条件を緩和したため，銀行設立がすすんで資金不足が徐々に緩和された。

19　下線部（19）に関して，新政府の政策として**誤っているもの**を，次の①〜④のうちから一つ選びなさい。

　①　田畑の自由な売買を禁止した。

　②　株仲間などの独占を廃止した。

　③　移住や職業選択の制約を撤廃した。

　④　関所や宿駅制度を撤廃した。

20　下線部（20）に関して，新政府による官営化ののち民間に払い下げられた事業として**誤っているもの**を，次の①〜④のうちから一つ選びなさい。

　①　横須賀造船所　　　②　高島炭鉱　　　③　長崎造船所　　　④　三池炭鉱

21　空欄（　21　）に入る人物名として正しいものを，次の①〜④のうちから一つ選びなさい。

　①　大隈重信　　　②　大久保利通　　　③　伊藤博文　　　④　木戸孝允

22　下線部（22）に関して，どのような政策が実施されたか。正しいものを，次の①〜④のうちから一つ選びなさい。

　①　北海道と樺太開拓の機関として開拓使を置いた。

　②　開発にあたりオランダ式の大農経営を取り入れた。

　③　駒場農学校を新設し，教員としてクラークを招いた。

　④　柵戸を送り込み開拓と北辺防備にあたらせた。

23　下線部（23）に関して，岩崎弥太郎の出身藩で，彼が事業の足がかりを得た藩名として正しいものを，次の①〜④のうちから一つ選びなさい。

　①　盛岡藩　　　　②　薩摩藩　　　　③　土佐藩　　　　④　佐賀藩

24　空欄（　24　）に入る語句として正しいものを，次の①〜④のうちから一つ選びなさい。

① 日本銀行 ② 国立銀行 ③ 普通銀行 ④ 特殊銀行

V 次の文章を読んで，下の問いに答えなさい。

19 世紀なかば，アメリカ大統領フィルモアは東インド艦隊司令長官ペリーを日本に派遣し，開国を要求した。幕府は老中首座にあった（ 25 ）のもとで，再来日したペリーとの間で友好関係を定めた条約を締結した。幕府はさらに 4 年後，自由貿易を規定した条約を結び，ほかの 4 カ国とも同様の条約を結んで，本格的に開国へと踏み出すこととなった。しかし (26) この条約は日本に不利な不平等条約であった。

幕府滅亡後に樹立された明治新政府は条約改正交渉をすすめた。アメリカは改正には好意的であったが，(27) 日露戦争が終結に向かう時期に入ると日米両国は満州への進出をめぐる対立が深まり，アメリカでは日系移民の排斥運動も起こされた。こうした対立は，のちの太平洋戦争の遠因ともなった。

太平洋戦争の終結に向けて日本はポツダム宣言を受け入れ，アメリカを中心とした連合国軍の占領統治を受けた。まもなく世界は冷戦の時代に突入し，中国では国共内戦が終結し，朝鮮では二つの国家が樹立された。アメリカは日本の占領統治のあり方を (28) 民主化の徹底から経済復興の拠点として活用する方向に転換した。朝鮮戦争が勃発すると，在日アメリカ軍の出動による穴を埋めるため，（ 29 ）が創設された。

サンフランシスコ平和条約締結と同じ日，日米安全保障条約が締結され，米軍の日本駐留が定められた。翌年日米行政協定により米軍への基地提供や駐留経費などの細目が決められ，まもなく日本は主権を回復した。日本はさらに日米安全保障条約の片務的側面を改めることを目指し，(30) 1960 年に条約改定を実現した。

25 空欄（ 25 ）に入る人物名として正しいものを，次の①～④のうちから一つ選びなさい。
① 安藤信正 ② 井伊直弼 ③ 堀田正睦 ④ 阿部正弘

26 下線部（26）の説明として誤っているものを，次の①～④のうちから一つ選びなさい。
① 日本にとって片務的な最恵国待遇が前条約から引き継がれていた。
② 日本には独自に自国の関税を定める権利がなかった。
③ 米国の領事が在日米国人の裁判を米国の法に基づき裁判する権利を日本が認めた。
④ 生糸など 5 品目については，江戸に廻送ののち輸出するよう義務づける規定があった。

27 下線部（27）の時期において，日米間では韓国とフィリピンに関する合意が成立した。その合意として正しいものを，次の①～④のうちから一つ選びなさい。
① 野村・ハル会談 ② 桂・ハリマン覚書
③ 桂・タフト協定 ④ 石井・ランシング協定

28 下線部（28）に関して，1945 年 10 月に連合国軍最高司令官マッカーサーが幣原喜重郎首相に示した五大改革指令に**含まれないもの**を，次の①〜④のうちから一つ選びなさい。

① 経済機構の民主化　　　　　② 教育の自由主義化

③ 女性参政権の付与　　　　　④ A級戦犯容疑者の逮捕と処罰

29 空欄（ 29 ）に入る語句として正しいものを，次の①〜④のうちから一つ選びなさい。

① 自衛隊　　　　② 保安隊　　　　③ 警察予備隊　　　　④ 警備隊

30 下線部（30）に関する説明として正しいものを，次の①〜④のうちから一つ選びなさい。

① 日米関係をより対等にすることをめざし，鳩山一郎内閣が改定交渉を進めた。

② 改定により，アメリカの日本防衛義務が明文化され，条約の有効期限も定められた。

③ 付属文書により米軍による世界各地の軍事行動について日米間の事前協議が定められた。

④ 条約の批准が迫ると，改定をあと押しする保守勢力のデモが連日国会を取り巻いた。

■■■世界史■■

（60 分）

I 次の文章を読んで，下の問いに答えなさい。

　中国史における一つの頂点とも見なされる唐王朝は，実は前半と後半では全く異なる姿を見せる。前半は，中国を統一して ⁽¹⁾ 体系的なシステムによる国家運営を実施しただけでなく，対外的にも ⁽²⁾ 周辺地域に対する影響力を強め，まさしく中国歴代王朝の中でも指折りの繁栄ぶりだったと言ってよい。

　ところが，⁽³⁾ 8 世紀半ばに ⁽⁴⁾ 安史の乱が起きると，唐は滅亡の危機に瀕した。この時は，北方遊牧国家からの援軍を借り，また反乱勢力の自滅もあって，かろうじて王朝の命脈を保つことができた。ただし，これ以後の姿は前半期のそれとは全く異なるものであった。⁽⁵⁾ モンゴル高原から西域にかけての領土（間接支配を含む）は全て失い，さらに雲南方面では南詔が独自の勢力を築くなど，唐王朝の版図は見る影もなく縮小してしまった。さらに，その狭い領域内においてさえも王朝の支配力は極度に弱体化し，各地には ⁽⁶⁾ 藩鎮とよばれる半独立の軍閥が割拠し，中には相当反抗的な藩鎮もあったという。要するに唐が ⁽⁷⁾ 直轄支配できたのは都の近辺を中心とするごく限られた地域のみであって，それ以外の各地は事実上の間接支配であった。このような中で起きた ⁽⁸⁾ 黄巣の乱によって唐の命脈は事実上絶たれたも同然で，乱鎮圧の二十年余り後に唐は滅亡し，五代十国とよばれる分裂の時代に突入した。ただし，これは統一王朝の唐が滅びて分裂の時代に移ったというよりは，もともと事実上の分裂状態だった唐後半期の状況が継続している中で，唐王朝が消滅しただけという見方もできるだろう。

1 下線部（1）について述べた文として**誤っているもの**を，次の①～④のうちから一つ選びなさい。

　① この「システム」の根幹にあるのは「律・令・格・式」である。

　② この「システム」は直接的には隋から継承したものである。

　③ この「システム」の中には九品中正制が含まれる。

　④ この「システム」は日本を含む周辺諸国にも取り入れられた。

2 下線部（2）について述べた文として**正しいもの**を，次の①～④のうちから一つ選びなさい。

　① 太宗はモンゴル高原の柔然を屈服させた。

　② 太宗は新羅とともに白村江の戦いで日本・百済の連合軍を破った。

　③ 西域には都護府を設けて羈縻政策とよばれる間接統治を及ぼした。

　④ 四方のうち唯一，南方には羈縻政策を及ぼすことができなかった。

3　下線部（3）の時期に起きた出来事として**誤っているもの**を，次の①〜④のうちから一つ選びな
さい。

① スマトラ島にシュリーヴィジャヤ王国が成立した。

② タラス河畔の戦いで唐が敗れた。

③ ピピンがカロリング朝を建てた。

④ 後ウマイヤ朝の成立によってイスラーム帝国が分裂した。

4　下線部（4）が起きた原因と関係する女性として正しいものを，次の①〜④のうちから一つ選び
なさい。

① 楊貴妃　　　　　② 西太后　　　　　③ 則天武后　　　　　④ 宋慶齢

5　下線部（5）に関連して，中国から西域に通じる玄関口ともいうべき敦煌一帯をこのとき支配した，
古代チベット王国として正しいものを，次の①〜④のうちから一つ選びなさい。

① 丁零　　　　　② 吐蕃　　　　　③ 高車　　　　　④ 吐谷渾

6　下線部（6）について述べた次の文 a・b の正誤の組合せとして正しいものを，下の①〜④のうち
から一つ選びなさい。

a　軍職である節度使が民政・財政をも掌握して藩鎮となった。

b　藩鎮の兵力は府兵制によっていた。

① a・b ともに正しい　　　　　　　② a のみ正しい

③ b のみ正しい　　　　　　　　　　④ a・b ともに誤り

7　下線部（7）に関連して，中国王朝が現地の首長などに統治を委任する「間接支配」を併用する
ことはしばしばあった。こうした「間接支配」に**当てはまらないもの**を，次の①〜④のうちから
一つ選びなさい。

① 周における封建諸侯　　　　　　　② 前漢初期の郡国制における諸侯

③ 契丹（遼）における南面官　　　　④ 清朝における藩部

8　下線部（8）について述べた文として**誤っているもの**を，次の①〜④のうちから一つ選びなさい。

① もとは塩の密売人の王仙芝が起こした反乱だった。

② のちに唐を滅ぼす朱全忠はこの乱に参加していた。

③ 黄巣は一時期，長安を占領して皇帝を称した。

④ 黄巣は唐の政治方針に不満を持つエリート官僚だった。

Ⅱ 次の文章を読んで，下の問いに答えなさい。

　太平洋にはオセアニアとよばれる地域があり，⁽⁹⁾オーストラリアやニュージーランドに加えて，メラネシア・ミクロネシア・ポリネシアに大別される無数の島々が点在している。中南部太平洋の島々の多くがそこに含まれるが，⁽¹⁰⁾フィリピンや⁽¹¹⁾インドネシアなどは除かれる。オセアニアに居住する人々の起源については諸説あり，かつてノルウェーの人類学者ヘイエルダールは，ポリネシア文化と⁽¹²⁾インカ文明の類似性を主張し，漂流実験による南米起源説の実証を試みたが，その後の研究では，アジアからインドネシアを経由して島々に広がっていったとする説が有力になっている。

　「大航海時代」が到来すると，スペイン人（　13　）が1513年にパナマ地峡を横断し，ヨーロッパ人で最初に太平洋を発見した。（　13　）はこの海を「南海」とよんだが，その後，「南海」の横断に成功したマゼランが，比較的平穏に航行できたこの海を「太平洋」と名づけた。17世紀にはオランダ人航海者（　14　）がニュージーランド・フィジーなどを探検したほか，18世紀にはイギリス人の（　15　）がニュージーランド・オーストラリアから北方のベーリング海峡まで探検航海をおこなうなどして，次第に太平洋地域の様子がヨーロッパ人に知られるようになっていった。（　15　）はオーストラリアの領有を宣言し，これを機にオーストラリアにはイギリスの植民地が形成されていった。

　19世紀に入ると，それまでに進出していた国々に加えて，1842年には⁽¹⁶⁾フランスがタヒチを，1884年にはドイツがビスマルク諸島を領有したほか，1898年にはアメリカ合衆国がハワイ諸島を併合するなど，太平洋地域は欧米列強の分割の対象となった。この地域に多くの独立国家が誕生するのは，第二次世界大戦後の1960年代以降のことである。

9　下線部（9）について述べた文として正しいものを，次の①～④のうちから一つ選びなさい。
　①　マオリ人とよばれる先住民が居住していた。
　②　植民地成立当初から継続してアジアやアフリカからの移民を積極的に受け入れた。
　③　ウェストミンスター憲章でイギリス本国と対等の関係になった。
　④　イギリス・ニュージーランドとともに太平洋安全保障条約（ANZUS）を結んだ。

10　下線部（10）について述べた文として正しいものを，次の①～④のうちから一つ選びなさい。
　①　スペインによってマカオが建設された。
　②　ホー＝チ＝ミンがスペインの支配に抵抗した。
　③　19世紀末にフランス領になった。
　④　東南アジア条約機構（SEATO）の加盟国になった。

11　下線部（11）について述べた文として正しいものを，次の①～④のうちから一つ選びなさい。
　①　イスラーム同盟（サレカット＝イスラーム）が民族運動を展開した。
　②　第二次世界大戦後に独立し，ネルーが初代大統領になった。
　③　バンドンで第1回非同盟諸国首脳会議が開かれた。

④　九・三〇事件を機に，スカルノが実権を握った。

12　下線部（12）について述べた文として正しいものを，次の①～④のうちから一つ選びなさい。

①　メキシコ高原に国家を建設した。

②　キープ（結縄）によって情報を伝達した。

③　鉄製農具による牛耕農法が発達した。

④　スペイン人のコルテスによって滅ぼされた。

13　空欄（　13　）に入れる人物名として正しいものを，次の①～④のうちから一つ選びなさい。

①　カブラル　　　　　　　　　　　②　バルトロメウ＝ディアス

③　バルボア　　　　　　　　　　　④　アメリゴ＝ヴェスプッチ

14　空欄（　14　）に入れる人物名として正しいものを，次の①～④のうちから一つ選びなさい。

①　タスマン　　　　②　ピアリ　　　　③　スコット　　　　④　リヴィングストン

15　空欄（　15　）に入れる人物名として正しいものを，次の①～④のうちから一つ選びなさい。

①　スタンリー　　　　②　アムンゼン　　　　③　ヘディン　　　　④　クック

16　下線部（16）に関連して，フランス後期印象派の画家で，フランス領タヒチに移り住んだ人物
として正しいものを，次の①～④のうちから一つ選びなさい。

①　クールベ　　　　②　ゴーガン　　　　③　ドラクロワ　　　　④　ミレー

Ⅲ 次の文章を読んで，下の問いに答えなさい。

　古代ギリシアは西洋哲学の発祥の地であり，イオニアの自然哲学者をはじめ，様々な学者を輩出した。中でも際立つ存在として，アリストテレスがいる。

　アリストテレスは，前 384 年にマケドニアに生まれ，17 歳で ⁽¹⁷⁾アテネに出てプラトンに師事した。師プラトンの死後，アテネを離れたアリストテレスは，しばらくしてマケドニア王フィリッポス 2 世に招かれ，王子アレクサンドロスの教育係を務めることとなった。アレクサンドロスが即位した後は，アテネに戻って ⁽¹⁸⁾学園リュケイオンを創設し，研究と教育に力を尽くしたが，前 323 年にアレクサンドロス大王が急死すると，反マケドニア運動が沸き起こったアテネから追われることとなり，その翌年には病で世を去った。アリストテレスは哲学者に分類されることも多いが，⁽¹⁹⁾自然科学や政治学，文学など諸学に通じ，「万学の祖」ともよばれている。

　アリストテレスが残した著作は，つづくローマ時代にも広く読まれた。しかし，⁽²⁰⁾西ローマ帝国滅亡後のヨーロッパにはわずかにしか継承されず，むしろその学問はイスラーム世界で広まることとなった。（　21　）語で受け継がれていたアリストテレスの著作は，やがて 12 世紀にラテン語に翻訳されて西欧にもたらされ，⁽²²⁾中世スコラ学の発展に重要な影響を及ぼすこととなった。

　アリストテレスの著作の中には，今日まで伝承されずに失われたものも少なくないが，⁽²³⁾19 世紀末になって『アテナイ人の国制』を書き写したパピルスがエジプトで見つかったように，今後また新たな写本が発見されることもあるかもしれない。

17 下線部 (17) について述べた文として**誤っているもの**を，次の①〜④のうちから一つ選びなさい。

　　① ドラコンが慣習法を成文化した。

　　② ペイシストラトスが僭主として統治した。

　　③ ペリクレスが民主政を確立した。

　　④ コリントス同盟（ヘラス同盟）の盟主となった。

18 下線部 (18) に関連して，教育・研究機関について述べた文として**誤っているもの**を，次の①〜④のうちから一つ選びなさい。

　　① プトレマイオス朝下のアレクサンドリアに，ムセイオンが設立された。

　　② セルジューク朝下の主要都市に，ニザーミーヤ学院が設立された。

　　③ ファーティマ朝下のカイロに，アズハル学院が設立された。

　　④ ヴァロワ朝下のフランスに，パリ大学が設立された。

19 下線部 (19) に関連して，科学の法則とその提唱者の組合せとして**誤っているもの**を，次の①〜④のうちから一つ選びなさい。

　　① 万有引力の法則　－　レオナルド＝ダ＝ヴィンチ

　　② 遺伝の法則　－　メンデル

　　③ エネルギー保存の法則　－　ヘルムホルツ

④　質量保存の法則　－　ラヴォワジェ

20　下線部（20）について述べた次の文 a ～ c が，年代の古い順に正しく配列されているものを，下の①～④のうちから一つ選びなさい。

a　フランク王国が成立した。

b　東ゴート王国が滅亡した。

c　グレゴリウス 1 世がゲルマン人への布教を主導した。

①　a → b → c　　　　②　a → c → b　　　　③　b → a → c　　　　④　b → c → a

21　空欄（　21　）に入れる語として正しいものを，次の①～④のうちから一つ選びなさい。

①　サンスクリット　　②　ヒンディー　　③　アラビア　　④　スワヒリ

22　下線部（22）に関連して，13 世紀にスコラ学を大成した人物として正しいものを，次の①～④のうちから一つ選びなさい。

①　トマス＝アクィナス　　　　　　②　アルクィン

③　ウィクリフ　　　　　　　　　　④　フランシス＝ベーコン

23　下線部（23）の時期に起こった出来事について述べた文として正しいものを，次の①～④のうちから一つ選びなさい。

①　クリミア戦争が勃発した。

②　南アフリカ戦争が勃発した。

③　ドイツでヴァイマル共和国が成立した。

④　イタリアでファシスト党が結成された。

Ⅳ　次の文章を読んで，下の問いに答えなさい。

　世界各地に存在する民主主義国家のあいだでは，多様な政党政治の形態が見られる。その中でよく
知られた体制の一つが二大政党制であり，イギリスとアメリカのものが有名である。
　⁽²⁴⁾イギリスの議会制度は中世後期から徐々に形成されてきたものだが，現在の二大政党制につな
がる二つの党派が成立したのは，17世紀後半のことである。王政復古後の不安定な政治状況の中で，
⁽²⁵⁾国王の権威に重きを置くトーリ党と議会を重視するホイッグ党が形成された。18世紀前半には
責任内閣制が成立し，以後，基本的に二大政党のいずれかの党首が首相として内閣を組織し，政権運
営を担うこととなった。19世紀前半になるとトーリ党が保守党に，同世紀後半にはホイッグ党が自
由党に改称し，両党による二大政党制が継続した。20世紀に入って，第一次世界大戦中に自由党の
（　26　）のもとで挙国一致内閣が形成されたのち，自由党に代わって勢力を拡大してきた⁽²⁷⁾労働
党が二大政党制の一翼を担うこととなった。第二次世界大戦期には再び挙国一致体制が成立したが，
戦後は保守党・労働党による二大政党制が定着して現在に至る。
　一方，アメリカ合衆国では，独立後の18世紀後半に，連邦政府への権力集中を目指す連邦派に対
して⁽²⁸⁾反連邦派が組織され，19世紀初頭から優勢となった。そうした流れの中で，1820年代に民
主党が結成され，現在まで続く二大政党の一翼が誕生した。民主党初の大統領となった⁽²⁹⁾ジャク
ソンの革新的政策は反発をよび，新たにホイッグ党の結成を促したが，対抗勢力としては永続しなか
った。しかし，19世紀半ばに⁽³⁰⁾奴隷制の問題をめぐって政界再編の動きが活発化すると，奴隷制
反対を主張する共和党が形成され，今日まで続く二大政党の対抗図式の原型が成立することとなった。

24　下線部（24）について述べた文として正しいものを，次の①～④のうちから一つ選びなさい。
　　①　ヘンリ2世は大憲章（マグナ＝カルタ）を発布し，議会制の土台を確立した。
　　②　シモン＝ド＝モンフォールは武力蜂起を主導し，議会から貴族勢力を排除しようとした。
　　③　エドワード3世はいわゆる「模範議会」を開催し，初めて都市の代表を議会に招集した。
　　④　中世のイギリス議会は，最終的に上院（貴族院）と下院（庶民院）の二院制となった。

25　下線部（25）に関連して，フランス国王ルイ14世に仕えて王権神授説を唱えた人物として正し
　　いものを，次の①～④のうちから一つ選びなさい。
　　①　ウォルポール　　　②　ヴォルテール　　　③　ボシュエ　　　④　デカルト

26　空欄（　26　）に入れる人物名として正しいものを，次の①～④のうちから一つ選びなさい。
　　①　ジョゼフ＝チェンバレン　　　　　②　ネヴィル＝チェンバレン
　　③　ロイド＝ジョージ　　　　　　　　④　ピット

27　下線部（27）について述べた文として**誤っているもの**を，次の①～④のうちから一つ選びなさい。
　　①　労働代表委員会が改称して成立した。
　　②　労働組合を合法とする労働組合法を成立させた。

③　マクドナルドが最初の労働党内閣を組織した。

④　アトリー労働党内閣が重要産業の国有化を進めた。

28　下線部（28）の中心的人物の一人で，独立宣言の起草にも関わり，第 3 代合衆国大統領となった人物として正しいものを，次の①〜④のうちから一つ選びなさい。

①　トマス＝ジェファソン　　　　　　②　トマス＝ペイン

③　フランクリン　　　　　　　　　　④　ワシントン

29　下線部（29）について述べた文として正しいものを，次の①〜④のうちから一つ選びなさい。

①　ヴァージニア州出身の大統領である。

②　自由貿易政策を展開した。

③　先住民の権利を手厚く保護した。

④　アメリカ＝メキシコ戦争に勝利した。

30　下線部（30）について述べた文として正しいものを，次の①〜④のうちから一つ選びなさい。

①　一般的傾向として，北部の諸州は奴隷制に賛成，南部の諸州は反対の立場にあった。

②　ミズーリ協定によって，新設されるすべての州で奴隷制が禁止されることとなった。

③　黒人の権利を主張する団体として，クー＝クラックス＝クラン（KKK）が結成された。

④　ストウが『アンクル＝トムの小屋』で奴隷の悲惨な現状を描いて，大きな反響をよんだ。

■ 数学 ■

（60 分）

解答記入上の注意

（1）分数は既約分数（それ以上約分ができない分数）で答えなさい。

（2）根号を含む場合は分母を有理化し，根号の中に現れる自然数が最小となる形で答えなさい。

I

（ア） $x > 0$ とする。$x - \dfrac{1}{x} = 1$ のとき，

$$x^2 + \frac{1}{x^2} = \boxed{1}\ ,\quad x + \frac{1}{x} = \sqrt{\boxed{2}}\ ,\quad x^4 - \frac{1}{x^4} = \boxed{3}\ \sqrt{\boxed{4}}$$

である。

	①		②		③		④	
1	①	2	②	3	③	4	④	5
2	①	2	②	3	③	5	④	7
3	①	2	②	3	③	4	④	5
4	①	2	②	3	③	5	④	7

（イ） 次のデータは，ある商品の 10 日間の売り上げ個数である。ただし，a は 0 以上の整数である。

    8, 11, 15, 30, 32, 36, 37, 44, 52, a（個）

(1) このデータの平均値が 31 個のとき，$a = \boxed{5}$ であり，中央値は $\boxed{6}$ 個である。

	①		②		③		④	
5	①	31	②	36	③	40	④	45
6	①	33	②	34	③	35	④	36

(2) a の値がわからないとき，10 個のデータの中央値として考えられる値は $\boxed{7}$ 通りある。

	①		②		③		④	
7	①	4	②	5	③	6	④	7

（ウ） $0° < \theta < 180°$ とする。$\tan\theta = -2$ のとき，

$$\cos\theta = -\sqrt{\frac{\boxed{8}}{\boxed{9}}}\ ,\quad \frac{1 + \cos\theta}{\sin\theta} + \frac{\sin\theta}{1 + \cos\theta} = \sqrt{\boxed{10}}$$

である。

8	①	2	②	3	③	5	④	6
9	①	2	②	3	③	5	④	6
10	①	2	②	3	③	5	④	6

Ⅱ　a を実数の定数とする。2 次関数 $y = x^2 - ax + a$ のグラフを C とする。

(ア)　C の頂点の座標は、$\left(\dfrac{a}{\boxed{11}}, \ -\dfrac{a^2}{\boxed{12}} + a \right)$ である。

11	①	2	②	3	③	4	④	5
12	①	2	②	3	③	4	④	5

(イ)　C が x 軸と異なる 2 点で交わるとき、a のとりうる値の範囲は
　　　$a < \boxed{13}$, $\boxed{14} < a$ である。

13	①	-3	②	-2	③	-1	④	0
14	①	1	②	2	③	3	④	4

(ウ)　C と y 軸の交点は点 $(0, 0)$ より上にあり、C と直線 $x = 4$ の交点は点 $(4, 2)$ より上にあるとき、

　　　a のとりうる値の範囲は $\boxed{15} < a < \dfrac{\boxed{16}}{\boxed{17}}$ である。

15	①	0	②	1	③	2	④	3
16	①	8	②	10	③	14	④	17
17	①	2	②	3	③	5	④	7

(エ)　C の頂点の y 座標を q とする。a が（ウ）の値の範囲を動くとき、q のとりうる値の範囲は
　　　$-\dfrac{\boxed{18}}{\boxed{19}} < q \leqq \boxed{20}$ である。

18	①	5	②	7	③	8	④	10
19	①	2	②	3	③	7	④	9
20	①	1	②	2	③	3	④	4

Ⅲ　四面体 ABCD において，AB = 2，AC = 3，AD = 4，∠BAC = ∠CAD = ∠DAB = 90°とする。

（ア）　四面体 ABCD の体積は $\boxed{}$ である。

21　①　　4　　　　　②　　6　　　　　③　　8　　　　　④　　12

（イ）　$\cos \angle \mathrm{CBD} = \dfrac{\boxed{}\sqrt{\boxed{}}}{\boxed{}}$ である。

22　①　　2　　　　　②　　6　　　　　③　　8　　　　　④　　9
23　①　　5　　　　　②　　13　　　　③　　61　　　　④　　65
24　①　　25　　　　②　　26　　　　③　　61　　　　④　　65

（ウ）　三角形 BCD の面積は $\sqrt{\boxed{}}$ である。

25　①　　5　　　　　②　　13　　　　③　　61　　　　④　　65

（エ）　A から三角形 BCD に下ろした垂線の長さは $\dfrac{\boxed{}\sqrt{\boxed{}}}{\boxed{}}$ である。

26　①　　8　　　　　②　　12　　　　③　　24　　　　④　　36
27　①　　5　　　　　②　　13　　　　③　　61　　　　④　　65
28　①　　5　　　　　②　　13　　　　③　　61　　　　④　　65

（オ）　四面体 ABCD に内接する球の半径は $\dfrac{\boxed{}-\sqrt{\boxed{}}}{\boxed{}}$ である。

29　①　　7　　　　　②　　9　　　　　③　　10　　　　④　　13
30　①　　5　　　　　②　　13　　　　③　　61　　　　④　　65
31　①　　9　　　　　②　　27　　　　③　　36　　　　④　　54

IV 3 個のさいころを 1 回投げる。

(ア) 5 の目が 1 つだけ出る確率は $\dfrac{\boxed{32}}{\boxed{33}}$, 5 の目が少なくとも 1 つ出る確率は $\dfrac{\boxed{34}}{\boxed{35}}$

である。また、すべての目が異なる確率は $\dfrac{\boxed{36}}{\boxed{37}}$ である。

32	①	1	②	5	③	7	④	25
33	①	6	②	36	③	72	④	216
34	①	5	②	25	③	61	④	91
35	①	6	②	36	③	72	④	216
36	①	1	②	5	③	7	④	11
37	①	6	②	9	③	18	④	36

(イ) 出た目の最大値が 5 以下となる確率は $\dfrac{\boxed{38}}{\boxed{39}}$, 出た目の最大値が 5 となる確率は

$\dfrac{\boxed{40}}{\boxed{41}}$ である。また、出た目の最大値が 5 となるとき、5 の目が 1 つだけ出る条件付き

確率は $\dfrac{\boxed{42}}{\boxed{43}}$ である。

38	①	5	②	25	③	61	④	125
39	①	6	②	36	③	72	④	216
40	①	5	②	25	③	61	④	125
41	①	6	②	36	③	72	④	216
42	①	5	②	7	③	25	④	48
43	①	53	②	59	③	61	④	67

■化学■

（60 分）

必要ならば，次の数値を用いなさい。

気体定数　　　　　8.3×10^3 Pa·L/ (mol·K)

原子量　　　　　　H：1.0, C：12, O：16

I　次の問いに答えなさい。

1　最外殻電子がともに M 殻にあるものの組み合わせとして最も適切なものを，次の①〜④から一つ選び，その番号をマークしなさい。

① Na^+ と K^+　　　② Cl^- と Ne　　　③ Ca^{2+} と S^{2-}　　　④ O^{2-} と Mg^{2+}

2　第 2 周期の元素で，第一イオン化エネルギーが最も大きい原子の原子番号として最も適切なものを，次の①〜④から一つ選び，その番号をマークしなさい。

① 3　　　　　② 5　　　　　③ 8　　　　　④ 10

3　イオン結合のみでできている物質の組み合わせとして最も適切なものを，次の①〜④から一つ選び，その番号をマークしなさい。

① HCl と $Mg(OH)_2$　　　　② Fe と $CaCl_2$

③ NaCl と KBr　　　　　④ HNO_3 と KCl

4　分子と分子の間に働く力に関する記述として最も適切なものを，次の①〜④から一つ選び，その番号をマークしなさい。

①　硫化水素分子は，水素原子と硫黄原子間には極性をもつが，分子間に静電気的な引力は働かない。

②　1 個の水分子は，隣接する水分子 4 個と水素結合をつくることができる。

③　エタン分子の間の分子間力は，水分子の間の水素結合よりも強い。

④ 直鎖飽和炭化水素の炭素鎖が長くなると，分子間力が弱くなる。

5 0.10 mol/L 酢酸水溶液（電離度 0.010）10 mL を 0.10 mol/L 水酸化ナトリウム水溶液で中和滴定した。加えた水酸化ナトリウム水溶液の滴下量 [mL] と，酢酸イオンおよび水酸化物イオンの物質量 [× 10⁻³ mol] の関係を表すグラフの概形として最も適切なものを，次の①～④から一つ選び，その番号をマークしなさい。

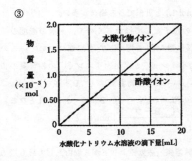

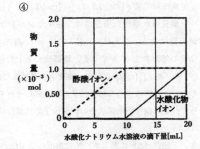

6 酸化還元反応でないものを，次の①～④から一つ選び，その番号をマークしなさい。

① $3Cu + 8HNO_3 \longrightarrow 3Cu(NO_3)_2 + 4H_2O + 2NO$

② $2H_2O_2 \longrightarrow 2H_2O + O_2$

③ $Fe + 2HNO_3 \longrightarrow Fe(NO_3)_2 + H_2$

④ $CaCO_3 \longrightarrow CaO + CO_2$

7 水酸化ナトリウム水溶液を加えてアルカリ性にすると沈殿が生成し，さらに大過剰の水酸化ナトリウム水溶液を加えると，その沈殿が溶解するイオンとして最も適切なものを，次の①～④から一つ選び，その番号をマークしなさい。

① Ag^+　　　　② Zn^{2+}　　　　③ Fe^{3+}　　　　④ Cu^{2+}

II 次の文章を読んで，下の問いに答えなさい。

　一般に，不揮発性の溶質を含む希薄溶液の示す性質として，溶質の種類に関係せず，溶液の濃度で決まる共通の性質がある。その共通の性質には，(8) 蒸気圧降下，沸点上昇，凝固点降下および浸透圧がある。溶液の質量モル濃度を m [mol/kg]，溶液の沸点上昇度または凝固点降下度を Δt [K] とすると，次の式が成り立つ。

$$\Delta t = K \cdot m \quad \cdots\cdots (i)$$

　（i）式中の比例定数 K は，質量モル濃度 1 mol/kg の溶液の沸点上昇度（モル沸点上昇）または凝固点降下度（モル凝固点降下）である。

　また，浸透圧 Π は，絶対温度 T [K] とモル濃度 c [mol/L] との間に次式が成り立つ。

$$\Pi = cRT \quad \cdots\cdots (ii)$$

　（ii）式中の R は気体定数と同じ値である。なお，希薄水溶液では，質量モル濃度 m [mol/kg] と体積モル濃度 c [mol/L] は，m [mol/kg] ≒ c [mol/L] と近似できる場合が多い。

　電解質の水溶液の場合には，各イオンが別々の粒子としてはたらくので，溶液の濃度の補正が必要になる。例えば，V [L] 中に n [mol] の塩化物 MCl を溶かした水溶液において，この塩化物の電離度を α とすると，電離後に生じた陽イオン M$^+$ と塩化物イオン Cl$^-$ の物質量の和は（ **9-ア** ）[mol] であり，溶液中の電離していない MCl の物質量は（ **9-イ** ）[mol] であるから，水溶液中の全溶質粒子の物質量はそれらの和，すなわち（ **9-ウ** ）[mol] となる。よって，この塩化物水溶液中の溶質粒子の総濃度は，$\dfrac{（\mathbf{9-ウ}）}{V}$ [mol/L] となる。

8 下線部（8）に関して，希薄溶液の蒸気圧が純溶媒の蒸気圧より下がる理由として最も適切なものを，次の①〜④から一つ選び，その番号をマークしなさい。

　① 希薄溶液中の溶媒分子の熱運動は，純溶媒中の溶媒分子の熱運動よりも激しいから。

　② 希薄溶液中の溶媒分子の熱運動は，純溶媒中の溶媒分子の熱運動よりも激しくないから。

　③ 希薄溶液の表面から単位時間あたりに蒸発できる溶媒分子の数は，純溶媒の表面から蒸発できる溶媒分子の数よりも少ないから。

　④ 希薄溶液の表面から単位時間あたりに蒸発できる溶媒分子の数は，純溶媒の表面から蒸発できる溶媒分子の数よりも多いから。

9 文中の（ **9-ア** ）〜（ **9-ウ** ）にあてはまる式の組み合わせとして最も適切なものを，次の①〜④から一つ選び，その番号をマークしなさい。

	（ 9 − ア ）	（ 9 − イ ）	（ 9 − ウ ）
①	$n\alpha$	$n - \alpha$	$\alpha(n-1)$
②	$n\alpha$	$n(1-\alpha)$	n
③	$2n\alpha$	$n(1-\alpha)$	$n(1+\alpha)$
④	$2n\alpha$	$2n(1-\alpha)$	$2n$

10 次の水溶液（A）〜（C）を沸点の高い順に並べたものとして最も適切なものを，下の①〜④から一つ選び，その番号をマークしなさい。ただし，電解質はすべて完全に電離するものとする。

(A) 0.15 mol/kg の尿素水溶液

(B) 0.12 mol/kg の硝酸カリウム水溶液

(C) 0.10 mol/kg の塩化カルシウム水溶液

 ① A > B > C ② B > C > A ③ C > A > B ④ C > B > A

11 0.10 mol/kg の塩化カリウム水溶液の凝固点として最も適切なものを，次の①〜④から一つ選び，その番号をマークしなさい。ただし，水の凝固点は 0 ℃，水のモル凝固点降下は 1.8 [K・kg/mol] とし，塩化カリウムは完全に電離するものとする。

 ① − 0.54 ℃ ② − 0.36 ℃ ③ − 0.18 ℃ ④ − 0.090 ℃

12 あるタンパク質 0.060 g を溶かした水溶液 10 mL がある。この水溶液の浸透圧は，27 ℃で 8.3 × 10² Pa であった。このタンパク質の分子量として最も適切なものを，次の①〜④から一つ選び，その番号をマークしなさい。

 ① 1.8 × 10⁴ ② 2.0 × 10⁴ ③ 2.6 × 10⁴ ④ 3.2 × 10⁴

13 右の図のように，U 字管の中央を半透膜で仕切り，（a）には純水 100 mL を，（b）には 1.8 g のグルコースを水に溶かして 100 mL にした水溶液を，同時に両方の水面が同じになるように入れ，27 ℃に保った。このグルコース水溶液の液面を純水の液面と同じに保つために加える圧力 P として最も適切なものを，次の①〜④から一つ選び，その番号をマークしなさい。

 ① 2.5 × 10⁵ Pa   ② 3.7 × 10⁵ Pa

 ③ 5.0 × 10⁵ Pa   ④ 7.5 × 10⁵ Pa

Ⅲ 次の文章を読んで，下の問いに答えなさい。

　ヨウ素 I_2 は，常温常圧で黒紫色の結晶で，加熱すると容易に紫色の気体となる。気体のヨウ素は，水素 H_2 とは次のように可逆的に反応する。

$$H_2 + I_2 \underrightarrow{\quad} 2HI \quad -----------------(a)$$

この反応の反応熱を表す熱化学方程式は次のように書ける。

$$H_2（気）+ I_2（気）= 2HI（気）+ 9\ kJ --------(b)$$

(14) <u>(a) 式の正反応の活性化エネルギーは 178 kJ である。</u>[H_2], [I_2], [HI] をそれぞれ（a）式が平衡に達したときの，$H_2, I_2,$ HI のモル濃度 [mol/L] とすれば，平衡定数 K は次のように書ける。

$$K =（\quad \textbf{15}\quad）-------------------(c)$$

化学平衡の性質を調べるため，次の実験を行なった。

　観察窓のあるピストン付き体積可変容器に，2.0×10^{-2} mol の水素 H_2 を入れ，温度 300 K，内容積を 0.83 L に保った。このときの容器内の圧力は（　**16**　）Pa であった。この容器に 2.0×10^{-2} mol の固体のヨウ素 I_2 を入れ，ピストンを固定して徐々に加熱していった。(17) <u>400 K</u> まで加熱しても，まだヨウ素の固体が残っていた。(18) <u>450 K まで加熱したとき，ヨウ素がすべて気体となり</u>，混合気体の色と圧力が一定となったので，平衡状態となったことを確認した（次図）。

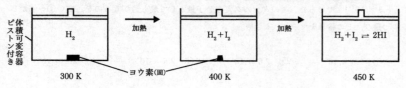

　以下の問いに答える際に，固体のヨウ素の体積は無視できるものとし，気体はすべて理想気体であるとする。

14 下線部 **(14)** に関して，逆反応の活性化エネルギーとして最も適切なものを，次の①～④から一つ選び，その番号をマークしなさい。

　　① 85 kJ　　　　　② 89 kJ　　　　　③ 169 kJ　　　　　④ 187 kJ

15 文中の（　**15**　）にあてはまる式として最も適切なものを，次の①～④から一つ選び，その番号をマークしなさい。

① $\dfrac{[H_2][I_2]}{[HI]}$　　② $\dfrac{[H_2][I_2]}{[HI]^2}$　　③ $\dfrac{[HI]}{[H_2][I_2]}$　　④ $\dfrac{[HI]^2}{[H_2][I_2]}$

16 文中の（　**16**　）にあてはまる数値として最も適切なものを，次の①～④から一つ選び，その番号をマークしなさい。

①　6.0×10^4　　②　7.1×10^4　　③　8.3×10^5　　④　1.0×10^5

17 下線部 **(17)** に関して，400 K での容器中の全圧は 1.2×10^5 Pa だった。この時点ではヨウ化水素は生じていないとした場合，固体として残っていたヨウ素の質量パーセントとして最も適切なものを，次の①～④から一つ選び，その番号をマークしなさい。

①　25 %　　②　30 %　　③　40 %　　④　50 %

18 下線部 **(18)** に関して，450 K において平衡に達した。このときの HI の物質量として最も適切なものを，次の①～④から一つ選び，その番号をマークしなさい。ただし，この反応の450 K における平衡定数は 49 であった。

①　2.6×10^{-2} mol　②　3.1×10^{-2} mol　③　3.6×10^{-2} mol　④　4.2×10^{-2} mol

19 下線部 **(18)** の平衡状態から容器の体積を 2 倍にし，ピストンを固定した。平衡に達したとき，HI の物質量として最も適切なものを，次の①～④から一つ選び，その番号をマークしなさい。

①　3.1×10^{-2} mol　②　3.6×10^{-2} mol　③　4.2×10^{-2} mol　④　5.6×10^{-2} mol

20 下線部 **(18)** の平衡状態から，容器全体を加熱して 700 K に保って長時間放置した。平衡に達したとき，HI の物質量は 450 K の平衡時のときと比べてどうなっているか。最も適切なものを，次の①～④から一つ選び，その番号をマークしなさい。

①　減少した。　　②　増加した。
③　変化しなかった。④　700 K での平衡定数が与えられていないため，比較できない。

Ⅳ　次の文章を読んで，下の問いに答えなさい。

　同じ分子式をもっているが性質の異なる化合物を互いに異性体という。分子式が同じで構成原子のつながり方や，不飽和結合の位置，官能基の違いなどの原因で生じる異性体を（　21　）異性体という。分子式が C_3H_8O である異性体には化合物 A，B，C の 3 種類がある。このうち化合物 A と B はどちらも金属ナトリウムと常温で反応して（　22　）を発生したが，(23) 化合物 C は反応しなかった。化合物 A をおだやかに酸化すると化合物 D が生じ，(24) 化合物 D を酸化すると化合物 E が生じた。一方，化合物 B を酸化すると化合物 F が生成したが，化合物 F は酸化されなかった。これらのうち，化合物 D はアンモニア性硝酸銀水溶液を加えて加熱すると（　25　）が沈殿した。また，(26) 化合物 F にヨウ素と水酸化ナトリウム水溶液を加えて加熱すると，特有の臭気を持つ黄色沈殿（　27　）が生じた。また，化合物 B と化合物 E の混合物に少量の濃硫酸を加えて加熱すると縮合反応が起こり，化合物 G が生成した。

21　文中の（　21　）にあてはまる異性体名として最も適切なものを，次の①〜④から一つ選び，その番号をマークしなさい。

①　構造　　　　　　　　　　　　　②　幾何（シス・トランス）
③　鏡像（光学）　　　　　　　　　④　立体

22　文中の（　22　）にあてはまる物質名として最も適切なものを，次の①〜④から一つ選び，その番号をマークしなさい。

①　二酸化炭素　　　②　一酸化炭素　　　③　酸素　　　　④　水素

23　下線部（23）に関して，化合物 C の分類名として最も適切なものを，次の①〜④から一つ選び，その番号をマークしなさい。

①　アルコール　　　②　エーテル　　　③　ケトン　　　④　エステル

24　下線部（24）に関して，文中の化合物 D 及び F の化合物名の組み合わせとして最も適切なものを，次の①〜④から一つ選び，その番号をマークしなさい。

	D	F
①	アセトアルデヒド	アセトン
②	アセトアルデヒド	プロピオン酸
③	プロピオンアルデヒド	アセトン
④	プロピオンアルデヒド	プロピオン酸

25 文中の（ **25** ）にあてはまる物質の化学式として最も適切なものを，次の①〜④から一つ選び，その番号をマークしなさい。

① Ag　　　　　② Ag_2O　　　　　③ AgOH　　　　　④ AgCl

26 下線部（26）の反応名として最も適切なものを，次の①〜④から一つ選び，その番号をマークしなさい。

① ビウレット反応　　　　　　　　② ヨウ素デンプン反応
③ ニンヒドリン反応　　　　　　　④ ヨードホルム反応

27 文中の（ **27** ）にあてはまる物質の化学式として最も適切なものを，次の①〜④から一つ選び，その番号をマークしなさい。

① CH_3I　　　　　② CH_2I_2　　　　　③ CHI_3　　　　　④ CI_4

28 化合物 G の化学式として最も適切なものを，次の①〜④から一つ選び，その番号をマークしなさい。

① $CH_3-CH_2-\underset{\underset{O}{\|}}{C}-O-CH_2-CH_2-CH_3$ 　　　　② $CH_3-CH_2-\underset{\underset{O}{\|}}{C}-O-\underset{\underset{CH_3}{}}{C}H-CH_3$

③ $CH_3-CH_2-O-\underset{\underset{O}{\|}}{C}-CH_2-CH_2-CH_3$ 　　　　④ $CH_3-CH_2-O-\underset{\underset{O}{\|}}{C}-\underset{\underset{CH_3}{}}{C}H-CH_3$

V 次の文章を読んで，下の問いに答えなさい。

　天然高分子化合物のうち，糖類は一般式 $C_m(H_2O)_n$ で表される化合物であり，元素組成が炭素と水でできているように見えることから，（　29　）とも呼ばれる。グルコースのように，(30) それ以上加水分解されないものを単糖という。また，加水分解によって 2 分子の単糖を生じるものを二糖といい，加水分解によって多数の単糖を生じるものを多糖という。

　グルコースは，水溶液中では次図のように 3 種類の構造 A，B，C が平衡状態で存在している。

図：グルコースの水溶液中での平衡

　上図において，六員環の 1 位の炭素の下側に −OH がある構造 A を（　31 −ア　）型といい，上側に −OH がある構造 C を（　31 −イ　）型という。また，構造 B に原子団 (d) の（　32 −ア　）基があるため，グルコースの水溶液はフェーリング液を還元して，（　32 −イ　）を生じる。

　スクロースは砂糖の主成分で，代表的な甘味料である。スクロースはグルコースとフルクトースが脱水縮合した構造をもち，酵素（　33 −ア　）のはたらきで加水分解される。こうして得られたグルコースとフルクトースの等量混合物を（　33 −イ　）という。スクロースはフェーリング液を還元しないが，（　33 −イ　）は還元性を示す。(34) グルコースやフルクトースなどの単糖は，酵母のもつ酵素群チマーゼのはたらきで，アルコール発酵される。

29　文中の（　29　）にあてはまる語句として最も適切なものを，次の①〜④から一つ選び，その番号をマークしなさい。

　　① 水和物　　　　　② 炭化水素　　　　③ 炭水化物　　　　④ 多価アルコール

30　下線部 (30) に関して，単糖，二糖，多糖にあてはまる糖の組み合わせとして最も適切なものを，次の①〜④から一つ選び，その番号をマークしなさい。

	単糖	二糖	多糖
①	ラクトース	マルトース	セルロース
②	ラクトース	ガラクトース	アミロペクチン
③	ガラクトース	マルトース	アミロース
④	ガラクトース	セロビオース	マルトース

31 文中の（ **31 −ア** ），（ **31 −イ** ）にあてはまる記号または語句の組み合わせとして最も適切なものを，次の①〜④から一つ選び，その番号をマークしなさい。

	（ **31 −ア** ）	（ **31 −イ** ）
①	α	β
②	β	α
③	シス	トランス
④	トランス	シス

32 文中の（ **32 −ア** ），（ **32 −イ** ）にあてはまる官能基名と生成物名の組み合わせとして最も適切なものを，次の①〜④から一つ選び，その番号をマークしなさい。

	（ **32 −ア** ）	（ **32 −イ** ）
①	カルボキシ	酸化銅（Ⅰ）
②	アルデヒド（ホルミル）	酸化銅（Ⅰ）
③	カルボキシ	酸化銅（Ⅱ）
④	アルデヒド（ホルミル）	酸化銅（Ⅱ）

33 文中の（ **33 −ア** ），（ **33 −イ** ）にあてはまる酵素名および混合物名の組み合わせとして最も適切なものを，次の①〜④から一つ選び，その番号をマークしなさい。

	（ **33 −ア** ）	（ **33 −イ** ）
①	インベルターゼ	転化糖
②	アミラーゼ	転化糖
③	インベルターゼ	オリゴ糖
④	アミラーゼ	オリゴ糖

34 下線部（**34**）に関して，次の（**a**）および（**b**）に答えなさい。

（**a**）グルコースのアルコール発酵の化学反応式を記しなさい。ただし，グルコースは分子式で記すこと。

（**b**）デンプン 162 g が完全にグルコースにまで加水分解され，続いて，生成したグルコースのすべてがアルコール発酵されたとすると，得られたエタノールの質量は何 g か。有効数字 2 桁で記しなさい。

生物

（60 分）

I　肝臓に関する次の文章を読んで，下の問いに答えなさい。

　　ヒトの肝臓は体内最大の臓器であり，物質の合成や分解，貯蔵がおこなわれる重要な器官である。肝臓は，約（　1　）個の肝小葉と呼ばれる構造単位が集まって構成されており，(2) 肝門脈や肝動脈，肝静脈が繋がっている。**図1** は肝小葉の模式図であり，**図2** は**図1**の点線で囲った部分を拡大したものである。**図2**には，肝門脈や肝動脈，それ以外に液体が通る管である (3) アやイなどが示されている。**図2**に示された，ウ，エ，オ，カのうち，内部の液体が流れる方向として正しい組合せは（　4　）である。

　　肝臓で生成される物質には (5) 胆汁があり，胆汁は (6) 消化管に分泌され，消化において重要なはたらきをもつ。その他にも肝臓には (7) 様々な機能があり，血しょうタンパク質の合成や解毒などをおこなう。解毒の過程では，(8) アルコールや体内で生じた (9) 有害物質などは毒性の低い物質にかえられる。このように肝臓の機能は重要であるため，(10) その機能が低下すると弊害が生じる場合がある。

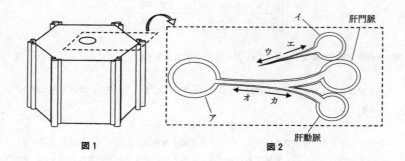

図1　　　　　　　　　　　　　　　　**図2**

1 文中の（　1　）にあてはまる数値として最も適切なものを，次の①～④のうちから一つ選び，その番号をマークしなさい。

　　① 5000　　　　　　② 50000　　　　　　③ 500000　　　　　④ 5000000

2 下線部（2）について，肝動脈を流れる血液と比較した場合の，肝門脈を流れる血液の特徴として最も適切なものを，次の①～④のうちから一つ選び，その番号をマークしなさい。

① 酸素と栄養分をより多く含む。

② 酸素をより多く含むが，栄養分は少ない。

③ 酸素は少ないが，栄養分をより多く含む。

④ 酸素も栄養分も少ない。

3 下線部（3）について，アとイの名称の組合せとして最も適切なものを，次の①～④のうちから一つ選び，その番号をマークしなさい。

	ア	イ
①	肝静脈	胆管
②	中心静脈	胆管
③	胆管	肝静脈
④	中心静脈	肝静脈

4 文中の（ **4** ）にあてはまる記号の組合せとして最も適切なものを，次の①～④のうちから一つ選び，その番号をマークしなさい。

① ウとオ ② ウとカ ③ エとオ ④ エとカ

5 下線部（5）について，胆汁酸とともに胆汁に含まれる物質名と，その物質の生成場所の組合せとして最も適切なものを，次の①～④のうちから一つ選び，その番号をマークしなさい。

	物質名	生成場所
①	グロブリン	ひ臓
②	グロブリン	腎臓
③	ビリルビン	ひ臓
④	ビリルビン	腎臓

6 下線部（6）について，胆汁が分泌される消化管名と，胆汁のはたらきの組合せとして最も適切なものを，次の①～④のうちから一つ選び，その番号をマークしなさい。

	消化管名	はたらき
①	十二指腸	炭水化物の分解を助ける
②	十二指腸	脂肪の分解を助ける
③	小腸	炭水化物の分解を助ける
④	小腸	タンパク質の分解を助ける

7 下線部(7)について，肝臓のはたらきとして最も適切なものを，次の①～④のうちから一つ選び，その番号をマークしなさい。

① グリコーゲンを分解するが，生成はしない。

② グルコースを分解するが，生成はしない。

③　発生した熱を体中に移動させる。

④　代謝により熱を産生する。

8　下線部 (8) について，アルコールが分解される際に生じる有害物質として最も適切なものを，
次の①〜④のうちから一つ選び，その番号をマークしなさい。

①　アセトアルデヒド　　　　　　　　②　エタノール

③　乳酸　　　　　　　　　　　　　　④　クレアチニン

9　下線部 (9) について，体内で生じる有害物質とその分解のしくみとして最も適切なものを，
次の①〜④のうちから一つ選び，その番号をマークしなさい。

①　タンパク質を分解する際に生じる尿素を，アンモニアにかえる。

②　タンパク質を分解する際に生じるアンモニアを，尿素にかえる。

③　アンモニアを分解する際に生じるタンパク質を，尿素にかえる。

④　アンモニアを分解する際に生じる尿素を，タンパク質にかえる。

10　下線部 (10) について，肝臓の機能が低下することで組織液の量が増え，むくみが生じるこ
とがある。この理由として最も適切なものを，次の①〜④のうちから一つ選び，その番号をマー
クしなさい。

①　血しょうタンパク質であるアルブミンが分解されないと，血しょうの浸透圧が低下し，
血管から組織に水が移動しやすくなる。

②　血しょうタンパク質であるアルブミンが分解されないと，血しょうの浸透圧が上昇し，
組織から血管に水が移動しやすくなる。

③　血しょうタンパク質であるアルブミンが十分に合成されないと，血しょうの浸透圧が低
下し，血管から組織に水が移動しやすくなる。

④　血しょうタンパク質であるアルブミンが十分に合成されないと，血しょうの浸透圧が上
昇し，組織から血管に水が移動しやすくなる。

II 遺伝子の発現に関する次の文章を読んで，下の問いに答えなさい。

　真核細胞では，核内で合成された mRNA が（　11　）を通じて細胞質基質へ移動し，リボソーム上で mRNA の塩基配列にしたがってタンパク質が合成される。mRNA の連続した塩基 3 個ずつの配列をコドンという。リボソーム上で，コドンがアミノ酸を指定するが，(12) 複数のコドンは同じアミノ酸を指定することがある。

　コドンが指定するアミノ酸を解明するため（　13　）らは，(14) タンパク質合成に必要な構造体や物質を含む液を作り，人工的に合成した様々な塩基配列の mRNA を用いて (15) ポリペプチドを合成させた。下に示す**塩基配列 1** のように CA の塩基配列を繰り返す mRNA ではトレオニンとヒスチジンが交互に並ぶポリペプチドが合成された。**塩基配列 2** のように CAA の塩基配列を繰り返す mRNA ではグルタミンのみからなるポリペプチド，アスパラギンのみからなるポリペプチド，トレオニンのみからなるポリペプチドの 3 種が合成された。これらの実験において，共通してポリペプチドの合成に用いられたアミノ酸は（　16　）であり，そのコドンは（　17　）であることが推定され，この推定の結果，（　18　）もわかる。**塩基配列 3** のように CAAA の塩基配列を繰り返す mRNA からは，グルタミン，トレオニン，アスパラギン，リシンの順にアミノ酸が並ぶポリペプチドが合成された。この実験と，前出の実験の結果から，リシンに対応したコドンは（　19　）であることがわかる。これらの実験結果をもとに，**塩基配列 4** のように CAAAA を繰り返す mRNA から生じるポリペプチドに含まれるアミノ酸は（　20　）と考えられる。このような実験が繰り返し行われ，遺伝暗号（コドン）はすべて解明されることになった。

　　　塩基配列 1　CACACACACACACACACA……

　　　塩基配列 2　CAACAACAACAACAACAA……

　　　塩基配列 3　CAAACAAACAAACAAACA……

　　　塩基配列 4　CAAAACAAAACAAAACAAAA……

11　文中の（　11　）にあてはまる語句として最も適切なものを，次の①〜④のうちから一つ選び，その番号をマークしなさい。

　　①　微小管　　　　　②　ギャップ結合　　　③　原形質連絡　　　④　核膜孔

12　下線部 (12) について，複数のコドンが同じアミノ酸を指定する理由として最も適切なものを，次の①〜④のうちから一つ選び，その番号をマークしなさい。

　　①　理論上コドンは 16 種類存在するが，タンパク質を構成するアミノ酸は 20 種類あるため。

　　②　理論上コドンは 16 種類存在するが，タンパク質を構成するアミノ酸は 64 種類あるため。

　　③　理論上コドンは 64 種類存在するが，タンパク質を構成するアミノ酸は 16 種類あるため。

　　④　理論上コドンは 64 種類存在するが，タンパク質を構成するアミノ酸は 20 種類あるため。

13　文中の（　13　）にあてはまる人物名として最も適切なものを，次の①〜④のうちから一つ

選び，その番号をマークしなさい。

① メセルソン，スタール　　　　　　② ビードル，テイタム

③ ニーレンバーグ，コラーナ　　　　④ ジャコブ，モノー

14 下線部 **(14)** について，mRNA やリボソーム，アミノ酸以外にタンパク質合成に必要な物質や構造体として最も適切なものを，次の①〜④のうちから一つ選び，その番号をマークしなさい。

① rRNA　　　　　　　　　　　　② tRNA

③ RNA ポリメラーゼ　　　　　　　④ DNA ポリメラーゼ

15 下線部 **(15)** について，隣接するアミノ酸どうしはペプチド結合を形成する。ペプチド結合を表す構造として最も適切なものを，次の①〜④のうちから一つ選び，その番号をマークしなさい。

① ② ③ ④

$$-\overset{\parallel}{\underset{C}{O}}-\overset{|}{\underset{H}{N}}-\qquad -\overset{\parallel}{\underset{C}{O}}-\overset{|}{\underset{N}{H}}-\qquad -\overset{\parallel}{\underset{O}{C}}-\overset{|}{\underset{H}{N}}-\qquad -\overset{\parallel}{\underset{O}{C}}-\overset{|}{\underset{N}{H}}-$$

16 文中の（ **16** ）にあてはまるアミノ酸の名称として最も適切なものを，次の①〜④のうちから一つ選び，その番号をマークしなさい。

① トレオニン　　② ヒスチジン　　③ グルタミン　　④ アスパラギン

17 文中の（ **17** ）にあてはまるコドンとして最も適切なものを，次の①〜④のうちから一つ選び，その番号をマークしなさい。

① CAC　　　　② ACA　　　　③ CAA　　　　④ AAC

18 文中の（ **18** ）にあてはまる語句として最も適切なものを，次の①〜④のうちから一つ選び，その番号をマークしなさい。

① トレオニンに対応したコドン　　② ヒスチジンに対応したコドン

③ グルタミンに対応したコドン　　④ アスパラギンに対応したコドン

19 文中の（ **19** ）にあてはまるコドンとして最も適切なものを，次の①〜④のうちから一つ選び，その番号をマークしなさい。

① CAA　　　　② AAC　　　　③ ACA　　　　④ AAA

20 文中の（ **20** ）にあてはまる語句として最も適切なものを，次の①〜④のうちから一つ選び，その番号をマークしなさい。

① グルタミンとトレオニンとヒスチジンとリシン

② グルタミンとヒスチジンとアスパラギンとリシン

③ グルタミンとトレオニンとアスパラギンとリシン

④ グルタミンとトレオニンとアスパラギンとリシンとヒスチジン

Ⅲ 筋収縮に関する次の文章を読んで，下の問いに答えなさい。

骨格筋は筋繊維とよばれる筋細胞からなり，筋細胞の細胞質には多数の筋原繊維が存在する。**図 1** は，筋原繊維を模式的に示したものである。ただし，**図 1** ではフィラメントの長さなどは正確に反映されていない。**図 1** にあるように，筋原繊維の内部には明帯と暗帯があり，明帯の中央は（ **21** ）で仕切られていることがわかる。（ **21** ）と（ **21** ）の間をサルコメア（筋節）といい，筋収縮時には，明帯・暗帯・サルコメアのうち，（ **22** ）が短くなる。

脊椎動物の骨格筋を取り出し，それに (23) 接続する神経を一定の強さ以上で刺激すると，筋収縮が観察される。運動神経の末端から分泌された（ **24** ）が筋細胞の膜にある受容体に結合すると，カルシウムイオンが（ **25** ）から放出されることで筋収縮が起こる。

カエルの腓腹筋を用いて，人工的にサルコメアの長さを変えて，サルコメアの長さと筋収縮における張力の関係を測定すると，**図 2** の結果が得られた。**図 2** において，サルコメアの長さが 3.6 μm のとき（ **26** ）の関係が成り立ち，サルコメアの長さが 2.0 μm のとき（ **27** ）の関係が成り立つので，アクチンフィラメントの長さとミオシンフィラメントの長さがそれぞれ（ **28** ）μm であることが算出できる。一方，サルコメアの長さが 2.0 μm〜 2.2 μm の間で張力が変化しない理由は（ **29** ）であり，サルコメアの長さが 2.0 μm 以下になると張力が 100％ よりも小さくなる理由の一つは（ **30** ）と考えられている。

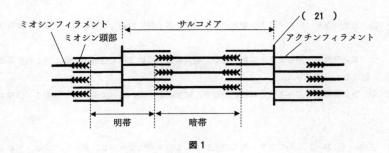

図 1

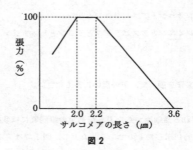

図 2

21 文中の（ **21** ）にあてはまる語句として最も適切なものを，次の①〜④のうちから一つ選び，その番号をマークしなさい。

① トロポミオシン　② トロポニン　③ Ｚ膜　④ Ｔ管

22 文中の（ **22** ）にあてはまる語句として最も適切なものを，次の①〜④のうちから一つ選び，その番号をマークしなさい。

① サルコメアのみ　　　　　② サルコメアと明帯

③ サルコメアと暗帯　　　　④ サルコメアと明帯と暗帯

23 下線部（**23**）について，脊椎動物の筋収縮を説明した文として最も適切なものを，次の①〜④のうちから一つ選び，その番号をマークしなさい。

① 電気刺激を一回与えると単収縮が起き，電気刺激を短い間隔で連続的に与えると収縮しない。

② 電気刺激を一回与えると強縮が起き，電気刺激を短い間隔で連続的に与えると収縮しない。

③ 電気刺激を一回与えると強縮が起き，電気刺激を短い間隔で連続的に与えると単収縮が起こる。

④ 電気刺激を一回与えると単収縮が起き，電気刺激を短い間隔で連続的に与えると強縮が起こる。

24 文中の（ **24** ）にあてはまる物質の名称として最も適切なものを，次の①〜④のうちから一つ選び，その番号をマークしなさい。

① アセチルコリン　　　　　② アセチル CoA

③ アドレナリン　　　　　　④ ノルアドレナリン

25 文中の（ **25** ）にあてはまる語句として最も適切なものを，次の①〜④のうちから一つ選び，その番号をマークしなさい。

① 筋細胞の細胞膜上に存在するシナプス

　② 筋細胞の細胞膜上に存在する筋小胞体

　③ 筋細胞の内部にあるシナプス

　④ 筋細胞の内部にある筋小胞体

26　文中の（　26　）にあてはまるアクチンフィラメントとミオシンフィラメントの長さの関係
　として最も適切なものを，次の①〜④のうちから一つ選び，その番号をマークしなさい。

　① アクチンフィラメントの長さ ＝ ミオシンフィラメントの長さ

　② アクチンフィラメントの長さ － ミオシンフィラメントの長さ ＝ 0 μm

　③ アクチンフィラメントの長さ ＋ ミオシンフィラメントの長さ ＝ 3.6 μm

　④ アクチンフィラメントの長さの 2 倍 ＋ ミオシンフィラメントの長さ ＝ 3.6 μm

27　文中の（　27　）にあてはまるアクチンフィラメントまたはミオシンフィラメントの長さに
　ついて最も適切なものを，次の①〜④のうちから一つ選び，その番号をマークしなさい。

　① アクチンフィラメントの長さ ＝ 2.0 μm

　② ミオシンフィラメントの長さ ＝ 2.0 μm

　③ アクチンフィラメントの長さの 2 倍 ＝ 2.0 μm

　④ ミオシンフィラメントの長さの 2 倍 ＝ 2.0 μm

28　文中の（　28　）にあてはまるアクチンフィラメントとミオシンフィラメントの長さの組合
　せとして最も適切なものを，次の①〜④のうちから一つ選び，その番号をマークしなさい。

	アクチンフィラメントの長さ（μm）	ミオシンフィラメントの長さ（μm）
①	1.0	1.0
②	1.0	1.6
③	2.0	1.6
④	2.0	2.0

29　文中の（　29　）にあてはまる文として最も適切なものを，次の①〜④のうちから一つ選び，
　その番号をマークしなさい。

　① アクチンフィラメントと，ミオシン頭部が重なっていないため

　② アクチンフィラメントと，ミオシン頭部の重なっている領域が減少するため

　③ アクチンフィラメントと，ミオシン頭部の重なっている領域が増加するため

　④ アクチンフィラメントと，ミオシン頭部の領域のすべてが重なっているため

30　文中の（　30　）にあてはまる文として最も適切なものを，次の①〜④のうちから一つ選び，
　その番号をマークしなさい。

　① サルコメアが 2.0 μm よりも短くなると，（　21　）の間で反発力が生じるため

　② アクチンフィラメントとミオシンフィラメントの間で，反発力が生じるため

③ アクチンフィラメントどうしが衝突して，張力が減退するため

④ ミオシンフィラメントどうしが衝突して，張力が減退するため

Ⅳ 花芽形成に関する次の文章を読んで，下の問いに答えなさい。

(31)花芽形成に日長が関与しない植物も知られているが，多くの植物にとって日長は花芽形成を左右する重要な環境要因である。花芽形成では（ **32** ）などの光受容体が日長を感知し，花成ホルモンである（ **33** ）が合成される。Hd3a タンパク質や（ **34** ）タンパク質などは花成ホルモンとして機能していることが知られており，（ **35** ）で合成された花成ホルモンが（ **36** ）を通って移動する。花成ホルモンの移動先の分裂組織は，花成ホルモンを受容しなければ葉芽に，受容すると花芽に分化すると考えられている。

ある植物 A の花成ホルモンである Hd3a タンパク質の発現量と日長の関係を調べると，**図 1** のようになった。また，Hd3a タンパク質の発現によって，花芽が形成されることが観察された。**図1** から植物 A は（ **37** ）植物であり，限界暗期は（ **38** ）であることがわかる。日長 12 時間のときに，暗期のちょうど中間で植物 A に短時間の光を照射すると（ **39** ）と考えられ，日長15 時間のときに，暗期のちょうど中間で植物 A に短時間の光を照射すると（ **40** ）と考えられる。

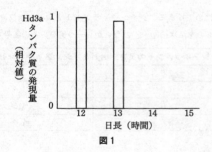

図 1

31 下線部（31）について，花芽形成に日長が関与しない植物種の組合せとして最も適切なものを，次の①～④のうちから一つ選び，その番号をマークしなさい。

① トマト・エンドウ・アサガオ ② アブラナ・エンドウ・アサガオ

③ アブラナ・トマト・エンドウ ④ トマト・エンドウ・トウモロコシ

32 文中の（ **32** ）にあてはまる語句として最も適切なものを，次の①～④のうちから一つ選び，その番号をマークしなさい。

① フォトトロピン ② クロロフィル

③ クリプトクロム ④ フィトクロム

33 文中の（ **33** ）にあてはまる語句として最も適切なものを，次の①〜④のうちから一つ選び，
その番号をマークしなさい。

① サリチル酸 ② フロリゲン

③ カルス ④ ファイトアレキシン

34 文中の（ **34** ）にあてはまる語句として最も適切なものを，次の①〜④のうちから一つ選び，
その番号をマークしなさい。

① FT ② HLA ③ ABC ④ RubisCO

35 文中の（ **35** ）にあてはまる語句として最も適切なものを，次の①〜④のうちから一つ選び，
その番号をマークしなさい。

① 茎頂 ② 根端 ③ 葉 ④ 形成層

36 文中の（ **36** ）にあてはまる語句として最も適切なものを，次の①〜④のうちから一つ選び，
その番号をマークしなさい。

① 師管 ② 道管 ③ 気孔 ④ 成長点

37 文中の（ **37** ）にあてはまる語句として最も適切なものを，次の①〜④のうちから一つ選び，
その番号をマークしなさい。

① CAM ② C_4 ③ 長日 ④ 短日

38 文中の（ **38** ）にあてはまる語句として最も適切なものを，次の①〜④のうちから一つ選び，
その番号をマークしなさい。

① 10 時間以下 ② 10 〜 11 時間の間

③ 13 〜 14 時間の間 ④ 14 時間以上

39 文中の（ **39** ）にあてはまる文として最も適切なものを，次の①〜④のうちから一つ選び，
その番号をマークしなさい。

① 花芽は形成されず，葉芽も形成されない

② 花芽は形成されないが，葉芽が形成される

③ 花芽は形成されるが，必ず異常な花芽となる

④ 正常な花芽が形成される

40 文中の（ **40** ）にあてはまる文として最も適切なものを，次の①〜④のうちから一つ選び，
その番号をマークしなさい。

① 花芽は形成されず，葉芽も形成されない

② 花芽は形成されないが，葉芽が形成される

③　花芽は形成されるが，必ず異常な花芽となる

④　正常な花芽が形成される

国語

（六〇分）

Ⅰ 次の文章は建築家 内藤廣のエッセイである。これを読んで、後の問いに答えなさい。

　眼前に広がる家並み、はるか向こうには超高層が見える。どこにでもある日常生活のありきたりな風景と言えばそれまでだが、個人の小さな欲望が増殖し続けた果てに現れたこの風景を見ていると、個別の建物を設計していくということの意味がわからなくなってくる。そんなものにこだわることに、どれだけの価値があるのか。ふつうの神経の持ち主なら誰でも疑問を抱くはずだ。（　１　）

　設計料をもらうのだから、生業としては理解できる。だけど生業のため、生活のため、金のためだけに働いているわけじゃない。それが「生きている」こととどうつながっているかが問題なのだ。設計者が夜も眠らず悪戦苦闘している建築というもの、それは果たして無限に増殖を繰り返す都市に①翻弄されているだけなのか。（②―イ）都市が生きている限り、生活の場である限り、建物を設計し、つくり上げるという行為は、その「生きている」ことと同調しているのか。そして建築が「生きている」としたら、そこにはどのような意味があるのか。

　無理難題ばかり言う施主との打ち合わせがあった日には、③ついそんなことを思い浮かべてしまいます。つらいことばかりでも報われませんからね。前に進むには、今の自分の作業を自らに納得させる必要がある。人生と同じで、時折、多少哲学的に思考をめぐらせてみることは、④（　　　）ために役に立ちます。

　都市問題が叫ばれ、環境問題が叫ばれ、建築はいつも加害者として扱われてきた。建築家が作品をつくるうえで、どんな屁理屈を捏造しようと、どのように自分のデザインの正当化を試みようと、世の中はお見通しだ。建築家が考えていることは、自己表現をしようとする意識のその外に、意図的に忘れようとしている⑤広大な領域を生み出している。（２）

　一九八〇年代に来日した生命化学の⑥セミク者であるイリヤ・プリゴジンは、生命の定義を「エントロピーを食べるもの」と言った。この宇宙を構成するあらゆる物質や現象のふるまいは、⑦エントロピーが増大する方向に向かっている。ところが、生命だけはそれとは逆の方向、エントロピーを減ずる方向に向かう、というのだ。この考えは、長い間、わたしをとらえて離さなかった。ひょっとしたら、建築もまたエントロピーを減ずる方向の行為なのではないか、と考えていたからだ。もしそうなら、あり方はまったく違うかもしれないが、建築もまた深いところで生命と同じ方向を向いていることになる。

　（⑧ーＢ）、鉄を自然の中に曝しておけば、すぐに錆び、何年かすれば姿形をとどめなくなってしまうだろう。木にしても同じことだ。他の材料でも、時間こそ違え、同じ運命をたどる。しかし建築は、素材各々が持っている時間のオーダーを整理し、調整し、それ自身の中に新たな時間をつくり上げる。素材そのものの性質のよう部分を組み合わせて、より長い時間を生み出そうとする形式だといえることもできる。いわば素材そのものが、宿命的に背負っている時間を延ばしていく行為だ。言い方を変えれば、素材どうしを組み合わせることによって、個々の素材が持っているエントロピーを減らす方向へ持っていく行為だということができる。もちろん、宇宙が向かっていく大きな傾向からすれば、極めて些細な取るに足らない抵抗かもしれないが、それでも生命そのものが目指している方向と同かもしれない、と想

像することは楽しい。（**3**）

　ここで連想の幅を広げてみる。目の前に広がる無秩序な風景は、どのように見ればよいのか。無秩序に向かうというのは、あきらかにエントロピー増大の方向ではないか。だとすれば、それは生命とは異なる。建築が自らの個別の秩序を持とうとするのは、生命の理屈に近いはずだが、それが集合した果てに結果として全体として無秩序に向かうのであれば、目の前にある無秩序な風景は、それだけエントロピーが増大した風景であり、言い方を変えれば、生命とは逆の傾向、すなわち死の風景に近いといえるはずだ。

　個の生命化が、全体としてのそれとは逆の傾向を強める。これはなかなかつらい物語だ。（ ② 　 ）、冷静に見てみれば、これはそのままわが国に展開されてきた戦後社会そのもののあり方ともいえる。個の生命化、すなわち個人の幸福の増大が、全体として死の方向へと向かう。ここでいう全体を都市と考えてもよいし環境と考えてもよい。個の充足が、それが所属するより高次の系と同調し、この充足がその高次の系の収束にもつながる方法はないものか。この隘路を抜ける手立てを見つけられなければ、個たる建築とその集合たる都市の双方を生命体へと向かわせることはできない。（**4**）

　建築とは、人間が暮らす空間が周囲の環境に対して、いかに対峙し共存し得るか、その形式のことだ。だから、考え抜かれたものの構成には、その建物が建つ場所の周囲に広がる風景が映り込んでいる。ディテールを考えるとき、地面の状態や地震、風の向き、台風、激しい雨、雪、光、そうしたその場所を構成する要素と、それに対するものの構成の仕方を対峙させる。それらに対する洞察が足りなければ、建物は長い時間存在していくことができない。だから、すぐれたディテールには、必然的に風景が映り込むのだ。

　そして、ディテールのあり方によって、エントロピーを減ずる量も

変わっている。すると、ディテールによって支えられた建物は、それだけエントロピーを減じ、それだけ生命原理に近づくことになる。⑨ディテールは生物における細胞であり、その細胞のあり方で生物の様態が変わる。さらに見ていくと、細胞の中にはDNA（注4）があり、その意思によって生物は運命づけられている。ディテールにおけるDNAは、われわれの思考ということになるだろう。われわれの思考の枠組が、ディテールのあり方を決め、その建物の運命を決定づける。DNAはわれわれ設計者の思考の枠組であり、それはディテールという細胞の形と建築という生命体の姿形を決め、そしてその建物の運命を決定する、と考えるべきなのだ。

　⑩生命体の細胞とディテールとが大きく違うのは、細胞は何億年ものユルやかな進化の末に練り上げられた所与のものとして存在し、世代を超えて繰り返し再生される。その完璧さは神の仕業のように見えるが、ディテールは神ではなく建築家が与えるという点である。

　もしディテールにも、細胞におけるDNAのような運命が埋め込まれるとすれば、それは建築家の無意識、避け難く存在するその時代の無意識かもしれない。だから、ディテールは意識や意思によってコントロールできるが、そこに埋め込まれる運命はコントロールできない。（②ーニ）、充分に練り上げられたディテールは、建物の運命のすぐれた導き手になり得るが、建物が運命に裏切られることも多々ある。なかなか思いどおりにはならない。

　ディテールは、木や金属などの物質を原材料にした時間の織物だ。わたしにとってディテールを設計することは、建築の細部に現れようとしている時間そのものの姿を描くことだといえる。

　建築とは、風景のシカンと物質のシカンの織物なのではないかと思っている。風景とはシカンの表象であり、物質はそれを構成する具体物である。建築とは、それらの中間にあって、風景のシカンと物質

のヴォリュームを関係づけ、つなぎ合わせ、ディテールを介して日常の中に織り込む行為なのではないか。それが可能になって初めて、都市や環境まで含めた広い意味での建築という営みがエントロピー縮小と向かうことができるはずだ。そのとき初めて、建築は「生きている」ことと同調し得るのだと思う。

（内藤廣『内藤廣の頭と手』による）

（注１）エントロピー＝「エントロピー」は乱雑さや無秩序さの度合いを表わすための熱力学的概念で、乱雑さや無秩序さが増すほどエントロピーは大きくなる。

（注２）オーダー＝秩序、順序、順番。

（注３）ディテール＝全体の構成要素となる細かな部分のこと。

（注４）ＤＮＡ＝デオキシリボ核酸の略称。生物の遺伝子を構成する物質。

問１　―線部①「翻弄」の「翻」の訓読みとしてふさわしいものを一つ選び、その番号をマークしなさい。

１　みだ（す）　　　　　２　ひるがえ（す）

３　かけ（る）　　　　　４　もてあそ（ぶ）

問２　空欄部（②―イ）〜（②―ニ）を補うのにふさわしい言葉の組合せを一つ選び、その番号をマークしなさい。

１　イ＝また　　　ロ＝たとえば　　ハ＝しかし　　ニ＝それとも

２　イ＝また　　　ロ＝しかし　　　ハ＝それとも　ニ＝たとえば

３　イ＝それとも　ロ＝たとえば　　ハ＝しかし　　ニ＝また

４　イ＝それとも　ロ＝また　　　　ハ＝たとえば　ニ＝しかし

問３　―線部③「つらつらなにごとを思い浮かべてしまらます」とあり

ますが、筆者の念頭にあったのはどのようなことですか。その説明としてふさわしいものを一つ選び、その番号をマークしなさい。

1　超高層の建物と目の前の家並みが一体化し、新しい景観を生み出しているということ

2　設計料をもらっているのだから、無理な注文にも我慢しなければならないということ

3　建築が生きているということがどのようにつながり、どのような意味を持つかということ

4　生活の場である個別の建物が、個人の小さな欲望と密接に結びついているということ

問4　一線部④「（　　　　　）ためには役に立ちます」の空欄（　　　　　）に入る言葉としてふさわしいものを一つ選び、その番号をマークしなさい。

1　気持ちを引き締める

2　衆知を集める

3　先人に学ぶ

4　頭の健康を保つ

問5　一線部⑤「広大な領域」とは具体的に何をいいますか。ふさわしいものを一つ選び、その番号をマークしなさい。

1　日常生活　　　2　建物　　　3　都市　　　4　宇宙

問6　一線部⑥「センタク」の「ク」にあたる漢字と同じ漢字を含むものを一つ選び、その番号をマークしなさい。

1　運賃が同一のクカンだ。

2　新しい方法をクフウする。

　　3　先祖をクヨウする。

　　4　害虫をクジョする。

問7　—線部⑦「エントロピー」とありますが、筆者は建築とエント
　ロピーの関係をどのように考えていますか。その説明としてふさ
　わしいものを一つ選び、その番号をマークしなさい。

　　1　建築は宇宙を構成する物質や現象とは違って、生命と同じく
　　　エントロピーを増やす営みである。

　　2　建築は生命とは違って、宇宙を構成する物質や現象と同じく
　　　エントロピーを減らす営みである。

　　3　建築は生命とは違って、宇宙を構成する物質や現象と同じく
　　　エントロピーを増やす営みである。

　　4　建築は宇宙を構成する物質や現象とは違って、生命と同じく
　　　エントロピーを減らす営みである。

問8　—線部⑧「全体としてのそれ」とありますが、「それ」の指示
　内容としてふさわしいものを一つ選び、その番号をマークしなさ
　い。

　　1　無秩序　　2　建築　　3　集合　　4　生命化

問9　—線部⑨「ディテール」に関して、筆者の考え方をまとめた次
　の図の空欄　a　〜　c　に入る言葉の組合せとしてふさわ
　しいものを一つ選び、その番号をマークしなさい。

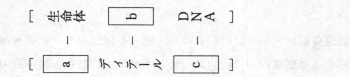

［　生命体　　b　　DNA　］
　　　　｜　　　｜　　　｜
［　　a　　ディテール　　c　　］

1	a	建築	b	思考の枠組み	c	細胞
2	a	建築	b	細胞	c	思考の枠組み
3	a	思考の枠組み	b	細胞	c	建築
4	a	思考の枠組み	b	建築	c	細胞

問10　—線部⑩「ユルやか」の「ユル」にあたる漢字と同じ漢字を含むものを一つ選び、その番号をマークしなさい。

1　カンショウ地帯を設ける。

2　切志をカンテツする。

3　カンミツ袋の緒が切れる。

4　カンダイな処置をとる。

問11　—線部⑪「建築は『生きている』ことと同調し得る」とありますが、ここでの「同調」とはどういうことを意味していますか。その説明としてふさわしいものを一つ選び、その番号をマークしなさい。

1　都市や環境を多少犠牲にしても個々の建築を大切にし、ディテールに気を配りながらエントロピー縮小に建築を役立てること

2　時間の経過で老朽化しやすい建築物に生命力を与えるために、少しでも堅固な材料を使って長持ちする建物を作り上げること

3　都市や環境も含めた建築という営みが、風景の時間と物質の時間を日常の中に織り込みながらエントロピーを縮小させること

4　建築のディテールにこだわらず、都市や環境といった大きな視点から建築をとらえ直し、エントロピーの減少を図ること

問12　本文から次の文が抜け落ちています。元に戻すのにふさわしい箇所を、本文中の（**1**）〜（**4**）から一つ選び、その番号をマークしなさい。

これはなかなか難しい。

1　（**1**）　　2　（**2**）　　3　（**3**）　　4　（**4**）

問13　本文の内容と合致するものを一つ選び、その番号をマークしなさい。

1　個々の建築物のエントロピーを下げていけば、その集合体である都市や環境のエントロピーも下がるはずである。

2　建築のディテールに埋め込まれる運命は、建築家の無意識のようなものであり、コントロールできない。

3　素材の組み合わせによって建築物のエントロピーをある程度減らすことはできるが、所詮取るに足りない抵抗に過ぎない。

4　細胞が何億年もかけて完璧に練り上げられるように、建築家は神業を用いてディテールを完璧に練り上げる。

[二]　次の文章を読んで、後の問いに答えなさい。

　ぼくは、自由という言葉をきくと、敗戦の日のことをおもうのだす。自由とは自由に思考できることを土台にして、自由に行動できることだ。そして、⑭八月一五日に、ぼくたちは自由を得たはずなのに、ちっともそのことを感じなかった。そのことは、戦後も続いている。たとえば、ぼくが学生時代を送った昭和二〇年代に、二〇年後のぼくが三年に一度は外国に行くなど想像できたか。外国に行くなんて、あまりにも現実からとびはなれていて、夢にもならなかった。つまり、ぼくたちのイメージやイマジネーションは、現実にしばられていて、自由に翼をひろげることができにくいのである。空想ですら、現実としばられている。

　ロバート・オーエンなどの空想的社会主義者や、クロポトキンなどの無政府主義者を、正当に評価する人は少ない。彼らの思想は、のちの思想家や運動家によって、のりこえられたと考えられている。思想史としては、そうであろう。しかし、一九世紀初期の資本主義上昇期に、その次に来たるべき社会を空想できたなんて、素晴らしいことではないか。彼らは現実をみつめ、その矛盾に気付き、そこから空想の翼をひろげて、その矛盾のない社会を考えた。いったい、当時の人間でどれだけの人が、そうした空想ができたのか。これは、ほんの一にぎりの人間だけだったろう。

　幕末の日本でも、尊王攘夷の志士たちが激突し血を流しあい、⑮権謀術策が江戸城、京都御所、そして各藩にみだれとんだ。彼らはそれぞれのおもわくで動いたけれど、維新後の日本の姿の設計図をえがいて、それを実現しようとした人は何人いたろうか。目先のことにまどわされず、しかしそれを処理しながら、冷静に日本の舵をにぎったのは、それこそ数人であったろう。

（中略）

　自由とは、たんに言論・集会・結社の自由だけを指すのではない。その根底となる⑯精神の自由こそ、もっとも重要で、かつ、人があまりふれない問題だ。その精神的自由は、たんに空想力がゆたかであるというだけではだめだ。たとえば、昔の人が夢想したように、空をとびたいとか、姿がかくれるマントとか、食っても食っても食物がくらない皿だとか、そういうものを考えるのとは、ちがっている。その種のことは、困った事態におちいったとき「これが夢であったなら」と願うのと同じくらいのものだ。誰でも、その程度のことなら空想する。精神的自由とは、現実をみつめ、深い洞察力でそこに存在する矛盾をみやぶり、それに対抗する、あるいは⑰それをのりこえる道を考え、または、のりこえたかなたをイメージすることだ。だから、空想力とか想像力とかいっても、それは笛にうつつものではなく、あくまで現実状況にこだわりながら、そこからイメージを離陸させる力である。

　そうした力はどこからわいてくるのか。それには、二つの方法があろう。一つは、ソロー（注1）がしたように、山中に小屋をたてて、自分を社会からきりはなしてみることだ。そうすることによって、ソローは自然と人間との⑲ーＡを肌で知ることができたし、一人で住んでみることで、社会の仕組みを冷静にみることができ、理想とおもえる社会関係をイメージすることができた。この方法は、中世の僧院や日本の僧侶の隠棲にみることができる。釈迦もキリストも荒野ですごす期間をもったのは、たんに試練に身をさらすというよりは、社会からはなれてみることで、社会的動物としての自分をみなおし、さらには、社会のあり方を考えようとしたのだろう。孤立した⑲ーＢに身をおくことで、新しい連帯の方法をイメージすることができる。そうしたとき、はじめて彼らはすべてのものから自由になる。

だが、そうした ⑲—C は誰でもできることではない。そこで第二の方法、つまり、社会にどっぷり身をつけながら、イメージとイマジネーションだけを離陸させることが必要になる。その場合に必要なのは、現実状況に身をおき、コミットしながら、そこにある自分が仮の姿であり、本当の自分のあり方ではないという考えを、いつも頭の片隅においておくことだ。そうしながら、本当の自分の生き方を考えることや、その考えをつくる契機としての読書や、人の話をきくことが重要となる。ぼく自身の体験で言えば、戦争中の国民学校生徒だった頃に、<u>吉野源三郎の『君たちはどう生きるか』を読んだときの不思議な感覚を、いまも忘れ難い</u>。ぼくより十歳年長のある哲学者は、日中戦争がはじまった頃にこの本を読んで「あかぬけに珍しく良い本だ」とカンゲキしたそうだが、ぼくの感想はちがう。これまで考えたこともなかった社会の見方がそこにあった。国家の枠で物事を考えるのではなく、社会の人間関係、生産関係で物事をみるという方法は、軍国教育をうけていたぼくにとって、全く新しい、しかもショッキングな考えであった。こうした見方があるのかというおどろきが、いつも昨日のようにおもいだされる。大層な言い方をすれば、ぼくの半生にとって、あれほど決定的 ⑲—D を与えた本はない。

外国の文学を読んでも、日本人のぼくが思いもよらないことが、何ということもなく書かれていて驚く。「ははあ、そういう考えもあったのか」と<u>ボウ然</u>とするのである。また、先日フランスから帰った知人の話では、フランスの幼児は太陽を黄色ないし金色でえがくのだという。日本では例外なく赤だ。太陽をなぜ赤く塗るのかとおもいかえしてみるとき、ぼくたちの色彩感覚すらもこの国古来の<u>伝統</u>やそれにもとづく教育にとらわれていることに気付く。

読書や他人の話をききながら、カルチュラル・ショックの感受性をとぎすますことで、そのショックを「常識」にむける刃にすることで、

そうした努力の中で、何物にもとらわれぬ自由な精神が獲得できるにちがいない。

　ぼく自身、自由でありたいと願っているが、なかなかむつかしいことだ。だけど、自由とは太陽の色は何色かという単純なことにこだわり、そこから出発して他の国の文化とぼくが頭からつかっている日本の文化とを比較してみることに突破口の一つがありそうにおもえる。

　よく、自由といっても絶対的自由はなく相対的なものだという哲学的議論をきかされるけれど、そういう論はぼくには関心がない。ぼくにとって自由とは、いかに自分のイメージを豊かにし、イマジネーションの泉を涸らさないようにするかということだ。そうしたものが自分の問題意識にのぼったとき、はじめて（　　　　　）くの希求がより強く体の中からあふれでてくるのだろう。

　　　　　　　　　　　　　（山本明「イメージの自由」による）

（注１）ソロー＝一八一七一八六二年。アメリカの思想家、随筆家。

（注２）コミット＝関わり合うこと。

（注３）カスチュラス・ショック＝カルチャー・ショック。

問14　―線部⑭「八月一五日に、ぼくたちは自由を得たはずなのに、ちっともそのことを感じなかった」とありますが、それはなぜですか。その理由としてふさわしいものを一つ選び、その番号をマークしなさい。

１　オーエンやクロポトキンなどの思想を、まだぼくたちは正当に評価できてはいなかったから。

２　言論・集会・結社の自由は、ぼくたちが真に勝ち取ったものではなく上から与えられたものであったから。

３　ぼくたちのイメージやイマジネーションが働くことがなく、

現実にとらわれたままであったから。

4　ぼくたちには、よごれた現実などにはおかまいなく、来たるべき日本の姿を描く空想力が欠けていたから。

問15　―線部⑮「権謀術策」の意味としてふさわしいものを一つ選び、その番号をマークしなさい。

1　人を欺くはかりごと

2　仲間とたくらむ悪事

3　深く考えて立てた計画

4　苦しまぎれの方策

問16　―線部⑯「精神の自由」とはどういうものと筆者は考えていますか。その説明としてふさわしいものを一つ選び、その番号をマークしなさい。

1　深い洞察力で現実の矛盾をみやぶり、それをのりこえる道を考える想像力

2　目先の状況にとどわされず、あるべき人間社会を冷静に構想する能力

3　言論・集会・結社の自由を成立させる人間の根底にあるゆたかな空想力

4　昔の人が夢想したように、矛盾する現実からいったん離れ、イメージを離陸させる力

問17　―線部⑰―1～⑰―4の指示する内容としてふさわしくないものを一つ選び、その番号をマークしなさい。

1　そ―現実に存在する矛盾

2　そこ―現実状況

　　　3　そう──吉野源三郎の『君たちはどう生きるか』

　　　4　それ──ぼくたちの色彩感覚

問18　──線部⑱「フして」の「フ」にあたる漢字と同じ漢字を含むものを一つ選び、その番号をマークしなさい。

　　　1　コウゼンと構える。

　　　2　生活にヨユウがない。

　　　3　温泉がユウシュツする。

　　　4　ユウグンな世界に遊ぶ。

問19　空欄部⑲─Ａ～⑲─Ｄを補うのにふさわしい言葉の組合せを一つ選び、その番号をマークしなさい。

　　　1　Ａ＝関係　　Ｂ＝影響　　Ｃ＝方法　　Ｄ＝状況

　　　2　Ａ＝関係　　Ｂ＝状況　　Ｃ＝方法　　Ｄ＝影響

　　　3　Ａ＝影響　　Ｂ＝方法　　Ｃ＝関係　　Ｄ＝状況

　　　4　Ａ＝影響　　Ｂ＝状況　　Ｃ＝関係　　Ｄ＝方法

問20　──線部⑳「契機」の意味としてふさわしいものを一つ選び、その番号をマークしなさい。

　　　1　手段　　　2　便宜　　　3　きっかけ　　　4　はじまり

問21　──線部㉑「吉野源三郎の『君たちはどう生きるか』を読んだときの不思議な感覚を、いまも忘れ難い」というのはなぜですか。その理由としてふさわしいものを一つ選び、その番号をマークしなさい。

　　　1　戦争中の厳しい状況を生き抜いていくための、思いもよらない方法を教えてくれたから。

2　軍国教育をうけていた身にとって、まったく新しいショッキンングな社会の見方が書かれていたから。

3　ぼくより十歳年長でしかも哲学者である人物が賞嘆するほどの書物とはどうても思われなかったから。

4　外国の書物ではないのに、ぼくの半生にとって決定的影響を与えた日本の書物であったから。

問22　一線部㉒「カンプク」の「プク」にあたる漢字と同じ漢字を含むものを一つ選び、その番号をマークしなさい。

1　プクセンをはる。

2　マンプクになるまで食事する。

3　ハンプク練習をする。

4　フクを唱える。

問23　一線部㉓「（　　　）への希求」の空欄（　　　）に入る言葉としてふさわしいものを一つ選び、その番号をマークしなさい。

1　哲学　　2　理想　　3　自由　　4　平和

問24　吉野源三郎の『君たちはどう生きるか』は昭和十年（一九三五年）に刊行されましたが、この年に芥川龍之介を記念して芥川賞が創設されました。芥川龍之介の作品を一つ選び、その番号をマークしなさい。

1　トロッコ　　2　暗夜行路　　3　晩年　　4　それから

問25　本文の内容と合致しないものを一つ選び、その番号をマークしなさい。

1　日本人が太陽を赤く塗るのは、日本人の色彩感覚が日本の文

化や教育に大きな影響を受けているからである。

2　空想的社会主義や無政府主義者の思想は、ほんの一にぎりの人間だけが空想できたものであり、当時としては素晴らしいものであった。

3　ソローは山小屋に住み、厳しく孤独な生活を送ることによって、あらゆる社会関係を超越した自由をイメージすることができた。

4　読書や他人の話でカルチュラル・ショックの感受性を磨くことは、精神の自由への突破口の一つになるにちがいない。

問26～問35は別紙解答用紙に解答を記入しなさい。

三　次の問26～問30に答えなさい。

問26　次の―線部のカタカナを漢字に直して解答用紙に書きなさい。

予想を<u>クツガエ</u>す。

問27　次の―線部のカタカナを漢字に直して解答用紙に書きなさい。

<u>ホウフ</u>を述べる。

問28　次の―線部の漢字の読みをひらがなで解答用紙に書きなさい。

友人と<u>釣果</u>を競う。

問29　次の―線部の漢字の読みをひらがな四文字で解答用紙に書きなさい。

今年も五月雨の季節がやってきた。

問30　次の漢字の部首名をひらがなで解答用紙に書きなさい。

神

四　次の問31〜問35に答えなさい。

問31　次の空欄部□に漢字一字を入れて、ことわざを完成させなさい。答えは解答用紙に書きなさい。

□ある鷹は爪を隠す

問32　「ほんのわずかな差」を意味する漢字三字の慣用句を解答用紙に書きなさい。

問33　自立語で活用がなく、主に連用修飾語になる品詞の名称を漢字で解答用紙に書きなさい。

問34　次の文で使われている比喩表現の名称を漢字で解答用紙に書きなさい。

春の足音が聞こえる。

問35　斎藤茂吉、島木赤彦らが関わった短歌雑誌の名をカタカナ四文字で解答用紙に書きなさい。

■■■ ■実技■ ■ ■

◀鉛筆デッサン▶

$$\left(\begin{array}{c}\text{150 分}\\\text{解答例省略}\end{array}\right)$$

【問題】

> 与えられたモチーフ　①グラス　②デコポン　③リボンを
> 台紙上に自由に配置・構成し、鉛筆で描写しなさい。

●条件

1. 対象物はすべて描写すること

【支給されるもの】

モチーフ①②③各1 個、解答用紙1 枚（四つ切）、台紙用画用紙1 枚
（四つ切）受験番号・名前記入シール1 枚
カルトン、カルトン用クリップ

【使用してよいもの】

鉛筆（色鉛筆は除く）、消しゴム、練消しゴム、鉛筆削りおよびカッターナイフ（鉛筆削り用）
※定規の使用は不可

【注意事項】

1. 解答用紙は縦横自由です。どちらを表にしてもかまいません。
2. 解答用紙と台紙用画用紙は同じものです。どちらを解答用紙にしてもかまいません。
3. 席を立たずに、腰を掛けたままで描写しなさい。
4. 試験終了後に受験番号・名前記入シールを作品裏面に張り付ける作業を行
   います。作業については試験終了後に指示します。
5. 鉛筆の削りかすは、指定されたごみ箱へ、または持ち帰ってください。

解答編

■ 英語 ■

Ⅰ 解答 1—④ 2—② 3—④ 4—② 5—① 6—④
7—② 8—② 9—④ 10—④

Ⅱ 解答 11—① 12—④ 13—① 14—① 15—②

Ⅲ 解答 16—③ 17—③ 18—④ 19—② 20—③

Ⅳ 解答 ≪情報科学の進歩≫

21—② 22—② 23—② 24—① 25—③

Ⅴ 解答 ≪ジオツーリズム≫

26—② 27—③ 28—③ 29—③ 30—① 31—② 32—② 33—③
34—② 35—①

解答編

■■■■ 日本史 ■■■

Ⅰ 解答 ≪古代の日中関係≫

1 —② 2 —④ 3 —① 4 —③ 5 —③ 6 —④

Ⅱ 解答 ≪平安～鎌倉時代の仏教≫

7 —① 8 —① 9 —② 10—④ 11—④ 12—①

Ⅲ 解答 ≪江戸時代の法令≫

13—① 14—③ 15—② 16—④ 17—④ 18—③

Ⅳ 解答 ≪明治時代の社会経済史≫

19—① 20—① 21—② 22—① 23—③ 24—②

Ⅴ 解答 ≪近代～現代の日米関係≫

25—④ 26—④ 27—③ 28—④ 29—③ 30—②

■世界史■

Ⅰ　解答　≪唐の支配体制≫

1 —③　2 —③　3 —①　4 —①　5 —②　6 —②　7 —③　8 —④

Ⅱ　解答　≪オセアニア・東南アジア・中南米の歴史≫

9 —③　10—④　11—①　12—②　13—③　14—①　15—④　16—②

Ⅲ　解答　≪アリストテレスと古代ギリシア≫

17—④　18—④　19—①　20—①　21—③　22—①　23—②

Ⅳ　解答　≪イギリス・アメリカの二大政党制≫

24—④　25—③　26—③　27—②　28—①　29—②　30—④

■数学■

I 解答 ≪数と式，データの分析，三角比≫

1 —②　2 —③　3 —②　4 —③　5 —④　6 —②　7 —④　8 —③
9 —③　10—③

II 解答 ≪2次関数≫

11—①　12—③　13—④　14—④　15—①　16—③　17—②　18—②
19—④　20—①

III 解答 ≪図形と計量≫

21—①　22—①　23—④　24—④　25—③　26—②　27—③　28—③
29—④　30—③　31—①

IV 解答 ≪確　率≫

32—④　33—③　34—④　35—④　36—②　37—②　38—④　39—④
40—③　41—④　42—④　43—③

■■■化学■■■

I **解答** ≪小問 7 問≫

1—③　2—④　3—③　4—②　5—④　6—④　7—②

II **解答** ≪蒸気圧降下，沸点上昇，凝固点降下，浸透圧≫

8—③　9—③　10—④　11—②　12—①　13—①

III **解答** ≪活性化エネルギー，化学平衡，混合気体，ルシャトリエの原理≫

14—④　15—④　16—①　17—④　18—②　19—①　20—①

IV **解答** ≪C_3H_8O 構造決定，ヨードホルム反応≫

21—①　22—④　23—②　24—③　25—①　26—④　27—③　28—②

V **解答** ≪糖，グルコースの構造，スクロース，アルコール発酵≫

29—③　30—③　31—①　32—②　33—①

34.　a：$C_6H_{12}O_6 \longrightarrow 2C_2H_5OH + 2CO_2$　　b：92 g

■ ■ ■生物■ ■ ■

I 解答 ≪肝臓の構造とはたらき≫

1 ―③　2 ―③　3 ―②　4 ―③　5 ―③　6 ―②　7 ―④　8 ―①
9 ―②　10―③

II 解答 ≪遺伝子の発現≫

11―④　12―④　13―③　14―②　15―③　16―①　17―②　18―②
19―④　20―③

III 解答 ≪筋収縮の仕組み≫

21―③　22―②　23―④　24―①　25―④　26―④　27―③　28―②
29―④　30―③

IV 解答 ≪花芽形成≫

31―④　32―④　33―②　34―①　35―③　36―①　37―④　38―②
39―②　40―②

国語

一

出典 内藤廣「建築と生命とエントロピーと」(『内藤廣の頭と手』彰国社)

解答
問1 2　問2 3　問3 3　問4 4　問5 3
問6 4　問7 4　問8 4　問9 2　問10 1
問11 3　問12 4　問13 2

二

出典 山本明「イメージの自由」(『世界思想』一九七六年春一一号 世界思想社)

解答
問14 3　問15 1　問16 1　問17 4　問18 3
問19 2　問20 3　問21 2　問22 4　問23 3
問24 1　問25 3

三

解答
問26 覆　問27 抱負　問28 ちょうか
問29 さみだれ　問30 しめすくん

四

解答
問31 能　問32 紙一重　問33 副詞
問34 擬人法　問35 アラテキ

■ 短期大学：学校推薦型選抜　公募方式（Ａ日程）

問題編

▶ 試験科目・配点〔１科目選択方式・２科目選択方式〕

教科	科　　　　　　目	1 科目 選択方式	配点	2 科目 選択方式	配点
外国語	英語（コミュニケーション英語Ⅰ・Ⅱ・Ⅲ，英語表現Ⅰ・Ⅱ）	1 科目 選択	100 点	必須	100 点
数　学	数学Ⅰ・Ａ			1 科目 選択	100 点
国　語	国語総合（古文・漢文除く）・現代文Ｂ				

▶ 備　考

- 選択科目について，事前登録不要。
- 1 科目選択方式・2 科目選択方式が選択可（事前登録不要）。
- 1 科目選択方式受験者…調査書（50 点：全体の学習成績の状況×10）＋科目試験（100 点）＝合計 150 点満点と自己アピール文（医療事務総合・ライフデザイン総合学科）または志望理由書（歯科衛生学科）により合否を判定する。
- 2 科目選択方式受験者…調査書（50 点：全体の学習成績の状況×10）＋科目試験（200 点）＝合計 250 点満点と自己アピール文（医療事務総合・ライフデザイン総合学科）または志望理由書（歯科衛生学科）により合否を判定する。
- 英語民間試験について，短期大学指定のスコアを取得した者は，「外国語（英語）」に 10 点を加点する（100 点を超えた場合の得点は 100 点を上限とする）。

▶ 出題範囲

「数学Ａ」の出題範囲は「場合の数と確率」「図形の性質」とする。

■英語■

(60分)

Ⅰ　次の各文の（　　　）に入る最も適切なものを①〜④から一つずつ選び，マークしなさい。

1 I don't want to clean the kitchen, Mom. (　　　) someone else to do it.

① Get　　　　　　② Have　　　　　　③ Let　　　　　　④ Make

2 People warn you not to keep your passwords (　　　) down, but you really have to. You can't remember them all.

① to write　　　　② to writing　　　③ writing　　　　④ written

3 "Ms. Wilson played an important (　　　) in our project." "Yes, we should be grateful to her."

① matter　　　　　② role　　　　　　③ step　　　　　　④ tool

4 The elevator was out of (　　　), so I had to take the stairs all the way up to the sixth floor.

① danger　　　　　② order　　　　　　③ place　　　　　④ time

5 I didn't have much money on me, but I gave the child (　　　) I had.

① that　　　　　　② what　　　　　　③ which　　　　　④ who

6 We're pretty sure we'll win (　　　) we have Gary on our team. He's a great batter.

① as far as　　　　② as long as　　　③ as much as　　　④ as well as

7 Emma has (　　　) finished her assignment, while Simon has just started.

① already　　　　　② once　　　　　　③ still　　　　　　④ yet

8 "(　　　) do you say to going to dinner tonight?" "Sure. Why not?"

① How　　　　　　② What　　　　　　③ Where　　　　　④ Why

9 My sister has given up her job to look after our mother, (　　　) will be 84 next month.

① because ② for ③ who ④ why

10 If you're feeling tired, go to sleep right now. A good night's rest will ( ) you a lot of good.

① do ② help ③ make ④ take

Ⅱ 和文に合った英文になるように語（句）を並べ替え，（ ）内で3番目となるものを①〜④ から一つずつ選び，マークしなさい。

11 彼には何度もお金を貸してあげたことがあるけれど，返してくれたためしがない。

I've lent (① him ② many ③ money ④ so) times, but he's never paid me back!

12 君はこの2週間働きづめだから，1日休みを取ったらどうだ。

You should (① a day ② have ③ off ④ since) you've been working so hard for the past two weeks.

13 いつもは魚は好きじゃないけれど，昨夜食べたサーモンはおいしかった。

I don't usually like fish, but the salmon (① had ② last night ③ was ④ we) delicious.

14 自転車に乗って行こう。移動には一番お金がかからないから。

Why don't we ride our bikes? It's (① expensive ② least ③ the ④ way) to travel.

15 何かを買うかどうか迷ったら，買わないことだ。

If you're not (① something ② sure ③ to buy ④ whether) or not, don't buy it.

Ⅲ　次の会話を読み，設問に答えなさい。

Marta　　　：　I'm so excited about studying English abroad.

Cameron　：　Well, I'm jealous. （　ア　）

Marta　　　：　You could come, too!

Cameron　：　Maybe. But I'll definitely have to wait until I save some money. （　イ　）

Marta　　　：　I really want to go to England, but choosing a specific destination is pretty difficult.

Cameron　：　London （　ウ　）. Lots of people, history, entertainment... Why not study there?

Marta　　　：　Well, it's a huge city with lots to see and do. （　エ　） Living in a tiny rural area with friendly residents would be more my style.

Cameron　：　That sounds a bit boring. Maybe you could live in a bigger town near the sea.

Marta　　　：　Actually, I read about an English school located in a town called St. Ives. The shops, art galleries, scenery （　オ　） in the pamphlet, and the school's teachers and homestay families seemed great, too.

注　St. Ives：セント・アイヴス（イギリス南西部の海辺の町）

設問

16　（　ア　）に入る最も適切なものを①〜④から一つ選び，マークしなさい。

①　I'd hate to leave home.

②　I'd love to travel overseas.

③　I'd never enjoy studying English.

④　I'd prefer to have fun at home.

17　（　イ　）に入る最も適切なものを①〜④から一つ選び，マークしなさい。

①　So, how long are you going to stay?

②　So, how much money have you saved?

③　So, when are you leaving?

④　So, where are you going?

18　（　ウ　）に入る最も適切なものを①〜④から一つ選び，マークしなさい。

①　would be a mistake

②　would be expensive

③　would be fantastic

④　would be out of the question

出典追記：Blueprint 3 by Esther Penne and Natalie Ryan, Compass Publishing

19 （　**エ**　）に入る最も適切なものを①〜④から一つ選び，マークしなさい。

① And I could meet a lot of nice people there.

② But it might be too crowded for me.

③ So it would be an ideal place for me.

④ There are so many things I could do there.

20 （　**オ**　）に入る最も適切なものを①〜④から一つ選び，マークしなさい。

① looked quite boring

② looked quite depressing

③ looked quite nice

④ looked quite ugly

Ⅳ　次の文章を読み，設問に答えなさい。

A hug is a form of human touch that happens when two or more people hold each other closely. People hug for many different （　**ア**　）. For example, if a child is sad, a parent may hug him or her to give comfort. Adults may hug to show each other love. Friends may hug to show friendship. Members of a team may hug after winning a game to show happiness and encourage other team members.

Hugs may seem unimportant, but hugging is an essential human need. For example, hugging is important in building human （　**イ**　）. When a person is given a hug, he or she feels loved and important. In this way, it creates a sense of trust, belonging, and security that encourages open communication and understanding with others.

There are also many health benefits to hugging. For example, hugs can make our immune systems stronger. It is said that an apple a day can keep the doctor away. Some people think a hug a day will keep the doctor away （　**ウ**　）. Research has shown that hugs can lower the （　**エ**　） of getting a cold and lower stress levels. Giving and receiving hugs can also increase the natural chemicals that control our happiness.

Finally, hugging can even save lives. In recent years, doctors have found that it is best when a baby is held soon after being born. It keeps the baby warm and it helps keep their heart rate stable. In （　**オ**　）, these babies feel safer and seem to be happier. In some cases, even after a doctor has given a baby a very small chance of survival, a hug from the mother helped these tiny babies to survive.

注　immune：免疫の

出典追記 : Timed Reading for Fluency 4 by Paul Nation and Casey Malarcher, Seed Learning, Inc.

設問

21 （ **ア** ）に入る最も適切なものを①〜④から1つ選び，マークしなさい。

① cultures 　　　② greetings 　　　③ questions 　　　④ reasons

22 （ **イ** ）に入る最も適切なものを①〜④から1つ選び，マークしなさい。

① imaginations 　　② organizations 　　③ populations 　　④ relationships

23 （ **ウ** ）に入る最も適切なものを①〜④から1つ選び，マークしなさい。

① as usual 　　　② as well 　　　③ at all 　　　④ at last

24 （ **エ** ）に入る最も適切なものを①〜④から1つ選び，マークしなさい。

① cause 　　　② cost 　　　③ risk 　　　④ value

25 （ **オ** ）に入る最も適切なものを①〜④から一つ選び，マークしなさい。

① addition 　　　② advance 　　　③ contrast 　　　④ exchange

V 次の文章を読み，設問に答えなさい。

What do Christopher Columbus, Captain Cook, and Marco Polo have in common? Yes, they were all famous explorers, and they were all male explorers, as are most of the well-known ones. However, women have a significant place in the history of exploration, and interest in female explorers has been rising since the 1980s. The very real achievements of female explorers, like Mary Kingsley, are finally getting the recognition they deserve.

Why have attitudes changed? One explanation is that the women's movement of the 20th and 21st centuries has increased interest in women's accomplishments. Also, their journals provide fascinating stories; these women appeared to enjoy facing danger, showing a willingness to confront wild animals, extreme weather, hostile natives, injury, and illness. Their confidence and commitment are an inspiration to today's women. It is often shocking to read about the attitudes they faced, especially in repressive Victorian Britain. For example, women were constantly denied recognition for their achievements. When the Liverpool Geographical Society wanted to learn about Mary Kingsley's explorations in West Africa, her paper was read aloud by a man while she sat in the background, as the organization would not allow women to speak. Equally shocking is the fact that membership of the New York Explorers' Club was male-only until 1981.

So, what were these women explorers like? Apart from having strong personalities and being intelligent and practical, they were usually middle-aged or beyond, having gained their independence after fulfilling family obligations, such as looking after elderly parents. They were usually unmarried, as few husbands would consider giving permission for their wives to pursue such a profession. They were also rich enough to afford to pay for their trips (sponsorship was usually not possible for women) and sufficiently educated and experienced to deal with the inevitable complications that arose. Mary Kingsley fits this profile. Unmarried, smart, and self-educated, Mary took care of her family while her father went on explorations. Only when both her parents died was Mary finally able to begin her own explorations.

Now that the contributions of these women are finally revealed, their achievements appear to be even more remarkable than those of their more famous male counterparts. While they didn't discover America, they made significant discoveries, but above all they showed that women can overcome impossible challenges to achieve greatness.

注　Mary Kingsley：メアリー・キングスリー（19 世紀後半の女性探検家）

　　journal：日誌　　　　　　　repressive：抑圧的な　　　　　　complication：面倒な問題

設問

26　下線部**ア**の意味として最も適切なものを①～④から一つ選び，マークしなさい。

　　① equal　　　　　② important　　　　③ permanent　　　④ safe

27　下線部**イ**を言い換えた表現として最も適切なものを①～④から一つ選び，マークしなさい。

　　① being completely ignored

　　② being properly appreciated

　　③ being severely criticized

　　④ being widely imitated

28　下線部**ウ**の意味として最も適切なものを①～④から一つ選び，マークしなさい。

　　① 未開の　　　　　② 偏見をもった　　　③ 敵意をもった　　　④ しいたげられた

29　下線部**エ**の意味として最も適切なものを①～④から一つ選び，マークしなさい。

　　① 様々なことに興味をもつこと

　　② 競争心をもつこと

　　③ あることに打ち込むこと

　　④ 自分に誇りをもつこと

30　下線部**オ**の read の ea と同じ発音を含む語を①～④から一つ選び，マークしなさい。その際，次に示す下線部分を比較すること。

　　① d<u>ea</u>l　　　　　② <u>e</u>qual　　　　③ <u>e</u>xtreme　　　④ w<u>ea</u>ther

出典追記：Wide Angle Level 4 by Gary Pathare, Oxford University Press

31 下線部**カ**の意味として最も適切なものを①〜④から一つ選び，マークしなさい。

① これらの女性探検家は，何をしようとしたのでしょうか。

② これらの女性探検家は，何を楽しみとしていたのでしょうか。

③ これらの女性探検家は，どのような人たちだったのでしょうか

④ これらの女性探検家は，どんな望みを持っていたのでしょうか。

32 下線部**キ**の意味として最も適切なものを①〜④から一つ選び，マークしなさい。

① financial support

② legal support

③ medical support

④ moral support

33 下線部**ク**の具体的内容として本文では**挙げられていないもの**を①〜④から一つ選び，マークしなさい。

① 強い個性の持ち主である。

② 理解のある夫がいる。

③ 金銭的に余裕がある。

④ 身に降りかかる難題に対処する能力がある。

34 本文の内容と**一致しないもの**を①〜④から一つ選び，マークしなさい。

① Mary Kingsley had to look after her family while her father was on his explorations.

② Mary Kingsley was a woman in Victorian Britain who explored West Africa.

③ Mary Kingsley was allowed to speak about her explorations at the Liverpool Geographical Society.

④ Mary Kingsley was an intelligent and self-educated woman.

35 本文の内容と一致するものを①〜④から一つ選び，マークしなさい。

① 21 世紀の今になっても，過去の女性探検家に対する関心の高まりは見られない。

② ニューヨーク探検家クラブの会員は，驚くことに，今世紀初めまで男性のみであった。

③ かつて女性が探検家となるためには，社会的な偏見に抗うだけでなく，家庭的な束縛から解放されなければいけなかった。

④ ヴィクトリア朝のイギリスにおいては，男性に比べ女性探検家は優遇されていた。

数学

(60 分)

解答記入上の注意

（1）分数は既約分数（それ以上約分ができない分数）で答えなさい。

（2）根号を含む場合は分母を有理化し，根号の中に現れる自然数が最小となる形で答えなさい。

I （ア） $x = \dfrac{\sqrt{5} + \sqrt{3}}{\sqrt{5} - \sqrt{3}}$ のとき，

$$x + \frac{1}{x} = \boxed{1}, \quad x^2 + \frac{1}{x^2} = \boxed{2}$$

である。

1	① 8	② 16	③ $\sqrt{3}$	④ $\sqrt{5}$
2	① 1	② 3	③ 62	④ 64

（イ） $P = 6x^2 + 5xy - 6y^2$ とする。

$$P = (\boxed{3}\,x + \boxed{4}\,y)(\boxed{5}\,x - \boxed{6}\,y)$$

であり，$x = \dfrac{12}{13}$, $y = \dfrac{5}{13}$ のとき

$$P = \boxed{7}$$

である。

3	① 1	② 2	③ 3	④ 6
4	① 1	② 2	③ 3	④ 6
5	① 1	② 2	③ 3	④ 6
6	① 1	② 2	③ 3	④ 6
7	① 6	② 12	③ $\dfrac{60}{13}$	④ $\dfrac{414}{169}$

（ウ） a を実数の定数とする。2 つの 2 次方程式

$$x^2 - (a-1)x + a^2 = 0 \cdots (*), \quad x^2 + x + a = 0 \cdots (**)$$

について，

（＊）が実数解をもつような a の値の範囲は

$$\boxed{8}$$

である。また，（＊）と（＊＊）の一方だけが実数解をもつような a の値の範囲は

$$\boxed{9}$$

である。

8　① $\quad a \leqq -1, \ \dfrac{1}{3} \leqq a$　　　　　　② $\quad -1 \leqq a \leqq \dfrac{1}{3}$

　　③ $\quad a \leqq -\dfrac{1}{3}, \ 1 \leqq a$　　　　　④ $\quad -\dfrac{1}{3} \leqq a \leqq 1$

9　① $\quad \dfrac{1}{4} < a \leqq \dfrac{1}{3}$　　　　　　② $\quad a < -1, \ \dfrac{1}{4} < a \leqq \dfrac{1}{3}$

　　③ $\quad -\dfrac{1}{3} < a \leqq \dfrac{1}{4}$　　　　　④ $\quad -\dfrac{1}{3} < a \leqq \dfrac{1}{4}, \ 1 \leqq a$

（エ）　a を実数の定数とし，2 次関数

$$y = x^2 - ax + 3a - 3 \ (0 \leqq x \leqq 2)$$

の最大値を M とする。

$a = \dfrac{3}{2}$ のとき $M = \boxed{10}$ であり，$a = \boxed{11}$ のとき $M = 5$ である。

10　① $\quad -\dfrac{3}{4}$　　　② $\quad \dfrac{1}{4}$　　　③ $\quad \dfrac{3}{2}$　　　④ $\quad \dfrac{5}{2}$

11　① $\quad \dfrac{2}{3}$　　　② $\quad \dfrac{8}{3}$　　　③ $\quad 4$　　　④ $\quad 8$

Ⅱ　半径が $\sqrt{3}$ の円に内接する三角形 ABC があり，∠BAC = 60°
である。A における円の接線と辺 BC の C の側への延長は点 P で
交わっている。

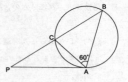

　（ア）　BC = ⬚12 である。また，∠ABC = ∠ ⬚13 である。

12	①	1	②	3	③	4	④	6
13	①	BAC	②	BCA	③	CAP	④	CPA

以後，C が線分 BP を 3：1 の比に内分する場合について考える。

　（イ）　BP = ⬚14 ，AP = ⬚15 である。

14	①	4	②	6	③	9	④	12
15	①	2	②	3	③	$\sqrt{3}$	④	$2\sqrt{3}$

　（ウ）　AB：AC = ⬚16 であり，AB = ⬚17 である。

16	①	1：1	②	2：1	③	3：1	④	3：2
17	①	3	②	4	③	$\sqrt{3}$	④	$2\sqrt{3}$

Ⅲ 男性 4 人，女性 2 人の合計 6 人の人がいる。

（ア） 6 人から 4 人を選ぶとき，選び方は全部で ⬚18 通りある。そのうち，男性と女性が 2 人ずつ含まれるものは ⬚19 通りあり，女性が少なくとも 1 人含まれるものは ⬚20 通りある。

18	①	4	②	15	③	30	④	360
19	①	6	②	12	③	24	④	48
20	①	4	②	6	③	14	④	24

（イ） 6 人から 5 人を選んで 1 列に並べるとき，並べ方は全部で ⬚21 通りある。そのうち，男性と女性が交互に並ぶものは ⬚22 通りあり，女性が隣り合うことのないものは ⬚23 通りある。

21	①	30	②	120	③	480	④	720
22	①	24	②	30	③	48	④	96
23	①	24	②	120	③	288	④	528

国語

（六〇分）

Ⅰ　次の文章を読んで、後の問いに答えなさい。

　人間のつくる社会は、しばしば有機的な生命体にたとえられる。アリやハチのような社会的動物の構成する群れは⑦──それ自体が生命をもつかのように環境に対して適応的にふるまい、組織体としての「知性」を見せる。人間の文明は「社会的知性」の最高の形態を示す。そもそも、言語に決定的なかたちで依存する一人ひとりの人間の賢さも、また、社会的知性の頭ら現れである。

　もしそうであるなら、有機体としての社会のふるまいが、しばしば個人の精神における⑦──それをなぞるように見えるのも、当然と言えるのかもしれない。

　バブルは、むろん、個人の生活史の中だけに起こるのではない。「マクロ」な社会事象のレベルでも起こる。経済の歴史を振り返れば、そこには数限りない「バブル」現象が見られる。そうして、②個人のレベルでのバブルと、社会のレベルでのバブルは、しばしば共鳴し、強め合い、思わぬところへと私たちを運んでいく。

　歴史上、記録のはっきりと残る最古のバブル現象は、③十七世紀のオランダで起きた「チューリップ・バブル」事件である。当時、オスマン帝国から輸入されていたチューリップの球根の価格が、人気が高まるとともに急騰した。

　チューリップの球根は、一年で二、三株くらいずつしか増えず、人気の高い品種といえども、急速に数を増やすことが難しい。花びらに

縞や炎のような模様が入ったチューリップはとりわけ珍重されたが、今日ではこれらはモザイク・ウイルスによる感染の結果であることがわかっている。

愛らしい植物に、人々は「品格」という幻を追い求める。美しい花には「提督」「将軍」「アレクサンダー大王」「皇帝」など、⑷大仰とも思われる名前が付けられた。人々の間でチューリップの人気が高まるにつれて、チューリップの株は騰がるとばかりに、投機をする人も参入してきた。ごく普通の人々までもが、借金をしてでも球根に投資する。価格は見る間にうなぎ登りになった。

球根の急激な高騰は一六三四年の暮れに始まり、一六三七年の一月に頂点を迎えた。ピーク時には、人気のあるチューリップの球根一個が熟練した労働者の年収二十年分以上に達したという。

このような狂乱の中で、喜劇のような事件も起こった。事情を知らないイギリスからの訪問者が、高価なチューリップの球根をタマネギだと勘違いして料理して食べてしまったという。所有者が激怒し、落胆したのは言うまでもない。（1）

チューリップ・バブルは、一六三七年二月には崩壊へと向かう。一六三七年五月には、急騰前の⑹価格水準へと戻っていた。

⑸－Ａ的過ぎるあくろみの⑹パタンによって、多くの人が⑺キュウチへと追い込まれたことは、一九九〇年代初頭の日本のバブル経済の崩壊や、二〇〇八年のアメリカの金融危機と変わるところはない。

冷静になって考えれば、チューリップの株にそれほどの価値があるはずがない。美しいとは言え、所詮はたかが観賞用植物。可憐な花が投機の対象になったオランダのチューリップ・バブルは、その「底」が⑻抜けていることが誰の目にも明らかであり、ユーモラスな雰囲気さえ⑼タダヨわせる。

しかし、対象がチューリップでも、土地でも、絵画でも、バブル現

象が冷静な ⑤-B 性から遠く離れたところで起こることに変わりはない。バブルは、なぜ起きるのか①——。それは人々が抱く期待ゆえにである。「バブル」の対象は、そもそもそれほどの価値のあるものではない。人間という存在は⑩——端から見れば滑稽に思われるような対象にさえ、ありったけの希望をツッ込むことができるのだ。だからこそ、その人間。それゆえの文明。（２）

　最近で言えば、「インターネット」に対する期待は、通り過ぎてしまえばバブルの側面があったのかもしれない。確かに、インターネットは無限の未来を保証しているように見えた。その中に新しい経済が定義され、様々な活動が生まれ、人々に新たな精気漲る生活領域を提供するかに思えた。

　インターネットに対する過大な期待が、一つの「バブル」だったなどとは、私たちは未だに認識していないのかもしれない。しかし、気付いてみればインターネットがあるからと言って私たちは生きていけるわけではない。生物としての基本的な実存の条件から見れば①——。それは夢や霞のようなもの。食糧自給率四十パーセントの日本は、外国からの食糧の輸入が止まってしまえばおしまいである。ネット上でちょっと気の利いたアプリを開発して何かを成し遂げた気になっている若者と、大地にくばりついて食べるものを作っている人の一体どちらが偉いのか。（３）

　むろん、インターネットは私たちの文明生活の中で重要な意味を持ち続けるだろう。しかし、インターネットが私たちの生の問題の全てを解決する「魔法の薬」だなどと信じている人たちは、時が経つほどに減っていくだろう。私たちは、やがては冷静にならなければならない。その一方で、文明が一度はインターネットの中にありったけの熱意と希望を吹き込んだことを、とても人間らしく、若々しいことだとも思う。

　私たちは、オランダのチューリップ・バブルに狂奔した人たちを笑うことなどできない。彼らは、夢を抱いたのだから。巨大な「チューリップの王国」を見たのだ。その中では、咲いてもらうか枯れてしまう花たちが、この上ない美の象徴として崇められている。「提督」や「将軍」「アクサンダー大王」「皇帝」などの花々が陽光を受けてやさしく揺れている。花から花へと、人々が微笑を浮かべながら歩いている。そのような幻をいったんは見たという⑤ーC的事実と、⑩今日のオランダの人を大切にする寛容な文化は必ずやつながっているはずだ。

　オランダにとって、チューリップは今日においても重要な観光資源であり、大切な輸出品の一つとなっている。空に輝く超新星のごときバブルの栄耀こそ消えてしまったものの、その残照は今もかの地を包みみ人の心を惹き付ける。（4）

　未来に対して、後から振り返れば過剰とも言える希望を抱いてしまうこと。それは生命の一つのリスムの結果であり、何が起こるかわからないという世界の「偶有性」に対する私たちの生の適応戦略の一部である。

　楽しみにしている旅の前に、私たちは⑤ーD的なバブルを経験しないか。新しい学校に入学したり、進学したりする時に期待が風船のようにふくらみはしないか。これらの過剰なる熱狂は、現実の前に必ずしゃぼんでしまう運命にある。だからと言って、「未来評価の一時的高騰」など経験したくないという人は、この世に一人もいないと私は信じる。なぜなら、私たちは生きなければならないのだから。

　一身上に起こる、「私秘的な」バブルは、起きること自体が精神の若さの象徴と言える。その影響が個人に留まるのであれば、バブルは何回起こしても、何度崩壊させても良い。むしろ、私たちの生はバブルを一つの推進剤として進んでいくのだ。

　　　　　　　　　　（茂木健一郎『生命と偶有性』による）

問1　―線部①―ア～①―エの「それ」の指示する内容として**適切でないもの**を、一つ選びなさい。

1　ア＝アリやハチのような社会的動物の構成する群れ

2　イ＝ふるまい

3　ウ＝バブルが起きる理由

4　エ＝生物としての基本的な実存の条件

問2　―線部②「個人のレベルでのバブル」とありますが、本文の内容から考えてその具体例として適切なものを、一つ選びなさい。

1　明日の期末テストに備えて一夜漬けで猛勉強した。

2　志望校に合格できて、親も学校の先生も喜んでくれた。

3　雪山で遭難した友人が無事だと知ってほっとした。

4　クラスメートのN君に夜も眠れないほど恋い焦がれた。

問3　―線部③「十七世紀のオランダで起きた『チューリップ・バブル』事件」についての本文の説明と**合致しないもの**を、一つ選びなさい。

1　チューリップ・バブルは二年余りのあいだ続いた。

2　チューリップの球根が大量に出回った結果、その価格が暴落した。

3　チューリップの球根の価格は本来の価値を反映していなかった。

4　借金をしてまで高価なチューリップの球根を買い求める人もいた。

問4　―線部④「大仰」の意味として適切なものを、一つ選びなさい。

1　大がかりなこと

　　　2　大げさなこと

　　　3　大ざっぱなこと

　　　4　大まとめなこと

問5　空欄部 ⑤—A 〜 ⑤—D を補うのに適切な言葉の組合せを、一つ選びなさい。

　　　1　A＝楽観　　　B＝合理　　　C＝歴史　　　D＝精神

　　　2　A＝楽観　　　B＝精神　　　C＝歴史　　　D＝合理

　　　3　A＝物質　　　B＝合理　　　C＝精神　　　D＝楽観

　　　4　A＝物質　　　B＝精神　　　C＝合理　　　D＝楽観

問6　一線部⑥「ヘタン」の「タン」にあたる漢字と同じ漢字を含むものを、一つ選びなさい。

　　　1　アワい期待を抱く。

　　　2　身の不運をナゲく。

　　　3　衣服のホコロびを繕う。

　　　4　神輿をカツぐ。

問7　一線部⑦「キュウチ」の「キュウ」にあたる漢字と同じ漢字を含むものを、一つ選びなさい。

　　　1　進退キワまる。

　　　2　クちた廃屋を取り壊す。

　　　3　大きく息をスう。

　　　4　しきりにナきじゃくる。

問8　一線部⑧「タダヨわせる」の「タダヨ」にあたる漢字と同じ漢字を含むものを、一つ選びなさい。

1　道路ヒョウ識を確認する。

2　ヒョウ点下の気温。

3　土ヒョウに上がる。

4　衣類をヒョウ白する。

問9　一線部⑨「端」と同じ読みをするものを、一つ選びなさい。

1　事件の発端を調べる。

2　端数を切り捨てる。

3　端でやきもきする。

4　軒端にたたずむ。

問10　一線部⑩「ソンチョウ」の「ソン」にあたる漢字と同じ漢字を含むものを、一つ選びなさい。

1　チュウ選で賞品が当たる。

2　白チュウのできごと。

3　道路にチュウ車する。

4　新刊書をチュウ文する。

問11　一線部⑪「今日のオランダの人を大切にする寛容な文化」に読点（′）を打つとすればどこに打てばよいですか。適切なものを、一つ選びなさい。

1　今日の′オランダの人を大切にする寛容な文化

2　今日のオランダの′人を大切にする寛容な文化

3　今日のオランダの人を′大切にする寛容な文化

4　今日のオランダの人を大切にする′寛容な文化

問12　本文から次の文が抜け落ちています。元に戻すのに適切な箇所

を、本文中の（１）〜（４）から一つ選びなさい。

バブルは、人間の存在証明だとさえ言える。

１ （１）　　２ （２）　　３ （３）　　４ （４）

問13　筆者は「バブル」についてどのように考えていますか。その説明として適切なものを、一つ選びなさい。

１　土地や絵画などのバブル現象は人々を狂奔させる害悪であるが、個人レベルのバブルは精神の若さの象徴であり、崩壊させないかぎり、大いに歓迎すべきものである。

２　個人レベルのバブルも社会レベルのバブルも起きないに越したことはないが、バブルは必然的な現象なので、それを忌避するよりも上手に利用することが大切である。

３　バブルはたいして価値のないものに過剰な期待を抱いてしまうことで起きる現象であるが、それは精神の若さの象徴であり、いわゆる若気の至りというものである。

４　個人であれ社会であれ、バブルは未来に対する過剰な期待から起き、やがて崩壊して人々を落胆させるものではあるが、いかにも人間らしく、また若々しい現象である。

[二] 次のA・Bはいずれも義尚中の文章です。これらを読んで、後の問いに答えなさい。

A　最近気になるのは、何かにつけて「人の迷惑にならないように」と口走る大人が多いことだ。特に、高齢者ほど、その傾向が強いように思える。

　数年前、私が名目上の⑳引率を引き受けることになったスペイン旅行で、私よりひと回り年上のTさんが、みんなの迷惑になってはならないと、自分より年下ぞろいのツアーの面々の先頭を切って歩いていたのである。（⑮-イ）、どこか無理をしているように感じられてならなかった。

　「Tさん、無理してはいませんか？　甘えていいんですよ」
　⑯老婆心ながら、もう水を向けると、

　「甘えてはダメね。この年でも人に迷惑なんてかけたくないもの、そうでしょ」

　彼女の言葉には、自分に対する叱咤のニュアンスが込められているように感じた。

　振り返ってみると、彼女が青春真っ只中にいた「60年安保」に始まる1960年代のキーワードは「自立」だったのではないだろうか。思想的な自立、精神的な自立、人格的な自立、生活の自立など、1960年代の末に大学生になった私にとっても、「自立」はマジックワードのように心を⑰-a捉えていた。

　でも私は、いつも内心ではどこか鼻白む思いだった。「自立」とは何か、よくよく詮索していたわけではないし、第一、我が家では「自立しろ」と、父や母が口に出したことなど、一度もなかったのだ。いやむしろ逆だった。母親など、たまに帰郷した大学生の私に向かって「親が元気なうちはたくさん甘えんと」と、諭すような口ぶりで語す

ほどだった。

　それに私のどこかに「自立」に対する漠然とした疑念があった。その疑念に形を与えてくれたのは、文豪⑨夏目漱石だ。

　高校生の頃、一時「引きこもり」まがいの状態に陥り⑩-c、孤独の中で無聊を慰めるように読んだ『こころ』の中の主人公の独白に、私は身体中に電流が走るような感動を覚えたのである。

　「自由と独立と己れとに充ちた現代に生れた我々は、その犠牲としてみんなこの淋しみを味わわなくてはならないでしょう」

　明らかに漱石は「自立」がそんなにいいことだとは思っていなかったのである。いや、「自立」はむしろ孤独と裏表の関係にあると見抜いていたことになる。孤独感を味わいながらも「自立」には程遠く、親に「甘え」ていた私の思春期の悩みなど、ただの「はしか」ほどの痛みですらなかったのかもしれない。

　平成の時代から、世間ではしきりに「自己決定」や「自己責任」といった言葉が語られるようになり、今では「迷惑をかけない終活」や「迷惑をかけない相続」という見出しが中高年向けの週刊誌に躍っている⑩-d。「甘え」の構造」の中で育った私など⑫、そうした流行りの言葉を見るにつけ、釈然としない気分になってしまう。

　「甘え」て何が悪いのか。まさか杖をついているお年寄りに「自立」しろ、「杖なしに歩け」など、薄情なセリフを口にする輩はいないはずだ。また、長く連れ添ったパートナーや親しい友人に先立たれ心が折れそうなお年寄りに、精神的な「自立」を説いてどんな意味があるのか。（⑮-ロ）必要なのは、「心の杖」ではないのか。「甘え」の拠り所がない社会ほど、不幸な社会はないのではないか。

　　　　　　　　　　　　　　　　　　（姜尚中「甘えの力」による）

B　長生きは、もうけの幸いとも言うが、そんなのは真っ平ご免と思

う人も多いようだ。ある日突然、ポックリと逝って、痛みも苦しみも

ないほうがいい。生きているのか、死んでいるのかわからないまま、

他人の厄介になってだらだらと長生きしたってつまらない。誰にも迷

惑をかけず、ポックリと逝ってしまったほうがサベサベしていいに決

まっている。

　こうした「ポックリ願望」は、私の中にもないわけではない。それ

でも、最近はこう思うようになった。ポックリ逝きたいと願うのは、

実は生きている限り、いつも健康でいなければならないという刷り込

みが強いからではないかと。

　独断と（　　　　　）かもしれないが、「ポックリ願望」を公言して憚

らない人たちに共通しているのは、かなり強い自我と個性を持ち、そ

れなりに社会的に成功していることだ。

　うがった見方をすれば、「ポックリ願望」の裏には、他人の世話に

なるのは恥で、生きているなら健康で独立独歩でなければならないと

いう思い込みが存在するような気がする。若い頃は、確かに独立心旺

盛の人生に憧れ、自分も人を頼りにしない生き方をしようと努力した

ことがあった。でも、どうしてもそうなれない。強い自立心を掻き立

てようとしても、それとは反対にもろくて弱い何かが浮き彫りになっ

てくるのである。中年に差しかかるまで、そんな弱さにいら立ち、何

とかそれを克服しようと努力してみたが、どうもうまくいかない。な

ぜ気が弱く、依存心が強いのか。いろいろと詮索してみるも、これと

いった決定的な原因が見つからない。

　そして今ではこう思うようになった。人はフラジャイル（脆弱）な

存在であり、終生、他人の世話を当てにせずに生きられるわけはない

と。（⑤－ｃ）、私自身も年齢相応に恥も外聞もあるし、ミエもある。

それに数十年にわたって「先生、先生」と呼ばれるのが当たり前になっ

ていたのであるから、食事からシモの世話まで、人に頼らざるを得な

い状況になれば、気が引けてしまうに違いない。

「自己責任、自己責任」と吹き込まれ、何から何まで自分のことは自分で始末しなさいと、半ば脅されるような時世である。でも、逆にそれでは生きていけないのが、人間の弱さ。（⑮－ニ）社会を作ったんでしょうと言いたくなる。社会は強い人間たちだけが集まって作ったのではなく、むしろ弱い人間が多いからこそ出来上がったのではないのか……。

弱さを抱えた自分のような人間は、社会のお世話にならざるを得ないと腹を括ったせいか、近頃では何か突き抜けたような感じがしている。

（姜尚中「老いは未知との遭遇」による）

問14　―線部⑭「引率」と熟語の構成が同じものを、一つ選びなさい。

　　1　自立　　　2　願望　　　3　漠然　　　4　裏表

問15　空欄部（⑮－イ）～（⑮－ニ）を補うのに適切な言葉の組合せを、一つ選びなさい。

　　1　イ＝だから　　ロ＝むしろ　　ハ＝しかし　　ニ＝もちろん

　　2　イ＝だから　　ロ＝もちろん　　ハ＝むしろ　　ニ＝しかし

　　3　イ＝しかし　　ロ＝だから　　ハ＝むしろ　　ニ＝もちろん

　　4　イ＝しかし　　ロ＝むしろ　　ハ＝もちろん　　ニ＝だから

問16　―線部⑯「老婆心」の意味として適切なものを、一つ選びなさい。

　　1　抑えられない好奇心

　　2　必要以上の親切心

　　3　来世を願う信仰心

　　4　誰もが持つべき公徳心

問17　ー線部⑰－ａ〜⑰－ｄの漢字の読みが**適切でないもの**を、一つ選びなさい。

1　ａ　捉（とら）

2　ｂ　論（さと）

3　ｃ　陥（はま）

4　ｄ　曜（およ）

問18　ー線部⑱「鼻白む」の意味として適切なものを、一つ選びなさい。

1　いらいらする

2　恥ずかしく思う

3　不吉に感じる

4　気後れがする

問19　ー線部⑲「夏目漱石」の**作品ではないもの**を、一つ選びなさい。

1　それから　　2　草枕　　3　三四郎　　4　刺青

問20　ー線部⑳「そうした流行りの言葉を見るにつけ、釈然としない気分になってしまう」とありますが、その理由の説明としてふさわしいものを、次のうちから一つ選び、その番号を記しなさい。

1　そうした流行りの言葉は、自立が困難な人々の存在や、自立に伴う負の側面に目を向けようとはしないから。

2　そうした流行りの言葉は、今の時代では自立することがいかに難しいかを知らない者の発言のように思われるから。

3　そうした流行りの言葉は、いつまでも自立できない人間をかえって追い込んでしまう発言のように思えるから。

4　そうした流行りの言葉は、人々に自立を促しているように見えて、実は他人に甘えることを扇動しているから。

問21　―線部㉑「心の杖」と同じように隠喩が用いられている文を、一つ選びなさい。

1　度々の苦難を乗り越えた彼の人生はまさに七転び八起きと言えるものだ。

2　海が怒り狂う中、私たちの船はかろうじて目的地に着くことができた。

3　筋トレを続けた結果、はがねのごとき肉体を手に入れることができた。

4　社長が専務を次期社長に指名したのは、彼が社長の右腕だからだ。

問22　―線部㉒―ａ～㉒―ｄの漢字の読みが適切でないものを、一つ選びなさい。

1　ａ　逆（ぎゃく）

2　ｂ　刷（す）

3　ｃ　憧（あこが）

4　ｄ　半（はん）

問23　―線部㉓「独断と（　　　）かもしれないが」は慣用的な表現です。空欄（　　　）に入る熟語として適切なものを、一つ選びなさい。

1　暴走　　2　保身　　3　面目　　4　偏見

問24　―線部㉔「うがった見方」について説明した次の文の空欄（ⅰ）・（ⅱ）に入る語句の組合せとして適切なものを、一つ選びなさい。

「うがった見方」の「うがつ」は本来（　ⅰ　）という意味で、そこから転じて（　ⅱ　）という意味でも用いられるようになった言葉である。「うがった見方」もやはりその意味になる。

1　ⅰ＝裏を見る　　　　　ⅱ＝ひねくれた態度をとる

2　ⅰ＝裏を見る　　　　　ⅱ＝何事も疑ってかかる

3　ⅰ＝穴を掘る　　　　　ⅱ＝物事の裏事情を詮索する

4　ⅰ＝穴を掘る　　　　　ⅱ＝大雑把につかむ

問25　一線部⑤「何か突き抜けたような感じ」とは、Ａの文章の内容もふまえると、どのような感じだと思われますか。その説明として適切なものを、一つ選びなさい。

1　自立できない人間は他人や社会の世話になるしかないから、それを許してほしいという、人にこびるような感じ。

2　他人の世話になるのは弱い証拠であり恥であるので、できるだけ自立して生きようという、自分を叱咤激励する感じ。

3　「甘え」の拠り所のない社会で生きていくには自分の弱みを見せてはならないという、腹をすえたような感じ。

4　自立した生活ができなくなったときは悪びれることなく他人の世話になればいいという、開き直ったような感じ。

三　次の問いに答えなさい。

問26　「称」の部首名として適切なものを、一つ選びなさい。
1　しめすへん　　　　　2　ぎょうにんべん
3　のぎへん　　　　　　4　いちもくへん

問27　「なかなかうまくいかない。」の「なかなか」の品詞として適切なものを、一つ選びなさい。
1　副詞　　2　接続詞　　3　連体詞　　4　形容詞

問28　四字熟語「優柔不断」の意味として適切なものを、一つ選びなさい。
1　物事に動じず、落ち着いていること
2　物事の変化に早く適切に対応すること
3　ぐずぐずして、物事の決断が遅いこと
4　人の迷惑を顧みず、勝手にふるまうこと

問29　ことわざ「（　　）があったら入りたい」の空欄（　　）に入る字として適切なものを、一つ選びなさい。
1　家　　2　穴　　3　川　　4　森

問30　次の熟語のうち、漢字が間違っているものを、一つ選びなさい。
1　点検　　2　興味　　3　予盾　　4　仲介

解答編

■英語■

Ⅰ 解答 1 —① 2 —④ 3 —② 4 —② 5 —② 6 —②
7 —① 8 —② 9 —③ 10—①

Ⅱ 解答 11—④ 12—③ 13—② 14—① 15—③

Ⅲ 解答 16—② 17—④ 18—③ 19—② 20—③

Ⅳ 解答 ≪ハグの科学的効用≫

21—④ 22—④ 23—② 24—③ 25—①

Ⅴ 解答 ≪女性探検家≫

26—② 27—② 28—③ 29—③ 30—④ 31—③ 32—① 33—②
34—③ 35—③

■ 数学 ■

I 解答 ≪数と式, 2次方程式, 2次関数≫

1 —① 2 —③ 3 —② 4 —③ 5 —③ 6 —② 7 —① 8 —②
9 —② 10—④ 11—②

II 解答 ≪図形の性質≫

12—② 13—③ 14—① 15—① 16—② 17—④

III 解答 ≪場合の数≫

18—② 19—① 20—③ 21—④ 22—③ 23—④

国語

一

出典　茂木健一郎『生命と偶有性』〈第五章　バブル賛歌〉（新潮選書）

解答
問1　4　問2　4　問3　2　問4　2　問5　1
問6　3　問7　1　問8　4　問9　3　問10　4
問11　2　問12　2　問13　4

二

出典　姜尚中『生きるコツ』〈第4章　妻の教え　甘えの力〉〈第2章　孤独を友にする　老いは未知との遭遇〉（毎日新聞出版）

解答
問14　2　問15　4　問16　2　問17　3　問18　4
問19　4　問20　1　問21　4　問22　4　問23　4
問24　3　問25　4

三

解答
問26　3　問27　1　問28　3　問29　2
問30　3

■短期大学：一般選抜（A 日程）

問題編

▶試験科目・配点〔1 科目選択方式・2 科目選択方式〕

教　科	科　　　　　　　　目	1 科目選択方式	配点	2 科目選択方式	配点
外国語	英語（コミュニケーション英語 I・II・III，英語表現 I・II）	1 科目選択	100 点	必須	100 点
数　学	数学 I・A			1 科目選択	100 点
国　語	国語総合（古文・漢文除く）・現代文 B				

▶備　考

- 選択科目について，事前登録不要。
- 1 科目選択方式・2 科目選択方式が選択可（事前登録不要）。
- 1 科目選択方式受験者…科目試験（100 点）と自己アピール文（医療事務総合・ライフデザイン総合学科）または志望理由書（歯科衛生学科）により合否を判定する。
- 2 科目選択方式受験者…科目試験（200 点）と自己アピール文（医療事務総合・ライフデザイン総合学科）または志望理由書（歯科衛生学科）により合否を判定する。
- 英語民間試験について，短期大学指定のスコアを取得した者は，「外国語（英語）」に 10 点を加点する（100 点を超えた場合の得点は 100 点を上限とする）。

▶出題範囲

「数学 A」の出題範囲は「場合の数と確率」「図形の性質」とする。

■英語■

（60 分）

Ⅰ　次の各文の（　　　）に入る最も適切なものを①～④から一つずつ選び，マークしなさい。

1 I think you can do this by yourself, but if you have trouble, (　　　) me know. I can help you.

①　get 　　　　②　inform 　　　　③　keep 　　　　④　let

2 I (　　) where Stacy is. She said she'd be here by ten.

①　doubt 　　　　②　guess 　　　　③　think 　　　　④　wonder

3 We arrived in Los Angeles on time, (　　) our plane had left half an hour late from New York.

①　although 　　　　②　because 　　　　③　by the time 　　　　④　once

4 My suitcase is red, so it (　　) out and is easy to find at the airport.

①　carries 　　　　②　looks 　　　　③　stands 　　　　④　turns

5 You'd better quit smoking; (　　), you might get cancer.

①　however 　　　　②　instead 　　　　③　otherwise 　　　　④　therefore

6 If I didn't have friends, I (　　) able to enjoy my life at all.

①　am not 　　　　②　weren't 　　　　③　won't be 　　　　④　wouldn't be

7 His latest novel is (　　) better than anything he's written before.

①　a lot 　　　　②　many 　　　　③　so 　　　　④　very

8 The new hotel is currently (　　) construction. It will be completed next year.

①　at 　　　　②　on 　　　　③　over 　　　　④　under

9 Learning a new language is not an easy task, but I'm convinced it is (　　) the effort.

①　meaning 　　　　②　use 　　　　③　value 　　　　④　worth

10　How can you distinguish poisonous mushrooms (　　　　) the ones that are safe to eat?

①　by　　　　　　　　②　from　　　　　　　　③　to　　　　　　　　④　with

Ⅱ　和文に合った英文になるよう語（句）を並べ替え，（　　　　）内で **3** 番目となるものを①〜④から一つずつ選び，マークしなさい。ただし，文頭にくる文字も小文字になっています。

11　道路が凍っている。とにかく運転には気をつけて。

The road is frozen. (① be　② careful　③ do　④ when) you drive.

12　彼女が結婚の申し込みを承諾してくれたので，彼は大変うれしかった。

(① delight　② great　③ his　④ to), she accepted his offer of marriage.

13　これから私がどう生きていけばよいか，ジョンがアドバイスしてくれた。

John gave me some advice on (① do　② to　③ what　④ with) the rest of my life.

14　犠牲者を助けようとしたが，さらに 2 日が空しく過ぎた。

We tried to rescue the victims, but (① another　② have been　③ two days　④ wasted).

15　歯を磨いている間は，水を出したままにしてはいけません。

You must (① leave　② not　③ running　④ the water) while you are brushing your teeth.

Ⅲ　次の会話を読み，設問に答えなさい。

On the phone

Sally　：　Human resources department. Sally Robinson speaking.

Tommy　：　Can I speak to the person who deals with absence?

Sally　：　I can deal with that. (　ア　)

Tommy　：　My name's Tommy Chan.

Sally　：　Ah, here you are ... Chan, Tommy. You work in the marketing department, right?

Tommy　：　That's right. I'm phoning to say I can't come in today.

Sally　：　(　イ　)

Tommy　：　I went to the gym yesterday evening and I did something to my knee. (　ウ　)

Sally　：　Oh, no. Have you been to see a doctor?

Tommy　：　Yes. She said (　エ　).

Sally　：　OK. Today's Thursday. Can we expect you back next Thursday?

Tommy　：　I don't know. (　オ　) on Wednesday. I'll let you know after I see her.

Sally　：　OK. Give us another call then.

Tommy　：　OK. I'll talk to you next week. Bye for now.

Sally　：　Bye.

注　human resources department：（会社などの）人事部

設問

16　(　ア　)に入る最も適切なものを①〜④から一つ選び，マークしなさい。

①　How can I help?

②　Please call back again later.

③　What number are you calling?

④　Who do you wish to speak to?

17　(　イ　)に入る最も適切なものを①〜④から一つ選び，マークしなさい。

①　What work are you doing now?

②　What's the problem?

③　Where are you calling from?

④　Who should I give your message to?

18　(　ウ　)に入る最も適切なものを①〜④から一つ選び，マークしなさい。

①　I can hardly see.

② I can hardly speak.

③ I can hardly wait.

④ I can hardly walk.

19 （　エ　）に入る最も適切なものを①〜④から一つ選び，マークしなさい。

① I can return to work tomorrow

② I need to take at least a week off

③ I should stay home until this weekend

④ I will be all right in a couple of days

20 （　オ　）に入る最も適切なものを①〜④から一つ選び，マークしなさい。

① I'm going out to dinner

② I'm going to the gym again

③ I'm returning from my trip

④ I'm seeing the doctor again

Ⅳ　次の文章を読み，設問に答えなさい。

　　People volunteer in order to help people in need. They also volunteer in order to "give back" to their community. This means that they want to （　ア　） the people in their community who need help. However, volunteering is not only good for the community and those in need, but it is good for the volunteers, too. Volunteer Canada, an organization in Canada, started National Volunteer Week in 1943. Today, it is still very （　イ　）. In fact, six million people around the country volunteer every year.

　　Who volunteers? All kinds of people volunteer. For example, senior citizens volunteer for many reasons. They want to meet new friends and stay （　ウ　）. Senior citizens often have a lot of free time. They can use this time to help other people. Sometimes, when people graduate from college, they do volunteer work. Then they can get some skills and experience before they find a job. Other people volunteer because it gives them a chance to do something different. New immigrants to Canada also volunteer. By volunteering, they get work experience and can also （　エ　） their English and French language skills.

　　All of these volunteers in Canada do different kinds of work, but they have something in （　オ　）: They are helping other people. And by doing this, they are helping themselves, too.

設問

21 （　ア　）に入る最も適切なものを①〜④から一つ選び，マークしなさい。

出典追記：Reading for Today 2: Insights by Lorraine C. Smith and Nancy Nici Mare, Cengage Learning

① accept ② affect ③ assist ④ attract

22 （ **イ** ）に入る最も適切なものを①〜④から一つ選び，マークしなさい。
① difficult ② popular ③ rare ④ unwelcome

23 （ **ウ** ）に入る最も適切なものを①〜④から一つ選び，マークしなさい。
① active ② alone ③ safe ④ silent

24 （ **エ** ）に入る最も適切なものを①〜④から一つ選び，マークしなさい。
① improve ② lack ③ share ④ teach

25 （ **オ** ）に入る最も適切なものを①〜④から一つ選び，マークしなさい。
① advance ② common ③ response ④ return

V 次の文章を読み，設問に答えなさい。

In today's scientific world, many people are reluctant to admit to believing in superstitions.
ア
But talk to a few people in the travel industry, and you'll soon learn that superstition is alive and well around the world.

In much of the Western world, it's long been thought that the number 13 is bad luck. Next time you're traveling by air, try looking for row number 13 on your airplane. Chances are, there isn't one. Few airlines have a row 13, and most airlines don't offer flight numbers that contain
イ
that number. The airlines offer different reasons for this. One airline spokesperson noted that the taboo associated with the number 13 is an old tradition that has persisted only because it would
ウ
be too expensive to renumber the rows on hundreds of airplanes.

A spokesperson for a different airline admitted that the airline omits row 13 because too many passengers refuse to sit in those seats. Travel industry studies even show that travel
エ
declines on "unlucky" days, such as the thirteenth day of the month.

In parts of Asia, the number 4 is considered unlucky because it has a similar pronunciation to that of the Chinese word for "death." In Japan, the number 9 is avoided because it sounds like the Japanese word for "torture." Some Asian airlines skip these numbers when numbering
オ
airplane rows. (Curiously, although the number 13 is not considered unlucky by most Asians, row 13 is also often skipped.) Visit Seoul's Incheon Airport, and you'll notice that there are no gates numbered 4, 13, or 44.

Superstitions about numbers can also be positive. In China, it's said that the number 8 is lucky
カ
because its pronunciation is similar to that of the Chinese word that means "to strike it rich."

When one airline recently introduced a flight from Beijing to Newark, they named it Flight 88 and offered a "lucky" $888 round-trip ticket price. In the United States, where it is believed that the numbers 7 and 11 bring good fortune, flight numbers containing these numbers are very common for flights to the gambling casinos of Las Vegas.

　　Superstitious behavior isn't limited to passengers — flight attendants and flight crew have a reputation for being superstitious, too. <u>Some</u> have been known to refuse hotel rooms whose
キ
numbers were the same as those of flights that ended in tragedy.

　　Whether our superstitions are rooted in tradition or personal experience, it seems that <u>most of us pack them up and take them with us</u>, no matter where in the world we travel.
ク

注　torture：苦痛，苦悩　　　casino：カジノ

設問

26　下線部**ア**の日本語訳として最も適切なものを①～④から一つ選び，マークしなさい。
　　① 多くの人は迷信を信じていることをはっきりと認めている
　　② 多くの人は迷信を信じていることを認めたがらない
　　③ 多くの人は迷信を信じてよいのかどうか悩んでいる
　　④ 多くの人は迷信など信じるべきではないと思っている

27　下線部**イ**の意味として最も適切なものを①～④から一つ選び，マークしなさい。
　　① It is likely that there is row number 13 on your airplane.
　　② It is not likely that there is row number 13 on your airplane.
　　③ If you are fortunate, you'll find row number 13 on your airplane.
　　④ If you are not fortunate, you won't find row number 13 on your airplane.

28　下線部**ウ**の意味として最も適切なものを①～④から一つ選び，マークしなさい。
　　① changed　　　　② continued　　　　③ ended　　　　④ started

29　最も強く発音する音節の位置が，下線部エの語と同じものを①～④から一つ選び，マークしなさい。
　　pas-sen-ger　　① con-sid-er　　② ex-pen-sive　　③ in-tro-duce　　④ sim-i-lar

30　下線部**オ**の具体的な意味として最も適切なものを①～④から一つ選び，マークしなさい。
　　① consider　　　　② notice　　　　③ offer　　　　④ omit

31　下線部**カ**の意味として最も適切なものを①～④から一つ選び，マークしなさい。
　　① 数に関する迷信は否定的なものが目立つ。

② 数に関する迷信は否定的なものばかりではない。

③ 数に関する迷信は肯定的なものが目立つ。

④ 数に関する迷信は肯定的なものばかりではない。

32 下線部**キ**が具体的に指すものとして最も適切なものを①〜④から一つ選び，マークしなさい。

① Some airline passengers   ② Some casino gamblers

③ Some flight attendants and flight crew ④ Some rich people

33 下線部**ク**に含まれる them（2つあります）が指している内容として最も適切なものを①〜④から一つ選び，マークしなさい。

  ① 悲劇   ② 迷信   ③ 伝統   ④ 経験

34 本文の内容と**一致しないもの**を①〜④から一つ選び，マークしなさい。

① 中国で数字の 8 がラッキーナンバーとされるのは，その発音が「金持ちになる」という意味の言葉に似ているからである。

② 韓国のインチョン空港に 13 番ゲートが存在しないのは，韓国では伝統的に 13 という数字は縁起が悪いと信じられているからである。

③ 旅客機に 13 という列が無いのは，番号を付け替える手間が面倒だからという航空会社もある。

④ アジアの一部の地域で 4 という数字が避けられるのは，その発音が中国語の「死」を連想させるからである。

35 本文の内容と一致するものを①〜④から一つ選び，マークしなさい。

① It seems that the travel industry is relatively free from superstitious beliefs.

② The number 13 is avoided in the West, but you don't find an instance of this in Asia.

③ Superstitious beliefs about unlucky numbers are still strong, but those about lucky numbers are not.

④ Flights to the gambling casinos of Las Vegas often have flight numbers containing the numbers 7 and 11.

■ 数学 ■

（60 分）

解答記入上の注意

（1）分数は既約分数（それ以上約分ができない分数）で答えなさい。

（2）根号を含む場合は分母を有理化し，根号の中に現れる自然数が最小となる形で答えなさい。

I　（ア）　$x = \sqrt{11} - 1$ とする。

　　　x の整数部分は $\boxed{1}$ であり，x^2 の整数部分は $\boxed{2}$ である。

1　① 　1　　　　　② 　2　　　　　③ 　3　　　　　④ 　4

2　① 　3　　　　　② 　4　　　　　③ 　5　　　　　④ 　6

　　（イ）　不等式 $x^2 - 8x + \boxed{3} < 0$ の解は $2 < x < \boxed{4}$ であり，

　　　不等式 $x^2 + 6x + \boxed{5} \leqq 0$ の解は $x = \boxed{6}$ である。

3　① 　4　　　　　② 　8　　　　　③ 　10　　　　④ 　12

4　① 　4　　　　　② 　5　　　　　③ 　6　　　　　④ 　8

5　① 　3　　　　　② 　6　　　　　③ 　9　　　　　④ 　12

6　① 　−6　　　　② 　−3　　　　③ 　3　　　　　④ 　6

　　（ウ）　$0° < \theta < 180°$，$\cos \theta = -\dfrac{2}{3}$ のとき，

$$\sin \theta = \boxed{7}\ ,\quad \tan \theta + \frac{1}{\tan \theta} = \boxed{8}$$

　　　である。

7　① 　$-\dfrac{\sqrt{5}}{3}$　　② 　$-\dfrac{1}{3}$　　③ 　$\dfrac{1}{3}$　　④ 　$\dfrac{\sqrt{5}}{3}$

8　① 　$-\dfrac{5\sqrt{5}}{2}$　　② 　$-\dfrac{9\sqrt{5}}{10}$　　③ 　$\dfrac{9\sqrt{5}}{10}$　　④ 　$\dfrac{5\sqrt{5}}{2}$

次の問いの $\boxed{9}$, $\boxed{10}$ の正解はそれぞれ下の選択肢から選びなさい。

（エ）m, n は整数とする。

命題 $A : 2m + n,\ 2m - n$ がともに偶数ならば，m, n の少なくとも一方は偶数である。

の対偶は $\boxed{9}$。

また，命題 A と A の逆の真偽について，$\boxed{10}$ である。

9 ① m, n の少なくとも一方が偶数ならば，$2m + n,\ 2m - n$ はともに偶数である

② $2m + n,\ 2m - n$ の少なくとも一方が奇数ならば，m, n はともに奇数である

③ m, n の少なくとも一方が奇数ならば，$2m + n,\ 2m - n$ はともに奇数である

④ m, n がともに奇数ならば，$2m + n,\ 2m - n$ の少なくとも一方は奇数である

10 ① A と A の逆はともに真 ② A と A の逆はともに偽

③ A は真で A の逆は偽 ④ A は偽で A の逆は真

Ⅱ a を正の定数とし，関数

$$y = x^2 - ax + a \quad (-2 \leq x \leq 2)$$

の最大値を M，最小値を m とする。

（ア）この関数のグラフは，点（$\boxed{11}$, $\boxed{12}$）を頂点とする放物線である。

11 ① $-a$ ② $-\dfrac{a}{2}$ ③ $\dfrac{a}{2}$ ④ a

12 ① $-a^2 + a$ ② $-\dfrac{a^2}{4} + a$ ③ $\dfrac{a^2}{4} + a$ ④ $a^2 + a$

（イ）$a = 1$ のとき，$M = \boxed{13}$，$m = \boxed{14}$ である。

13 ① $\dfrac{3}{4}$ ② 1 ③ 3 ④ 7

14 ① $-\dfrac{1}{4}$ ② 0 ③ $\dfrac{3}{4}$ ④ 1

（ウ）$M = 13$ となるのは $a = \boxed{15}$ のときであり，$m = -\dfrac{1}{2}$ となるのは $a = \boxed{16}$ のとき

である。

15	①	2	②	3	③	4	④	5

16　① $2 - \sqrt{2}$　　② $2 + \sqrt{6}$　　③ $\dfrac{7}{2}$　　④ $\dfrac{9}{2}$

Ⅲ　赤玉と白玉の入っている袋から玉を1個取り出し，白玉なら袋に戻すが赤玉なら戻さないという操作を T とする。

　　最初，袋には3個の赤玉と1個の白玉が入っている。操作 T をくり返し，袋の中の赤玉が無くなると操作を終了する。

（ア）　1回目と2回目の操作でいずれも白玉を取り出す確率は

$$\frac{\boxed{17}}{\boxed{18}}$$

　　である。

　　　1回目の操作で赤玉を取り出し，2回目の操作で白玉を取り出す確率は

$$\frac{\boxed{19}}{\boxed{20}}$$

　　である。

17	①	1	②	2	③	3	④	5
18	①	3	②	4	③	12	④	16
19	①	1	②	2	③	3	④	5
20	①	3	②	4	③	12	④	16

（イ）　操作 T を3回行ったとき，赤玉を2回と白玉を1回取り出す確率は

$$\frac{\boxed{21}}{\boxed{22}}$$

　　である。

21	①	3	②	5	③	11	④	13
22	①	12	②	16	③	24	④	64

（ウ）　操作 T を4回行って終了する確率は

$$\frac{\boxed{23}}{\boxed{24}}$$

　　であり，操作 T を4回以上行う確率は

$$\frac{\boxed{25}}{\boxed{26}}$$

である。

23	①	1	②	5	③	11	④	13
24	①	12	②	15	③	24	④	48
25	①	1	②	3	③	5	④	11
26	①	3	②	4	③	12	④	24

Ⅳ　三角形 ABC の辺 BC 上に点 D があり，A から BC に下ろした垂線を
　　AH とする。2 つの三角形 ABD, ACD の面積をそれぞれ S_1, S_2 とする。

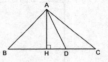

（ア）　$S_1 : S_2 = $ BD : CD が成り立つことを示しなさい。

（イ）　∠BAD = 60°，∠CAD = 30° のとき，$S_1 : S_2 = \sqrt{3}$ AB : AC が成り立つことを示しなさい。

（ウ）　∠BAD = 60°，∠CAD = 30°，BD = 2，CD = 1 のとき，$\dfrac{\mathrm{AH}}{\mathrm{BH}}$ を求めなさい。

国語

（六〇分）

一 政治に子どもの意見を反映する方法について論じた次の文章を読んで、後の問いに答えなさい。

　民主主義とは、複数の人々による集団的な意思決定のための仕組みの一種である。有権者が選挙で政治家を選び、政治家が国会で法律を作ることを通じて、すべての人々を拘束するような決定が行われる。

　このように捉えると、実は子どもたちの間にも、集団的な意思決定の仕組みがあることに気づく。たとえば、小学校の休み時間になると、子どもたちは友達と遊ぶために、一目散に校庭へ駆け出していく。そこで、ある程度の人数が集まれば、何をして遊ぶかについての意見の対立が生じることもあるだろう。それにもかかわらず、最終的には、鬼ごっこであれ、かくれんぼであれ、遊びの内容が決まり、その場にいる全員が参加する。それ以外の場面でも、放課後に、夏休みに、学校で、地域で、そして塾で、子どもたちは自分たちの生活に関わる様々な決定を下している。

　では、その意思決定は、いかにして行われるのだろうか。ここで決定的に重要な役割を果たすのが、②————じゃんけんという③————ギョウギである。

　じゃんけんは、実に単純なルールから成り立つ。グー（石）がチョキ（鋏）に勝ち、チョキがパー（紙）に勝ち、パーがグーに勝つ。この方法を用いて、子どもたちはサッカーのポジションから漫画雑誌を回し読みする順番まで、あらゆる問題を解決していく。

　その勝敗が、ほぼ運によって決まるという意味で、じゃんけんは、

コウキであると同時に、抽選の一種に相当する。優等生だから相手の出す手が予想できるとか、病気がちだからグーしか出せないなどということは、まずない。「後出し」という卑怯な手段を使えばクレームがつき、やり直しになる。誰にでも、おおむね平等に勝つチャンスがある。

このように、抽選による意思決定のルールの下では、子どもたちの行動原理は実に分かりやすい。自分の立場を素直に表明し、あとは（　　　　　　　　　　）のである。そこには小細工の⑤ヨチはない。裕福な家庭の子が、お金やおもちゃなどを渡して、じゃんけんの結果を決めることはできない。体が大きく、喧嘩に強い子が、パーを出せば、あえなくチョキに負けてしまう。

これに対して、民主主義における大人たちの意思決定は、⑥多数決に類する方法で行われる。選挙ではより多くの有権者の票を得た候補者や政党が議席を獲得し、国会でも、多数派を占める政党の方針に従って法律が作られる。そこには、運の要素はない。数の多い方が、確実に勝つ。

そして、この多数決という方法は、大人たちに対して、抽選とは異なる影響を及ぼす。そこでは、激しい多数派工作が展開されるのである。（ア―イ）、選挙で当選を目指す候補者は、たとえ自分の信念とは違っても、多くの人に注目されやすいような公約を掲げる。情勢が思わしくなければ、選挙後に便宜を図るという約束と引き換えに、業界団体に票の取りまとめを依頼する。日本の政治家たちが育児を通じて子どもと触れ合う時間がないのも、まず何よりも、選挙のための多数派工作に忙しいからである。

このような大人たちの世界において、素直に本音を言うことは、美徳であるところが、欠点であると見なされやすい。いつまでも自分の意見にこだわる人は、「あの人は子どもだからね」などと言われ、「君

も大人になれ」とたしなめられる。崇高な理念を掲げるのは未熟の証で
あり、「青臭い」。（⑦−ロ）、風の吹く方向を見極め　　　⑧
に立場を変える風見鶏の方が、多数決の世界を勝ち抜く上では有利と
なる。

　ここに、不思議な光景が出現する。民主主義は、「人民による、人
民のための政治」とも表現されるように──一般市民の意見に基づいて
政治を行うことを理念としている以上、個々の市民が自分の意見を正
直に表明するのが望ましいはずだ。ところが、大人たちは、自分の意
見を隠して多数派工作に動いている。それに比べれば、自分の意見
を素直に口に出す子どもたちの方が、はるかに民主主義の理念にかな
う行動をしているようにも見えてくる。

　それでは、子どもたちはなぜ、多数決ではなく、じゃんけんによる
意思決定を行うのだろうか。ここにはさまざまな理由があるだろうが、
その一つはおそらく、じゃんけんが、誰も納得できる平等な意思決
定の方法だということである。多数決で意思決定を行う場合、普段
の人間関係などが反映され、どうしても勝てない子どもたちが出てく
る。その子どもたちは、面白かろうはずがないし、遊びの仲間に加わ
らなくなってしまうだろう。そして、遊びの仲間が減れば、それだけ
楽しさも減ってしまう。子どもたちが、じゃんけんという仕組みを用
いるのは、日々の経験の中で、みんなで遊ぶことの楽しさを感じてい
るからではないだろうか。（中略）

　ここで見逃せないのは、大人たちの間で、抽選を選挙に比べて民主
的な手法として評価する考え方が古くから存在してきたことである。
アリストテレスの『政治学』には選挙ではなく抽選こそが民主主義の
手法であると書かれており、近年は「くじ引き民主主義」をめぐる議
論が盛んに行われている。選挙では、社会的なエリートが当選しやす
いのに対して、抽選では誰にでも平等に代表者になるチャンスがあり、

マイノリティの代表性を確保する観点からも格好の仕組みであろう。

驚くべきことに、じゃんけんを行う子どもたちは、誰に言われることもなく、こうした思想に通じる考え方を、日常生活の中で実践している。もちろん、じゃんけんという手法では、参加者の個別の事情を考慮できないし、重要な意思決定を運に任せたくない人も多いだろう。（㋐－ㇳ）、子どもたちはおそらく、互いに対等な立場だからこそ、平等主義的な制度の持つ価値をよく知っている。それは、全員が楽しく参加することを可能にするのである。

（㋐－ㇴ）、子どもたちも主役になるような民主主義は、子どもが自発的に参加したくなるようなものでなければならない。偽りと打算に満ちた選挙に基づく民主主義が、子どもたちにとって魅力的に見えるだろうか。自分は友達と、もっと楽しいことをして過ごしたいと考える子どもたちに、大人たちが胸を張って言えることは、決して多くはあるまい。

むしろ、子どもたちの知恵を活かして、民主主義を作り直すことはできないのだろうか。目を輝かせて、力一杯に走り回り、泥だらけになって遊ぶ子どもたちが参加したいと思うような、新たな政治の形を考える道はないのだろうか。この課題に取り組むには、まず、子どもたちを、精神的に未熟で、大人の保護が必要な対象と見なすのではなく、自分たちで民主的な世界を作り上げる能力を持った、創造的な存在として認めることから始めなければならない。

　　　　　　　（前田健太郎「民主的な子どもたち」による）

問1　─線部①「口目散」の意味として適切なものを、一つ選びなさい。

1　周囲を気にせず自由に行動するさま

2　各人が四方八方に散らばるさま

3　一つのことに集中するさま

　　4　わき目もふらずに急き走るさま

問2　─線部②「じゃんけん」に対する筆者の考えとして適切なものを、一つ選びなさい。

　　1　参加者は均等に勝利の機会があるが、何を出しがちかという傾向で勝敗が左右されることもある。

　　2　参加者の人間関係のあり方に左右されずに公平に勝敗が決まる。

　　3　自分の立場を素直に表明することで勝敗が決し、平等に勝利を獲得できる。

　　4　禍根を残さない点で、様々な考えの参加者の意思統一には適している。

問3　─線部③「コウギ」の「ギ」にあたる漢字と同じ漢字を含むものを、一つ選びなさい。

　　1　行ギが悪い。

　　2　シェイクスピアのギ曲

　　3　詐ギに引っかかる。

　　4　ギ牲を払う。

問4　─線部④「あとは（　　　　　　）のである」の空欄（　　　　　　）に入る言葉として適切な語句を、一つ選びなさい。

　　1　運を天に任せる

　　2　首を長くして待つ

　　3　手をこまねく

　　4　大目に見る

問５　一線部⑤「ヨチ」の「ヨ」にあたる漢字と同じ漢字を含むものを、一つ選びなさい。

1　ヨ白に書き込む。

2　銀行のヨ金残高。

3　給ヨが支給される。

4　名ヨを傷つける。

問６　一線部⑥「多数決」に関して筆者はどのように述べていますか。その説明として**適切でないもの**を、一つ選びなさい。

1　自分の意見を変えてでも多数派につこうとする。

2　集団的な意思決定のための仕組みの一つである。

3　選挙のための多数派工作に多くの時間をとられる。

4　崇高な理念を掲げて有権者の支持を得ようとする。

問７　空欄部（⑦－イ）〜（⑦－ニ）を補う言葉の組合せとして適切なものを、一つ選びなさい。

1　イ　たとえば　ロ　つまり　ハ　むしろ　ニ　だが

2　イ　たとえば　ロ　むしろ　ハ　だが　ニ　つまり

3　イ　つまり　ロ　たとえば　ハ　むしろ　ニ　だが

4　イ　つまり　ロ　むしろ　ハ　だが　ニ　たとえば

問８　空欄部　⑧　を補うのに適切な四字熟語を、一つ選びなさい。

1　一朝一夕　2　優柔不断　3　臨機応変　4　電光石火

問９　一線部⑨「不思議な光景」とは何が「不思議」なのですか。その説明として適切なものを、一つ選びなさい。

1　大人たちが自分の意見を隠して多数派工作を行うことで民主

主義を実現していること。

2　子どもたちが民主主義の意思決定の方法である多数決ではなく、じゃんけんを選択すること。

3　多数決による意思決定を行う場合、遊びの仲間に加わらない子どもが出てくること。

4　大人たちよりも子どもたちの方が民主主義の理念にかなった行動をしているように見えること。

問10　─線部⑩「マイノリティ」の意味として適切なものを、一つ選びなさい。

1　部外者　　2　少数派　　3　脱落者　　4　異端者

問11　─線部⑪「平等主義的な制度」とはここでは具体的に何を指していますか。適切なものを、一つ選びなさい。

1　抽選

2　選挙

3　民主主義

4　多数決

問12　─線部⑫「この課題」が指示する語句として適切なものを、一つ選びなさい。

1　子どもの知恵を活かせる直接民主主義制度への移行

2　誰でも自由に発言できるような開かれた国会への改革

3　子どもの将来を最優先に考えた政策の実行

4　誰もが参加したくなるような新しい民主的政治の構築

問13　本文の内容と合致するものを、一つ選びなさい。

1　じゃんけんのシステムを選挙に取り入れるには広く国民の支持を必要とするから、慎重に考えるべきだ。

2　子どもの世界の論理と大人の世界のそれは根本的に異なっていて、両者の融合は難しい。

3　現代の選挙は当選することだけが目的で、市民の意見に基づく民主主義本来の姿からかけ離れている。

4　民主的な世界を形成する能力を持っている子どもの政治力を、政界は無視できなくなるだろう。

[二]　次の問いに答えなさい。

問14　次の四字熟語の空欄□に入る漢字を、一つ選びなさい。

五里□中

1　無　　　2　夢　　　3　霧　　　4　矛

問15　次の漢字の読みが**間違っているもの**を、一つ選びなさい。

1　鑑（かえり）みる　　　　2　遮（さえぎ）る

3　倣（なら）う　　　　　　4　弄（もてあそ）ぶ

問16　「閑古鳥が鳴く」の意味として適切なものを、一つ選びなさい。

1　客が来ず商売がはやらない。

2　悪いことが次々に起こる。

3　あちこち忙しく駆け回る。

4　静かで心が和む。

問17　斎藤茂吉の歌集を、一つ選びなさい。

　　1　一握の砂　　2　みだれ髪　　3　桐の花　　4　赤光

問18　次の傍線部の動詞の活用形が他の三つと異なるものを、一つ選びなさい。

　　1　空が<u>見え</u>ます

　　2　手紙を<u>送っ</u>た

　　3　一緒に<u>行こ</u>う

　　4　手紙を<u>書い</u>ている

三　次の文章を読んで、後の問いに答えなさい。⑲〜㉔はマーク式の問題で、Ａ〜Ｆは記述式の問題です。

　時間というものは、私たちがその中で生きている環境と言ってもいいものです。環境は、いつも変わらず安定していてこそ、その中で安心して生きていけます。ところが今や時間環境が、どんどん速くなっているのです。ドッグイヤー（注1）なんていう言葉もありましたね。

　日本国民の半数近くが、社会生活のテンポが速すぎると感じています。ヒトという生きものにとって適切な時間環境があるからこそ、Ａ それはそういう感覚をもつのでしょう。でも、より便利に、より速くと、どんどん時間が加速しているのが現状です。これは時間環境が破壊されていると言えるのではないでしょうか。

　今まで、環境問題というと、温暖化や、化学物質による環境汚染が問題にされてきました。時間が環境問題としてとり上げられることはありません。時間は変わらないというのが常識ですから、時間環境という問題の立て方はあり得ないからです。

ここが盲点なのですね。地球温暖化も資源エネルギーの枯渇も、元はといえば、どんどん石油を燃やして時間を速めているのが原因です。

時間をもう少しゆっくりにして、社会の時間が体の時間と、それほどかけ離れたものではないようにする。そうやって時間環境問題を解決すれば、⑲─イ的に温暖化もエネルギー枯渇の問題も、解決してしまいます。

時間の問題から、エネルギー問題をはじめとする、他の多くの環境問題も派生しているのです。だから時間環境は、環境問題の中で、もっとも重要なものとして取り扱われるべきものなのですね。そして、そういう問題があることにすら気づかせない現代の時間観は、非常に問題の多いものだと思います。

エネルギー問題は、どうしても解決しなければならない大問題です。でも、将来石油がなくなるから省エネしようと呼びかけても、ほとんど効果はありません。オイルショックの時には、それなりに省エネは実行されたのですが、これは石油の値段が上がったから。子孫のために石油を残そうと禁欲したわけではありません。値段が下がれば元の木阿弥です。私だけが良ければいい、たとえ血のつながった子孫であろうとも自分以外のことは考えず、結局将来のことなど考えないのが現代の個人主義というものです。一度手にした便利さを手放す人など、めったにいません。便利なことは幸福なこと、他人のために自らの幸福を手放すことなどありえないのです。「子孫のために省エネしよう！」というキャンペーンが効果をもつとは思えません。

発想を変えてみましょう。個人の幸福を手放させるのは無理なのですから、エネルギーを使えば不幸になると思わせればいいのです。「エネルギーを使えば使うほど、社会と体の時間のギャップは大きくなり、私たちはより不幸になるのだ。だから幸せになりたかったら省エネす

るしかない！」という言い方ならば、⑲－ロ的な現代人にも、届きやすいメッセージになると思うのですけれど。

とはいえ、縄文人の暮らしに戻れ！などと言うつもりはまったくありません。文明の利器は、とても便利ですから、これを使わない手はないのですが、速ければ速いほど良い、という考えにケイショウを鳴らして、文明の利器を賢く使うにはどうすればよいかを考えたいのです。

私は、速い時間とゆっくりの時間とでは、時間の質が違う、そしてその時間の中で経験できることに違いがあり、生きている質そのものにも時間によって違いが生じているのだろうと思っています。
（中略）

ちなみに私の研究対象であるナマコの時間は、われわれ哺乳類とは、とんでもなくかけ離れているようです。ナマコは超省エネ生活を送っています。ナマコのエネルギー消費量を測ってみたのですが、体重あたりにして、われわれの五〇分の一しか使っていません。だから私が一時間で使うエネルギーをナマコは二日もかけて使っていることになります。ナマコの時間は、私のものとは完全に異質なものなんだと、このほとんど動かず、ブヨーンとしているナマコを眺め続けて、実感しました。

以前、新幹線で事故があって、のろのろとしか列車が動かなかったことがあります。その時の車窓からの景色は、ふだん見慣れたものとは、まったく違って見えたのです。⑲－ハ的には同じものを見ているはずなのに、列車の速度によって、まったく違う。東海道を足で歩けば、またぜんぜん違ったものに見えることでしょう。時間の速度を変えただけで、同じものが違った様相を呈してくるのです。だから、あえて珍しいものを追い求めてあっちこっちと駆け回らなくてもよいのですね。エネルギーを使ったり使わなかったりして時間の速度を変

えれば、同じものでも新たに楽しめる。省エネを手段として、楽しむ世界を広げることができるのです。

　現代人は機械を使って時間を操作できるようになりました。というここは、いろいろな質の違う時間を ⑲ーニ 的に作り出せるということです。ここはゆっくりの時間にしよう、ここは速い時間にしようというように、時間をデザインすることが可能です。エネルギーを介して時間を操作することで、速いだけの世界より、より豊かな世界が経験できるようになると私は思うのです。

　ゆっくりの世界には、速い時には決して味わえないものもあるはずです。私は若い頃、瀬底島という沖縄の小さな島で研究していました。沖縄のゆったりした時間は、いつにいいものですね。ある夜、瀬底の浜を歩いていたら、漁師さんが一人、泡盛（注2）を飲んでいました。だまって茶碗を差し出してくれます。砂浜にすわって、それをいただくことになる。そして茶碗を返す。何度かそれを繰り返したのですが、漁師さんが、ぽつんとこう言いました。「借金している船を買えば、儲かるのはわかっている。でも、そんなことをしたら、こうして夜飲む ㉒泡盛の味がまずくなる」

　私たちはエネルギーをどんどん使う、あれもこれも次から次へとやる、それがえらい、楽しいことだ、と思い込んでいます。でも、じっくり楽しむには、ゆるやかな時間が必要なのではないでしょうか。まだゆったりぼーっとしている時間が間に入るからこそ、その前にやったことを反芻して楽しみをより深く味わい、また次にやることへの期待がふくらんで、実際に行うことが、さらに楽しいものになると思うのですね。

　そして、これが一番大切なことだと思うのですが、じっくりと F をかけてつきあったものこそが、自分にとってかけがえのない大切なものになっていく──これは私の実感です。機械を使ってお手軽にす

ばやく済ませたものなど、結局は上っ面をなでただけのこと。あらすじだけ聞いて読んだ気になっている本みたいなものかもしれません。こういうやり方ばかりに慣れ親しんでいれば、真の楽しみも得られないし、自然や他人や、そして人生との付き合い方も、深みのないものになってしまうのではないでしょうか。

（本川達雄『生物学的文明論』による）

（注1）ドッグイヤー＝技術革新などの変化が激しいこと。犬の1年が人の七年に相当することからいう。

（注2）泡盛＝沖縄で作られるアルコール度数の高い酒。

【マーク式問題】

問19　空欄部 ⑲−イ ～ ⑲−ニ を補う言葉の組合せとして適切なものを、一つ選びなさい。

1　イ＝物理　　　ロ＝意図　　　ハ＝利己　　　ニ＝自動

2　イ＝物理　　　ロ＝利己　　　ハ＝意図　　　ニ＝自動

3　イ＝自動　　　ロ＝意図　　　ハ＝物理　　　ニ＝利己

4　イ＝自動　　　ロ＝利己　　　ハ＝物理　　　ニ＝意図

問20　一線部⑳「現代の時間観」とは時間に対するどのような考え方をいいますか。その説明として適切なものを、一つ選びなさい。

1　社会生活のテンポがどんなに速くても、時間の進み方は変わらないというような考え方

2　社会の時間が加速するのに合わせて、体の時間も速くするべきだというような考え方

3　より速く、より便利にどんどん時間を加速させることが望ましいというような考え方

4　温暖化や環境汚染の問題よりも時間環境の適切化を優先するべきだというような考え方

問21　一線部㉑「文明の利器を賢く使うにはどうすればよいか」とありますが、筆者はその方法についてどのように考えていますか。その説明として適切なものを、一つ選びなさい。

1　文明の利器を駆使し速い時間とゆっくりの時間を作り、生活に変化をつける。

2　文明の利器をあえて使わない機会を時には設けて、ゆるやかな時間を楽しむ。

3　文明の利器をなるべく使わないで済むように時間をデザインして、省エネに励む。

4　文明の利器を積極的に使うことで暇を作り出して、質の違う時間を経験する。

問22　一線部㉒「泡盛の味がまずくなる」とありますが、その理由の説明として適切なものを、一つ選びなさい。

1　ゆっくりと時間をかけて泡盛を楽しむことができなくなるから。

2　裕福になると口も肥えて、同じ泡盛でもまずく感じられるから。

3　お金にゆとりがあると泡盛を飲むまでに、味がわからなくなるから。

4　忙しくなると、人と一緒に泡盛を楽しむ機会が少なくなるから。

問23　一線部㉓「反芻」の本文中の意味として適切なものを、一つ選びなさい。

1　繰り返し考えること

2　ふたたび行うこと

3 深く反省すること

4 詳細に思い出すこと

問24 本文の内容と合致するものを、一つ選びなさい。

1 エネルギー問題を解決するには、縄文人の暮らしとまでは言わなくても、それに近い暮らしに戻るべきである。

2 社会の時間がどんどん速くなっているのに、体の時間は遅くなっているという、このギャップが問題である。

3 時間環境がどんどん破壊されている今日、省エネによってゆっくりと流れる時間を作ることが大切である。

4 時間の速度が一定であってこそ、私たちがその中で生きている環境はいつも変わらず安定しているのである。

以下は記述式問題です。記述式解答用紙に解答を記入しなさい。

【記述式問題】

問1 ─線部 A 「そういう感覚」の内容を具体的に記した箇所を、これより前の部分から十五字以内で抜き出して書きなさい。

問2 ─線部 B 「枯渇」の読みをひらがなで書きなさい。

問3 ─線部 C 「元の木阿弥」とはここでは「（　　　）をやめること」を意味します。この空欄（　　　）に入る言葉を、この段落の中から三字で抜き出して書きなさい。

問4 ─線部 D 「ケイショウ」を漢字で書きなさい。

問5　一線部 **E**「エネルギーを使ったり使わなかったりして時間の速度を変えれば」とありますが、このことを簡潔に述べた部分を、本文中から十字以内で抜き出して書きなさい。

問6　空欄部 **F** を補うのにふさわしい熟語を、本文中から抜き出して書きなさい。

解答編

■英語■

Ⅰ 解答　1 —④　2 —④　3 —①　4 —③　5 —③　6 —④
7 —①　8 —④　9 —④　10—②

Ⅱ 解答　11—②　12—②　13—①　14—②　15—④

Ⅲ 解答　16—①　17—②　18—④　19—②　20—④

Ⅳ 解答　≪ボランティア活動≫
21—③　22—②　23—①　24—①　25—②

Ⅴ 解答　≪数字に関する迷信≫
26—②　27—②　28—②　29—④　30—④　31—②　32—③　33—②
34—②　35—④

数学

Ⅰ 解答 ≪数と式，三角比，集合と論理≫

1 —② 　2 —③ 　3 —④ 　4 —③ 　5 —③ 　6 —② 　7 —④ 　8 —②
9 —④ 　10—③

Ⅱ 解答 ≪2 次関数≫

11—③ 　12—② 　13—④ 　14—③ 　15—② 　16—④

Ⅲ 解答 ≪確　率≫

17—① 　18—④ 　19—① 　20—② 　21—④ 　22—③ 　23—④ 　24—④
25—② 　26—②

Ⅳ 解答 ≪図形の性質≫

(ア) 　$S_1 = \dfrac{1}{2} \times BD \times AH$, 　$S_2 = \dfrac{1}{2} \times CD \times AH$ であ

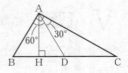

るから

$S_1 : S_2 = BD : CD$ である。 　　　　　　　（証明終）

(イ) 　$S_1 = \dfrac{1}{2} \times AB \times AD \sin 60° = \dfrac{\sqrt{3}}{4} \times AB \times AD$

　　　$S_2 = \dfrac{1}{2} \times AC \times AD \sin 30° = \dfrac{1}{4} \times AC \times AD$

であるから

$S_1 : S_2 = \sqrt{3}\, AB : AC$ である。 　　　　　　　　　　　　（証明終）

(ウ) 　∠BAD＝60°，∠CAD＝30° であるから，∠BAC＝90°

また，∠AHB＝90° であるから，∠ABC＝θ とおくと

$\angle BAH=90°-\theta,\ \angle BCA=90°-\theta$

よって，$\triangle ABH \backsim \triangle CBA$ であるから

$\quad AH:BH=CA:BA$

よって　　$\dfrac{AH}{BH}=\dfrac{AC}{AB}$

$BD=2$，$CD=1$ であることと，(ア)・(イ)より

$\quad \sqrt{3}\,AB:AC=2:1$

よって　　$\dfrac{AC}{AB}=\dfrac{\sqrt{3}}{2}$

$\dfrac{AH}{BH}=\dfrac{AC}{AB}$ より　　　$\dfrac{AH}{BH}=\dfrac{\sqrt{3}}{2}$　……(答)

国語

一　**出典**　前田健太郎「民主的な子どもたち」(『世界思想』二〇二二年春四九号　世界思想社)

解答　問1　4　問2　2　問3　2　問4　1　問5　1
問6　4　問7　2　問8　3　問9　4　問10　2
問11　1　問12　4　問13　3

二　**解答**　問14　3　問15　1　問16　1　問17　4
問18　3

三　**出典**　本川達雄『生物学的文明論』〈第九章　「時間環境」という環境問題〉(新潮新書)

解答　問19　4　問20　3　問21　2　問22　1　問23　1
問24　3

【記述式問題】
問1　社会生活のテンポが速すぎる
問2　こかつ　問3　省エネ　問4　警鐘
問5　時間をデザインする
問6　時間

//////////////// · **memo** · ////////////////

//////////////// · **memo** · ////////////////

教学社 刊行一覧

2025年版　大学赤本シリーズ

国公立大学（都道府県順）

374大学556点 全都道府県を網羅

全国の書店で取り扱っています。店頭にない場合は、お取り寄せができます。

---

1 北海道大学（文系-前期日程）
2 北海道大学（理系-前期日程）医
3 北海道大学（後期日程）
4 旭川医科大学（医学部〈医学科〉）医
5 小樽商科大学
6 帯広畜産大学
7 北海道教育大学
8 室蘭工業大学／北見工業大学
9 釧路公立大学
10 公立千歳科学技術大学
11 公立はこだて未来大学 総推
12 札幌医科大学（医学部）医
13 弘前大学 医
14 岩手大学
15 岩手県立大学・盛岡短期大学部・宮古短期大学部
16 東北大学（文系-前期日程）
17 東北大学（理系-前期日程）医
18 東北大学（後期日程）
19 宮城教育大学
20 宮城大学
21 秋田大学 医
22 秋田県立大学
23 国際教養大学 総推
24 山形大学 医
25 福島大学
26 会津大学
27 福島県立医科大学（医・保健科学部）医
28 茨城大学（文系）
29 茨城大学（理系）
30 筑波大学（推薦入試）医 総推
31 筑波大学（文系-前期日程）
32 筑波大学（理系-前期日程）医
33 筑波大学（後期日程）
34 宇都宮大学
35 群馬大学 医
36 群馬県立女子大学
37 高崎経済大学
38 前橋工科大学
39 埼玉大学（文系）
40 埼玉大学（理系）
41 千葉大学（文系-前期日程）
42 千葉大学（理系-前期日程）医
43 千葉大学（後期日程）医
44 東京大学（文科）DL
45 東京大学（理科）DL 医
46 お茶の水女子大学
47 電気通信大学
48 東京外国語大学 DL
49 東京海洋大学
50 東京科学大学（旧 東京工業大学）
51 東京科学大学（旧 東京医科歯科大学）医
52 東京学芸大学
53 東京藝術大学
54 東京工業大学
55 一橋大学（前期日程）
56 一橋大学（後期日程）
57 東京都立大学（文系）
58 東京都立大学（理系）
59 横浜国立大学（文系）
60 横浜国立大学（理系）
61 横浜市立大学（国際教養・国際商・理・データサイエンス・医〈看護〉学部）

62 横浜市立大学（医学部〈医学科〉）医
63 新潟大学（人文・教育〈文系〉・法・経済科・医〈看護〉・創生学部）
64 新潟大学（教育〈理系〉・理・医〈看護を除く〉・歯・工・農学部）医
65 新潟県立大学
66 富山大学（文系）
67 富山大学（理系）医
68 富山県立大学
69 金沢大学（文系）
70 金沢大学（理系）医
71 福井大学（教育・医〈看護〉・工・国際地域学部）
72 福井大学（医学部〈医学科〉）医
73 福井県立大学
74 山梨大学（教育・医〈看護〉・工・生命環境学部）
75 山梨大学（医学部〈医学科〉）医
76 都留文科大学
77 信州大学（文系-前期日程）
78 信州大学（理系-前期日程）医
79 信州大学（後期日程）
80 公立諏訪東京理科大学 総推
81 岐阜大学（前期日程）医
82 岐阜大学（後期日程）
83 岐阜薬科大学
84 静岡大学（前期日程）
85 静岡大学（後期日程）
86 浜松医科大学（医学部〈医学科〉）医
87 静岡県立大学
88 静岡文化芸術大学
89 名古屋大学（文系）
90 名古屋大学（理系）医
91 愛知教育大学
92 名古屋工業大学
93 愛知県立大学
94 名古屋市立大学（経済・人文社会・芸術工・看護・総合生命理・データサイエンス学部）
95 名古屋市立大学（医学部〈医学科〉）医
96 名古屋市立大学（薬学部）
97 三重大学（人文・教育・医〈看護〉学部）
98 三重大学（医〈医〉・工・生物資源学部）医
99 滋賀大学
100 滋賀医科大学（医学部〈医学科〉）医
101 滋賀県立大学
102 京都大学（文系）
103 京都大学（理系）医
104 京都教育大学
105 京都工芸繊維大学
106 京都府立大学
107 京都府立医科大学（医学部〈医学科〉）医
108 大阪大学（文系）DL
109 大阪大学（理系）医
110 大阪教育大学
111 大阪公立大学（現代システム科学域〈文系〉・文・法・経済・商・看護・生活科〈居住環境・人間福祉〉学部-前期日程）
112 大阪公立大学（現代システム科学域〈理系〉・理・工・農・獣医・医・生活科〈食栄養〉学部-前期日程）医
113 大阪公立大学（中期日程）
114 大阪公立大学（後期日程）
115 神戸大学（文系-前期日程）
116 神戸大学（理系-前期日程）医

117 神戸大学（後期日程）
118 神戸市外国語大学 DL
119 兵庫県立大学（国際商経・社会情報科・看護学部）
120 兵庫県立大学（工・理・環境人間学部）
121 奈良教育大学／奈良県立大学
122 奈良女子大学
123 奈良県立医科大学（医学部〈医学科〉）医
124 和歌山大学
125 和歌山県立医科大学（医・薬学部）医
126 鳥取大学 医
127 公立鳥取環境大学
128 島根大学 医
129 岡山大学（文系）
130 岡山大学（理系）医
131 岡山県立大学
132 広島大学（文系-前期日程）
133 広島大学（理系-前期日程）医
134 広島大学（後期日程）
135 尾道市立大学 総推
136 県立広島大学
137 広島市立大学
138 福山市立大学 総推
139 山口大学（人文・教育〈文系〉・経済・医〈看護〉・国際総合科学部）
140 山口大学（教育〈理系〉・理・医〈看護を除く〉・工・農・共同獣医学部）医
141 山陽小野田市立山口東京理科大学 総推
142 下関市立大学／山口県立大学
143 周南公立大学 公 総推
144 徳島大学 医
145 香川大学 医
146 愛媛大学 医
147 高知大学 医
148 高知工科大学
149 九州大学（文系-前期日程）
150 九州大学（理系-前期日程）医
151 九州大学（後期日程）
152 九州工業大学
153 福岡教育大学
154 北九州市立大学
155 九州歯科大学
156 福岡県立大学／福岡女子大学
157 佐賀大学 医
158 長崎大学（多文化社会・教育〈文系〉・経済・医〈保健〉・環境科〈文系〉学部）
159 長崎大学（教育〈理系〉・医〈医〉・歯・薬・情報データ科・工・環境科〈理系〉・水産学部）医
160 長崎県立大学
161 熊本大学（文・教育・法・医〈看護〉学部・情報融合学環〈文系型〉）
162 熊本大学（理・医〈看護を除く〉・薬・工学部・情報融合学環〈理系型〉）医
163 熊本県立大学
164 大分大学（教育・経済・医〈看護〉・理工・福祉健康科学部）
165 大分大学（医学部〈医・先進医療科学科〉）医
166 宮崎大学（教育・医〈看護〉・工・農・地域資源創成学部）
167 宮崎大学（医学部〈医学科〉）医
168 鹿児島大学（文系）
169 鹿児島大学（理系）医
170 琉球大学 医

2025年版　大学赤本シリーズ

国公立大学 その他

私立大学①

医 医学部医学科を含む
総推 総合型選抜または学校推薦型選抜を含む
DL リスニング音声配信 新 2024年 新刊・復刊

掲載している入試の種類や試験科目、収載年数などはそれぞれ異なります。詳細については、それぞれの本の目次や赤本ウェブサイトでご確認ください。

akahon.net

赤本 | 検索

難関校過去問シリーズ

出題形式別・分野別に収録した「入試問題事典」
20大学73点
定価2,310~2,640円(本体2,100~2,400円)

先輩合格者はこう使った！「難関校過去問シリーズの使い方」

61年、全部載せ！
要約演習で、総合力を鍛える
東大の英語 要約問題 UNLIMITED

いつも受験生のそばに — 赤本

大学入試シリーズ＋α
入試対策も共通テスト対策も赤本で

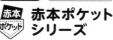

大学赤本シリーズ ────

赤本 ウェブサイト

過去問の代名詞として、70年以上の伝統と実績。

新刊案内・特集ページも充実！
受験生の「知りたい」に答える

akahon.net でチェック！

志望大学の赤本の刊行状況を確認できる！

「赤本取扱い書店検索」で赤本を置いている
書店を見つけられる！

✦赤本チャンネル&赤本ブログ✦

▶ 赤本チャンネル

人気講師の大学別講座や
共通テスト対策など、
受験に役立つ動画 を公開中！

YouTubeや
TikTokで受験対策！

YouTube　　　　TikTok

✏ 赤本ブログ

受験のメンタルケア、合格者の声など、
受験に役立つ記事 が充実。

詳しくは
こちら

2025 年版　大学赤本シリーズ　No. 482

大手前大学
大手前短期大学

2024 年 7 月 20 日　第 1 刷発行
ISBN978-4-325-26541-2
定価は裏表紙に表示しています

編　集　教学社編集部
発行者　上原　寿明
発行所　教学社
　　　　〒606-0031
　　　　京都市左京区岩倉南桑原町56
電話　075-721-6500
振替　01020-1-15695
印　刷　共同印刷工業